新闻学与传播学"十三五"规划教材·案例型系列教材

传媒法规与伦理 第二版

王军 / 著

中国传媒大学出版社
·北京·

序 言

媒介的网络化、信息的数字化、传播的全球化形成了多元化的媒介环境，跨地区与跨行业的媒介融合、不同媒介之间的资源共享与竞争加剧了媒介市场的利益冲突，传媒把关人屡屡底线失守，传媒业界的现实倒逼传媒规制改革和新闻伦理建构的与时俱进，如何规避信息传播中的法律风险、摆脱伦理困境、解决媒介融合中的法律问题、加强传媒规制与新闻伦理的研究迫在眉睫。

2010 年我申请到国家社科基金一般项目“媒介融合环境下的传媒法规与伦理研究”在媒介融合的环境下，研究传媒规制的调整和新闻伦理的建构，此书即是课题成果之一。

2017 年中国传媒大学新闻学院的新闻专业作为教育部的试点专业，为全国制定新闻专业的教学改革标准，这本教材是教改项目之一。针对新闻学、传播学、广播电视学、出版学、网络与新媒体专业的学生，有几点说明：

第一，本课程的教学目的

针对高校新闻传播所有专业的学生，着重培养未来记者的专业素养；明确新闻传播者的行为底线和伦理规范；系统训练其用法律和伦理的视角观察分析问题的能力；培养未来记者的历史使命感和社会责任感。

第二，课程目标与毕业要求的对应关系

（1）培养学生的综合素养、价值观。具有正确的政治方向、舆论导向、新闻志向和工作取向，了解国情、社情、民情，践行社会主义核心价值观。

（2）**知识、技能、视野**。具有扎实的人文、社会科学基础知识和新闻传播专业知识，掌握必备的社会科学研究方法，了解新闻传播及相关领域最新动态和发展趋势。

（3）**具有解决实际问题的能力**。能够对新闻传播现象和问题，运用社会科学研究方法进行综合分析和研究，并提出相应对策或解决方案。

（4）**具有终身学习意识和自我管理、自主学习能力**。能够通过不断学习，适应社会和个人可持续发展。

第三，本课程的教学地位

新闻学、传播学专业培养方案：（1）**新闻传播史论**（中外新闻史、传播史；新闻学、传播学等基础理论）；（2）**新闻传播业务**（采访、写作、编辑、评论、媒介批评、新媒体技术等）；（3）**传媒规制与新闻伦理**（传媒制度变迁、政策规制；新闻伦理原则、伦理困境抉择模式等），三个板块相互补充，在教学和科研中居于重要的地位。

第四，本课程的教学达成度

本课程的教学大纲是围绕教学目标设计安排的，主要的教学内容包括传媒制度变迁、政策规制；西方伦理渊源、新闻伦理原则、伦理困境抉择模式等内容。教学内容注意了前沿性，并注重分析视角与分析方法渗透。教学方法包括讲授、课堂讨论、案例分析、专题研究等。教学方法适应教学目标要求和教学内容的特点。所以，教学大纲体现了教学目标的要求，也体现了所支撑的毕业要求指标点的要求。

第五，紧密结合业界问题

本课程与新闻传播业界关系密切，需要学生每周关注主流热点新闻，用伦理与规制的视角，结合所学知识来分析解读，提高分析问题、解决问题的能力。如灾难报道、性侵害报道、人质事件报道等。

这个领域的教学与科研已经在全国各院校的新闻院校中展开，且成果丰硕，后起之秀星光闪闪。本书力图吸收学界最前沿的研究成果，业界最新的案例，力争提纲挈领、言简意赅、留足课堂讲授、小组讨论、独立思考的空间。

由于本人才疏学浅、教学任务较重，一年教授N个班（新闻学、传播学、媒体调查、媒体创意、数据报道、双培班、新闻续本、新闻二学位、研究生、全校辅修二学位），难免挂一漏万，甚至出现谬误，恳请同行、同门课教师、读者不吝赐教。

作　者

2019年7月7日

目 录

导　论　媒介融合环境下的传媒规制研究

传媒产业的资源可以分为有形资源和无形资源，其中管理水平、组织文化、规章制度、企业品牌形象、知识产权等都属于传媒产业的无形资源；财力、人才、新闻产品、信息资源、频道资源、传输资源、受众资源等则属于有形资源。[①] 我国的传媒体制决定了政府在传媒产业中的独特作用，传媒产业的意识形态属性和产业属性之间呈现复杂的关系。由于资源的稀缺性，传媒产业为了尽可能地获取竞争优势，就必须对已有的传媒资源进行有效的整合，以实现范围经济和规模经济，这是媒介融合的经济学动因。

信息化技术的飞速发展也带来了传播领域的深刻变革，大数据、云计算、4G 通信、移动互联网、自媒体、融媒体的飞速发展，传播介质的多样化促使通信领域与传媒领域出现业务、渠道、市场、终端的融合，媒介融合现已成为一项国际性的热点问题与前沿课题，在文化产业领域和信息通信领域飞速发展的双重背景下，传媒规制面临着前所未有的挑战。

纵观媒介融合的研究，大致有四个脉络：一是梳理国内外媒介融合的发展进程；二是从宏观层面分析媒介融合的动因；三是从微观层面研究融合新闻；四是构建媒介融合的理论框架。

本书着重关注媒介融合环境给传媒规制带来的挑战、变革与创新，目的是推动传媒业的现代企业制度改革，通过重组、兼并，以支持媒体的组织机构融合，并推动投资主体多元化、拓宽传媒投融

① 唐坚．传媒产业融合的规制分析及政策建议 [J]．产业经济．2015（4）．

资渠道，通过逐步放宽传媒业资本运营的限制，为媒介融合提供政策支持。因此，本书的研究目的是在以技术融合为先导、以内容融合为着力点、以人与媒介的和谐相融为终极诉求的媒介融合的环境下，着眼于新闻伦理与传媒规制的研究。本书外延广、内涵深、紧贴传媒业界的前沿问题，书中涉及的相关成果的社会影响更广泛、更有现实指导意义。

一、媒介融合的发端

1963年，美国学者卢森伯格（Luxemburgo）在研究美国机械产业早期情况时提出“技术融合”的概念。1978年，美国学者尼古拉·尼葛洛庞蒂（Nicholas Negroponte）绘制了三圆重叠图来描述计算机、印刷、广播三者的产业融合。他认为，三个圆圈的交叉处，即融合处，将是创新最多、成长最快的领域。1983年，美国传播学者伊契尔·普尔（Ithiel De Sola Pool）教授在《自由的科技》一书中首次提出“媒介融合”这一概念，指出各种媒介在发展过程中呈现出多功能、一体化的发展趋势。2004年，美国新闻学会媒介研究中心主任安德鲁·纳切松（Andrew Nachison）强调媒介融合是各种数字媒体之间的联盟，诸如印刷、视频、音频等媒体。2006年，詹金斯（Jenkins）撰文认为融合不仅仅是技术融合、媒介转型，更是一种文化融合，融合代表了一个范式的转换。①

美国西北大学教授罗伯特·戈登（Robert Gordon）总结出美国的五种“媒介融合”情形，较为系统地归纳出了媒介融合的情况：（1）**所有权融合**（ownership convergence），大型的传媒集团将各自在同一地区所拥有的报纸、广播电台、电视台和网站进行融合。（2）**策略性融合**（tactical convergence），所有权不同的媒介之间在内容上共享，如分属不同媒介集团的报社与电视台之间进行合作，相互推介内容，共享一些新闻资源。（3）**结构性融合**（structural convergence），融合纸媒和电子媒体的新闻采集与分配方式，报纸的编辑记者可以到合作方的电视台去做节目，对新闻进行深入报道和解释。（4）**信息采集融合**（information-gathering convergence），新闻从业者需要以多媒介融合的新闻技能完成新闻信息的采集工作。（5）**新闻表达融合**（storytelling or presentation convergence），记者和编辑需要综合运用多媒体的、与公众互动的工具与技能完成对新闻事实的表达。前三种是从“媒介组织行为”来划分的，后两种则是以从业人员的角度进行划分的。

在美国鲍尔州立大学（Ball State University in the United States）任教的学者戴默（Damer）等人提出了“融合新闻”的几种模式：（1）**交互推广**（cross-promotion），作为合作伙伴的媒介相互利用对方推广自己的内容，如电视介绍报纸的内容。（2）**克隆**（cloning），作为合作伙伴的媒介不加改动地刊播对方的内容。（3）**合竞**（coopetition），作为合作伙伴的媒介之间既有合作也有竞争，如某一媒介为自己的合作伙伴提供部分新闻内容等。（4）**内容分享**（content sharing），作为合作伙伴的媒介定期相互交换线索和新闻信息，并在一些报道领

① 刘结玲．媒介融合研究新进展综述 [J]. 中国传媒科技，2013-02-23.

域中进行合作，如选举报道、调查性报道等，彼此分享信息资源，甚至共同设计报道方案，但各媒介的新闻产品仍然是由各自的采编人员独立制作的。（5）**融合**（convergence），作为合作伙伴的媒介在新闻采集与新闻播发两个方面进行全方位的合作，共同目标是利用不同媒介的优势最有效地报道新闻。多个媒介的记者编辑组成一个共同的报道小组，策划新闻报道并完成采编制作，并且决定哪一部分内容最适合在哪个媒介上播发。

二、国外媒介融合规制经验

经过不断的探索和实践，各国在媒介融合监管体制上都有一些可以借鉴的经验，对我国相关政策的制定和完善有一定的启示意义。

（一）制定、完善媒介融合的相关法律

各国都制定了有利于媒介融合的相关法律，以打破行业壁垒，为媒介融合奠定基础。1996 年，美国议会通过了新的《联邦通信法案》（*Federal Communications Act*）允许电话公司和有线电视台之间相互进入，扩大电子传媒领域的竞争，有利于刺激新型媒体的发展。1999 年，加拿大通过了《新媒体豁免法》（*New Media Immunity Law*），将“新媒体”定义为“利用互联网传播广播电视的媒体”，并规定利用互联网传播广播电视可以免予申请许可证。2002 年，欧盟通过了《电子通讯网络与服务的统一监管框架》，统一规范电信网络、有线电视网络及相关的网络服务。2012 年日本通过了《电信业务广播法》，保证通过电信宽带网络传输电视节目。

（二）将分业多头管理改为统一独立的监管体系

1934 年，美国依据《通信法》成立了具有综合监管功能的美国联邦通信委员会（FCC），其监管内容包括公共电信、专用电信、广播电视、无线频率等，FCC 的成立消除了美国通信产业中存在的政出多门、相互分隔的现象。2003 年，英国将原来的电信管理局、无线电通信管理局、独立电视委员会、无线电管理局、播放标准委员会五个机构合并，成立了统一的监管机构——通信管理局（OFCOM），全面负责电信、电视和无线电的监管，彻底打破了信息领域中存在的各种壁垒，使技术和业务进一步融合。OFCOM 分为六大块：内容标准分部、技术标准与频谱分部、战略市场发展分部、组织计划发展分部、频谱政策分部、竞争市场分部。从部门分类和部门职责中，基本看不出广电和电信分块管理的痕迹。日本在总务省下设立信息通信政策局和综合通信基础局，设立融合的监管机构对广电和电信进行统一监管。通信、媒介、信息技术部门的融合意味着所有传播网络的传输和服务都必须在一个统一的管制框架下进行规范。

（三）允许电信网与广电网双向接入

美国和英国由单向准入逐步过渡到双向准入。2000 年，英国政府发表了白皮书《通信新未来》，首次提出要根据传播领域的新情况调整信息传播的监管机制。2003 年，英国出台的《通信法》在全国市场上放宽了跨媒介所有权限制，取消了第五频道和全国报纸跨媒介所有权的限制，并允许外国企业取得英国全国性地面商业电视网的股权，为投资和发展创造更多新的机会。加拿大、新加坡、德国、日本和印度直接允许电信和广电直接进入，电信企业可以提供视频服务。

（四）坚持网络与技术中立原则

美国、英国、加拿大、新加坡、德国、日本和印度等国家，无论是完全融合还是相对融合的监管体制，坚持网络与技术中立原则，不偏重任何技术手段，在法律允许的范围内，所有互联网用户都可以按自己的选择访问网络内容、运营应用程序、接入设备、选择服务提供商。政府允许运营商自行选择传播内容，只要不违反互联网的相关法律规定，都是允许的。

（五）重视内容监管

各国和地区对于通过广播和有线电视网络传播的内容监管普遍要严于通过互联网等电子通信网络传播的广播电视内容，并有一些共同的价值取向，例如关注个人隐私权和未成年人保护等。《美国电信法》对广播电视节目内容监管进行了详细的规定。在互联网内容管理方面，通过技术手段实行分级制，不直接干涉互联网上传播的内容，倡导行业自律。①

在全球范围内，适度放松的融合式监管体制已经成为媒介产业的发展趋势，我国政府可以在考虑中国电信和广电的管理特色的基础上理性借鉴。

三、我国的媒介融合进程

1997 年，我国在《国家信息化总体规划》中首次提出“三网融合”的概念，主管部门相继出台了一系列推进“三网融合”的相关政策。

三网融合，又叫“三网合一”，是指电信网、广播电视网、互联网在向宽带通信网、数字电视网、下一代互联网演进的过程中，通过技术改造，相互渗透、互相兼容、互联互通、资源共享，能为用户提供语音、数据和广播电视等多种服务，并逐步整合成为全世界统一的信息通信网络。

2010 年到 2015 年，三网融合确立了电信企业与广电企业双向进入业务范围的发展方

① 王虎. 国外融合类媒介管理体制探讨与借鉴 [J]. 现代视听，2010（12）.

向：（1）符合条件的国有电信企业，在有关部门的监管下，可从事除时政类节目之外的广播电视节目生产制作、互联网视听节目信号传输，也可以转播时政类新闻视听节目服务，以及提供除广播电台、电视台形态以外的公共互联网音视频节目服务和 IPTV 传输服务、手机电视分发服务。（2）符合条件的广电企业可经营增值电信业务，比照增值电信业务管理的基础电信业务，基于有线电视网络提供的互联网接入业务、互联网数据传送增值业务、国内 IP 电话业务。IPTV、手机电视的集成播控业务由广电部门负责，由宣传部门指导。工业和信息化部、广电总局要按要求落实现行政策规定，向符合要求的电信企业颁发相应的"电信业务经营许可证"和"信息网络传播视听节目许可证"。

2016 年 2 月 19 日，习近平总书记在党的新闻舆论工作座谈会上高度重视传统媒体与新兴媒体融合发展，强调要利用新技术、新应用创新媒体传播方式，并对推动媒体融合发展发表重要讲话：尽快从相"加"阶段迈向相"融"阶段，从"你是你、我是我"变成"你中有我、我中有你"，进而变成"你就是我，我就是你"，着力打造一批新型主流媒体。为媒介融合指明了发展方向。

2017 年，广电总局印发了《关于进一步加快广播电视媒体与新兴媒体融合发展的意见》，提出总体目标，力争两年内，广播电视媒体与新兴媒体融合发展在局部区域取得突破性进展，形成几种基本模式。在"十三五"后期，融合发展取得全局性进展，建成多个形态多样、手段先进、具有竞争力的新型主流媒体，打造出数家拥有较强实力的新型媒体集团，基本形成布局合理、竞争有序、特色鲜明、形态多样并具有可持续发展能力的中国广播电视媒体融合新格局。

2018 年，媒体融合进一步走向深入。无论是短视频的迅猛发展，还是机器人写稿的实际应用，都在很大程度上改变了人们关于媒介信息的认知，并催生出全新的传媒业态。

2019 年媒介融合纵深推进，从中央到地方，广电媒体积极探索智能媒体技术的创新和应用，5G 商业步伐的加快，各融媒体中心采用 H5、VR、AR、动漫、短视频等多种手段推出互动式、服务式、体验式新闻信息。"新闻 + 政务 + 服务"的发展方向，已经成为省级融媒体平台以及县级融媒体中心建设的共识。

（一）报刊和通讯社互联互通，融合发展

报刊和通讯社采取多种措施，加快推进传统媒体和新型媒体的深度融合，采编平台改造稳步推进，大数据和可视化资源得到了充分利用，内容产品更加丰富，技术水平得到提升，用户规模持续扩大，各种要素深度融合，各种资源充分共享，各种媒介互联互通。传播力、公信力、影响力明显增强，融合发展取得了良好开局，展现出更加广阔的前景。

（二）广播电视多渠道多平台融合传播

广播电视加快推进在内容、渠道与平台、经营与管理等方面的融合发展。广播电视节

目普遍实现了在自办网站传播、借门户网站和专业视频网站扩大影响力。绝大多数平台与门户网站和专业视频网站达成了长期合作关系，借优势网络平台扩展广播电视节目的人群覆盖，形成了“传统传播 + 网络转播”的双平台效应。同时，广播电视进入社交媒体和客户端，推出微博账号、微信公众号，开发精品节目应用程序和客户端，把节目内容分发到这些平台，精准送达用户。广电媒体还与新型媒体开展节目融合制作，采取共同策划、分别实施、统一制作、互为补充、融合呈现的方式，各级电台电视台加快面向各种传播渠道和终端的云平台建设，着力打造节目内容“中央厨房”式采集和多渠道全媒体分发流程，推动多渠道多平台融合传播。

（三）新型媒体发展迅速，步入微传播时代

网络新闻呈现出入口多样化、内容推荐精准化的特点。以“两微一端”（微博、微信、客户端）为代表的微传播逐渐成为主流新闻信息传播方式。新型媒体的发展充分保障了民众的言论自由和舆论监督权。网络空间成为中国网民获取信息和表达意见的重要场所，在畅通群众利益诉求表达、促进民生问题解决和推进政治文明发展等方面发挥了重要作用。

（四）5G 打破媒介限制，推动媒体多层次融合

5G 拥有独特的网络优势、技术优势，能够为融媒体发展提供足够宽阔的腾飞平台，有助于催生多元化的媒体融合产品，进而推进融媒体产品体系建设。5G 打造的全息媒体时代将会把现实和虚拟结合起来，从声音识别、面部识别等技术，到有关情绪识别、情感计算、AR、VR 等与人类情绪感官密切相关的技术，再到万物互联、万物互通的物联网技术，给用户打造沉浸式的使用体验，智能化的融媒体感受。5G 强大的传播力和感染力将有助于提高新闻舆论传播力、引导力、影响力、公信力。①

四、我国的媒介融合管理机制

媒介融合，是指信息技术的发展带来不同媒介之间的业务融合、渠道融合、终端融合、市场融合、传者融合、受众融合、传者与受众的互动、受众向用户的转变，颠覆了基于大众传播构建的传媒格局的融合。媒介融合给我国的传媒产业格局和政府规制带来根本性的挑战，尤其是信息安全、所有权制度、资本运作、监管协调、版权保护、不正当竞争、人事管理等法律问题，是媒介融合能否有所突破继续发展的重要问题。

① 记者观察：5G 商用将对媒介融合带来什么 [N]. 人民邮电报，2019-07-08.

（一）行业政策规制

鉴于目前的融合态势，应从以纵向产业划分为核心的管制体系向以横向功能划分的竞争体系过渡，采用一种水平层级式的融合监管架构，在最高层设置一个统一的融合管理机构，下设内容服务、技术管理和基础设施三大职能部门。应对媒介的内容服务与基础设施进行分离管制的政策。[①]需要有新的法律法规与之相匹配。应制定安全的、行之有效的内容前端、中端、后端监管体系并建立独立、融合的规制机构，变革纵向分业、横向分层的规制框架。同时，在财务、税收、社会保障、劳动人事制度，职工权益保障方面，要有相关的政策指导。

（二）版权保护机制

要坚持以先进技术为支撑、以内容建设为根本，建立合理的网络版权使用机制是推动传统媒体和新兴媒体在内容、渠道、平台等方面深度融合的重要一环。网络新技术和新应用，如P2P、IPTV、微信、微博、播放器、机顶盒等不断出现，导致社会上出现了大量未经授权使用作品的侵权盗版现象；相当一部分新闻网站、视频网站、音乐网站、文学网站未经授权大量非法复制、上载和传播他人作品，赚取高额非法收入，侵犯了著作权人的信息网络传播权。2015年，国家版权局办公厅颁布了《关于依法保护版权、规范网络转载的意见》，出台了传统媒体版权声明指导范本，引导传统媒体规范其权利归属及版权声明，积极维权，推动传统媒体与新兴媒体建立版权合作机制，完善网络转载许可付酬措施，形成了网络转载等形式的被使用作品依法依规许可付费使用的合作双赢机制。

（三）市场退出机制

完善文化市场准入和退出机制，鼓励各类市场主体公平竞争、优胜劣汰，促进文化资源在全国范围内流动。继续推进国有经营性文化单位转企改制，加快公司制、股份制改造。传媒的市场空间是有限的，广告的规模不可能无限增长。研究显示，受众花费在媒体上的时间总和也是趋于固定的，新媒介的大量进入加剧了竞争，但市场的增长是有限的，应该引入退出机制。

（四）人事制度机制

媒介融合要深化人事制度改革，着力建立和完善人才评价机制、人才选任机制、人才流动机制、分配与激励机制、人才保障机制和人才管理机制。以创新型报业人才特别是中青年领军人才为开发方向，加大人力资源开发投入，加快培养和引进适应报业结构调整、战略转型需要的紧缺人才，优化报业人才资源结构。应建立人才资源投资效益评估机制，

① 李红祥.我国未来传媒规制政策的价值取向[J].新闻界，2001（1）.

并积极推进报业人力资源市场建设。

数字技术与网络技术的飞速发展使媒介融合成为大势所趋，跨地区、跨领域、跨行业的报网融合、台网融合、跨界融合如火如荼，政府规制、行业自律、用户素养等议题都被提上了议事日程，当务之急是立足国情，借鉴域外经验，政策引导、科学规制，打破人为分割、消除行业壁垒、鼓励公平竞争，融媒介、融人员、融品质、融渠道、融效益、融素质，用互联网思维，建立符合现代企业制度的融合型传媒集团，实现社会效益最优化、经济效益最大化。

相关规定

1.《推进三网融合总体方案》（国务院，2010 年）

2.《关于三网融合试点工作有关问题的通知》（国务院，2010 年）

3.《关于加强三网融合试点地区 IPTV 集成播控平台建设有关问题的通知》（广电总局，2010 年）

4.《持有互联网电视牌照机构运营管理要求》（广电总局，2010 年）

5.《广电总局关于促进主流媒体发展网络广播电视台的意见》（广电总局，2013 年）

6.《关于推动传统媒体融合发展的指导意见》（中央深化改革领导小组，2014 年）

7.《关于进一步加快广播电视媒体与新兴媒体融合发展的意见》（广电总局，2017 年）

8.《广播电视台融合媒体互动技术平台白皮书》（广电总局，2018 年）

思考题

一、名词解释

1. 信息采集融合；　2. 新闻表达融合；　3. 三网融合；　4. 媒介融合

二、简答题

1. 国外媒介融合规制有哪些可以借鉴的经验？

2. 我国媒介融合管理机制主要体现在哪几个方面？

第一章 绪论

1994 年，复旦大学新闻学院在本科生和硕士研究生中开设了"新闻法规与新闻职业道德"这一课程作为选修课[①]。1998年，教育部颁布并实施了新修订的《普通高等学校本科专业介绍》，将"新闻法规与职业道德"列为主要的必修课程，有的院校的新闻传播专业还把新闻伦理学或传播伦理学单独列为必修课或选修课，各高校的新闻传播专业都很重视"新闻法规与职业道德"的教学与科研。2015 年，教育部开始培训全国各新闻院校的相关教师，相关课程的教学改革与科研立项工作也提上了议事日程。

在该课程的名称上，各院校不尽相同："新闻职业道德与法规""广播电视法规与职业道德""新闻传播法规与职业道德""新闻法规与职业道德"，不一而足。

作为一门专业性较强、适用性较广的课程，兼跨新闻学、传播学、管理学与法学、伦理学、哲学几个学科，本书采用《传媒法规与伦理》作为书名，涵盖了这个交叉学科的两个研究领域，紧密结合传媒业界的现实问题，对新闻传播实务操作有具体的指导意义。

① 黄瑚.新闻法规与职业道德教程 [M].上海：复旦大学出版社，2005.

第一节 研究对象

任何一门学科都有自己独特的研究领域。传媒规制与新闻伦理的理论体系和学科架构还在探讨之中，还没有形成一个完整的、具有独立体系的学科。传媒规制与新闻伦理的研究属于一个新兴学术研究领域。其研究对象是大众传播活动中，传媒组织、传播行为、传播活动参与者之间的各种社会关系的法律规范及其道德观念、道德原则和道德规范，以保障传播参与者的合法权益和社会公共利益。

传媒规制与新闻伦理研究的基础任务有三个：一是从理论上完善传媒规制与新闻伦理的理论体系和研究框架；二是探讨运用传媒规制与新闻伦理指导大众传播活动和新闻传播活动；三是建立传媒规制与新闻伦理的有机联系。

一、理论任务

传媒规制与新闻伦理的理论任务是建立完善传媒规制与新闻伦理的理论体系和研究框架。

（一）传媒规制的理论体系

传媒规制，是传媒主管机关依据传媒法律、法规、政策，通过行政许可或审批等手段，对传媒市场活动进行规范管理与制约的行为。传媒规制包括政府规制和内部自制。政府规制，是政府通过相关法律规范、政策管理规范、其他要求及其实施和监督机制对传媒的市场行为和传播活动进行规范和矫正的行为。内部自制，是传媒机构自身在专业道德、新闻伦理、意识形态等方面的自我约束规范。

传媒规制的理论体系建立在宪法基础之上，明确了传媒在国家政治生活中的地位和作用，其核心内容是从传媒与国家、社会、公民的规制关系入手来研究传媒的法律规范，包括设立媒体的许可制度，传播内容的禁载规定，保护公民寻求、获取信息的自由，保护受众的合法权益，保护媒体和记者的隐匿权，保护数据主体的被遗忘权等。

1. 寻求、获取信息的自由

获取信息的自由是当今世界公认的最基本的人权之一。“人人有自由发表意见的权利；此项权利包括寻求、接受和传递各种消息和思想的自由，不论国界，也不论口头的、书写的、印刷的、采取艺术形式的、或通过他所选择的任何其他媒介。”[①] 寻求、获取和传递信息的自由是每一个公民的权利和政治权利，除了公民自己寻求、获取、传递信息外，媒体的记者是职业的信息传播者，为公民寻求、获取信息提供便利。

① 《公民权利和政治权利国际公约》第 19 条 2 款规定。

2. 受众权益

受众有通过传媒获知信息的权利、使用传媒进行交流、讨论的权利、在受到新闻侵害时要求补偿的权利。[①]我国公民享有传媒服务的五个方面的基本权益：利用传媒获知信息、获取信息产品的权益；利用传媒服务刊播信息的权益；借助传媒服务阅听、欣赏文艺作品和文化娱乐节目的权益；依靠传媒服务接受教育的权益；参加有关传媒活动的权益。[②]因此，概括起来，传媒领域的受众权益包括：知晓权、接近权、选择权、表达权、交流权、传播权、受教育权、监督权、隐私权、参与管理权、申诉权等。

3. 新闻隐匿权

新闻隐匿权，指媒体及工作人员为消息来源保密的权利，即未经消息来源同意，有责任替消息来源保密，不能把消息来源透露给第三人。新闻界主张拥有隐匿权的理由是：任何公民均享有表达自由的权利；媒体需要依靠社会各方面提供信息源才能生存和发展。目前，世界多数国家的新闻业界都将隐匿权列入新闻职业道德，有的国家将其列为新闻法的内容。[③]在美国50个州中有31个州和哥伦比亚特区颁布了保护新闻隐匿权的“盾牌法”。[④]

4. 被遗忘权

被遗忘权，又叫删除个人信息权，是隐私权、个人数据保护权的延伸。2014年，由欧盟会员国数据保护官员代表组成的欧盟数据保护工作小组出台了关于“被遗忘权”的具体实施细则。允许用户从搜索引擎结果页面中删除自己的名字或相关历史事件，即所谓的“被遗忘的权”。欧盟对被遗忘权的定义是：“被遗忘权，指数据主体有权要求数据控制者永久删除有关数据主体的个人数据，有权被互联网所遗忘，除非数据的保留有合法的理由。”通俗地理解：如果一个人不再想让其个人信息被信息控制者加工或者存储，并且如果没有保持这些信息的合法基础，这些数据应该从数据控制者的系统中删除。

以上是近年来传媒规制理论研究重点关注的几个问题，其他有关传媒规制的理论问题，如表达自由、知情权、舆论监督等，将在本书其他相关章节讨论。

（二）重点研究新闻伦理的建构

新闻伦理属于职业伦理的一种，是从事采访、报道、编辑、出版、播放、经营、管理等新闻信息传播活动的人们，在长期的职业实践中形成的调整相互关系的行为规范。[⑤]

传媒业在价值日益多元化的信息时代，多次出现道德问题，引起社会广泛热议。如姚贝娜事件、深圳联防保安事件、菲律宾人质事件等。新闻伦理的研究需要寻求相应的群体价值、道德共识、伦理诉求、道德标准、价值取向、道德抉择，以解决现实社会中的新闻

① 1980年联合国教科文组织国际交流问题委员会的报告《多种声音，一个世界》中提出受众权益。
② 1992年中国社会科学院新闻研究所的一份《关于受众权益情况的报告》归纳并论述了受众权益。
③ 参见百度百科中隐匿权条目。
④ 单波，汪振兴.新闻隐匿权：未完成的理论表达和思想困境[J].现代传播，2015（12）.
⑤ 郎劲松，初广志.传媒伦理学导论[M].杭州：浙江大学出版社，2007：93.

道德悖论和难题。在善与恶、好与坏、正义与非正义、道德与非道德行为之间做出理性的抉择。运用理性对若干个可能都合乎道德的正义抉择进行区分，挑选出其中有社会共识的解决方案。

1. 关于价值与利益冲突

新闻伦理的实质是一种价值的探讨，涉及新闻价值、社会价值、文化价值等。媒体的价值冲突主要表现在传媒自身的原则与社会上对“善”这一概念的普遍理解之间的冲突。传媒市场化以后，其经济创收者与舆论引导者的双重身份是媒体陷入社会责任困境的根源所在。较之以前单一的舆论引导者的身份，经济创收者的身份以及以受众为中心的经营理念的转变，淡漠了媒体的社会责任意识。媒体的这种转变恰好迎合了受众的世俗化倾向，媒体与大众共同解构了传统道德，社会普遍迷失了道德方向，这是当代媒体受批评最为严厉之处。① 有偿新闻和新闻广告对新闻职业道德的冲击、对公共道德的危害性也要引起业界的高度重视。

2. 关于媒介暴力的伦理思考

20 世纪 60 年代，美国的社会学家、心理学家开始研究媒介暴力。媒介暴力，主要是指电影、电视、书籍、电子游戏、互联网等媒介中含有或刊载暴力内容，并对人们的正常生活造成某种不良影响的暴力现象。研究对象主要是儿童和青少年，主要考察媒介暴力对儿童和青少年的心理、人格和社会认知方面的影响。研究采用定量分析方法、实地调查和实验法，为暴力研究积累了大量的资料和数据，提高了研究的可信度。随着媒介技术的不断发展，从电影、电视到网络、电子游戏等，媒介形式的多元化也在不断拓宽媒介暴力研究的视野和话语领域。

3. 关于媒体的社会责任

媒体社会责任，是指新闻媒体及其从业人员在新闻传播活动中必须履行的对社会安定、国家安全和公众心智健康所承担的法律、道德等公共责任和社会义务。②

1947 年，美国新闻自由委员会发布了著名的报告《一个自由而负责的新闻界》，由此，诞生了传媒的“社会责任理论”，它是现代资本主义国家新闻传播的理论基础。对新闻自由、媒体与政府、媒体与公众的关系重新进行了阐述。把媒体的社会责任、道德义务融入其中。强调自由与责任的统一、权利与义务的统一，并指出要实现自由而负责的新闻界，媒体、公众、政府各自都负有一定的责任。媒体除了要真实、公正地报道新闻，满足公民的知情权外，还应当承担相应的道德责任，通过评论、综述、案例调查、报告、访谈等多种传播方式，发挥媒体的舆论监督功能，促进各种社会问题的解决和各种社会矛盾的缓和，形成有利于制度创新的舆论环境，积极推进国家的政治民主化进程。

以上问题是近年来新闻伦理研究重点关注的几个问题，其他有关新闻伦理的问题，将

---

① 郑根成. 我国传媒伦理研究综述 [J]. 哲学动态，2003（7）.

② 参见 MBA 智库百科中媒体社会责任条目。

在新闻伦理的相关章节讨论。

（三）重点研究传媒的行政规制

传媒的行政规制依据主要有广播电视法、新闻出版法、电影产业促进法、广告法、互联网传播法等。

1. 广播电视法

广播电视法是规范广播电视媒体及其传播活动的法律规范的总称。涉及广播电台、电视台的设立，广播电视传输覆盖网的建设与管理，广播电视节目的制作、播放、交流、交易、进出口，卫星电视广播地面接收设施的安装使用和进出口管理；广播电视设施保护活动等方面，如我国的《广播电视管理条例》（国务院 1997 年施行）。

2. 新闻出版法

新闻出版法是规范报刊音像媒体及其出版传播活动的法律规范的总称。涉及出版物的出版程序、禁载规定，作者、出版者、印刷者、发行者的资格或者责任、出版监管、法律责任等内容，如我国的《出版管理条例》（国务院 2001 年施行）。

3. 电影产业法

电影产业法是规范电影创作、摄制、发行、放映、进出口等活动的法律规范的总称。涉及电影摄制、院线投融资，票房收入、贴片广告管理，版权保护、税收优惠、电影技术、技能人员职业资格制度等，如我国的《电影产业促进法（草案）》（国务院 2015 年施行）。

4. 广告信息法

广告信息法是规范广告主、广告经营者、广告发布者、广告代言人之间在广告的代理、经营、代言、发布等过程中的法律关系的法律总称。涉及广告代理制、广告合同制、广告收费制、广告审查制、广告业务档案制、广告违法行为及其法律责任等内容，如《中华人民共和国广告法》（国务院 1995 年施行，2015 年修订）。

5. 互联网信息法

互联网信息法是调整基础电信业务经营者、互联网接入服务提供者、互联网新闻信息服务提供者、政府互联网监管部门、互联网用户因互联网应用而产生的各类社会关系的法律规范的总称。涉及互联网传播法的立法宗旨、法律原则、治理手段、执法机制等内容。如《中华人民共和国网络安全法》（全国人民代表大会常务委员会 2015 年施行）、《互联网信息搜索服务管理规定》（国家互联网信息办公室 2016 年施行）、《互联网新闻信息服务》（国家互联网信息办公室 2017 年施行）等。

从以上梳理可以看出，我国传媒规制与新闻伦理研究的内容十分丰富。需要加强研究体系建构的完整性、内在逻辑关系的统一性，形成一个有共识的、完整的、统一的理论体系和研究架构，深化业务研究及交流。

二、实践任务

在互联网、社交媒体飞速发展的媒介环境下，传媒规制与新闻伦理研究的根本任务是将其理论研究成果运用于传媒实践中。

（一）传媒规制的运用

传媒规制研究，包括传媒规制关系、传媒规制的基石、传媒与国家安全、传媒与社会秩序、传媒与司法公正、传媒与公民权利、传媒与著作权、传媒行政规制等主要内容。

传媒规制的建设，包括理论框架的构建和实务问题的探讨。明确传媒规制与公民的表达自由、出版自由等紧密相关。分析我国目前传媒规制中的实务问题， 如肖像权的合理使用、披露隐私的界限、新闻侵权的预防与责任、如何规避法律风险与伦理困境等方面的实务问题，各章节都梳理出相关规制、伦理规范附于书后，具有较强的应用价值。

（二）新闻伦理的运用

新闻伦理研究，梳理新闻伦理的渊源、原则、实务中的伦理问题，如新闻失实、新闻歧视、侵扰悲痛、二次伤害、媒介审判等。重点论述了隐性采访、灾难报道、性侵害报道、人质事件报道、刑事案件报道等问题。

新闻伦理的建设，要服从于更具普适性的全球伦理，对于生命的尊重和人性的关怀始终应该是第一位的。新闻伦理研究的重点是强化传播者个人品行修为、建立新闻伦理观念，这对于净化媒介环境，促进传媒业的良性发展起到越来越重要的作用。还应围绕传媒实践中引人关注的伦理问题和典型案例，具有批判性思维和批判精神，运用波特图式和博克模式，帮助新闻从业者解决道德抉择的两难问题，摆脱伦理困境，赢得社会的尊重。

三、有机联系

在现代社会，任何国家的伦理与规制都是不可能完全分离的。新闻伦理是新闻从业者内心的自觉和自律，传媒规制是新闻传播活动应当遵循的行为底线，二者存在有机的联系。新闻伦理是传媒规制正当性、合理性的基础，新闻伦理所提倡或者要求的，往往是传媒规制做出相关规定的重要依据。如我国传媒规制中明确要尊重和保障人权、促进民族团结、维护社会稳定等，总体上都反映或者体现了新闻伦理的价值取向和基本要求。

第二节　研究原则和方法

坚持“基础研究和应用研究”并重、“定量与定性分析”相结合的原则，遵循“自下而上”的思路选择研究方法。在媒介融合的大环境下研究问题，以期从实务问题、案例分析上升到理论研究。具体而言，通过搜集文献资料、典型案例、判决书等，实地走访相关部门、调研传媒机构和人员，获取第一手资料；了解传媒业界对传媒规制、新闻伦理规范的认知和把握情况。在此基础上运用文献研究、个案分析、定性研究、定量分析、比较研究等必要的研究方法。

一、文献研究法

文献研究法，是搜集、鉴别、整理文献，并通过对文献的研究形成对事实的科学认识的方法。包括提出课题或假设、研究设计、搜集文献、整理文献和进行文献综述五个步骤。搜集文献的主要渠道包括：图书馆、档案馆、博物馆、社会、科学及教育事业单位或机构、学术会议、个人交往和计算机互联网。搜集研究文献的方式主要有两种：检索工具查找方式和参考文献查找方式。通过确定综述的选题、收集相关的文献资料、整理文献、撰写综述初稿、修改综述初稿并完成文献综述。

二、个案分析法

个案研究法，是把现实生活中的具体问题作为案例进行深入而具体研究的方法。个案研究的对象可以是个人，也可以是个别团体或机构。采用个案分析法的前提是需要研究对象具有典型性、研究过程具有深入性、研究成果具有可操作性。通过确定个案、找出个案的主要问题、搜集与主要问题相关的资料、进行分析研究，得出结论。重点培养研究者的分析能力、判断能力、解决问题的能力。

三、定性研究法

定性研究法，是通过发掘问题、深入研究对象的具体特征或行为，进一步探讨其产生的原因、理解事件现象、分析人类的行为与观点，以及回答提问，并从性质上进行深入研究。定性研究的主要形式有小组座谈会、一对一深度访谈等，分策划、执行、分析和应用几个步骤。

四、定量分析法

定量分析法，是对一个或几个被研究对象的数量特征、数量关系与数量变化的分析。

如实验法、观察法、访谈法、社会测量法、问卷法、描述法、解释法、预测法等。

定性研究与定量分析应该是统一的、相互补充的。定性研究是定量分析的基本前提，没有定性的定量是一种盲目的、毫无价值的定量；定量分析使定性研究更加科学、准确，它可以促使定性研究得出广泛而深入的结论。

五、比较研究法

比较研究法，是对物与物之间和人与人之间的相似或相异程度的研究与判断的方法。比较研究法可以理解为根据一定的标准，对两个或两个以上有联系的事物进行考察，寻找其异同，探求普遍规律与特殊规律的方法。按属性的多少，可分为单向比较和综合比较；按时空的区别，可分为横向比较与纵向比较；按比较的性质，可分成定性比较与定量比较；按比较的范围，可分为宏观比较和微观比较等。

第二章 传媒规制关系

传媒规制关系，是传媒规制所确认和调整的，在大众传播活动过程中各方参与者形成的传播权利和传播义务关系。

第一节 传媒规制关系主体

传媒规制关系主体，是指大众传播活动中享有新闻权利和承担新闻义务的机构、组织和个人。在我国有传媒（领导）主管机关、传播组织、传播者和受众之间的权利义务关系。

一、传媒领导机关

（一）中央宣传部

中央宣传部（全称中国共产党中央委员会宣传部，简称中宣部）成立于1924年，是中共中央主管意识形态、新闻出版、电影、宣传文化系统等方面工作的综合职能部门。

1. 负责引导社会舆论

指导协调中央的各新闻媒体做好新闻宣传工作，搞好舆论引导；为中央领导和中宣部领导的决策和指导全局工作提供舆情信息的服务，并且要负责组织协调和指导宣传文化系统的舆情信息工作。

2. 管理宣传文化系统重要岗位的领导干部

受中央的委托，协同和会同有关部门对我们宣传文化系统的重要岗位的领导干部进行管理。联系宣传文化系统的知识分子，协助有关部门做好知识分子的工作。

3. 负责提出宣传文化事业发展的指导方针

指导宣传文化系统制定政策和法规；同时还要按照中央的统一工作部署，做好宣传文化系统各有关部门之间的协调工作。

4. 管理新闻出版工作

2018 年根据中共中央印发的《深化党和国家机构改革方案》将国家新闻出版广电总局的新闻出版管理职责划入中央宣传部。

主要职责是：贯彻落实党的宣传工作方针，拟订新闻出版业的管理政策并督促落实，管理新闻出版行政事务，统筹规划和指导协调新闻出版事业、产业发展，监督管理出版物内容和质量，监督管理印刷业，管理著作权，管理出版物进口等。

5. 管理电影行政事务

2018 年根据中共中央印发的《深化党和国家机构改革方案》，将国家新闻出版广电总局的电影管理职责划入中央宣传部。

主要职责是：管理电影行政事务，指导监管电影制片、发行、放映工作，组织对电影内容进行审查，指导协调全国性重大电影活动，承担对外合作制片、输入输出影片的国际合作交流等。

中央宣传部与国家新闻出版署（国家版权局）、国家电影局合署办公，设在国务院。中央宣传部对外加挂国家新闻出版署（国家版权局）、国家电影局牌子。

（二）中央网信办（国家网信办）

中共中央网络安全和信息化领导小组办公室（简称中央网信办）成立于 2014 年，是中共中央网络安全和信息化领导小组的办事机构，由国家互联网信息办公室承担具体职责。国家互联网信息办公室主任兼任中央网信办主任。2018 年 3 月，依据《深化党和国家机构改革方案》，将中央网络安全和信息化领导小组改为中国共产党中央网络安全和信息化委员会。

中华人民共和国国家互联网信息办公室（简称国家网信办）成立于 2011 年，是国务院设立的落实互联网信息传播方针政策和推动互联网信息传播法制建设，指导、协调、督促有关部门加强互联网信息内容管理的职能部门。

中央网信办与国家网信办实行一套班子、两块牌子的工作方针，办公地点设在国务院。中央网信办与国家网信办属于正省部级机构。国家网信办不另设新的机构，在国务院新闻办公室加挂国家互联网信息办公室牌子，设主任、副主任和专职副主任等职位。

主要职责：落实互联网信息传播方针政策和推动互联网信息传播法制建设，指导、协调、督促有关部门加强互联网信息内容管理，负责网络新闻业务及其他相关业务的审批和日常监管，指导有关部门做好网络游戏、网络视听、网络出版等网络文化领域的业务布局和规划，协调有关部门做好网络文化阵地建设的规划和实施工作，负责重点新闻网站的规划建设，组织、协调网上宣传工作，依法查处违法违规网站，指导有关部门督促电信运营企业、接入服务企业、域名注册管理和服务机构等做好域名注册、互联网地址（IP 地址）分配、网站登记备案、接入等互联网基础管理工作，在职责范围内指导各地互联网有关部门开展工作。

二、传媒主管部门

国家依法对新闻事业实行行政管理。各级新闻单位在行政上都是由国家政府机关的有关部门对部分新闻活动行使行政职能，具体行政管理职责分工如下：

（一）国家广播电视总局

2018 年，依据国务院机构改革方案，设立中华人民共和国国家广播电视总局，为国务院直属机构，将原来的新闻出版管理、电影管理划入中央宣传部统一管理。

主要职责：贯彻党的宣传方针政策，制定广播电视、网络视听节目服务管理的政策措施，加强广播电视阵地管理，把握正确的舆论导向和创作导向。负责起草广播电视、网络视听节目服务管理的法律法规草案，制定部门规章、行业标准并组织实施和监督检查，指导、推进广播电视领域的体制机制改革；负责对各类广播电视机构进行业务指导和行业监管，会同有关部门对网络视听节目服务机构进行管理。实施依法设定的行政许可，组织查处重大违法违规行为。监督管理、审查广播电视节目、网络视听节目的内容和质量。指导、监管广播电视广告播放。负责推进广播电视与新媒体、新技术、新业态融合发展，推进广电网与电信网、互联网三网融合等。

（二）文化和旅游部

2018 年，依据国务院机构改革方案，组建中华人民共和国文化和旅游部，作为国务院的职能部门，管理全国文化艺术事业。

主要职责：贯彻落实党的文化工作方针政策，研究拟订文化和旅游政策措施，起草文化和旅游法律法规草案。指导全国文化市场综合执法，组织查处全国性、跨区域文化、文物、出版、广播电视、电影、旅游等市场的违法行为，督查督办大案要案，维护市场秩序。管理国家文物局等。

按照《网络游戏管理暂行办法》(文化部.2003年)、《关于推动数字文化产业创新发展的指导意见》(文化部.2017年)的精神，新组建的文化和旅游部仍是网络游戏、动漫、电竞的主管部门。

(三)工业和信息化部

2008年，依据国务院机构改革方案组建中华人民共和国工业和信息化部(简称工信部)是国务院直属部门。作为行业管理部门，主要是管规划、管政策、管标准，指导行业发展，但不干预企业生产经营活动。

主要职责：拟订实施行业规划、产业政策和标准；监测工业行业日常运行；推动重大技术装备发展和自主创新；管理通信业；指导推进信息化建设；协调维护国家信息安全等。

2018年3月，根据中共中央印发的《深化党和国家机构改革方案》，将国家计算机网络与信息安全管理中心由工业和信息化部管理调整为由中央网络安全和信息化委员会办公室管理。

三、传播组织

传播组织是传媒规制关系最基本的承载者。我国的传播组织包括通讯社、报刊社、广播电台、电视台、新闻网站等。新闻传播组织是为实现公共利益、根据主管机关的行政命令或经批准成立的独立法人。我国对新闻传播组织采取的是特许制。随着我国新闻事业的改革发展，许多新闻传播组织正在由全额拨款的事业单位转变为差额拨款的事业单位、无拨款的事业单位和企业化经营的事业单位，或者直接为企业法人，传播组织的事业单位法人主体的特色正在逐渐淡化，而企业法人的特色正在不断加强。传播者越来越独立地参与新闻传播活动并独立承担责任。

(一)通讯社

通讯社，是新闻服务机构，即向其他新闻媒介提供新闻服务的机构。以采集和发布新闻为主要职能，以报刊、广播电台、电视台为主要对象的新闻机构[①]。

中国内地现有两家通讯社：新华通讯社和中国新闻社。新华通讯社(新华社)是面向全世界的通讯社。中国新闻社(中新社)是面向海外华人、港澳同胞的通讯社。台湾的中央通讯社是位于台湾地区的一家通讯社。

(二)报刊社

报刊社，就是依法设立的采集、编辑和出版报纸、期刊，并以报纸、期刊为传播媒介

① 《中国大百科全书》(新闻出版卷,1989)互动百科。

向一定区域、不同需求受众提供新闻信息服务的大众传播机构。如《人民日报》《光明日报》《现代传播》等报刊社。

（三）广播电台

广播电台，是采编、制作并利用无线电波或导线向一定区域的受众传送声音、图像节目的大众传播机构。通过无线电波传送节目的称无线广播，通过导线传送节目的称有线广播，如中央人民广播电台、北京人民广播电台等。

（四）电视台

电视台，是制作电视节目并通过无线电信号、卫星信号、有线网络或互联网播放的媒体机构。电视台传播视频和音频同步的资讯信息，这些资讯信息可通过有线或无线的方式为公众提供付费或免费的视频节目。中国只有县级以上人民政府才能创办电台、电视台。

（五）新闻网站

新闻网站是中央新闻单位、中央国家机关各部门新闻单位以及省、自治区、直辖市和省、自治区人民政府所在地的市直属新闻单位依法建立的互联网站，[①]如东方网、红网、南方新闻网、华龙网、金羊网、澎湃新闻网、国际在线等。

【组建中央广播电视总台】

2018 年 3 月，根据中共中央《深化党和国家机构改革方案》组建中央广播电视总台。坚持正确的舆论导向，高度重视传播手段建设和创新，提高新闻舆论传播力、引导力、影响力、公信力，是牢牢掌握意识形态工作领导权的重要抓手。为加强党对重要舆论阵地的集中建设和管理，增强广播电视媒体整体实力和竞争力，推动广播电视媒体、新兴媒体融合发展，加快国际传播能力建设，整合中央电视台（中国国际电视台）、中央人民广播电台、中国国际广播电台，组建中央广播电视总台，作为国务院直属事业单位，归口中宣部领导。

主要职责：宣传党的理论和路线方针政策，统筹组织重大宣传报道，组织广播电视创作生产，制作和播出广播电视精品，引导社会热点，加强和改进舆论监督，推动多媒体融合发展，加强国际传播能力建设，讲好中国故事等。

撤销中央电视台（中国国际电视台）、中央人民广播电台、中国国际广播电台建制，对内保留原呼号，对外统一呼号为“中国之声”。

① 《互联网站从事登载新闻业务管理暂行规定》第 5 条规定（2000 国务院新闻办公室、信息产业部）。

四、传播者

传播者，是指传播活动中发挥传播功能或参与传播工作的自然人，包括新闻传播组织、新闻传播组织成员。如记者、编辑、评论员、播音员、节目主持人、摄影师、资料员、核对员、电讯员、工程师、发行人、自由撰稿人、通讯员等。他们是传播行为的发起者，是借助某种手段或工具、通过发出信息主动作用于他人的个人、群体或组织。对于大众传播来说传播者可以是个人，也可以是大众传播机构。传播者这一概念是相对的，在传播过程中，它与受传者的角色可以互换。在互联网时代，每个人既是信息传播者，又是信息接受者。本书重点研究新闻传播组织及其成员。

五、受众

受众，是指信息的接受者和反馈者，是传播者的作用对象。报刊、书籍的受众是读者，广播的受众是听众，电视、电影的受众是观众，互联网的受众是网民。受众从宏观上来看是一个巨大的集合体，从微观上来看体现为具有丰富的社会多样性的人。[①]

六、法人

法人，是具有民事权利能力和民事行为能力，依法独立享有民事权利和承担民事义务的组织。简言之，法人是具有民事权利主体资格的社会组织。

根据《中华人民共和国民法通则》的规定，我国的法人主要有四种：机关法人（国家行政机构、司法机关、军事机构等）；事业单位法人（高校、电台、电视台等）；企业法人（海尔集团、腾讯公司、阿里巴巴等）；社团法人（全国总工会、共青团中央、全国妇联、中国记协、中国法学会等）。

法人的条件：（1）依法成立，即法人必须是经国家认可的社会组织。（2）有必要的财产和经费。（3）有自己的名称、组织机构和场所。（4）能够独立承担民事责任，即法人要对自己的民事行为所产生的法律后果承担全部法律责任。

在新闻传播活动中，法人也是重要的参与者。法人既是被报道对象，又是媒体的广告客户、节目的赞助商，有时，法人也会成为舆论监督、批评报道的对象。

① 参见百度百科“受众”词条。

第二节　传媒规制关系客体

传媒规制关系客体，是指在大众传播活动中，传媒规制关系主体权利和义务所指向的对象，包括物、传播行为、智力成果。

一、物

物，指与大众传播活动相关的资金、技术设备和物质要素。采集信息需要使用笔记本、话筒、录音机、摄像机等；制作编辑节目需要使用电脑、编辑机；出版发行报纸、杂志、电视片等需要纸张、油墨、色彩、印刷机等，这些物品有一定的质量标准和数量要求；网民上网发布或者接受信息，需要电脑、路由器、网络连接线、鼠标等。

二、传播行为

传播行为，是指在大众传媒活动中，人所实施的信息采集、编辑、出版、发行等传播行为，也包括受众利用传媒发表自己意见和思想的行为。互联网出现后，不仅持有记者证的职业新闻传播者可以实施传播行为，任何公民借助互联网平台都可以实施信息采集、编辑、发布的传播行为。

三、智力成果

智力成果，是指大众传媒活动参与者通过智力活动所创造的精神财富，如科学发明、技术发明、学术著作、文学艺术作品等。传媒活动主体对自己所创作的作品享有著作权，其他媒体要转载必须署上原创作者的姓名、首发媒体的名称等，以营利为目的使用他人作品必须征得作者的同意，并支付一定的报酬。

第三节　传媒规制关系内容

传媒规制关系的内容包括新闻记者所享有的职业权利和职业义务，以及我国相关法律、法规中的禁载规定。

一、记者职业权利

新闻记者是专门以从事新闻采访报道和评论为职业的工作者，享有以下职业权利：

（1）新闻采访权，是指新闻记者有权在法律允许的范围内，自由选择采访对象和采访方式进行自主调查、聆听、谈话、询问、体验、记录、查阅、录音、录像等，获取与新闻事实有关的材料的权利。

（2）新闻报道权，是指记者在法律许可的范围内有权将自己获取的新闻、材料和数据，经过写作编辑后，利用大众传播媒介公开传播的权利。

（3）批评、建议权，是指公民有权对国家机关及工作人员在工作中存在的缺点、错误提出批评，以及提出合理化建议的权利。公民可以通过新闻报刊、来信、来访、座谈、讨论会等多种形式和途径来行使批评、建议权。这是宪法赋予每一个公民的权利。记者可以通过"内参"及时向有关领导和部门反映社会敏感问题和一时不便于公开讨论的尖锐问题，以引起有关领导和部门的高度重视，敦促问题的及时、有效解决。

（4）优待权，是指记者出于职业的需要，在交通、通讯、体育赛事、重大场合适当地享有一定优待的权利。如报道"两会"、香港和澳门回归、"神六"发射升空等，这样有利于及时获取和传播信息。

（5）人身权，是指不直接具有财产的内容，与主体人身不可分离的权利。公民的人身权有两类：一类是人格权，包括生命健康、人身自由、名誉、姓名、肖像、婚姻、隐私等权利；一类是身份权，包括亲属权、监护权、署名权、荣誉权等。记者是公民的一分子，当然享有公民的人身权。

二、记者职业义务

新闻记者依照相关法律、法规应当履行以下职业义务：

（1）更正与答辩。更正，指新闻媒体对已发表的不准确、不客观、不公正的报道，可能或已经给自然人、法人及其他组织造成损失时，应采取有效的、必要的补救措施，或书面更正、或口头致歉；答辩，指在新闻报道中如果点名批评了相关单位或个人，要允许相关单位或个人，借助传媒对报道内容的公正性或全面性进行答辩。

（2）保守国家秘密。记者在报道涉及国家安全和利益，依照法定程序确定，在一定时间内只限一定范围的人员知悉的事项时要注意保存和守护国家秘密，注意解密程序。

（3）保守职业秘密。记者要注意尊重当事人的正当要求和严正声明，要为不愿透露本人姓名或单位名称的信息提供者保守秘密。或在报道中略去，或采用间接引用法，如"从有关方面获悉""某权威人士透露""据知情者说"。

（4）维护司法尊严。记者在报道正在审理的案件时，不得超越司法程序，抢先对案情做出判断；或对涉案人员做出定性、定罪、定刑，以及罪轻、罪重、胜诉、败诉等结论。

（5）不得搞“新闻诽谤”。记者不得在新闻报道中无中生有、无事生非，不得故意捏造和散布虚假事实损害他人名誉。

（6）不得侵犯公民的隐私。记者不得随意披露公民与社会公共生活无关且不愿为他人知悉或受他人干扰的私人事项。

（7）不得借采访的名义拉广告。采编部门不得向记者下达“广告创收”任务。记者不得在采访报道的过程中从事广告或其他经营活动。媒体不得用新闻形式发布记者招徕来的广告。

（8）不得搞“有偿新闻”。记者不得接收企事业单位或经营者个人的金钱财物，而为其用新闻报道形式刊播宣传性的文章。

（9）不得发布禁载新闻。记者不得发布法律规定不能刊载的信息，如破坏四项基本原则的信息；破坏民族团结的信息；泄露国家秘密的信息；淫秽、色情的信息；教唆犯罪的信息等。①

三、禁载规定

所谓禁载规定，就是法律明文规定的禁止刊载的内容。我国的法律规范分为授权性规范（可以自行抉择做或不做某种行为）、义务性规范（必须做某种行为）和禁止性规范（不得做某种行为）。

我国现行的传媒法律规范中，如《出版管理条例》（第25条）、《广播电视管理条例》（第32条）、《电影产业促进法》（第16条）、《互联网信息服务管理条例》（第15条）、《广告法》（第9条）、《互联网视听节目服务管理规定》（第16条）等都明确规定了禁止性规范。

（一）维护宪法权威

宪法是国家的根本法，它以法律的形式确立和规定国家的根本问题，包括国家的性质、国家的根本任务和基本制度、国家的政体和权力主体、公民的基本权利和义务等重大问题。宪法是保持国家统一、民族团结、经济发展、社会进步和长治久安的法律基础，是全社会都必须遵行的根本规范。因此，损害宪法权威的传播行为都被列入禁载之列。

《出版管理条例》第25条规定：“任何出版物不得含有下列内容：（1）反对宪法确定的基本原则的……”《电影产业促进法》第22条规定：“电影不得含有下列内容：（1）违反宪法确定的基本原则，煽动抗拒或者破坏宪法、法律、行政法规实施……”

① 1987年年底，全国有三个新闻法起草小组：新闻出版署新闻法起草小组、中国社科院新闻法研究室、上海新闻法起草小组，这三个小组先后修订了10个草稿，于1988年5月至10月相继拿出了三个新闻法草案，这三个草案都规定了新闻工作者有采访、报道、评论等权利，都有国家保障新闻报道的义务性规定。

（二）维护国家主权和统一

国家主权是一个国家独立自主处理内外事务、管理自己国家的最高权力。国家主权的目的是保护国家的完整性，保护全体国民的利益。国家统一是实现中华民族伟大复兴不可或缺的历史前提和基本保证。维护国家主权和国家统一是中国各族人民的最高利益，是包括港澳同胞、台湾同胞和海外侨胞在内的全中国人民的共同义务。中国的主权和领土完整不容侵犯和分割。任何分裂国家、企图阻扰国家统一的行为都是我国法律禁止的行为。

《出版管理条例》第 25 条规定："任何出版物不得含有下列内容：（2）危害国家统一、主权和领土完整的……"《广播电视管理条例》第 32 条规定："广播电台、电视台禁止制作、播放载有下列内容的节目：（2）危害国家的安全、荣誉和利益的……"《电影产业促进法》第 16 条规定："电影不得含有下列内容：（2）危害国家统一、主权和领土完整，泄露国家秘密，危害国家安全，损害国家尊严、荣誉和利益，宣扬恐怖主义、极端主义……"

（三）保守国家秘密

国家秘密关系到国家的安全和利益，如国民经济和社会发展中的秘密事项、科学技术中的秘密事项等。为此，国家设立了专门的保密工作部门，并主管全国保守国家秘密的工作。一切国家机关、武装力量、政党、社会团体、企业事业单位和公民都有保守国家秘密的义务。

《广播电视管理条例》第 32 条规定："广播电台、电视台禁止制作、播放载有下列内容的节目：（4）泄露国家秘密的……"《互联网视听节目服务管理规定》第 16 条规定："互联网视听节目不得含有以下内容：（3）泄露国家秘密、危害国家安全或者损害国家荣誉和利益的……"

（四）维护民族团结

民族团结是关系国家命运的重大问题，是事关全局的大事，是党的民族政策的重要内容。维护民族团结对于维护国家统一、贯彻党的民族政策、加快民族地区经济发展、维护社会和谐稳定、抵御境外敌对势力渗透、维护各民族共同利益、促进各民族繁荣进步、凝聚社会各界力量、实现中华民族的伟大复兴，具有重要的战略意义，因此，任何破坏民族团结的行为都是被明文禁止的。

《广播电视管理条例》第 32 条规定："广播电台、电视台禁止制作、播放载有下列内容的节目：（3）煽动民族分裂，破坏民族团结的……"《互联网视听节目服务管理规定》第 16 条规定："互联网视听节目不得含有以下内容：（4）煽动民族仇恨、民族歧视，破坏民族团结，或者侵害民族风俗、习惯的……"《广告法》第 7 条规定："广告不得有下列情形：……（7）含有民族、种族、宗教、性别歧视的内容。”

（五）维护社会稳定

社会稳定是改革发展的前提和基础。只有社会稳定，改革发展才能不断推进。社会稳定、国泰民安是广大人民群众的热切期盼，也是党治国理政的重要目标。维护社会稳定就要统筹考虑国际国内、内政外交、网上网下、维权维稳等各方面因素；统筹做好维护政治安全、经济安全、文化安全、社会安全、信息安全等各方面工作；对外坚决维护国家主权、安全、发展利益，对内坚决维护政治安全和社会稳定。凡是有可能扰乱社会秩序，破坏社会稳定的信息，媒体都要慎重发布。

《出版管理条例》第 25 条、《互联网视听节目服务管理规定》第 16 条、《电影产业促进法》第 22 条都明文规定：“扰乱社会秩序，破坏社会稳定的……”属于禁载信息。《广告法》第 7 条规定：“广告不得有下列情形：（4）妨碍社会安定和危害人身、财产安全，损害社会公共利益……”

（六）保护未成年人

未成年人处在成长发育的阶段，其世界观、人生观、价值观尚未完全形成，社会环境、文化生活、经济发展、家庭环境及法制道德教育对其影响深远。少年兴则国兴，少年强则国强。作为一个拥有近 4 亿未成年人的大国，未成年人的素质直接关系到国家的前途和民族的兴亡。因此，媒体有义务为未成年人营造一个良好的舆论环境，传播正能量的信息有利于未成年人的健康成长。

《电影产业促进法》第 22 条规定：“电影不得含有下列内容：（9）教唆犯罪或者传授犯罪方法……”《互联网视听节目服务管理规定》第 16 条规定：“视听节目不得含有以下内容：（7）诱导未成年人违法犯罪和渲染暴力、色情、赌博、恐怖活动的……”《广告法》第 8 条规定：“广告不得损害未成年人和残疾人的身心健康。”

（七）保护公民的人格尊严

人格尊严是公民所具有的自尊心以及公民作为一个人应当受到社会和他人最起码的尊重的权利。公民依照宪法规定享有人身、政治、经济、文化等方面的基本权益。人格尊严权集中表现为名誉权、肖像权、姓名权、隐私权、荣誉权。尊重他人的人格尊严，是一个正直的人应有的待人之道，也是现代社会中每个人不可或缺的基本素质。我国的宪法、民法、刑法都有保护公民人格尊严的条款。

《宪法》第 38 条规定：“中华人民共和国公民的人格尊严不受侵犯。禁止用任何方法对公民进行侮辱、诽谤和诬告陷害。”《民法通则》第 101 条规定：“公民、法人享有名誉权，公民的人格尊严受法律保护，禁止用侮辱、诽谤等方式损害公民、法人的名誉。”《刑法》第 246 条规定：“以暴力或者其他方法公然侮辱他人或者捏造事实诽谤他人，情节严重的，处三年以下有期徒刑、拘役、管制或者剥夺政治权利。前款罪，告诉的才处理，但是严重危害社会秩序和国家利益的除外。”

（八）维护社会公德

社会公德是存在于社会群体中间的道德，是生活于社会中的人们为了群体的利益而约定俗成的应该做什么和不应该做什么的行为规范，如文明礼貌、助人为乐、爱护公物、保护环境、遵纪守法，以及自觉杜绝说脏话、随便猜疑、欺骗他人、损公肥私等恶习。社会公德在本质上是一个国家、一个民族或一个群体在历史长河中、在社会实践活动中积淀下来的道德准则、文化观念和思想传统，它对维系社会公共生活和调整人与人之间的关系具有重要作用。

《电影产业促进法》第 22 条规定：“电影不得含有下列内容：（11）危害社会公德，诋毁民族优秀文化传统……”《互联网视听节目服务管理规定》第 16 条规定：“视听节目不得含有以下内容：（9）危害社会公德，损害民族优秀文化传统的……”《广告法》第 7 条规定：“广告不得有下列情形：（5）妨碍社会公共秩序和违背社会良好风尚……”

（九）法律、行政法规禁止的其他内容

除上述所列之外，法律、行政法规禁止的其他与传媒相关的内容也在禁载之列。

第四节　传媒规制关系类型

传媒规制关系，包括以下六种类型：传媒管理关系、传媒监督关系、传媒服务关系、传媒纠纷处理关系、传媒协作与竞争关系、传媒职务关系。

一、传媒管理关系

传媒管理关系，是指政府传媒主管部门与传媒组织之间的管理与被管理关系。包括传媒主管机关与报刊图书音像制品出版机构、广播电视机构、新闻网站之间的管理与被管理关系。

在传媒管理关系中，传媒主管部门的地位十分特殊。一方面，传媒主管部门要通过立法来明确新闻事业在国家政治生活中的地位、传媒的创办条件、功能以及传播者的权利和

义务，依法保障传媒的正当传播行为，同时传媒主管部门有权依法监督管理传媒机构的设立、运作、经营等行为及其传播内容等重大事项，并依法行使对传媒的行政管理职责。另一方面，除商业媒介和公共媒介机构外，国有媒介组织直接或间接归国家所有，国家把频道资源、网络传输资源、税收优惠等作为对其的投资，其自然是执政党的资产、国家的资产，当然地承担着引导和调控舆论、传达和宣传政府政令等任务，以实现执政者的政治纲领和施政目标。另外，新闻传媒组织，在人事任免权、重大事项的决定权、资产配置权、新闻终审权等接受执政党宣传部门和政府新闻主管部门的直接领导。

二、传媒监督关系

传媒监督关系，是指传媒组织与政党（执政党、参政党）、国家机关（包括立法机关、行政机关、司法机关、军事机关）、企业、社会组织、公民之间形成的监督与被监督关系。

传媒组织对政党（执政党和参政党）的监督体现在：对中国共产党和各民主党派的机构、组织原则、代表选举、推荐过程、党代会的监督。传媒组织对国家立法机关的监督体现在：对全国人大和地方人大的监督，包括对立法、选举、任免以及对宪法、法律、行政法规、规章等的修改的监督。传媒组织对国家行政机关的监督体现在：对国务院及其所属的部、委、办、直属机构的监督，包括对其组织、职权、行政执行能力、行政行为以及决策过程、决策行为和决策执行情况的监督。传媒组织对国家司法机关的监督表现在：对各级人民法院审判工作和各级检察院的法律监督工作的监督，包括实体的正义和程序的正义监督；传媒组织对企业（上市公司、金融机构等）、社会组织（足协、演艺协会等）的监督；传媒组织对社会风尚（公序良俗等）的监督。如传媒组织对个别市民违反交通法规，翻跃交通护栏、强行闯红灯等行为的监督。

当然，传媒组织也要接受来自社会各界的监督。中国记协维权处，除了依法维护传媒机构和记者的合法权益之外；也接受社会各界对传媒机构和记者违规违纪行为的监督，推动传媒机构和记者提高新闻职业道德水平。

三、传媒服务关系

传媒服务关系，是指传媒组织与国家机关、公民、法人之间因新闻宣传、信息传播、意见表达、娱乐提供、广告发布而形成的服务与被服务关系。

传媒组织与公民之间的传媒服务关系，是建立在平等、自愿、公平、等价有偿和诚实信用的民事关系基础之上的。双方互为权利与义务主体，只有一方履行义务才能享有权利；比如有线电视用户有义务缴纳有线电视收视费用后才能收看有线电视节目。传媒组织有义务在法律和伦理的框架内，为满足受众的知情权而提供新闻信息、娱乐节目。传媒组织在履行义务时，负有公正反映社会各阶层不同民意的责任；同时传媒组织要尊重公民的表达自由，不披露公民不愿意公开的意见；不歪曲、篡改公民的意见。传媒组织要充分尊重受众的欣赏水平和接受能力，不得传播淫秽、色情、低俗、暴力的内容；不得迎合部分受众的低级趣味而侵害未成年人的身心健康。公民和法人在接受传媒组织服务的过程中，有权对传媒组织提供的有瑕疵的精神产品和服务质量提出批评和改进意见。

四、传媒纠纷处理关系

传媒纠纷处理关系，是指传媒组织与公民、法人之间因新闻活动（采集新闻、传播信息、接受服务）所产生的纠纷、协商、仲裁、诉讼关系。

传媒组织在履行自己的职务行为时，其正当合法的权益应该受到法律的保护，包括其有正当的采访、报道、批评、评论新闻人物和社会事件的权利；同时，也有尊重被采访对象的合法权利和正当要求的义务，如为消息来源保密，保护被采访对象的姓名权、肖像权、名誉权、隐私权和荣誉权等。双方出现纠纷可以依据民法通则的规定予以调整。另外，当公民的表达内容构成有独创性的作品时，传媒组织应尊重公民的著作权。公民或者法人出于商业或其他目的依法进行广告宣传时，双方的权利义务受广告法的调整。公民在接受服务的过程中如果发现自己的权益受到了侵害，可以要求对方履行义务，可以直接向对方，也可以向行政机关提出，还可以向法院请求。如在电视剧中过多地插播商业广告，严重影响收视效果的，可以对传媒组织提起民事诉讼，获得法律救济。

五、传媒合作与竞争关系

传媒合作与竞争关系，是指传媒组织之间因新闻业务的协作与竞争而形成的社会关系。包括同质媒体之间、异质媒体之间的合作与竞争，主要表现在传播内容、传播手段和人才资源等多个方面的合作与竞争。没有竞争就没有发展，没有合作就没有进步，合作是为了更好的竞争，竞争也是为了更好的合作，竞争中有合作，合作中有竞争。只有把竞争与合作相互结合才能适应时代的发展，在竞争中合作，在合作中竞争，力求双赢和多赢。

六、传媒职务关系

传媒职务关系，是指传媒组织与其从业者之间的聘用合同关系，主要涉及传媒组织内部的经营和管理，包括行政管理、人事管理（编制管理、用工管理、工资管理、考核管理、培训管理）、财务管理、劳务管理等。传媒组织依据一定的条件招聘记者、编辑、主持人等，双方依据聘用合同，确定责权利。从业者应该恪守职责，履行义务；同时传媒组织也应该维护新闻记者的合法权益。

由此可见，我国传媒法律规范主要调整传媒与国家、社会、公民之间的法律关系，保障传媒的信息传播自由和公民的知情权、表达自由、舆论监督权，促进社会的和谐发展。

思 考 题

一、填空题：

1. 中共中央主管意识形态的部门是_________(简称)。

2. 2018 年国务院机构方案中把_________和_________归入_________管理。

3. 2018 年新组建的_________部，主管文化事业、产业和旅游业，国家文物局。

4. 动漫、网络游戏、电竞的主管部门是_________部。

二、名词解释

1. 通讯社　2. 社交媒体　3. 新闻网站
4. 传播者　5. 受众　6. 采访权
7. 报道权　8. 批评、建议权　9. 传统媒体

三、简答题

1. 哪些属于禁载新闻？

2. 记者的权利与义务有哪些？

3. 传媒规制关系的类型有哪几种？

第三章　传媒规制的基石

知情权、表达自由、舆论监督是传媒规制的三大基石，也是实现民主与法治社会的权利基础。知情权是保障公民知悉信息的权利，表达自由是允许公民有说话的权利，只有先实现或满足了这两项权利，才能真正实现舆论监督的权利，让权力运行在阳光下，接受公民的监督。

第一节　知情权

一、知情权渊源和内涵

1945 年，美国编辑肯特·库柏（Kent Cooper）首先使用了“知情权”（The Right to Know）的概念，其基本涵义是公民有权知道其应该知道的事情，国家应最大限度地确认和保障公民知悉、获取信息尤其是政务信息的权利。[①]

20 世纪五六十年代，美国兴起“知情权运动”，呼吁民众享有通过新闻媒介了解其政府工作情况的法定权利。知情权被广泛沿用并成为一个具有国际影响的权利概念。第二次世界大战后，美国联邦最高法院通过判例确认了知情权，1966 年国会制定了《情报自

① 谢鹏程．公民的基本权利 [M]. 北京：中国社会科学出版社，1999：263.

由法》，规定每个人都有得到其应知道的信息资料的平等权利，1976年国会又制定了《阳光下的政府法》这是一部规定美国合议制行政机关会议公开举行的法律。公众根据这项规定取得出席、旁听和观看等观察权。合议制行政机关举行公开的会议时，应尽量选择适当的房间以便容纳更多的公众。

2008年5月1日我国《政府信息公开条例》颁布施行，这部行政法规第一次为公民的知情权提供了法律保障，第一次将信息公开规定为政府的法定义务。知情权作为新闻界、出版界等舆论部门及时报道新闻事件的法律依据和事实依据。其内容不仅仅局限于了解国家的法律、法规以及执政党的方针，还包括政府掌握的一切关系到公民权利和利益、公民个人因想了解或应当让公民了解的其他信息。如气象灾害信息、城市规划信息等。

二、知情权的内容

知情权[①]，指公民对于国家的重要决策、政府的重要事务以及社会上当前发生的与普遍公民权利和利益密切相关的重大事件，有了解和知悉的权利。国家应最大限度地确认和保障公民知悉、获取信息的权利，尤其是政务信息的权利。知情权主要有以下五个方面的内容：

（一）政务信息知悉权

政务信息知悉权，是指公民依法享有的知悉国家事务、政府行为以及国家机关工作人员的活动，了解国家政策、法律法规的权利。人民代表大会的旁听权、政府决策时的听政权，都是知政权的表现。

（二）社会信息知悉权

社会信息知悉权，是指公民依法享有的知悉其所感兴趣的社会现象和社会问题，了解社会发展变化的权利。如对社会新闻、股市行情、天气预报、空气污染指数，汽油价格、商品质量的知情权。

（三）个人信息知悉权

个人信息知悉权，指公民享有依法深入了解涉及本人信息如亲生父母、出生地、血型等的权利。

（四）法人的知情权

法人的知情权，指法人组织对自己雇佣的中层管理者、员工的履历有了解、知悉的愿

① 知情权，又称知晓权、知悉权、资讯权、信息权、了解权。

望，通过外调掌握其家族成员的基本情况。如海外关系、民主党派、宗教信仰等。

（五）法定的知情权

法定的知情权，指司法机关享有的了解案件有关情况的权利。刑诉法第 60 条规定：“凡是知道案件真实情况的人都有作证的义务。任何单位和个人都有按照人民检察院和公安机关的要求，交出证明犯罪嫌疑人有罪、无罪的物证、书证、视听材料。”

三、公民行使知情权的形式

知情权只有被人们以一定形式实际地享有和行使，才能变成公民的实实在在的物质利益和精神利益。在日常生活中，我国公民主要以三种基本形式享有和行使知情权。

（一）自由地选择、获知各种信息

公民在法不禁止的范围内以有偿或无偿的方式自由地选择、获知各种信息。如在日常生活中通过人际交流、通信来往、视听阅读传媒节目自主地获知信息、意见和知识。这是实现知情权基本的、普遍的形式。

（二）享受政府、团体提供的信息服务

知情权的前提在于政府团体的信息公开，公民通过各种渠道享受国家机关和其他公共团体依法提供的信息服务。如气象部门每日发布的气象预报；电台、电视台每天播出的时事新闻等。在这里，法律并未直接赋予公民要求国家或有关社会组织提供信息服务的权利，但却具体规定了国家和有关的社会组织告示公众或向公众传达信息的职责与义务。公民获知信息的权益要求，通过国家和其他社会组织尽职尽责地履行信息服务的义务得以满足。

（三）要求义务人为其获知信息提供服务

公民依法直接要求义务人为其获知信息提供服务；或依法诉请行政、司法部门排除侵权损害，救济利益缺失，合理地仲裁、解决当事人之间的争端与纠纷。如公民依《中华人民共和国档案法》的规定到档案馆查阅档案，依《中华人民共和国消费者权益保护法》的规定要求经营者提供商品的价格、规格、主要成份、检验合格证明等有关情况等。

总之，公民行使知情权与政府信息公开息息相关。一方面，政府相关职能部门应依法主动公开信息；另一方面，公民、法人和社会组织可以依法申请行政机关披露特定信息。从这种制度安排看，公民、法人和社会组织的申请本身就可以构成直接推进信息公开的社会性力量。从逻辑上讲，只要是不属于法定免予公开范围的政府信息，公众都有权利申请信息公开。

四、知情权的意义

（一）公民参政议政的重要途径

公民作为人格平等的社会个体，有权要求提高政府信息公开的效率和水平，以保障自身的知情权、参与权和监督权；有权要求媒体组织发挥信息传播的功能，使公众的知情权得到最大限度的尊重和满足，这是公民行使国家事务参与权和监督权的前提条件，也是对重大情况让人民知道，重大问题经人民讨论的基本保障。

（二）公民保护自身利益的有效手段

知情权能帮助人们选择适当的行为模式，争取最优化的实际效果。公民有权要求政府及时公布与公共利益有关的信息，如极端恶劣天气预报、空气污染指数、自来水污染报告等，使公民能及时了解社会上即将发生或已经发生的事情，从而了解自己的处境，选择适当的行为模式，对自己的生活做出相应的安排，趋利避害，有效地保护自己的合法权益。

（三）媒体舆论监督的有力保障

新闻媒体作为一种传播信息、监督社会的媒介，满足公众的知情权，最大限度地尊重受众的权利，是媒体挖掘事实真相的动力，维护和保障新闻舆论监督就是保障了公众的基本人权。为记者和媒体的正常的采访、报道工作提供了有力的法律支持，为传媒和记者进行舆论监督提供了一个有力的保障，更好地履行“铁肩担道义”的神圣职责，是新闻界、出版界等舆论单位及时报道新闻事件的依据。

相关规定

1.**《宪法》**第2条：“中华人民共和国的一切权力属于人民。”“人民通过各种途径和形式管理国家事务，管理经济和文化事业，管理社会事务。”

2.**《消费者权益保护法》**第8条：“消费者享有知悉其购买、使用的商品或者接受的服务的真实情况的权利。消费者有权根据商品或者服务的不同情况，要求经营者提供商品的价格、产地、生产者、用途、性能、规格、等级、主要成份、生产日期、有效期限、检验合格证明、使用方法说明书、售后服务，或者服务的内容、规格、费用等有关情况。”

3.**《政府信息公开条例》**第14条：“行政机关不得公开涉及国家秘密、商业秘密、个人隐私的政府信息”。

4.**《世界人权宣言》**第19条：“人人有权享有主张和发表意见的自由：此项权利包括持有主张而不受干涉的自由，以及通过任何媒介和不论国界寻求、接受和传递消息的自由。”

5.**《法国人权宣言》**第 15 条："社会有权要求全体公务人员报告其工作。"

《美国信息自由法》规定："任何人均可以提出信息申请，包括个人、合伙、公司、协会、外国与国内的政府机关等。"

6.**《日本新闻伦理纲领》**规定："国民的'知闻权利'是支撑民主主义社会的普遍原理。这种权利是言论、表现自由的根基，具备高度的伦理意识，独立于一切权力而存在，是这种权利的基本保障。报纸应该成为与此最相适应的承当者。"

第二节 表达自由

表达自由作为公民的一项基本权利，是行使其他权利的重要前提、基础和保障，也是各国宪法和国际人权法案普遍确认并予以保障的基本权利。表达自由是公民在传播活动中，享有的最根本、最高层次的宪法权利。表达自由之所以应当受到保护，是因为表达受到的限制越少，言论越自由，就越有利于激发公众追求真理的热情，也越有利于真理的发现。表达自由只有深刻全面地渗透到传媒领域的各个环节，人民才可真正具有自由表达的途径和方式，得以自由地释放自己的思想和观点。同时媒体自身也才能有一个良好的发展空间。①

一、表达自由渊源和内涵

表达自由，是指每一个公民在法律规定或认定的情况下，使用各种媒介或其他方式表明、显示或公开传递思想、意见、观点、主张、情感或信息、知识等内容而不受他人干涉、约束或惩罚的自主性状态。②表达自由是受宪法保护的公民的基本权利，是政治昌明的一种表现。随着我国民主与法制建设进程的加快，随着大众传播媒介的普及和电脑、手机、iPad 等移动新型媒体的广泛运用，我国公民享有表达自由的机会。

二、表达自由的特点

（一）主体是公民

表达自由是人的天性所决定的。任何人不分性别、年龄、种族、财产、社会地位、知

① 李丹林．传媒法学学科建设刍议 [J]. 现代传播，2005（1）.

② 甄树青．论表达自由 [M]. 北京：社会科学文献出版社，2000.

识水平，在自由行使表达权利方面一律平等，每个人都有通过媒介或者其他方式交流思想、表达情感、传播信息、传授知识的愿望和要求。因此，表达自由是最大的人权之一。

（二）途径是媒介或者其他方式

表达的基本方式有三种：言论表达、通过出版或新闻渠道的表达、行为表达。言论表达被认为是最主要的、最大众化的一种表达方式，它是其他表达方式的基础。[①] 移动互联网广泛运用以来，极大地丰富了公民的表达方式，尤其是在网络反腐方面，推进了社会民主进程、逐步完善了法治建设。

（三）公民自主性的表现和必然要求

表达自由，包括寻求、传达、接受的信息的权利，即自由的交流信息的权利。这就意味着公民在合法的前提下，有自主、自立、不受他人的非法干预、强迫、限制、改变、约束或制裁，每个人都有独立地表达思想、传播主观意愿、交流信息或在公开场合保持沉默的自由。

（四）界限是法律规定或认可的

表达自由作为公民的基本政治权利也具有相对性。表达自由的界限是其相对性的具体表现，对表达自由的保障是原则，限制是例外。

表达自由的界限只能由法律来设定。为了保护国家利益、社会公共利益等，可以对表达自由加以限制。各国通过民主程序制定出表达自由的规则体系和界限：如不得发表危害国家安全、破坏社会秩序的言论，表达自由要维护司法的权威性和公正性，这体现民主性、科学性、公正性的社会价值。

三、表达自由的形式

表达自由在大众传播活动中还表现为言论自由、出版自由、文艺创作自由、科研自由、从事其他文化活动的自由等。

（一）言论自由

言论自由，指公民有权在各种场合自由地发表言论、表达和宣传自己的思想见解、意愿要求，以及听取他人陈述意见的权利。言论自由最显著的特征是它的口语性。口头言论包括说话、议论、争辩、演说、讲学等形式，人们利用电视、收音机、电影等电子传媒进

① 马岭．宪法权利解读 [M]. 北京：中国人民公安大学出版社，2010：38.

行谈话、议论、辩论、讲学等，也属于口语范围，也属于言论自由的范围。

言论自由涵盖一般国家的宪法中言论自由、出版自由、集会游行示威自由、科学研究和文艺创作的自由、批评国家机关及其工作人员的权利和提出建议的权利等条款。言论自由对人类的生存和发展具有极其重要的意义。

（二）出版自由

出版自由，指在宪法和法律许可的范围内，公民有表达自己的思想和意见的自由，并依照法律的规定，有权从事著述、出版、印刷、发行的活动。出版自由的外延包括：（1）创办出版机构的自由；（2）著作、拍摄、绘制、录制的自由；（3）印刷、复制的自由；（4）发行、销售的自由。

（三）文艺创作自由

文艺创作自由，指作家为现实生活所感动，根据对生活的审美体验，通过头脑的加工改造，以语言为材料创造出艺术形象，形成可供读者欣赏的文学作品的自由。

（四）科研自由

科研自由，是科学研究者在从事科学研究活动时享有的选题、研究和表达的自由，是学术自由的一部分。科研自由中包含了信息获取自由和信息表达自由两方面的内涵。

（五）从事其他文化活动的自由

从事其他文化活动的自由，从事其他文化活动的自由，包括享受公共文化服务的自由、享受文化科技进步的自由、参与文化生活活动的自由、接受教育和培训的自由、文化创意的自由等。

四、限制表达自由的原则

表达自由是有一定限制的，既不能将个人意志强加于他人，也不能妨碍他人的表达自由。个人在行使表达自由时不能侵害国家的、社会的、集体的和其他公民的正当、合法的权益。换句话说，表达自由必须服从于某种秩序，发表言论者应该表明其身份并表示对自己的言论负责。任何导致他人正常生活秩序受到侵扰的言论都应被制止。因其不实的言论造成他人生活不安者有责任澄清事实，消除已经造成的不利影响。每个人都有义务促成并尽力维护和平、安定的生活秩序，避免任何不利于国家安全、社会秩序的言论和行为出现。因其言论侵害公共利益者，将依法受到刑事处罚。

（一）公共利益原则

公共利益，是一定社会条件下或特定范围内不特定多数主体利益相一致的方面，具有主体数量的不确定性、实体上的共享性等特征。例如：生态环境；能源、交通、水利建设项目；供水、供电、供气、供热等市政工程项目等。公民在行使表达自由时，必须自觉地维护公共利益。尤其是维护国家安全、社会秩序。不得发表违背公共利益的言论，或者做出违背公共利益的行为。[①] 表达自由是宪法所保护的基本权利，限制表达自由必须是为了保护更为重要或急迫的公共利益。[②]

（二）特别权衡原则

1941 年美国大法官弗兰克福特在布里奇斯诉加州案的异议中首先提出“特别权衡原则”，要求在处理相互冲突的各种利益时，要衡量、比较它们的轻重、大小，哪一方的利益占有较大地位，则其利益受到保护，与其对抗的利益就要受到相应地限制。这项原则具有实用主义的优点，要求在相互冲突的利益中进行权衡、比较，以做出实际的判断。但利益大小往往是一种主观判断，受法官偏好、背景等因素的影响极大。[③]

（三）“明显而即刻的危险”原则

“明显而即刻的危险”（clear and present danger）原则是美国 1919 年的“查尔斯·申克诉合众国”一案中确立的美国言论自由的底线。对于言论自由的限制应根据当时所处的环境及其性质，看它是否具有造成实际危害的明显而即刻的危险。只有公民的言论具有明显而即刻的危险时，政府才应予以制裁，否则就应予以保护。此原则开创了美国联邦最高法院设定言论自由的司法标准的先河。

（四）合法性原则

合法性原则，又叫“法律明确规定”“精确限制原则”。表达自由的行使应当以遵守宪法和法律为前提，对表达自由的限制必须由法律做出明文的规定。对滥用表达自由的处罚，必须依照已经公布的法律。

随着社会进步和政治文明的发展，公民表达自由作为公民基本人权的重要组成部分，越来越受到人们的重视，保障公民表达自由已成为民主政治建设的重要内容。公民表达自由的状况反映出一个国家政治文明的发展程度，通常被认为是现代民主中一个不可或缺的概念而且被多数民主国家纳入宪法保护。

---

① 杜庆亚．论表达自由的限制及其标准 [J]. 法制与社会．2009（12）.
② 齐小力．论表达自由的保障与限制 [J]. 中国人民公安大学学报，2012（2）.
③ 杨柳．论网络言论自由的限制分析 [EB/OL].（2013-03-07）.

【明显而即刻的危险】

美国1919年的“查尔斯·申克诉合众国”一案中确立的美国言论自由的底线：“明显而即刻的危险”。对于言论自由的限制应根据当时所处的环境及其性质，看它是否具有造成实际危害的“明显而即刻的危险”。

查尔斯·申克是时任美国社会党总书记，在第一次世界大战期间负责向潜在的应征入伍者印刷、散发、邮寄传单，其中包括1.5万份反对征兵法的传单。这些传单中写有“不要向恐吓屈服”“坚持你的权利”“如果你们不坚持和维护你们的权利，你们就是帮助否定或损害合众国全体公民和居民负有神圣义务加以保护的权利”等言论，申克等人在这些传单上还指出：征兵可以看作是强制劳役，是《宪法第十三修正案》所禁止的。申克因此被指控并被判违反1917年《惩治间谍法》，申克遂上诉至联邦最高法院，认为地方法院的判决侵犯了美国宪法第一修正案所保护的公民言论自由的权利。

在由霍姆斯法官执笔的法院意见中，认为下级法院的有罪判决是符合宪法的。《宪法第一修正案》不保护鼓动推翻政府的言论，“当一个国家处于战争状态的时候，很多可能会在和平时期说出来的话会对国家的战争努力造成巨大妨害，以至于不能被容忍说出来，只要还有战士在战斗，就不会有一个法院会认为它们可以得到任何宪法保护”。这也表明，法院认为，这些在战时受限制的言论，将会在和平时期被允许。霍姆斯在这份法院意见中，提出了他著名的“明显而即刻的危险”标准。申克最终被判监禁六个月。

1927年，布兰代斯（Brandeis）大法官在惠特尼诉加利福利亚案阐明了“明显而即刻的危险”的标准：“虽然言论自由和集会自由是基本的权利，但它们在性质上不是绝对的。政府为保护政治、经济或道德免遭破坏造成重大损失，对于将造成或意图造成某种实际祸害的明显而迫切的危险得根据宪法予以限制。”他又说：“政府要压制言论，就必须有合理的根据，认为所说的危险是紧迫的；必须有可能对国家造成严重危险。只要言论的主张不具有煽动性，也没有迹象表明会按这一主张采取行动，就不能把言论拒之于保护之外。”

经过霍尔姆斯与布兰代斯法官长期坚持不懈的努力，直到20世纪40年代，“明显而即刻的危险”标准终于得到了联邦最高法院的普遍认同，成为适用于言论自由限制的基本原则……对言论自由的保护起到积极的作用。

“明显而即刻的危险”原则开创了美国联邦最高法院设定言论自由之司法标准的先河。（1）该原则实际上是对国家的安全利益与公民个人的言论自由所作的平衡，当言论没有产生明显与即刻的危险时，就受到保护，反之就会遭受禁止和惩罚。（2）这一原则确立了国家容忍公民言论自由的限度，同时也给国家对言论自由的压制提供了理由。最高法院法官掌握着是否造成了“明显与即刻危险”以及危险是否严重的判断权，因而法官对于言论自由的态度决定了他对这一原则的理解。（3）在这一原则之下，言论自由的保护程度与言论所处的客观环境密切相关。

联邦最高法院对言论自由的立场有以下几方面的意义：（1）美国《宪法第一修正案》所保护的言论自由不是绝对的权利，国会得制定关于言论自由的法律；（2）对言论自由的保护，可作和平时期与战争时期之分，而不是背景、场合、时间概无差别；（3）对言论自由以保护为原则，以限制为例外；（4）确定一项绝对的标准是困难的，在涉及言论自由的讼案时，言论是否要承担责任得视发表言论的性质和当时的环境而定。①

相关规定

1.**《宪法》**第 35 条：“中华人民共和国有言论、出版、集会、结社、游行、示威的自由。”

2.**《韩国宪法》**第 21 条：“任何国民有言论、出版的自由和集会、结社的自由。”

3.**《美国联邦宪法》**第 1 条修正案：“国会不得制定限制言论自由的法律。”

4.**《联邦德国基本法》**第 5 条：“人人有以口头、书面和画图自由表达和散播自己的观点，以及自由地从一般可允许的来源获得消息的权利。出版自由和通过广播和电影进行报道的自由受到保障。”

5.**《世界人权宣言》**第 19 条：“人人有主张及发表自由之权；此项权利包括保持主张而不受干涉之自由，及经由任何方法不分国界以寻求、接收并传播消息意见之自由。”

6.**《欧洲人权公约》**第 10 条：“人人享有表达自由的权利。此项权利应当包括持有主张的自由，以及在不受公共机构干预和不分国界的情况下，接受和传播信息和思想的自由。”

7.**《法国人权宣言》**第 11 条：“自由传达思想和意见是人类最宝贵的权利之一；因此，各个公民都有言论、著述和出版自由。”

8.**《公民及政治权利国际公约》**第 19 条：“1. 人人有保持意见不受干预之权利。2. 人人有发表自由之权利；此种权利包括以语言、文字或出版物、艺术或自己选择之其他方式，不分国界，寻求、接受及传播各种消息及思想之自由。3. 本条第二项所载权利之行使，附有特别责任及义务，故得予以某种限制，但此种限制以经法律规定，且为下

① 龙显雷.谈美国宪政下的言论自由——“明显而即刻的危险”原则的历史分析[J].法商研究，1997（2）.

列各项所必要者为限：（1）尊重他人权利或名誉；（2）保障国家安全或公共秩序，或公共卫生或风化。”第 10 条第 1 款：“所有被剥夺自由的人应给予人道及尊重其固有人格尊严的待遇。”

第三节 舆论监督

所谓舆论，即多数人的共同意见。所谓监督，中国《辞海》中的解释是“监察督促”，也就是说，监督包含两层意思：一是监察，二是督促，监察的目的是发现问题，督促的目的是解决问题。

一、舆论监督的内涵和特征

舆论监督，是通过新闻媒介来揭示现实生活中存在的问题，发表各种意见或言论，对社会的政治和文化生活进行批评、实行监督，以帮助公众了解政府事务、公共事务和一切涉及公共利益的活动，并用舆论的力量促使他们沿着法制和社会生活共同准则的轨道运作的一种社会行为。舆论监督是公民行使社会主义民主权利的有效形式，对国家、政党、社会团体、公职人员的公务行为以及社会上一切有悖于法律和道德的行为实行制约。其主要监督方式有报道、评论、讨论、批评、发内参等，但其核心是公开报道和新闻批评。在互联网时代，网络舆论监督跨越了地域和时空的限制，延伸了传播范围，使得公众对事件的关注与评论更加广泛。

（一）主客体广泛性

舆论监督的主体是全体公民，不论其宗教信仰、年龄、性别等都具有舆论监督权。舆论监督客体即被监督对象具有广泛性，舆论监督的客体不仅限于违纪或违法、党内或党外、财务或司法，而涉及党政机关、社会团体、公职人员以及社会上一切有悖于法律和社会道德的行为。

（二）监督方式的公开性

监督方式的公开性是由新闻媒介和舆论本身的公开性决定的。经过新闻媒介的传播报道，舆论监督的内容、指向的对象都摆在公众的面前，引发社会广泛关注，人人知晓、人人参与、人人关注其结果，从而形成了一个开放的监督过程。而其他的监督形式总具有一定的封闭性，例如纪检监督则通过固定的渠道和方式在有限的范围内进行，其监督内容、结果，除了当事人，外界很少了解，这说明透明度不高。

（三）影响的及时性

这是由舆论本身与新闻媒体时效性强的特点决定的。一般而言，形成舆论的都是些社会敏感话题，因而群众对此的反应很敏感，往往一触即发，产生共鸣，然而在网络媒体迅速发展的今天，只需通过大众传媒的一个环节，就能广泛传播开来，自觉地形成有力量的舆论监督。而其他监督，例如通过信访渠道诉诸法纪监督，程序复杂，费时较长，不能有效解决问题。

（四）效果的威慑性

舆论监督虽然本身不具有法律效力，没有直接处置权，也没有国家强制力作为后盾，但由于它是一种社会公开的道义的监督，在激起民愤后，掌握处置权的机关一般不敢轻易地包庇隐瞒，大事化了，小事化无，为此给监督者带来巨大的心理压力和舆论压力，从而重视社会问题，并认真解决它，体现了舆论监督的威慑力。①

（五）成本的低廉性

司法监督是一种非常有效、有力的监督，但司法监督会留下死角。司法监督的成本比较高，而且周期比较高，往往办案的经费会随着案件的重大及时间的推移，成为一个天文数字，这是普通人无法承担的。相对而言，媒体从事舆论监督，特别是在市场条件下，不需要花纳税人的钱，也不需要花老百姓的钱，所以社会成本较低。

二、网络舆论监督及特性

网络舆论监督，是不特定的多数网民以社会事件为核心，以网络为载体，交流情感、发表看法、分享观点、提供线索，针对权力执行者的违法违纪行为进行披露和评判，从而实现对公权力的监督和制约的行为。

网络舆论监督的形式主要有：新闻跟帖、论坛、博客、微博、微信网络平台自主发声，用互联网与社交媒体播报和议论公共事件。网络监督舆论虽然不具有强制性，但它却具有一种精神的、道德的力量。当互联网中分散的、个别的议论引起人们普遍关注，经过传播而形成社会舆论时，便代表着众多人的看法和意志，对社会生活产生重要的影响。

① 田陈凤．行政监督中舆论监督的概念及特性 [J]．行政管理，2009(4).

（一）主体：不特定的多数网民

网络舆论的开放性、便捷性、时效性，使得人们的知情权、参与权、表达权和监督权得到极大程度的实现，主体意识日益崛起，主体地位日渐形成。网民通过网络媒体言论、论坛、博客、微博及新闻跟帖等形式，表达自己的意见与见解，推进社会制度与法制的建设，推进社会精神文明与法治文明的发展。

（二）客体：拥有公权力的人和机构

网络舆论监督的客体将整个社会都纳入自己的监督视野。国家机关的各级工作人员，涉及公共事物与公共利益的组织和个人，不适应社会生产力发展要求的体制和机制，以及一些不良社会道德现象，都属于监督的范围。

（三）方式：人肉搜索、道德审判

由于网络舆论监督的匿名性和把关人缺失等的特点，使得部分网民可以在互联网环境中，采用人肉搜索的手段，借助互联网平台的虚拟性，对众多事件进行大胆地讨论、批评和建议，从而产生强烈的社会反响，也给网络监管带来挑战。因此，对于网络舆情我们不可小觑；更不可轻视民情民意。

网络舆论监督的实现需要两个环节：（1）提供足够的舆论信息，即可以形成舆论的事实和情况，使人们对经济生活、政治生活及社会生活有充分的了解；（2）在拥有信息的情况下，对各种政治、经济和社会现象及有关人进行理性的、坦率的评论。在信息日益丰富的情况下，舆论批评显得越来越重要，通过人们对普遍关心的问题进行论辩、辩驳乃至争论，即众多个体意见的充分互动，最终达到某种为一般人普遍赞同、且能在心理上产生共鸣的一致性意见，从而推动人类社会的进步。

三、网络舆论监督的功能

（一）有助于还原事实真相

网络舆论监督的自由性、交互性、多元性、丰富性，解构了传统媒体的权威解释地位，不受制于某种利益团体，更客观地反映事实真相。

（二）有利于民意表达

网络已经成为各种思想观点的“集散地”、社会舆论的“放大器”，各种力量都在发出声音，各种因素都试图影响舆论。网络舆论监督赞美真善美、鞭挞假恶丑，成为有效的“排气阀”“舆论镜子”，有助于实现民意表达，促进社会管理。

（三）有助于化解社会矛盾

网络舆论引发社会舆论，提出议题，引起关注，将社会话题引入网络舆论，激起讨论，引起政府或相关部门的注意，形成压力，督促其达到影响或改造现实的目的。

（四）有利于推进廉政建设

网络舆论具有强大的威慑力。在网络舆论监督中，被监督者的一举一动处在众目睽睽、众口评说的汪洋大海中，腐败现象将原形毕露，受到人民的公开审判，同时也能教育更多的人，起到惩前毖后的作用。

四、网络舆论引导

网络舆论引导，是指传播者通过对互联网上的有关信息的组织、选择、解释、加工和制作来影响公众舆论的耗散状态，进而促使其向着自己希望的方向发展变化的一种社会过程。

尽管网络舆论监督在社会生活中有极其重要的功能，但在网上各种舆论交锋中，网络舆情也存在情绪宣泄多、理性思考少，甚至出现捕风捉影、道听途说、夸大其词、耸人听闻的现象；在网络表达方式上呈现偏激、粗俗的倾向，甚至不时出现一味谩骂、恶意攻击的帖子。从网络监督、网络维权、“网络审判”到“网络暴力”，因此，网络舆论引导迫在眉睫。

（一）重视研判网络民意

应高度重视舆情队伍建设，成立网络舆情监管领导小组，切实加强对网络舆情信息研判工作的领导，并要明确专班人员，负责对涉及本地区反腐倡廉建设的网络言论、投诉举报、违纪事件等舆情进行收集、研判和处置等工作。对重点网站、重点论坛的实时巡查，对涉腐网络舆情进行汇总、登记和总结。同时，要加强相关配套制度建设，规范网络舆情研判工作流程和内容。

（二）抓住网络舆情主导权

在第一时间通过主流网站发布网络舆情信息，力争用事实还原事件真相、政府宣传部门处理问题的态度、解决问题的做法尽早尽快地告知公众，压缩不良消息传播空间，释疑解惑、化解矛盾，把公众情绪引导到健康理性轨道上来。

（三）发挥“舆论领袖”作用

舆论领袖，又叫意见领袖，是指在人际传播网络中经常为他人提供信息，同时对他人施加影响的“活跃分子”，他们在大众传播效果的形成过程中起着重要的中介或过滤的作用，由他们将信息扩散给受众，形成信息传递的两级传播。

我们应当通过业务和网络技能的专业培训，培养一批“意见领袖”，使网上舆情引导队伍更加知识化、专业化。强化主流言论，孤立非主流言论，以此来引导网络舆论的方向。充分发挥网络评论员队伍的作用，及时在相关网站用“网言”“网语”进行引导，掌握火候，拿捏分寸，讲究适时适度。进一步加强对新闻评论的跟帖引导，正面回应社会质疑和纠正错误信息，有效地主导舆论导向。

（四）善于与传统媒体合作

传统媒体是网络新闻的重要来源，对网络舆论的走势、倾向有很大的引领作用，关键时刻有“定音鼓”之效。传统媒体要充分发挥信息采集能力强、可信度高、深度权威等优势，为互联网提供大量准确、优质的新闻信息。同时，规范网络传播秩序，防止转载传统媒体信息时随意篡改、断章取义。对网上热点问题，传统媒体要跟踪关注，主动加以引导。对网络谣言，及时刊播澄清报道，消除负面影响。

通达社情民意，引导社会热点，疏导公众情绪，搞好舆论监督。健全突发事件新闻报道机制，及时发布准确信息。

相关规定

1.**《宪法》**第 27 条：“一切国家机关和工作人员必须依靠人民的支持，经常同人民保持密切联系，倾听人民的意见和建议，接受人民的监督，努力为人民服务。”

第 41 条：“中华人民共和国公民对于任何国家机关和国家工作人员，有提出批评和建议的权利；对于任何国家机关和国家工作人员的违法失职行为，有向有关国家机关提出申诉、控告或者检举的权利，但是不得捏造或者歪曲事实进行诬告陷害。”

2.**《公务员法》**第 12 条第 3 款：“公务员应当全心全意为人民服务，接受人民监督。”

3.**《法官法》**第 7 条第 7 款：“法官应当接受法律监督和人民群众监督。”

4.**《检察官法》**第 8 条第 6 款：“检察官应当接受法律监督和人民群众监督。”

5.**《人民警察法》**第 3 条：“人民警察必须依靠人民的支持，保持同人民的密切联系，倾听人民的意见和建议，接受人民的监督，维护人民的利益，全心全意为人民服务。”

6.**《公司法》**第 5 条：“公司从事经营活动，必须遵守法律、行政法规，遵守社会公德、商业道德，诚实守信，接受政府和社会公众的监督，承担社会责任。”

7.**《消费者权益保护法》**第 15 条：“消费者享有对商品和服务进行监督的权利。”

思　考　题

一、名词解释

1. 表达自由　　2. 言论自由　　3. 出版自由

4. 艺术创作自由　　5. 科研自由　　6. 知情权

7. 舆论监督

二、简答题

1. 限制表达自由的原则有哪些？

2. 知情权的意义何在？

3. 如何进行网络舆论引导？

传媒规制篇

第一章 维护国家安全

国家安全和社会稳定关系到国家的存亡、民族的兴衰、社会的安危，是整个国家和民族的根本利益所在，国家的长治久安、繁荣昌盛都以国家安全为前提。维护国家安全涉及国家的领土完整、主权独立、社会制度的巩固，有助于社会稳定、经济繁荣和人民安居乐业。

第一节 国家安全

一、国家安全

2015 年全国人大常委会颁布了《中华人民共和国国家安全法》以法律的形式确立了中央国家安全领导体制和总体国家安全观的指导地位；突出强调以人民安全为宗旨；首次界定国家安全，提出网络空间主权这一概念，规定每年的 4 月 15 日为全民国家安全教育日。

国家安全，即国家政权、主权、统一与领土完整、人民福祉、经济社会可持续发展和国家其他重大利益相对处于没有危险与不受内外威胁的状态，以及保障持续安全状态的能力。构建集政治安全、国土安全、军事安全、经济安全、文化安全、社会安全、科技安全、信息安全、生态安全、资源安全、核安全等于一体的国家安全体系。

二、危害国家安全的行为

危害国家安全的行为，是指境外机构、组织、个人实施或者指使、资助他人实施的，或者境内机构、组织、个人与境外机构、组织、个人相勾结实施下列危害中华人民共和国国家安全的行为。

危害国家安全的行为有：（1）阴谋颠覆政府，分裂国家，推翻社会主义制度的行为；（2）参加境外各种间谍组织，及接受间谍组织或代理人的任务的行为；（3）窃取、刺探、收买、非法提供国家秘密的行为；（4）策动、勾引、收买国家工作人员叛变或者将防地设施、武器装备交付他国或敌方的行为；（5）进行危害国家安全的其他破坏活动的行为。

三、相关罪名

（一）煽动分裂国家罪（刑法第 103 条第 2 款）

煽动[①]分裂国家[②]、破坏国家统一的，处五年以下有期徒刑、拘役、管制或者剥夺政治权利；首要分子或者罪行重大的，处五年以上有期徒刑。

2014 年，最高人民法院、最高人民检察院、公安部联合出台的《关于办理暴力恐怖和宗教极端刑事案件适用法律若干问题的意见》规定，以下 6 种情形可认定为煽动分裂国家罪：

（1）组织、纠集他人，宣扬、散布、传播宗教极端、暴力恐怖思想的；

（2）出版、印刷、复制、发行载有宣扬宗教极端、暴力恐怖思想内容的图书、期刊、音像制品、电子出版物或者制作、印刷、复制载有宣扬宗教极端、暴力恐怖思想内容的传单、图片、标语、报纸的；

（3）通过建立、开办、经营、管理网站、网页、论坛、电子邮件、博客、微博、即时通讯工具、群组、聊天室、网络硬盘、网络电话、手机应用软件及其他网络应用服务，或者利用手机、移动存储介质、电子阅读器等登载、张贴、复制、发送、播放、演示载有宗

① 煽动，是指采用语言、文字、图像等方式对人进行鼓动、唆使、挑拨、劝说、请求、宣传、利诱、意图使其按自己的意图去实施所煽动的行为。既可以是口头的。如当面劝说、电话鼓动或者进行演讲、报告、呼喊口号，散布具有恐怖性的政治、军事、自然灾害谣言等，又可以是书面的，如利用书信、电报、电传甚或是书写、印刷、张贴、散发传单、刊物、书画、大小字报等，还可以是其他诸如电视、录像、投影、电影、影碟、计算机等现代化科学技术手段等。

② 分裂国家，所谓分裂国家，是指破坏多民族国家的统一，其表现形式主要有两种：（1）挑拨民族关系，制造民族动乱，搞民族分裂，破坏各民族的团结和国家的统一。（2）搞地方割据，另立伪政府，抗拒中央的领导，破坏国家的统一。

教极端、暴力恐怖思想内容的图书、文稿、图片、音频、视频、音像制品及相关网址，宣扬、散布、传播宗教极端、暴力恐怖思想的；

（4）制作、编译、编撰、编辑、汇编或者从境外组织、机构、个人、网站直接获取载有宣扬宗教极端、暴力恐怖思想内容的图书、文稿、图片、音像制品等，供他人阅读、观看、收听、出版、印刷、复制、发行、传播的；

（5）设计、制造、散发、邮寄、销售、展示含有宗教极端、暴力恐怖思想内容的标识、标志物、旗帜、徽章、服饰、器物、纪念品的；

（6）以其他方式宣扬宗教极端、暴力恐怖思想的。

实施上述行为，煽动民族仇恨、民族歧视，情节严重的，以煽动民族仇恨、民族歧视罪定罪处罚。同时构成煽动分裂国家罪的，依照处罚较重的规定定罪处罚。

【案例】

青海男子因故意杀人、煽动分裂国家罪被判 13 年徒刑

2012 年 6、7 月份，普化在黄南藏族自治州同仁县两次向该县曲库乎乡多哇寺僧人卓玛杰灌输“自焚者是为了藏族的自由独立献出了宝贵的生命，是藏民族的英雄”“自焚对藏族自由独立有利”等言论，煽动、引诱、教唆卓玛杰自焚。在普化的煽动、引诱、教唆下，卓玛杰产生了自焚想法。2012 年 11 月 18 日，卓玛杰携带汽油、棉花等物品入住同仁县热贡永庆宾馆，为自焚作准备，后被其表妹华某某发现劝阻而未自焚。

2012 年 11 月，普化多次借到自焚者家中慰问之机，向在场人员宣扬“藏独”思想，散布“自焚的人是为了民族的自由和幸福而牺牲的，他们是光荣的”等煽动性言论，并向自焚者家属赠送钱财及“西藏流亡政府”人员画像。2012 年 11 月 12 日下午，普化纠集多人在同仁县多哇乡参加非法游行，并在派出所门前带头呼喊“藏独”口号。普化被抓获时，从其房间内电脑中提取到大量“雪山狮子旗”图片和“西藏流亡政府”人员照片以及具有煽动性内容的书籍、视频。

2013 年 2 月 8 日，青海省黄南藏族自治州中级人民法院对被告人普化故意杀人、煽动分裂国家一案公开开庭审理并当庭宣判，对普化以故意杀人罪判处有期徒刑 9 年，以煽动分裂国家罪判处有期徒刑 5 年，剥夺政治权利 2 年，数罪并罚，决定执行有期徒刑 13 年，剥夺政治权利 2 年。①

（二）煽动颠覆国家政权罪（刑法第 105 条 2 款）

以造谣、诽谤或者其他方式煽动颠覆国家政权、推翻社会主义制度的，处五年以下

① 参见中国网新闻中心 2013 年 2 月 8 日报道《青海男子因故意杀人、煽动分裂国家罪被判 13 年徒刑》。

有期徒刑、拘役、管制或者剥夺政治权利；首要分子或者罪行重大的，处五年以上有期徒刑。

【国家安全涉及的领域】

（1）国家机关政府部门的重要资料、数据库以及通讯设施；（2）金融系统的数据库和信息设施；（3）邮电通讯和交通管理部门的基础设施；（4）国防体系和军事系统；（5）重要科研机构的数据库及其信息设施；（6）国土资源和环境保护数据库及其信息设施；（7）国家安全和公安系统；（8）物资储备和防空设施；（9）医疗急救系统；（10）广播电视系统；（11）计算机科学研究机构及主要基础设施；（12）气象部门和卫星导航系统；（13）水利电力供应系统及其信息设施等的安全。

第二节 恐怖主义

互联网的广泛运用，给国家安全带来了前所未有的挑战，越来越多的恐怖组织利用互联网招募人员、传播暴恐思想、传授暴恐技术、筹集恐怖活动资金、策划恐怖袭击活动。美国的“9·11”恐怖袭击、伊拉克人体炸弹爆炸、印度孟买连环恐怖袭击案、拉萨“3·14”打砸抢烧事件、新疆“7·5”事件……互联网已成为恐怖势力开展活动的主要工具。恐怖活动一直是国家安全的主要威胁，反恐怖斗争事关国家安全、人民切身利益、改革发展稳定全局，2015 年 12 月，全国人大常委会通过了《中华人民共和国反恐怖主义法》，这是我国第一部全面、系统地规范反恐怖主义工作的综合性法律。它构建了反恐怖主义法律制度体系，确定了我国反恐怖主义工作的基本原则，健全了工作体制机制，强化了安全防范、应对处置、国际合作和保障措施，对于维护国家安全、公共安全和人民生命财产安全具有重大意义。

一、恐怖主义

恐怖主义，是指通过暴力、破坏、恐吓等手段，制造社会恐慌、危害公共安全、侵犯人身财产，或者胁迫国家机关、国际组织，以实现其政治、意识形态等目的的主张和行为。恐怖活动组织，是指三人以上为实施恐怖活动而组成的犯罪组织。恐怖活动人员，是指实施恐怖活动的人和恐怖活动组织的成员。恐怖事件，是指正在发生或者已经发生的造成或者可能造成重大社会危害的恐怖活动[①]。

（一）恐怖活动

恐怖活动，是指恐怖主义性质的下列行为：（1）组织、策划、准备实施、实施造成或者意图造成人员伤亡、重大财产损失、公共设施损坏、社会秩序混乱等严重社会危害的活动的；（2）宣扬恐怖主义，煽动实施恐怖活动，或者非法持有宣扬恐怖主义的物品，强制他人在公共场所穿戴宣扬恐怖主义的服饰、标志的；（3）组织、领导、参加恐怖活动组织的；（4）为恐怖活动组织、恐怖活动人员、实施恐怖活动或者恐怖活动培训提供信息、资金、物资、劳务、技术、场所等支持、协助、便利的；（5）其他恐怖活动。

（二）反恐领导机构

国家设立反恐怖主义工作领导机构，统一领导和指挥全国反恐怖主义工作。

设区的市级以上地方人民政府设立反恐怖主义工作领导机构，县级人民政府根据需要设立反恐怖主义工作领导机构，在上级反恐怖主义工作领导机构的领导和指挥下，负责本地区的反恐怖主义工作。

（三）反恐重点机构

反恐重点机构：（1）大型群众性活动和重大活动；（2）人员密集的车站、码头、机场、口岸、公共交通工具、幼儿园、学校、医院、市场、商场、广场以及餐饮、住宿、旅游、娱乐场所；（3）关系国计民生、公共安全和国家安全的食品、药品、水、能源资源、金融、广播电视、电信、互联网、交通运输等行业有关单位、设施、重要网络和信息系统；（4）爆炸性、易燃性、毒害性、放射性、腐蚀性、传染病病原体以及制爆原料等危险品，核材料、核设施、枪支、弹药，管制器具的生产、储存、运输、进出口、销售、购买、使用单位；（5）重要基础设施和重要建筑物、建设工程；（6）国家规定的警卫对象；（7）监狱和看守所；（8）重要国家机关和国防科技工业重要产品的研制、生产、储存单位；（9）驻外外交机构特别是驻战乱或者恐怖袭击多发国家、地区的外交机构；（10）其他可能受恐怖活动威胁的重大目标。

二、相关罪名

2014年最高人民法院、最高人民检察院、公安部联合出台的《关于办理暴力恐怖和宗教极端刑事案件适用法律若干问题的意见》规定七种情形可认定为组织、领导、参加恐

① 《中华人民共和国反恐怖主义法》（2015年12月27日第十二届全国人民代表大会常务委员会第十八次会议通过）第3条规定。

怖组织罪：组织、领导、参加恐怖活动组织，同时实施杀人、放火、爆炸、非法制造爆炸物、绑架、抢劫等犯罪的，以组织、领导、参加恐怖组织罪和故意杀人罪、放火罪、爆炸罪、非法制造爆炸物罪、绑架罪、抢劫罪等数罪并罚。

2015 年 8 月 29 日第十二届全国人民代表大会常务委员会第十六次会议通过的《刑法修正案（九）》中也有相关的罪名和刑罚的规定。

（一）宣扬恐怖主义、极端主义、煽动实施恐怖活动罪

“明知是宣扬恐怖主义、极端主义的图书、音频视频资料或者其他物品而非法持有，情节严重的，处 3 年以下有期徒刑、拘役或者管制，并处或者单处罚金。”（《刑法修正案（九）》第 120 条之六）

“以制作、散发宣扬恐怖主义、极端主义的图书、音频视频资料或者其他物品，或者通过讲授、发布信息等方式宣扬恐怖主义、极端主义的，或者煽动实施恐怖活动的，处 5 年以下有期徒刑、拘役、管制或者剥夺政治权利，并处罚金；情节严重的，处 5 年以上有期徒刑，并处罚金或者没收财产。”（《刑法修正案（九）》121 条之三）

【案例】

昆明火车站爆恐事件

2014 年 3 月 1 日 21 时许，昆明火车站广场发生一起以阿不都热依木・库尔班为首的新疆分裂势力一手策划组织的严重暴力恐怖事件。该团伙共有 8 人（6 男 2 女），现场被公安机关击毙 4 名、击伤抓获 1 名（女），其余 3 名落网。此案共造成 31 人死亡、141 人受伤。2014 年 9 月 12 日，“3・1”昆明火车站暴力恐怖案一审宣判，被告人伊斯坎达尔・艾海提、吐尔洪・托合尼亚孜、玉山・买买提死刑，剥夺政治权利终身；被告人帕提古丽・托合提无期徒刑，剥夺政治权利终身。2014 年 10 月 31 日，“3・1”昆明火车站暴力恐怖案二审判决，维持一审判决。

（二）编造、传播虚假恐怖信息罪（《刑法修正案（九）》第 291 条）

“编造虚假的险情、疫情、灾情、警情，在信息网络或者其他媒体上传播，或者明知是上述虚假信息，故意在信息网络或者其他媒体上传播，严重扰乱社会秩序的，处 3 年以下有期徒刑、拘役或者管制；造成严重后果的，处 3 年以上 7 年以下有期徒刑。”

所谓恐怖信息，是指爆炸威胁、生化威胁、放射威胁等能使公众为自己生命、健康、财产惶恐不安由此产生恐怖气氛的信息。

【案例】

无锡李某编造恐怖信息

2015年4月3日20时11分许，被告人李某某使用自己号码拨打0510-110的报警电话，谎称其在无锡市火车站、地铁一号线地区放了两颗炸弹。无锡市公安局指挥中心接到警情后立即启动无锡市公安局反恐应急预案，并调度无锡市公安局交通治安分局、无锡市公安局巡特警支队应急处置。上海铁路公安处无锡站派出所亦根据无锡市公安局通报启动应急预案，组织警力开展处置工作。当日，无锡市公安局、无锡市公安局交通治安分局、上海铁路公安处、武警无锡支队共出动民警37人，辅警、特勤37人，武警7人，动用搜爆犬2条及相关排爆装备。

被告人李某某犯编造虚假恐怖信息罪，判处有期徒刑1.3年。

（1）发起、建立恐怖活动组织或者以从事恐怖活动为目的的训练营地，进行恐怖活动体能、技能训练的；

（2）为组建恐怖活动组织、发展组织成员或者组织、策划、实施恐怖活动，宣扬、散布、传播宗教极端、暴力恐怖思想的；

（3）在恐怖活动组织成立以后，利用宗教极端、暴力恐怖思想控制组织成员，指挥组织成员进行恐怖活动的；

（4）对特定或者不特定的目标进行爆炸、放火、杀人、伤害、绑架、劫持、恐吓、投放危险物质及其他暴力活动的；

（5）制造、买卖、运输、储存枪支、弹药、爆炸物的；

（6）设计、制造、散发、邮寄、销售、展示含有暴力恐怖思想内容的标识、标志物、旗帜、徽章、服饰、器物、纪念品的；

（7）参与制定行动计划、准备作案工具等活动的。

【军事报道规范】

（1）凡涉及军事力量、军事活动的报道，要加强管理和规范，避免损害国家利益。必须坚持正面宣传的原则，按规定履行稿件送审和保密审查手续。

（2）未经军队大军区级政治部批准，不得擅自刊播军队专家学者就我国安全环境、未来作战对象、国内外军事形势、重大军事理论、我国武器装备研发等重要军事问题的学术演讲、报告和访谈。

（3）严禁从境外媒体（包括外国媒体、台港澳地区媒体）转载或摘编涉及我国军事问题的报道。严禁从互联网上下载或摘编涉及我国军事问题的报道。

（4）不得擅自报道涉及军队的以下内容：新时期军事战略方针的有关内容，军委、总部的重要会议、重大决策，军委、总部领导的内部讲话，不宜公开的军事法规及有关文件，部队的作战方案、番号、编制、实力、部署及调动，军事演习等军事斗争准备活动，新型武器研制生产合装备部队情况，军队体制编制调整，重要军事设施，对外军贸军援情况，军事谈判的方针、原则及方案，不宜对外公开的数据，有损于部队形象的军民纠纷、军内事故和案件，以及其他明令不宜公开报道的内容。需要公开报道的，经中央军委和总部批准后，授权新华社等中央主要新闻单位统一发布。

第三节 国家秘密

由于大众传播媒介的特殊功能，新闻工作者有机会更多地接触到国家秘密，因而特别需要对其强调保守国家秘密、加强保守国家秘密意识的重要性，防止新闻记者和大众传播媒介泄密。

一、国家秘密及其范围

国家秘密，是关系到国家的安全和利益，依照法定程序确定，在一定时间内只限一定范围的人员知悉的事项。国家秘密的密级可分为“绝密”“机密”“秘密”三级。国家秘密的保密期限，除另有规定外，绝密级，不超过30年，机密级不超过20年，秘密级不超过10年。

【国家秘密的范围】

（1）国家事务重大决策中的秘密事项；（2）国防建设和武装力量活动中的秘密事项；（3）外交和外事活动中的秘密事项以及对外承担保密义务的秘密事项；（4）国民经济和社会发展中的秘密事项；（5）科学技术中的秘密事项；（6）维护国家安全活动和追查刑事犯罪中的秘密事项；（7）经国家保密行政管理部门确定的其他秘密事项。①

以上涉及国家安全和利益的事项，泄露后可能损害国家在政治、经济、国防、外交等领域的安全和利益的，应当确定为国家秘密。

二、新闻泄密的情形

所谓的新闻泄密，是指在新闻媒介中公开国家秘密，以致使国家安全或者国家利益受到损害的行为。新闻泄密事件一般说来，是一种过失所为。由于我国刑法中没有对法人泄

① 依据《中华人民共和国保守国家秘密法》（1988年通过，2010年修订）第8条规定。

密的刑罚规定，因此，目前处罚新闻泄密事件只追究当事人的个人法律责任，而无法追究媒介的责任。[1] 新闻报道如果不慎，则容易在以下几个方面泄密。

（一）政治方面

党和政府及有关领导机关尚在研究中和尚未公开的重大决策、方针以及按照有关规定应该统一发布的重大政治新闻，在有权发布者正式发布以前，一般属于秘密信息，在此之前进行传播，就极有可能泄露国家机密，造成严重损害后果。

（二）军事方面

国防和军队建设的重大方针和规划，军事领导机关的重大决策，重要军事会议，军队的组织编制、实力、军事调动、军事禁区，部队的番号、名称、任务，以及国防科技研究的重要成果等情况，都属于不可泄露的国家秘密。

（三）公安司法方面

擅自披露公安侦破手段、公安机关实力和其他工作秘密、案件审判过程中研究情况等，都属于泄密。

（四）经济方面

轻易披露正在研究中或尚未公布的经济政策和经济决策，报道未经国家有关部门正式公布的计划数字、统计数字和国家经济情况，特别是关于物价、货币等预期变动情况，某些重要原料和产品的市场需求情况等，往往会使国家利益遭受很大损害。

（五）科技方面

详细报道我国处于国际领先地位或先进水平的重大科技成果，特别是能够反映高新技术领域突破、反映国家防御和治安实力的科技成果，往往容易造成泄密。

根据现行法律、行政法规的规定，追究新闻泄密行为的法律责任的前提是造成了泄密的后果，对违反保密规定尚不构成犯罪且不适用处分的人员，一般给予警告，并处数额不等的罚款；有违法所得的，没收违法所得。

三、新闻保密制度

新闻是公开的，满足了公众的知情权；保密是隐匿的。二者看似矛盾，但都是出于维护国家安全和利益的需要，有些属于国家秘密的事项需要保密，记者和媒体不能为了获得

① 周建明．中华人民共和国信息公共与国家安全——当国家秘密遭遇大众媒介 [J]. 当代传播，2005(4).

"卖点"，一味追求经济效益，而忽视新闻保密义务。

（一）新闻出版保密审查制度

依据《新闻出版保密规定》第 6 条规定："新闻出版保密审查实行自审与送审相结合的制度。"

（1）自审，就是新闻出版单位和提供信息的单位，对拟公开出版、报送的信息进行审查。

（2）送审，就是对是否涉及国家秘密界限不清的信息，送交有关主管部门或其上级机关、单位审定。

（二）通过"内参"反映

"内参"即内部途径，是内部参考消息的简称，一般用做内部高层阅读或决策参考用。是机关单位处级以上干部、企业单位经理以上级别才能传看的资料。新华社、《人民日报》、中央电视台等是固定向中央和国务院领导呈送内参的中央级媒体，其中影响最大、发稿最多、内参制度最健全的是国家通讯社新华社。

（三）采访由主管机关批准制度

新闻单位对被采访单位、被采访人申明属于国家秘密的事项，不得公开报道。对于确需报道的事项，新闻单位应向主管单位建议解密或采取删节、改编等技术措施。新闻机构采访涉及国家秘密的会议或其他活动，应经主办单位批准。

（四）新闻发布制度

中央国家机关各部门和其他有关单位，为了防止泄露国家秘密，以及利于新闻出版工作的正常进行，应当根据各自业务工作的性质，加强与新闻出版单位的联系，建立提供信息的正常渠道，健全新闻发布制度，适时通报宣传口径。

四、相关罪名

1. 故意泄露国家秘密罪；过失泄露国家秘密罪（刑法第 398 条）

国家机关工作人员违反保守国家秘密法的规定，故意或者过失泄露国家秘密，情节严重的，处 3 年以下有期徒刑或者拘役；情节特别严重的，处 3 年以上 7 年以下有期徒刑。非国家机关工作人员犯前款罪的，依照前款的规定酌情处罚。

所谓泄露，就是行为人把自己掌管的或者知道的国家秘密让不应该知道的人知道。泄露行为的方式可以是多种多样的，可以是口头泄露，也可以是书面泄露；可以是用交实物的方法泄露，也可以是用密写、影印、拍摄、复制等方法泄露，泄露的不同方式，不影响泄露国家秘密罪的成立。

2. 非法获取国家秘密罪；非法持有国家绝密、机密文件、资料、物品罪（刑法第282条）

以窃取、刺探、收买方法，非法获取国家秘密的，处3年以下有期徒刑、拘役、管制或者剥夺政治权利；情节严重的，处3年以上7年以下有期徒刑。非法持有属于国家绝密、机密的文件、资料或者其他物品，拒不说明来源与用途的，处3年以下有期徒刑、拘役或者管制。

3. 为境外窃取、刺探、收买、非法提供国家秘密、情报罪（刑法第111条）

为境外的机构、组织、人员窃取、刺探、收买、非法提供国家秘密或者情报的，处5年以上10年以下有期徒刑；情节特别严重的，处10年以上有期徒刑或者无期徒刑；情节较轻的，处5年以下有期徒刑、拘役、管制或者剥夺政治权利。

【案例】

帮境外"记者"窃取"新闻素材"

曾供职于辽宁某企业的韩某，因故失业后经济上比较拮据，于是通过互联网发布求职信息。不料，他很快被网上自称"记者"的境外间谍情报机关人员盯上。对方告诉韩某需要新闻报道素材，让他去某涉军目标附近就业。

为了表达诚意，该"记者"很大方地给韩某汇来1万多元作为定金。面对到手的金钱诱惑，韩某虽有些疑虑，但一想到自己追求的奢华生活，顾不上考虑就满口答应了。在这名境外谍报人员的直接指令下，韩某顺利进入某单位应聘成功，之后多次利用工作之便，用手机偷拍大量某重大军工项目照片，传到境外给对方。拿到钱款后，韩某又遵照该"记者"的遥控指挥，先赴北京参加国防技术项目推介会，现场搜集了大量录音、照片等资料；接着又专程前往辽西某地拍摄了另一组重要军事目标的照片。短短数月，这份"兼职"为韩某赢来近10万元的巨额报酬。

2015年1月，大连市中级人民法院一审判决被告人韩某犯为境外窃取、非法提供国家秘密罪，判处有期徒刑8年，剥夺政治权利4年，依法追缴其违法所得。①

【防止涉密计算机上互联网泄密】

（1）涉密计算机安装网络安全隔离卡；（2）涉密计算机拆除调制解调器；（3）设立专门的互联网信息阅览室；（4）严格区分涉密计算机与非涉密计算机区域；（5）上互联网的计算机由专人操作并放置"本机用于上互联网，严禁处理、存储涉密信息"的提示牌；（6）机关内部交换机屏蔽上互联网的电话；（7）笔记本电脑统一管理；（8）与涉密计算机操作人员签订保密协议书。②

① 哪些人最容易被境外情报机构等策反[N].解放军报，2015-04-12.

② 资料来源：滨川市保密局，防止涉密计算机上互联网泄密小知识，2005-11-03。

2000年全国人大常委会通过了《关于维护互联网安全的决定》，这是我国目前在互联网方面最高位阶的专门法律文件。重申了《中华人民共和国刑法》规定的若干罪名适用于互联网。包括侵入国家事务、国防建设、尖端科学技术领域的计算机信息系统；故意制作、传播计算机病毒等破坏性程序，攻击计算机系统及通信网络，致使计算机系统及通信网络遭受损害；违反国家规定，擅自中断计算机网络或者通信服务，造成计算机网络或者通信系统不能正常运行等犯罪。

【案例】

张某等篡改会计从业资格证考试成绩案

2016年张某、杨某、吕某等9人为了牟取不法利益，多次通过QQ联系"黑客"入侵内蒙古财政厅的网站篡改成绩，将多名考生的成绩由"不合格"改为"合格"，致使多名本不该取得会计从业资格证的考生取得了从业资格证。张某、杨某、吕某3人一共从中获利5.2万元；其余6名被告人也从这起网络篡改成绩作弊案中获利近20万元。

2016年8月20日，内蒙古自治区呼和浩特市赛罕区人民法院对此案作出一审判决，以犯破坏计算机信息系统罪判处张某等9名被告人5年至1年零3个月不等的有期徒刑。[①]

相关规定

1.**《宪法》**第4条："中华人民共和国各民族一律平等。国家保障各少数民族的合法的权利和利益，维护和发展各民族的平等、团结、互助关系。禁止对任何民族的歧视和压迫，禁止破坏民族团结和制造民族分裂的行为。"第52条："中华人民共和国公民有维护国家统一和全国各民族团结的义务。"

2.**《全国人大常委会关于维护互联网安全的决定》**："二、为了维护国家安全和社会稳定，对有下列行为之一，构成犯罪的，依照刑法有关规定追究刑事责任：（1）利用互联网造谣、诽谤或者发表、传播其他有害信息，煽动颠覆国家政权、推翻社会主义制度，或者煽动分裂国家、破坏国家统一；（2）通过互联网窃取、泄露国家秘密、情报或者军事秘密；（3）利用互联网煽动民族仇恨、民族歧视，破坏民族团结；（4）利用互联网组织邪教组织、联络邪教组织成员，破坏国家法律、行政法规实施。"

3.**《国家安全法》**第11条："中华人民共和国公民、一切国家机关和武装力量、各政党和各人民团体、企业事业组织和其他社会组织，都有维护国家安全的责任和义务。中国的主权和领土完整不容侵犯和分割。维护国家主权、统一和领土完整是包括港澳同

① 参见正义网2016年8月25日报道《新形势下的高科技犯罪——破坏计算机信息系统罪》。

胞和台湾同胞在内的全中国人民的共同义务。”

4.**《反恐怖主义法》**第 2 条：“国家反对一切形式的恐怖主义，依法取缔恐怖活动组织，对任何组织、策划、准备实施、实施恐怖活动，宣扬恐怖主义，煽动实施恐怖活动，组织、领导、参加恐怖活动组织，为恐怖活动提供帮助的，依法追究法律责任。国家不向任何恐怖活动组织和人员作出妥协，不向任何恐怖活动人员提供庇护或者给予难民地位。”

5.**《军事设施保护法》**第 15 条：“禁止陆地、水域军事禁区管理单位以外的人员、车辆、船舶进入军事禁区，禁止对军事禁区进行摄影、摄像、录音、勘察、测量、描绘和记述，禁止航空器在军事禁区上空进行低空飞行。但是，经军区级以上军事机关批准的除外。禁止航空器进入空中军事禁区，但依照国家有关规定获得批准的除外。使用军事禁区的摄影、摄像、录音、勘察、测量、描绘和记述资料，应当经军区级以上军事机关批准。”

6.**《国防法》**第 42 条：“……教育、文化、新闻、出版、广播、电影、电视等部门和单位应当密切配合，采取多种形式开展国防教育。”第 52 条：“……公民和组织应当遵守保密规定，不得泄露国防方面的国家秘密，不得非法持有国防方面的秘密文件、资料和其他秘密物品。”

7.**《广播电视管理条例》**第 32 条：“广播电台、电视台应当提高广播电视节目质量，增加国产优秀节目数量，禁止制作、播放载有下列内容的节目：（1）危害国家的统一、主权和领土完整的；（2）危害国家的安全、荣誉和利益的；（3）煽动民族分裂，破坏民族团结的；（4）泄露国家秘密的……”

8.**《出版管理条例》**第 25 条：“任何出版物不得含有下列内容：（1）反对宪法确定的基本原则的；（2）危害国家统一、主权和领土完整的；（3）泄露国家秘密、危害国家安全或者损害国家荣誉和利益的；（4）煽动民族仇恨、民族歧视，破坏民族团结，或者侵害民族风俗、习惯的；（5）宣扬邪教、迷信的；（6）扰乱社会秩序，破坏社会稳定的……”

9.**《电影产业促进法》**第 16 条：“电影不得含有下列内容：（1）违反宪法确定的基本原则，煽动抗拒或者破坏宪法、法律、行政法规实施；（2）危害国家统一、主权和领土完整，泄露国家秘密，危害国家安全，损害国家尊严、荣誉和利益，宣扬恐怖主义、极端主义……”

10.**《互联网信息服务管理办法》**第 15 条：“互联网信息服务提供者不得制作、复制、发布、传播含有下列内容的信息：（1）反对宪法所确定的基本原则的；（2）危害国家安全，泄露国家秘密，颠覆国家政权，破坏国家统一的；（3）损害国家荣誉和利益的；（4）煽动民族仇恨、民族歧视，破坏民族团结的；（5）破坏国家宗教政策，宣扬邪教和封建迷信的……”

11.**《电信条例》**第 57 条：“任何组织或者个人不得利用电信网络制作、复制、发布、传播含有下列内容的信息：（1）反对宪法所确定的基本原则的；（2）危害国家安全，泄露国家秘密，颠覆国家政权，破坏国家统一的；（3）损害国家荣誉和利益的；（4）煽动民族仇恨、民族歧视，破坏民族团结的；（5）破坏国家宗教政策，宣扬邪教和封建迷信的……”

12.**《保守国家秘密法》**第 27 条：“报刊、图书、音像制品、电子出版物的编辑、出版、印制、发行，广播节目、电视节目、电影的制作和播放，互联网、移动通信网等公共信息网络及其他传媒的信息编辑、发布，应当遵守有关保密规定。”

13.**《科学技术保密规定》**第 30 条：“机关、单位和个人在下列科学技术合作与交流活动中，不得涉及国家科学技术秘密：（1）进行公开的科学技术讲学、进修、考察、合作研究等活动；（2）利用互联网及其他公共信息网络、广播、电影、电视以及公开发行的报刊、书籍、图文资料和声像制品进行宣传、报道或者发表论文；（3）进行公开的科学技术展览和展示等活动。”

14.**《新闻出版保密规定》**第 9 条：“被采访单位、被采访人向新闻出版单位的采编人员提供有关信息时，对其中确因工作需要而又涉及国家秘密的事项，应当事先按照有关规定的程序批准，并采编人员申明；新闻出版单位及其采编人员对被采访单位、被采访人申明属于国家秘密的事项，不得公开报道、出版。对涉及国家秘密但确需公开报道、出版的信息，新闻出版单位应当向有关主管部门建议解密或者采取删节、改编、隐去等保密措施，并经有关主管部门审定。”

15.**《新闻从业人员职务行为信息管理办法》**第 7 条：“……新闻从业人员不得违反保密协议的约定，通过博客、微博、微信公众账号或个人账号等任何渠道，以及论坛、讲座等任何场所，透露、发布职务行为信息。”第 8 条：“新闻从业人员离岗离职要交回所有涉密材料、文件，在法律规定或协议约定的保密期限内履行保密义务。”

16.**《互联网电子公告服务管理规定》**第 9 条：“任何人不得在电子公告服务系统中发布含有下列内容之一的信息：（1）反对宪法所确定的基本原则的；（2）危害国家安全，泄露国家秘密，颠覆国家政权，破坏国家统一的；（3）损害国家荣誉和利益的；（4）煽动民族仇恨、民族歧视，破坏民族团结的；（5）破坏国家宗教政策，宣扬邪教和封建迷信的……”

17.**《关于办理组织和利用邪教组织犯罪案件具体应用法律若干问题的解释（二）》**第 2 条：“制作、传播邪教宣传品，煽动分裂国家、破坏国家统一，或者煽动颠覆国家政权、推翻社会主义制度的，依照刑法第 103 条第 2 款、第 105 条第 2 款的规定，以煽动分裂国家罪或者煽动颠覆国家政权罪定罪处罚。”

18.**《电影剧本（梗概）备案、电影片管理规定》**第 13 条：“电影片禁止载有下列内容：（1）泄露国家秘密，危害国家安全，损害国家荣誉和利益的；（2）煽动民族仇恨、民族歧视，破坏民族团结，侵害民族风俗、习惯的；（3）违背国家宗教政策，宣扬邪教、迷信的……”

19.**《中国新闻工作者职业道德准则》**第6条：“1、严格遵守和正确宣传国家的民族政策和宗教政策，坚决维护各民族的团结，维护安定团结的政治局面。严格保守党和国家的秘密，自觉维护国家的利益和安全。”

20.**《公民权利和政治权利国际公约》**第20条：“（1）任何鼓吹战争的宣传，应以法律加以禁止。（2）任何鼓吹民族、种族或宗教仇恨的主张，构成煽动歧视、敌视或强暴者，应以法律加以禁止。”

21.**《消除一切形式种族歧视国际公约》**第4条：“缔约国对于一切宣传及一切组织，凡以某一种族或属于某一肤色或人种的人群具有优越性的思想或理论为根据者，或试图辩护或提倡任何形式的种族仇恨及歧视者，概予谴责，并承诺立即采取旨在根除对此种歧视的一切煽动或歧视行为的积极措施。”

思　考　题

一、填空题

1. 每年________月________日为全民国家安全教育日。

2. 国家秘密的保密期限，除另有规定外，绝密级不超过________年，________不超过20年，秘密级不超过________年。

3. 出版歧视、侮辱少数民族作品罪：在出版物中刊载歧视、侮辱少数民族的内容，________，造成严重后果的，对直接责任人员，处________年有期徒刑、________或者管制。

二、名词解释

1. 国家安全；　2. 恐怖主义；　3. 恐怖事件；　4. 分裂国家
5. 国家秘密；　6. 内参；　7. 自审；　8. 送审；
9. 新闻泄密；　10. 民族仇恨　11. 民族歧视

三、判断题

1. 科学技术中的秘密事项属于国家秘密的范围。（　）

2. 一般情况下，绝密级国家秘密事项保密期限应不超20年。（　）

3. 我国刑法中尚没有对法人泄密的刑罚规定。（　）

4. 在国家部门统一发布重大政治新闻之前，发布获得的真实可靠信息不属于泄露国家秘密。（　）

5. 我国新闻出版保密审查施行送审制。 (　　)

6. 任何媒体不得发布内部参考消息。 (　　)

四、简答题

1. 危害国家安全有哪五种行为？
2. 国家安全涉及的领域有哪些？
3. 国家安全涉及的设施有哪些？
4. 军事报道的规范有哪些？
5. 国家秘密的范围包括哪些？
6. 哪些领域容易出现泄密的情形？
7. 刑法中有关泄露国家秘密的罪名有哪几个？
8. 如何防止涉密计算机上互联网泄密？

第二章 维护社会稳定

社会稳定关系到国家和社会的安定与发展，关系到人民群众的安居乐业。社会稳定是经济发展的保证，是各族人民的共同心愿和利益所在。做好维护社会稳定工作，需要每一个公民都能自觉地担负起维护社会稳定工作的责任。

第一节 民族团结

民族团结是社会稳定的主要政治基础。民族问题关系到人民的福与祸，祖国统一、民族团结是各族人民之福；祖国分裂、民族冲突是各族人民之祸。维护民族团结、保障社会稳定、各民族共同繁荣发展是维护祖国统一的神圣使命。

一、民族平等

民族平等包括：（1）反对任何民族歧视和民族压迫。（2）既反对大民族主义，又反对地方民族主义。（3）国家尊重少数的风俗习惯。（4）少数民族有使用本民族文字、语言的权利和自由。（5）对于少数民族比较集中的地区实行民族自治政策。（6）民族自治的行政单位有民族自治乡、自治县（旗）、自治州（盟）、自治区。（7）各民族在政治上一律平等。（8）各民族不论人口多少，居住地域大小，经济发展程度如何，语言文字和宗教信仰、风俗习惯是否相同，社会地位一律平等，享受相同的权利，承担相同的义务；（9）国家反对任何形式的民族分裂活动。（10）要求各民族在共产党的领导下，实现全国各民族的大团结，建立社会主义的民族大家庭。

民族团结包括：（1）不同民族之间的团结；（2）民族内部的团结；（3）中华民族的团结；（4）各党派之间的团结。

二、相关罪名

1. 煽动民族仇恨[①]、民族歧视[②]罪（刑法第 249 条）

煽动民族仇恨、民族歧视，情节严重的，处 3 年以下有期徒刑、拘役、管制或者剥夺政治权利；情节特别严重的，处 3 年以上 10 年以下有期徒刑。

所谓“情节严重的”：手段恶劣，多次煽动、引起民族公愤的；严重损害民族感情、尊严；致使民族成员大量逃往国外以及引起其他影响民族团结、平等后果等。

【案例】

刚满 18 岁少年获刑

2014 年 5 月初，艾某（就读于哈密一专科学校）因通过 QQ 群向他人传播煽动民族仇恨的音频、视频资料，其行为构成煽动民族仇恨、民族歧视罪，鉴于被告人艾某明知是煽动民族仇恨的资料，仍向多个 QQ 群发送，人数较多，社会危害性大，应当从重处罚。判处有期徒刑 8 年，剥夺政治权利 3 年[③]。

2. 出版歧视、侮辱少数民族作品罪（刑法第 250 条）

在出版物中刊载歧视、侮辱少数民族的内容，情节恶劣[④]，造成严重后果的[⑤]，对直接责任人员，处 3 年以下有期徒刑、拘役或者管制。

① 民族仇恨，是指基于种族、肤色、世俗的原因而产生的强烈憎恨。
② 民族歧视，是指基于种族、肤色、世俗的理由而对人们进行区别、排斥、限制，意图损害其他民族平等地位以及其他合法权益。
③ 魏芸 . 刚满 18 岁少年因煽动民族仇恨、民族歧视罪获刑 8 年 [EB/OL]，（中国网，2014-11-17）.
④ 情节恶劣，法律没有明确规定，一般认为指行为人动机卑鄙，刊载的内容歪曲了历史或者纯粹是谣言，刊载的内容污秽恶毒，或者是多次刊载歧视、侮辱少数民族内容等情形。
⑤ 所谓造成严重后果，主要是指造成恶劣的政治影响、在少数民族群众中引起强烈反响、引发骚乱、致使民族矛盾激化、引起民族冲突的，等等。

第二节 宣扬邪教

邪教是世界各国面临的一大社会问题。邪教组织，打着拯救人类的幌子，利用各种手段，编造、散布荒诞的歪理邪说；挑战现行政治体制，反对国家政权，危害国家政治稳定；迷惑群众，非法敛财，侵害人民群众财产安全；蔑视法律，危害公共秩序；诬告滥诉，干扰司法正常进行；编造歪理邪说，制造思想混乱；残害生命，奸淫妇女，甚至组织集体自杀，践踏人权。反对邪教，防控打击邪教已经成为世界各国的普遍共识。

一、邪教的界定

邪教，是指冒用宗教、气功或者其他名义建立，神化首要分子，利用制造、散布歪理邪说等手段蛊惑、蒙骗他人，发展、控制成员，危害社会的非法组织。

邪教的基本特征：（1）神化其“教主”“创造”一人活在人世间的至上神；（2）组织严密，活动诡秘，拥有一套极权主义结构。（3）盘剥信徒钱财，非法牟取暴利。（4）打着宗教的幌子破坏宗教秩序和信仰自由。（5）实施精神控制。

邪教的社会危害性：（1）煽动反对政府，危害基层政权。（2）从事违法犯罪活动，危害社会。（3）破坏正常的生产生活，危害群众健康。（4）侵蚀和毒害未成年人。邪教利用未成年人识别判断能力较低的弱点，极力在未成年人中发展成员，给他们的身心健康和成长造成难以挽回的损害。

邪教大多是以传播宗教教义、拯救人类为幌子，散布谣言，且通常有一个自称开悟的具有超自然力量的教主，以秘密结社的组织形式控制群众，一般以不择手段地敛取钱财为主要目的。要自觉抵制邪教的各种宣传和捣乱破坏活动。

二、相关罪名

组织、利用会道门、邪教组织、利用迷信破坏法律实施罪（刑法第 300 条）

组织和利用会道门[①]、邪教组织[②]或者利用迷信破坏国家法律、行政法规实施的，处 3 年以上 7 年以下有期徒刑；情节特别严重的，处 7 年以上有期徒刑。

组织和利用会道门、邪教组织或者利用迷信蒙骗他人，致人死亡的，依照前款的规定处罚。

组织和利用会道门、邪教组织或者利用迷信奸淫妇女、诈骗财物的，分别依照本法第

① 会道门，是带有宗教和封建迷信色彩的民间秘密结社，其日常活动表现为封建迷信和练功习武相混杂。

② 邪教组织，是指冒用宗教、气功或者其他名义建立，神化首要分子，利用制造、散发迷信邪说等手段蛊惑、蒙骗他人，发展、控制成员，危害社会的非法组织。

236条强奸罪、第266条诈骗罪的规定定罪处罚。

【案例】

山东招远涉邪教故意杀人案

2014年5月28日21时许，山东省招远市一麦当劳餐厅里，犯罪分子为宣扬邪教，发展成员，在招远市罗峰路麦当劳快餐厅内向周围就餐人员索要电话号码，遭被害人吴某某拒绝后，犯罪分子认为其为“恶魔”“邪灵”，应将其消灭，遂实施殴打，一名光头男子大骂倒地女子“恶魔”“永世不得超生”，用拖把猛击该女子，殴打全过程约2分钟，致被害人死亡。

10月11日上午9时，山东烟台中院公开宣判。张帆、张立冬2人被判死刑，吕迎春被判无期徒刑，张航被判有期徒刑10年，张巧联被判有期徒刑7年。被告人不服，提出上诉。

11月28日，山东省高级人民法院二审宣判，裁定驳回张帆、张立冬、吕迎春、张航、张巧联的上诉，维持原判；对维持张帆、张立冬死刑判决的裁定，依法报请最高人民法院核准。

2015年2月2日，经最高人民法院核准，山东省烟台市中级人民法院依法对犯故意杀人罪、利用邪教组织破坏法律实施罪的罪犯张帆、张立冬执行死刑。①

【宗教报道规范】

（1）新闻报道中不得出现违背现行宗教政策、伤害信教群众的宗教感情的内容，不能猎奇，更不能加以丑化、侮辱或胡编乱造。

（2）涉及宗教的重大问题特别是突发事件的报道，要征得宗教工作主管部门的同意。

（3）对纯粹的宗教活动，原则上不作专门报道。对滥修滥建寺庙观堂，举行大型宗教仪式活动，搞所谓的“宗教搭台、经济唱戏、借佛发财”等活动，不要宣传。

（4）关于“法轮功”问题的报道，一律使用新华社稿件。对“法轮功”案件审判原则上不作报道，如认为有的典型案件确有报道必要，须报中宣部批准，未经批准，一律不得擅自报道。经批准可报道的“法轮功”案件的审判，只刊播新闻稿，不刊图片，报道范围只限案件审判地区，其他单位和地区不得转载。不准使用互联网关于“法轮功”的消息。

① 参见新华网2014年11月28日报道《山东招远涉邪教故意杀人案二审宣判 驳回上诉维持原判》。

第三节 淫秽色情

大众传播媒介中的淫秽、色情内容，具有扩散快、毒害大、遗毒深的特点。尤其是网络色情内容以其特有的表现方式，如色情图片、电影等，展现不正当的性关系、性变态等内容，对于正处于长身体、长知识，缺乏判断力和自制力，道德观念尚未完全形成的青少年往往具有很大的诱惑力和刺激性，很容易使判断力差、求知欲旺、好奇心强且喜欢模仿的青少年放肆地追求性刺激，走上性犯罪之路。因此，我国法律禁止在各种媒体上传播淫秽、色情内容。

一、对淫秽物品的认定和分类

淫秽物品，是指具体描绘性行为或者露骨宣扬色情的诲淫性的书刊、影片、录像带、录音带、图片及其他淫秽物品。①

其他淫秽物品，包括具体描绘性行为或者露骨宣扬色情的诲淫性的视频文件、音频文件、电子刊物、图片、文章、短信息等互联网、移动通讯终端电子信息和声讯台语音信息。

（一）淫秽物品的分类

淫秽物品分为以下几类：（1）淫秽音像制品，如电影胶片、电视片、录像带、幻灯片、激光视盘或者淫秽录音带、唱片、激光唱盘等；（2）淫秽读物，如原版的境外淫秽书刊画报，境内出版社出版的外国、港澳台淫秽色情小说，境内不法分子翻印制作的港澳台淫秽小册子以及翻印的中国古代淫秽书籍、淫秽抄本；淫秽宣传品；（3）淫秽图照，如淫诲的裸体男女或男女性交、变态性行为的图片；（4）淫秽实物，即实物本身就是淫秽物品，而不是指印有图画的实物；（5）淫药，参见卫生部、公安部、海关总署联合发布的《关于严格查禁淫药的通知》附件《淫药品种表》；（6）淫秽游戏软件，它是以计算机和游戏机作为演示和传播媒介的；（7）其他淫秽物品。②

（二）查禁淫秽物品的范围

查禁淫秽物品的范围包括：具体描写性行为或露骨宣扬色情淫荡形象的录像带、录音带、影片、电视片、幻灯片、照片、图画、书籍、报刊、抄本，印有这类图照的玩具、用品，以及淫药、淫具。③

① 依据2009年2月28日《中华人民共和国刑法》（最新修正版）第367条的规定。
② 参见《关于认定淫秽及色情出版物的暂行规定》（1988年，新闻出版署）第2条规定。
③ 参见《国务院关于严禁淫秽物品的规定》。

（三）两项例外

（1）有关人体生理、医学知识的科学著作不是淫秽物品。这里是指有关性科学、性解剖、性生理、性病理、性心理一类的科学著作或普及性文章。

（2）包含有色情内容的有艺术价值的文学、艺术作品不视为淫秽物品。有艺术价值是指在文学艺术领域有公认的地位和艺术感染力，即使有一些色情内容也不把它当作淫秽物品来对待。

二、对淫秽、色情出版物的处理

（一）对淫秽出版物的处理

淫秽出版物，是指在整体上宣扬淫秽行为，具有下列内容之一，挑动人们的性欲，足以导致普通人腐化堕落，而又没有艺术价值或者科学价值的出版物：（1）淫亵性地具体描写性行为、性交及其心理感受；（2）公然宣扬色情淫荡形象；（3）淫亵性地描述或者传授性技巧；（4）具体描写乱伦、强奸或者其他性犯罪的手段、过程或者细节，足以诱发犯罪的；（5）具体描写少年儿童的性行为；（6）淫亵性地具体描写同性恋的性行为或者其他性变态行为，或者具体描写与性变态有关的暴力、虐待、侮辱行为；（7）其他令普通人不能容忍的对性行为淫亵性描写。

（二）对色情出版物的处理

色情出版物，是指在整体上不是淫秽的，但其中一部分有上述（1）至（7）项规定的内容，对普通人特别是未成年人的身心健康有毒害，而缺乏艺术价值或者科学价值的出版物。

对色情出版物的处理方式分为两类：（1）有艺术价值的文学作品，如需要安排出版，地方出版单位必须事先上报省、自治区、直辖市新闻出版局审核批准并报新闻出版署备案，中央出版单位必须事先报新闻出版署审核批准。在印数和发行范围上要有必要的限制；（2）低级庸俗，妨碍社会公德，缺乏艺术或科学价值，公开展示或阅读会对普通人特别是青少年身心健康产生危害，甚至诱发青少年犯罪的出版物，应予取缔。①

（三）对夹杂淫秽出版物的处理

夹杂淫秽内容的出版物，指尚不能定性为淫秽、色情出版物，但是夹杂有以下规定内容的出版物：（1）描写性行为、性心理，着力表现生殖器官，会使青少年产生不健康意识的；（2）宣传性开放、性自由观念的；（3）具体描写腐化堕落行为，足以导致青少年仿

① 魏永征.新闻传播法教程 [M].北京：中国人民大学出版社，2006：110.

效的；（4）具体描写诱奸、通奸、淫乱、卖淫的细节的；（5）具体描写与性行为有关的疾病，如梅毒、淋病、艾滋病等，令普通人厌恶的；（6）其他刊载的猥亵情节，令普通人厌恶或难以容忍的。[①]

对虽有艺术价值但夹杂淫秽内容，对青少年产生不良影响的文艺作品如果安排出版，地方出版单位必须事先将选题、印数和发行范围上报省、自治区、直辖市新闻出版局审核批准，并报新闻出版署备案。中央一级出版单位必须事先报新闻出版署审核批准。如有违反，应给出版单位以一项或几项行政处罚，包括没收所得利润、罚款、停业整顿。对地方出版单位的处罚决定，由省、自治区、直辖市新闻出版局做出，由其上级主管单位做出。必要时新闻出版署可以直接处理。

三、相关罪名

1. 制作、复制、出版、贩卖、传播淫秽物品牟利罪（刑法第363条）

以牟利为目的，制作、复制、出版、贩卖、传播色情的淫秽性的书刊、影片、录像带、录音带、图片及其他淫秽物品的，一般处3年以下有期徒刑、拘役或者管制，并处罚金；情节严重的，处3年以上10年以下有期徒刑，并处罚金；情节特别严重的，处10年以上有期徒刑或者无期徒刑，并处罚金或者没收财产。

【案例1】

首例网盘传播淫秽物品牟利案

2015年12月，犯罪嫌疑人刘某飞，查明其以自建QQ群的方式，贩卖存有淫秽视频的网盘账号，非法牟利3万余元。后警方在福建、安徽将刘某飞的上家何某锋、王某照抓获。经查，何某峰、王某照在网上购买了可批量注册、扩容、转存的网盘专用软件，利用此工具制作出了10 000余个存有淫秽视频的网盘账号，并通过QQ群、微信、云平台等方式大肆贩卖，非法获利10万余元。

2016年1月，警方先后在江西、广东、安徽、重庆等地将该团伙的转存软件制作者、主要批发商等全部抓捕归案，彻底斩断了这条利用网盘传播淫秽色情信息的黑色产业链条。据了解，该团伙已累计制作出各类淫秽网盘账号达2万余个，再利用QQ、微信以及各类平台贩卖，短短3个月时间非法牟利40余万元。据了解，这也是四川首例网盘传播淫秽物品牟利案。[②]

① 参见《关于部分应取缔出版物认定标准的暂行规定》。
② 陈俊．四川查处首例网盘传播淫秽物品牟利案：制售淫秽网盘账号2万余个获利40余万[N]．天府早报，2016-04-07.

【案例 2】

开设淫秽色情网站被判刑

2014 年，李某某、蔡某为某广告公司业务员，蔡某在进行广告推广时发现，开设淫秽色情网站有利可图，便伙同李某某在自己家中开设和维护淫秽色情网站；他们通过淘宝网购买了 3 张银行卡，租用境外服务器，并购买多个网站使用的注册域名，下载淫秽色情视频 1 万余部、淫秽色情图片 10 万余张在网站传播，并以在传播中插入广告收取网络广告公司佣金牟利，共计非法牟利 60 000 余元。

2015 年 2 月，公安机关将两名犯罪嫌疑人抓获。2015 年 8 月 5 日，永州市宁远县人民法院依法对 2 名犯罪嫌疑人一审判决，李某某、蔡某因传播淫秽物品牟利罪，分别判处有期徒刑 3 年，没收违法所得，并处罚金人民币 3 万元。①

2. 传播淫秽物品罪（刑法第 364 条第 1 款）

传播淫秽的书刊、影片、音像、图片或者其他淫秽物品，情节严重的，处 2 年以下有期徒刑、拘役或者管制。

向他人传播淫秽的书刊、影片、音像、图片等出版物达 300 至 600 人次以上或者造成恶劣社会影响的，属于“情节严重”，依照刑法第 364 条第 1 款的规定，以传播淫秽物品罪定罪处罚。

【案例】

快播传播淫秽物品牟利案

2013 年 11 月 18 日，北京市海淀区文化委员会从北京网联光通技术有限公司查获快播公司托管的服务器四台。后北京市公安局从上述四台服务器中提取了 25 175 个视频文件进行鉴定，认定其中属于淫秽视频的文件为 21 251 个。

2014 年 8 月 8 日，潜逃境外 110 天的王欣在韩国被抓获并被押解回国，2015 年 2 月 6 日，海淀检察院以涉嫌传播淫秽物品牟利罪，对快播公司及王欣等人提起公诉。2016 年 1 月 8 日，“快播”传播淫秽物品牟利案继续在北京市海淀法院开庭审理。在法庭辩论阶段，王欣以“技术中立”为由为自己辩护，这一观点引发社会热议。

2016 年 9 月 13 日，法院一审宣判快播公司犯传播淫秽物品牟利罪，判处罚金 1 000 万元；被告人快播公司法定代表人、CEO 王欣，犯传播淫秽物品牟利罪，判有期徒刑 3 年 6 个月，罚金 100 万元，快播单位及王欣等被告人均认罪认罚。②

① 资料来源：秦芳，湖南公布 2015 年“扫黄打非”十大案例，2016-04-19。
② 2014 年—2016 年中国互联网法治十大影响性案例公布 e 租宝非法集资案和徐玉玉案上榜 [N]. 法制日报，2016-10-17.

3. 组织播放淫秽音像制品罪（刑法第 364 条第 2 款）

组织播放淫秽的电影、录像等音像制品的，处 3 年以下有期徒刑、拘役或者管制，并处罚金；情节严重的，处 3 年以上 10 年以下有期徒刑，并处罚金。制作、复制淫秽的电影、录像等音像制品组织播放的，依照第 2 款的规定从重处罚。向不满 18 周岁的未成年人传播淫秽物品的，从重处罚。

【案例】

广西玉林梁某某传播淫秽色情物品案

2012 年 5 月 28 日，犯罪嫌疑人梁某某在北流市利用互联网在色情网站“MM 公寓论坛”注册，用户名为“疯狂宝贝”，并以“疯狂宝贝”为作者，在该网站共发帖 5 个，以发帖的形式发布色情图片 172 张供他人点击浏览时，被北流市公安局对该网站进行远程勘验时当场抓获。2012 年 5 月 28 日，梁某某被北流市公安局刑事拘留，同年 6 月 6 日被逮捕。2012 年 8 月 23 日，北流市人民法院以犯传播淫秽物品罪，判处梁某某有期徒刑 6 个月。①

4. 为他人提供书号出版淫秽书刊罪（刑法第 363 条第 2 款）

为他人提供书号、刊号，出版淫秽书刊的，以为他人提供书号出版淫秽书刊罪定罪处罚。为他人提供版号，出版淫秽音像制品的，依照前款规定定罪处罚。明知他人用于出版淫秽书刊而提供书号、刊号的，依照刑法第 363 条第 1 款的规定，以出版淫秽物品牟利罪定罪处罚。犯本罪的，处 3 年以下有期徒刑、拘役或者管制，并处或者单处罚金，明知他人用于出版淫秽书刊而提供书号的，依照前款的规定处罚。

5. 出版淫秽物品牟利罪（刑法第 363 条第 1 款）

明知他人用于出版淫秽书刊而提供书号、刊号的，以出版淫秽物品牟利罪定罪处罚。犯本罪的，处 3 年以下有期徒刑、拘役或者管制，并处罚金；情节严重的，处 3 年以上 10 年以下有期徒刑，并处罚金；情节特别严重的，处 10 年以上有期徒刑或者无期徒刑，并处罚金或者没收财产。

【案例】

湖南衡阳“8·2”网络传播淫秽色情信息牟利案

2016 年 8 月，湖南省衡阳市“扫黄打非”办公室协调公安机关破获一起网络销售淫秽物品牟利案，查获涉案 QQ 群组 24 个，抓获犯罪嫌疑人 7 名。经查，该团伙传播淫秽视频 2.6 万部，涉及人员超过 1.5 万人，涉及全国 20 多个省市。其主要利用 WEB 网站、

① 参见全国“扫黄打非”办公室于 2012 年 10 月 18 日公布的《广西：严办大案要案 深化“两个专项行动”见成效——曝光一批典型案例》。

QQ群、网络云盘、微信群、APP软件、视频直播等方式传播淫秽视频牟利。该案共查出涉黄QQ群24个，其中8个群的成员超过1 000人；制作并销售含淫秽色情网络云盘的上级代理3家，共发展下线代理2 000余人；利用QQ群进行淫秽色情表演的直播平台3个，每天组织10余场淫秽色情直播表演，参与直播表演的女主播20余人，观看人数达数千人；播放淫秽色情视频手机APP软件1个，其建立专门进行软件推广维护QQ群，群内人数1 000余人；传播淫秽色情视频的微信群1个，该微信群每天定时发布近百部淫秽视频，群成员113人。

2017年8月14日，衡阳市石鼓区人民法院对"湖南衡阳'8·2'网络传播淫秽色情信息牟利案"作出一审判决，被告人陈某某、吴某某、张某某犯传播淫秽物品牟利罪，分别判处有期徒刑4年10个月、1年8个月、1年4个月，并处罚金人民币5万元。

相关规定

1.**《治安管理处罚法》**第68条："制作、运输、复制、出售、出租淫秽的书刊、图片、影片、音像制品等淫秽物品或者利用计算机信息网络、电话以及其他通讯工具传播淫秽信息的，处10日以上15日以下拘留，可以并处3000元以下罚款；情节较轻的，处5日以下拘留或者500元以下罚款。"

2.**《关于严禁淫秽物品的规定》**："九、对于走私、制作、贩卖、组织传播淫秽物品，构成犯罪的，由司法机关依法惩处；未构成犯罪的，由主管部门根据情节轻重给予行政处分。"

3.**《关于依法严惩非法出版犯罪活动通知》**："二、以营利为目的，从事淫书淫画、淫秽音像的出版、印刷、发行、销售活动的，以刑法第170条制作、贩卖淫书淫画罪论处；其中非法经营或者非法获利的数额巨大或情节严重的，不仅触犯了制作、贩卖淫书淫画罪，也触犯了投机倒把罪，应以投机倒把罪论处。"

4.**《未成年人保护法》**第34条："禁止任何组织、个人制作或者向未成年人出售、出租或者以其他方式传播淫秽、暴力、凶杀、恐怖、赌博等毒害未成年人的图书、报刊、音像制品、电子出版物以及网络信息等。"

5.**《预防未成年人犯罪法》**第14条："未成年人的父母或者其他监护人和学校应当教育未成年人不得有下列不良行为：……（7）观看、收听色情、淫秽的音像制品、读物等。"

第30条："以未成年人为对象的出版物，不得含有诱发未成年人违法犯罪的内容，不得含有渲染暴力、色情、赌博、恐怖活动等危害未成年人身心健康的内容。"

第32条："广播、电影、电视、戏剧节目，不得有渲染暴力、色情、赌博、恐怖活动等危害未成年人身心健康的内容。"

6.**《关于办理互联网、移动通讯终端、声讯台制作、复制、出版、贩卖、传播淫秽电子信息刑事案件具体应用法律若干问题的解释》(二)**第1条:“以牟利为目的,利用互联网、移动通讯终端制作、复制、出版、贩卖、传播淫秽电子信息,具有下列情形之一的,依照刑法第363条第一款的规定,以制作、复制、出版、贩卖、传播淫秽物品牟利罪定罪处罚:(1)制作、复制、出版、贩卖、传播淫秽电影、表演、动画等视频文件10个以上的;(2)制作、复制、出版、贩卖、传播淫秽音频文件50个以上的;(3)制作、复制、出版、贩卖、传播淫秽电子刊物、图片、文章等100件以上的;(4)制作、复制、出版、贩卖、传播的淫秽电子信息,实际被点击数达到5 000次以上的;(5)以会员制方式出版、贩卖、传播淫秽电子信息,注册会员达100人以上的;(6)利用淫秽电子信息收取广告费、会员注册费或者其他费用,违法所得5 000元以上的;(7)数量或者数额虽未达到第(1)项至第(6)项规定标准,但分别达到其中两项以上标准一半以上的;(8)造成严重后果的。”

7.**《互联网站禁止传播淫秽、色情等不良信息自律规范》**第3条:淫秽信息,是指在整体上宣扬淫秽行为,具有下列内容之一,挑动人们性欲,导致普通人腐化、堕落,而又没有艺术或科学价值的文字、图片、音频、视频等信息内容。第4条:色情信息,指在整体上不是淫秽的,但其中一部分对普通人特别是未成年人的身心健康有毒害,缺乏艺术价值或者科学价值的文字、图片、音频、视频等信息内容。

思 考 题

一、填空题

1. 商业信誉,是指经营者在商业活动中的________和名誉,包括社会公众对该经营者的________、商业道德、________、经济实力等方面的积极评价。

2. 商品声誉,是指企业投放市场的商品在质量、________、风格等方面的可信赖程度和________。

3. 恐怖信息,是指爆炸威胁、________、放射威胁等能使公众为自己生命、________、财产惶恐不安由此产生________的信息。

4. 利用迷信,是指利用占卜、________、看阴阳风水、________等形式,散布迷信________,制作________,蛊惑群众。

二、判断题

1. 邪教、恐怖主义和黑社会已成为世界三大毒瘤。 ( )

2. 组织和利用会道门、邪教或者利用迷信破坏国家法律、行政法规实施罪,处7年以上有期徒刑;情节特别严重的,处死刑。 ( )

3.《广播电视管理条例》第32条将“宣扬邪教、封建迷信”明确列为“禁载内容”。（　　）

4. 邪教是指冒用宗教、气功或者其他名义简历，神化首要分子，利用制造、散步迷信邪说等手段蛊惑、蒙骗他人，发展、控制成员，坑害群众、摧残生灵、危机社会的非法组织。（　　）

三、选择题

1. 下列哪一项不是《刑法》中关于散布谣言的相关罪名（　　）

A. 编造并传播证券、期货交易虚假信息罪

B. 损害他人商业信誉、商品声誉罪

C. 损害他人名誉、隐私罪

D. 编造、故意传播虚假恐怖信息罪

2. 下列哪一项是淫秽物品（　　）

A. 有关性行为的录像带、录影带

B. 包含色情内容的有艺术价值的文学、艺术作品

C. 有关人体生理、医学知识的科学著作

D. 有关男女生殖器的医学模具

四、名词解释

1. 散布谣言　　2. 邪教　　3. 淫秽信息　　4. 色情信息

五、简答题

1. 刑法中有哪几个罪名与淫秽物品相关？

2. 民族平等、民族团结包括哪些方面？

第三章　传媒与司法公正

言论自由与司法公正都是现代民主法治国家不可或缺的基石，是民主社会所必须珍重的基本价值。我们的社会既需要司法机关独立履行职责，也需要传媒对司法活动进行报道与监督，两者不可舍弃其一，损害其中任何一个，都是社会的巨大损失。因此，我们应当在制度和体制的设计上尽量保持两者之间的平衡。

第一节　传媒与司法的关系

司法新闻，是专门报道国家司法机关及其司法人员依照法定职权和法定程序，具体运用法律处理案件的专门活动的新闻。司法活动与公众利益息息相关，司法公正是社会正义的最后一道防线，因而司法部门也是新闻报道和舆论监督的重要对象之一，两者之间既是报道与被报道的关系，又是监督与被监督的关系。

一、传媒与司法的一致性

传媒报道与司法活动的终极目标是一致的，都是将公众利益放在首位，以追求社会正义为其主要的价值取向。传媒报道遵循真实、准确、客观、时效的原则，通过舆论来评判是非，扬善贬恶，以追求社会道德上的公平与正义；而司法活动具有公正、独立、求真、程序等鲜明特性，通过法律来解决纠纷，保障当事人的合法权利，以追求法律上的公平与正义；传媒与司法所追求的根本目标在于：社会的公平与正义，保障最大多数人的利益和最大幸福。

二、传媒与司法的矛盾性

司法活动与传媒监督虽然追求的目标是一致的，但司法活动讲究独立性和程序性，而传媒监督讲究公开性和时效性。传媒与司法的冲突，实际上是表达自由与司法独立的冲突，是公众对司法活动的知情权、言论表达权、公民对国家机关及其工作人员的批评建议权等一系列基本权利与司法独立权的冲突。

三、传媒监督司法的重要性

传媒通过对司法活动进行真实、公开、公正的报道，可以起到宣传法律知识、弘扬法治精神、促进司法改革、维护法律尊严的作用，这对于加快我们国家的民主与法治建设有着难以替代的、积极的、重要的意义，对于促进司法公正起到了极其重要的作用。

（一）满足公众知情

公民有权知道其应该知道的信息，国家应保障公民在最大限度内享有获取各种信息的权利，特别是获取有关国家立法、司法、政务信息的权利。传媒监督司法有利于最大限度地保障公民获取司法信息的权利。人民法院应当主动接受新闻媒体的舆论监督。对新闻媒体旁听案件庭审、采访报道法院工作、要求提供相关材料的，人民法院应当根据具体情况提供便利。对于公开审判的案件，新闻媒体记者和公众可以旁听。审判场所坐席不足的，应当优先保证媒体和当事人近亲属的需要。有条件的审判法庭根据需要可以在旁听席中设立媒体席。记者旁听庭审应当遵守法庭纪律，未经批准不得录音、录像和摄影。①

【案例】

薄熙来案

2013 年 7 月 25 日，薄熙来涉嫌受贿、贪污、滥用职权犯罪一案，经依法指定管辖，由山东省济南市人民检察院向济南市中级人民法院提起公诉。济南市人民检察院起诉书

① 资料来源：2009 年最高人民法院《关于人民法院接受新闻媒体舆论监督的若干规定》。

指控，被告人薄熙来身为国家机关工作人员，利用职务上的便利，为他人谋取利益，非法收受他人财物，数额特别巨大；贪污公款，数额巨大；滥用职权，致使国家和人民利益遭受重大损失，情节特别严重，依法应当以受贿罪、贪污罪、滥用职权罪追究刑事责任，并予以数罪并罚。

2013 年 8 月 22 日 8 时 43 分，济南市中级人民法院一审公开开庭审理被告人薄熙来受贿、贪污、滥用职权案。法庭对被告人薄熙来做出一审判决：以受贿罪、贪污罪、滥用职权罪依法判处刑罚，数罪并罚，决定执行无期徒刑，剥夺政治权利终身。薄熙来不服一审判决，通过山东省济南市中级人民法院向山东省高级人民法院递交上诉状。

2013 年 10 月 25 日上午，山东省高级人民法院对薄熙来受贿、贪污、滥用职权案二审公开宣判，裁定驳回上诉，维持一审无期徒刑判决。

（二）落实司法公开

司法公开，是指审判活动向社会公开，允许社会公众旁听，允许新闻媒介的采访报道，是司法体制改革的重要环节，通过加强对司法权的监督制约，保证司法公正。有利于人民法院的纪律作风建设、廉政建设。2009 年最高人民法院已实现：立案、庭审、执行、听证、文书、审务六公开。这对于落实公开审判的宪法原则，保障人民群众对人民法院工作的知情权、参与权、表达权和监督权，维护当事人的合法权益，促进司法公正，都有积极意义。

【案例】

白恩培案

2016 年 10 月 9 日，河南省安阳市中级人民法院公开宣判：对被告人白恩培以受贿罪判处死刑，缓期 2 年执行，剥夺政治权利终身，并处没收个人全部财产，在其死刑缓期执行 2 年期满依法减为无期徒刑后，终身监禁，不得减刑、假释；以巨额财产来源不明罪判处有期徒刑 10 年，决定执行死刑，缓期 2 年执行，剥夺政治权利终身，并处没收个人全部财产，在其死刑缓期执行 2 年期满依法减为无期徒刑后，终身监禁，不得减刑、假释。对白恩培受贿所得财物和来源不明财产予以追缴，上缴国库。

（三）监督司法权

司法权是一种判断权，是法官依照法律原则和法律规则，就案件当事人提出的事实问题主张和法律问题主张，在是非、曲直、正误、真假等方面所具有的多种可能性之间进行的辨别、选择与断定。司法权承担着犯罪矫正、社会救济等职能。传媒应重点监督以下司法权力：

（1）对司法机关内部机制深层次问题的监督；（2）对司法人员职务内违法行为的监督；（3）对干预司法机关独立办案的外部势力的监督；（4）对现行的某些法律制度漏洞的监督。（5）对法官行使自由裁量权的监督。

（四）弘扬法治原则

传媒监督司法有利于弘扬我国的法治原则：（1）“无罪推定”，任何人在未经人民法院判决有罪之前，都不能被认为有罪，也不能以罪犯对待，更不能适用刑罚。也即“疑罪从无”，又称“有利被告原则”，即既不能证明被告人有罪又不能证明被告人无罪的情况下，推定被告人无罪。（2）“罪刑法定”，即“法无明文规定不为罪”和“法无明文规定不处罚”。法律明文规定为犯罪行为的，依照法律定罪处刑；法律没有明文规定为犯罪行为的，不得定罪处刑。（3）“罪刑相适应”，即刑罚的轻重，应当与犯罪分子所犯罪行和承担的刑事责任相适应。罪轻规定轻刑、轻判；罪重规定重刑、重判，罪刑相当，罚当其罪。这些都是现代法治国家刑事司法通行的重要原则，也是国际公约确认和保护的基本人权，联合国在刑事司法领域制定和推行的最低限度标准。

【案例】

聂树斌案

1994年8月，河北省石家庄市西郊发生一起强奸杀人案；同年10月，聂树斌因涉嫌故意杀人、强奸妇女被逮捕。1995年3月，石家庄中院一审判处聂树斌死刑，同时判处赔偿受害人家属丧葬费等计2000元。1995年4月27日，聂树斌被执行死刑。

2005年1月，强奸杀人案真凶王书金在河南落网。2007年3月12日，邯郸市中级人民法院以故意杀人罪、强奸罪判处王书金死刑，剥夺政治权利终身。王书金不服一审判决，提出上诉。

2013年9月27日，河北省高级人民法院对王书金故意杀人强奸案二审宣判，依法裁定驳回上诉人王书金上诉，维持一审判决，判处王书金死刑、剥夺政治权利终身。

2014年12月12日，最高人民法院指令山东省高级人民法院复查河北省高级人民法院终审的聂树斌故意杀人、强奸妇女一案。2016年12月2日，最高人民法院第二巡回法庭宣告撤销原审判决，改判聂树斌无罪。

2017年3月，聂树斌家属获268.13991万元国家赔偿。

第二节 传媒监督中的问题

传媒监督要捍卫司法独立、尊重司法权威，维护法官人格尊严。不应发表有可能干扰司法公正的文章，更不能发表捕风捉影的信息误导受众；传媒对司法的监督要保持一定的“度”，要谨防“媒介审判”。

一、“媒介审判”的表现

“媒介审判”一词最早出现于美国，指新闻报道形成某种舆论压力，妨碍和影响司法独立和公正的行为。西方学者认为，“媒介审判”是一种不依据法律程序对被告或犯罪嫌疑人实施的非法的道义上的裁判，也叫“报刊审判”。①

所谓媒介审判，是指新闻媒体在报道消息、评论是非时，超越司法程序，抢先对涉案人员做出定性、定罪、定刑以及胜诉或败诉等结论，造成破坏司法原则的后果，是对法院的审判权和犯罪嫌疑人的公民权利的双重侵犯。

（一）新闻报道语言煽情、暴力化。

媒介在新闻报道中大量倾注个人情感、主观好恶、是非判断，缺乏应有的客观公正的理性。对案件煽情式报道，刻意夸大某些事实；使用“灭绝人性”“罪不容诛”“杀人狂魔”等词语来形容犯罪嫌疑人，给读者造成一种“犯罪嫌疑人是有罪的”印象，更为不可思议的是，有的媒体竟然以《枪毙的还少了》为标题，对案件盖棺定论。②这无疑使受众对事实的公正判决产生先入为主的坏影响。

（二）断章取义致使受众偏听偏信

记者对采访素材按既有观点加以取舍，为我所用；只为一方当事人提供陈述案件事实和表达法律观点的机会；甚至歪曲理解被采访者的原意；掌握“话语权”的媒体，失去客观公正的立场，对专家的观点断章取义，使得受众偏听偏信，形成思维定势③。对案件“单向度”的炒作，是传媒报道案件新闻时常见的情形。一个人走上行为越轨，甚至犯罪的道路，应该有着多方面的原因，而媒体“众口一词”，把邱兴华的犯罪动机归结为“媳妇受到调戏”，这无疑显得过于浅薄和幼稚。④

（三）对审判结果胡乱猜测影响公众判断

为了“抢”新闻，为了追求轰动效益，媒体会做出一些倾向性报道，经常抢在司法判决之前做出一些推测性报道，甚至未经审判，报道即为案件定性，给被告人定罪。“张金柱”“蒋艳萍”“董晓阳”“马加爵”“李某一”等案件，大众对“媒介审判”行为颇有微词，一些法律界人士不无忧虑地说：“媒体都判了，法院还审什么？”这不仅是媒介错位、越俎代庖的行为，更破坏了司法的权威性和公正性。

① 参见袁媛：“媒介审判”现象分析，2008-08-26。
② 刘宁洁．客观报道 谨慎评论——规范传媒的庭审报道 [J]. 中国新闻传播学评论，2007(2).
③ 思维定势（Thinking Set），也称“惯性思维”，是由先前的活动而造成的一种对活动的特殊的心理准备状态，或活动的倾向性。在环境不变的条件下，定势使人能够应用已掌握的方法迅速解决问题。而在情境发生变化时，它则会妨碍人采用新的方法。消极的思维定势是束缚创造性思维的枷锁。
④ 刘宁洁．客观报道 谨慎评论——规范传媒的庭审报道 [J]. 中国新闻传播学评论，2007(2).

【案例】

李某一案

2013 年 2 月 17 日 5 时许，被告人李某一等 5 人在北京市海淀区某酒吧包间内与被害人杨某饮酒后，将其强行带至某大厦房间内，以暴力殴打手段先后强行与杨某发生性关系，并造成其左眼上睑、鼻背部片状皮下出血，左颞部及左颧部片状皮下出血等轻微伤情。

2013 年 3 月 7 日，李某一等 5 人因涉嫌轮奸被依法批捕。7 月 8 日，北京市海淀区人民检察院依法对李某一等 5 人涉嫌强奸一案向海淀区人民法院提起公诉。2013 年 9 月 26 日，北京市海淀区人民法院一审宣判：被告人李某一犯强奸罪，判处有期徒刑 10 年。其他 5 人也被处以相应的刑罚。李某一等不服一审判决，提出上诉。

2013 年 11 月 27 日，北京市第一中级人民法院依法对李某一案公开宣判：二审裁定驳回上诉人上诉，维持原判。在案件的审理过程中，双方当事人和律师利用舆论博弈，各大媒体争相报道，引起全民关注[①]。

（四）对判决结果发表批评性评论缺乏善意

媒体对判决结果可以发表批评性评论，但有的媒体批评目的不在于被批评的事件本身，而在于被批评的人；不在于意见的流通和观点的碰撞，而在于人的下场。这种批评不仅导致社会支付过高的成本，如有前途的干部一次曝光而结束政治生命。错误地引导社会只关注相关责任人的处理，而不去追究深沉原因。同时，在社会上制造一种不尊重不同意见，不尊重被批评者正当权益的不良风气。

【案例】

复旦投毒案

2013 年 4 月 15 日，上海复旦大学上海医学院枫林校区研究生黄洋被投毒致死，犯罪嫌疑人为被害人室友林森浩。2014 年 2 月 18 日，复旦投毒案在上海市第二中级人民法院一审宣判，被告人林森浩犯故意杀人罪被判死刑，剥夺政治权利终身；2014 年 2 月 25 日，被告人林森浩一审判决，委托辩护律师提出上诉；2015 年 1 月 8 日，上海市高级人民法院作出二审裁定，驳回上诉，维持原判。2015 年 12 月 11 日，林森浩被执行死刑[②]。

① 参见中国青年网 2013 年 9 月 22 日报道《李某一案 26 日宣判 律师：受害人不出席》。
② 参见人民网 2014 年 2 月 19 日报道《"复旦投毒案"宣判：两个生命的悲剧警示》。

二、“媒介审判”的负面影响

（一）亵渎法治原则

媒介审判是漠视“无罪推定”“罪刑法定”“罪罚相适应”等法治原则的表现。媒介审判虽然不能真正代替现实生活中的司法审判程序，但抢先对案件做出判断，易使受众“先入为主”，自发地形成一种非理性的“群情激愤”的舆论氛围，给司法机关的审判造成极大的社会舆论压力。媒介审判破坏了依法治国的原则，导致新闻媒体的舆论监督凌驾于法律之上，不利于公众树立正确的法律意识和法制观念。

【案例】

李昌奎案

2009年5月16日，云南省巧家县村民李昌奎将同村的19岁女子击昏后强奸，之后将此女子与其3岁的弟弟一同杀害。该案按照发案时间及其残忍程度，也叫“5.16”血案。2010年7月15日云南省昭通市中级人民法院认为：犯罪嫌疑人李昌奎犯罪手段特别凶残、情节特别恶劣、后果特别严重，其罪行极其严重，社会危害极大，应依法严惩。虽李昌奎有自首情节，但不足以对其从轻处罚，经审理查明以强奸罪、故意杀人罪，数罪并罚判处李昌奎死刑，剥夺政治权利终身。民事赔偿家属损失3万元。李昌奎不服一审判决，提出上诉。

2011年3月4日，云南省高级人民法院审理后认为：一审中认定事实清楚，定罪准确，审判程序合法，但量刑失重。李昌奎在犯案后到公安机关投案自首，并如实供述犯罪事实，其具有自首情节，认罪、悔罪态度好、积极赔偿受害人家属经济损失。判处李昌奎判处死刑，缓期2年执行。

因为有了“自首”这个“免死牌”，两份一字之差的判决书，顿时在家属间和网络上引起轩然大波。受害人家属向相关部门正式提出不服终审判决，向法院申诉，要求启动审判监督程序，撤销终审判决，依法再审判处执行李昌奎死刑的申请。

2011年8月22日，云南省高级人民法院在昭通市开庭，对李昌奎故意杀人、强奸一案依照审判监督程序进行再审并当庭宣判：撤销原二审死缓判决，改判李昌奎死刑，剥夺政治权利终身，并依法报请最高人民法院核准。8月29日根据最高人民法院下达的执行死刑命令，昭通市中级人民法院在宣告上述裁定后，对李昌奎执行了死刑。[①]

（二）损害司法尊严

民间有“找法院不如找媒体”“法院不怕上告就怕见报”的说法。媒介审判使媒体传播司法新闻、提供信息、引导舆论的职能，转而担当“民间审判”的角色，干扰正常的司

① 参见东方卫视2011年8月23日报道《云南高院：李昌奎案再审宣判 改判死刑》。

法程序。媒体对司法案件的感性认识，煽情报道，不仅不能正确树立法治权威，引导民众走向法治，反而会错误地示范民众，放大媒体的功能，使民众遇到问题不相信法律的权威与公正，转向寻求媒体的曝光，损害司法尊严。

【案例】

药家鑫案

2010年10月20日深夜，西安音乐学院学生药家鑫将张妙撞倒并连刺8刀致其死亡。此后驾车逃逸至郭杜十字路口时再次撞伤行人，逃逸时被附近群众抓获。后被公安机关释放。2010年10月23日，被告人药家鑫在其父母陪同下投案。2011年1月11日，西安市检察院以故意杀人罪对药家鑫提起了公诉。同年4月22日在西安市中级人民法院一审宣判，药家鑫犯故意杀人罪，判处死刑，剥夺政治权利终身，并处赔偿被害人家属经济损失45498.5元。被告人药家鑫不服提出上诉。5月20日，陕西省高级人民法院对药家鑫案做出二审判决：维持一审死刑判决。2011年6月7日上午，药家鑫被执行死刑，终年21周岁。①

（三）干扰司法机关独立审判

独立审判，是指行使审判权的法院和法官，依据法律和自己对案件事实的判断和对法律的理解，独立地做出裁判，不受任何限制、影响、诱导、压力或威胁。我国《宪法》第126条的规定："人民法院依照法律规定独立行使审判权，不受行政机关、社会团体和个人的干涉。"这是从宪法的高度规定了人民法院的地位和法院独立审判的原则，明确了独立审判是法官的权利，也是他们的义务。而媒介审判造成舆论先行，严重干扰司法程序，因此，国外有异地审判②的惯例，使法官远离舆论的漩涡，独立按照法律对其的训练判案。

异地审判，指不在被告人所处辖区法院或者主要犯罪行为地法院接受审判，根据刑事诉讼法的规定和个案具体情况，上级法院可以指定下级法院将案件移送到其他人民法院审判。有效减少了地方权力的干扰，排除了地缘人际关系网的束缚，预防了媒体和社会舆论对审判的干扰。

（四）侵犯犯罪嫌疑人权利

任何人都有法律赋予的权利，犯罪嫌疑人③有12项权利：（1）获得法律帮助的权利；

① 参见新华网2011年5月20日报道《药家鑫案终审宣判：驳回上诉 维持一审死刑判决》。

② 沈阳市原市长慕绥新、原副市长马向东在江苏受审；上海原市委书记陈良宇在天津受审；贵州省政协原主席黄瑶在四川被判死缓；北京市原副市长刘志华在河北受审；广东省原政协主席陈绍基在重庆受审；深圳市原市长许宗衡在河南受审；重庆原市委书记薄熙来在山东济南受审。

③ 犯罪嫌疑人（suspect crime suspect），又称嫌疑犯、嫌犯、疑犯，是指对因涉嫌犯罪而受到刑事追诉的人，在检察机关正式向法院对其提起公诉以前的称谓。犯罪嫌疑人和罪犯不同，依无罪推定的原则，除非经审判证明有罪确定，不然犯罪嫌疑人是无罪的。

（2）委托辩护人的权利；（3）申请回避的权利；（4）使用本民族语言文字进行诉讼的权利；（5）申请取保候审的权利；（6）对与本案无关的问题的讯问，有拒绝问答的权利；（7）要求解除强制措施的权利；（8）申请补充鉴定或者重新鉴定的权利；（9）对人民检察院做出的不起诉决定申诉的权利；（10）核对笔录的权利；（11）对侵权提出控告的权利；（12）获得赔偿的权利。媒体在法院判决之前对其不实、不公正报道，造成不良的社会评价，直接损害其及无辜家人的权益，甚至会伤害中国的形象。

（五）伤害媒体的公信力

媒体公信力，是指新闻媒体本身所具有的一种被社会公众所信赖的内在力量，是媒体自身内在品质和外在形象在社会公众心目中所占据的位置，是衡量媒体权威性、信誉度和社会影响力的标尺，也是媒体赢得受众、占领市场、获得最佳社会效益和经济效益，并在众多竞争对手中保持独特优势的资源和能力。媒介审判会降低媒体公信力和舆论影响力，不仅使媒体失去了信誉，而且给社会舆论造成了混乱。

【案例】

贾敬龙案

2013 年 5 月 7 日，河北石家庄市长安区北高营村村民贾敬龙，因村里旧房改造时自家房屋被拆对村党支部书记兼村委会主任何建华怀恨在心。2015 年 2 月 19 日大年初一，在全村春节团拜会现场，他用事先购买的射钉枪对着何建华后脑部射击，致使何建华死亡。2015 年 11 月 24 日，石家庄市中级人民法院对贾敬龙案作出一审判决，判决贾敬龙犯故意杀人罪，判处死刑，剥夺政治权利终身。贾敬龙不服判决，提出上诉。2016 年 5 月 17 日，河北省高级人民法院驳回上诉，维持原判。2016 年 10 月 18 日，贾敬龙的律师收到死刑核准裁定书。2016 年 11 月 15 日，贾敬龙被执行死刑。[①]

三、传媒如何监督司法

传媒对司法活动的监督，能有效促进和落实司法公开，保护被告人及其辩护人、当事人及其代理人的诉讼权利，实现程序公正、弘扬司法权威、树立良好的法治形象，也有利于司法与媒体之间形成良性互动，防止歪曲、不实的报道。

（一）传媒监督司法的原则

传媒监督司法的原则：（1）案件判决前不做定罪、定性报道；（2）对当事人正当行使

① 参见新华社 2016 年 11 月 15 日报道《故意杀人犯贾敬龙被执行死刑》。

权利的言行不做倾向性的评论；（3）对案件涉及的未成年人、妇女、老人和残疾人等的权益予以特别关切；（4）不宜详细报道涉及国家机密、商业秘密、个人隐私的案情；（5）不对法庭审判活动暗访；（6）不做诉讼一方的代言人；（7）评论一般在判决后进行；（8）判决前发表质疑和批评限于违反诉讼程序的行为；（9）批评性评论应避免针对法官个人的品行学识；（10）不在自己的媒体上发表自己涉诉的报道和评论。[①]

（二）传媒监督司法的注意事项

传媒监督司法的注意事项：（1）对未成年人案件、涉及个人隐私案件，应注意用匿名报道；（2）要尊重对采访对象的意愿，不能以非法方式和手段进行调查取证和收集新闻素材；（3）不能随意以与公共官员、公共人物、公共利益、公共兴趣相关为借口而谋求采访报道的特权等。

（三）切实搞好司法审判的报道

切实搞好司法审判的报道：（1）要坚持以事实为依据，以法律为准绳，切实维护国家法律的尊严，维护人民法院的权威，维护当事人的合法权益。（2）对司法审判的报道，要考虑社会效果，化解社会矛盾，维护社会稳定。（3）不得干预民事纠纷和经济纠纷的调解，不得干预正常的司法审判活动；不应影响司法公正和法律判决，不偏袒诉讼任何一方；（4）报道公开审理的案件，应遵守相关法律规定。（5）在报道有争议的内容时，要认真核对事实，充分听取相关方面的意见，准确把握分寸。（6）对一些在社会上反响强烈，备受关注的重特大案件审判的报道，要严格按照中央统一部署和有关要求做好宣传报道工作，拿不准的要及时请示报告。

四、传媒与司法的互动

传媒与司法虽然在工作方式上有所不同，但都以维护社会的公平与正义为最后的追求。传媒与司法良性互动将有利于舆论监督与司法公正的实现。

（一）媒体自律：有所为有所不为

在立案、侦查、起诉和审判的任何阶段，新闻媒体都可以对案件进行报道，但不同的阶段对报道应有不同的要求：（1）在公安机关立案、侦查阶段。新闻报道要注意保密，不得随意披露公安机关掌握的情况，以免泄露刑侦秘密，给在逃犯罪嫌疑人通风报信，要做到“帮忙不添乱”；（2）在检察机关提起公诉阶段。媒体应坚持客观、公正、理性的立

① 参见孙兆华．媒体报道与司法公正研究，2007年1月10日。

场，不偏不倚、平衡报道，不得有所偏袒、侧重；要给原被告双方同等说话的机会，甚至于给犯罪嫌疑人发言或为自己辩驳的机会。新闻用语应坚持用中性词，不能用感情色彩强烈的词语，不煽风点火，不添油加醋；（3）在法院判决前。媒体不要对案件的性质、犯罪嫌疑人的罪名（此罪、彼罪，罪轻、罪重、刑期等）做出推断性的报道，要相信法庭依据司法权力获得的事实与证据作为定罪量刑的依据是全面的、可信的，要相信法律面前人人平等。（4）在判决后。媒体对判决结果的评论，最好请法学专家、学者、律师发表，可以对程序性问题："管辖"①"回避"②"证据"③"强制措施"④提出批评和评论，但对实体问题，如"犯罪"⑤"刑罚"⑥等要尊重法官的自由裁量权。要尊重法庭权威和法官的尊严。

传媒介入案件的报道，要遵循"即时报道"和"全程报道"的原则。即时报道，要求即时报道案件的最新进展。如记者上午拍摄到警察现场带走抢劫嫌疑人，但下午嫌疑人无罪获释，如果电视台不去了解获释情况，晚上还报道上午的"抢劫案"，则会侵犯相关当事人的正当权利，如在下午获释前报道则安然无事。全程报道，要求媒体一旦进入报道，就要全程报道过程和结果，半路收兵可能会受到侵权的指控，因为媒体报道了嫌疑人被捕或受审，却不报道结果，公众就会把嫌疑人当罪犯，将轻犯当重犯，将不实指控当成事实，以致报道对象遭到社会不应有的歧视。

（二）司法部门：加强法制建设，捍卫独立司法

《中华人民共和国法官法》第7条规定，法官应当接受法律监督和人民群众的监督。我国《新闻工作者职业道德准则》第3部分中规定："维护司法尊严，对于司法部门审理的案件不得在法庭审判之前作定性、定罪和案情的报道；公开审理案件的报道，应符合司法程序。"

各种公开审判案件的审判过程应当允许新闻记者采访报道。鉴于法官不得接受采访，司法部门应建立新闻发布机制，有专门的新闻发言人，作为与媒体对话的常规渠道。建立裁判理由说明制度，并在判决书上公开，以便于新闻报道和评论。案件的处理权落实到独任庭和合议庭，错案责任承担也落实到独任庭和合议庭，以高度强化审判人员的责任感。公开审判结果时，必须保证内容的完整和真实，要详细公开每个参审法官对其参审案件的意见，并予以公开，接受社会评判。

---

① 管辖，是指各级人民法院之间以及同级人民法院之间受理第一审民事案件的权限和分工。
② 回避，指司法人员由于对本案有利害关系或其他关系而不参加该案的侦察、审判等活动。
③ 证据，可以用于证明案件事实的材料。
④ 强制措施，是指公安机关、人民检察院或人民法院为了保证刑事诉讼的顺利进行，依法对刑事案件的犯罪嫌疑人、被告人所采取的在一定期限内暂时限制或剥夺其人身自由的一种法定强制方法。包括拘传、取保候审、监视居住、拘留、逮捕。
⑤ 犯罪，做出具有社会危害性、违反刑法、应受刑罚处罚的行为。
⑥ 刑罚，指依照法律对违法者实行的强制处分、对犯人的惩罚。我国的主刑有五种：管制、拘役、有期徒刑、无期徒刑和死刑；附加刑有三种：罚金，剥夺政治权利，没收财产。

【小知识】

案件报道规范

对案件的报道要适当控制。对公检法司有关案件的侦破、审理及宣判等的报道，要适当控制数量和规模，确保事实准确，用语规范，不宜对作案现场进行描绘，不得渲染炒作，严禁虚假报道。尤其是对腐败案件和刑事案件等大案要案的采访报道，要坚持公开报道和内参反映相结合，严格审稿程序。

判决前，对刑事案件的报道应遵循掌握罪严格的报道标准：（1）对尚处于侦破阶段或未完全侦破的大案要案的新闻报道，由公安机关政治部统一发布信息并审核稿件。（2）对尚未提起公诉的刑事案件，一般只在立案、采取强制措施、侦查终结、移送起诉等环节，进行程序性报道。（3）对提起公诉的刑事案件，可根据起诉书的内容同时报道涉嫌犯罪的事实，但对具体案件情节，特别是可能发生变化的涉案数额等，要保持足够的审慎。

判决后，可以根据公开的裁判文书进行报道和评论，但应尊重司法权威。对不公开审理的案件进行报道，应以判决书披露的内容为限。

对几类案件的报道规范：（1）突发案件。在突发案件的现场要服从办案人员的指挥，在指定区域里采访拍摄，不逾越警戒线，不妨碍公安、消防、医护等人员工作；（2）敏感案件。对政策性强的敏感案件、社会关注度高的热点案件的采访报道，要保持适度克制，必要时应征求办案部门的意见。（3）案件报道。尊重无罪推定原则，不超越诉讼程序，进行预先定性、定罪、定刑式的报道和评论。严格遵循不得强迫犯罪嫌疑人或被告人自证其罪原则。及时、动态、连续、跟进报道；多源求证、客观平衡、注重权威消息来源。

反腐报道规范

有关腐败案件的报道　要严格遵守重大案件报道审批制度，未经纪检、监察部门批准，不得擅自公开报道。对反腐倡廉工作中存在的问题可以通过内参反映。案件报道实行分级负责，归口管理。省部级干部的案件和中央纪委、监察部组织查办的案件报道由中央纪委、监察部审批，地厅级干部的案件报道由省纪委、监察厅（局）审批，县处级干部的案件报道由地（市）纪委、监察局审批。

对领导干部违纪违法案件的报道　要实事求是，客观公正，适时适度。不得炒作领导干部违纪违法案件，不得对违纪违法情节和手段作过细的描写，不得报道案件的涉密内容，不得干扰和妨碍有关部门依法依纪办案。

对领导干部违纪违法案件报道　要避免一个时期报道数量过多，或过于集中。重大政治活动、重要节假日期间以及特殊敏感时期，一般不报道领导干部违纪违法案件。

死刑案件的报道　门户网站和新闻网站禁止设置死刑投票。禁止对死刑执行过程示众。对于案件事实的报道尽可能地以法律事实的标准严加核实。涉及对判决的讨论与质疑，要避免一边倒的主张“死刑判决”或“改判死刑立即执行”。如果不能有效引导公众，重视“少杀、慎杀”的政策主张，至少应该平衡报道，让理性的观点，特别是少数人的观点发出声音。

第三节 媒介素养与舆情应对

媒介是政府与公众交流沟通的平台，对待媒体的态度就是对待公众的态度。这是执政水平和执政理念的一个具体体现和检验。领导干部要提高同媒体打交道的能力。[①] 善于运用媒体宣讲政策主张、了解社情民意、发现矛盾问题、引导社会情绪、动员人民群众、推动实际工作。

一、认识媒介的地位和作用

媒介是社会系统的组成部分，其所从事的精神生产活动，既有意识形态属性，又有产业属性。媒介组织活动具有社会公益性，承担相应的社会责任和义务，推动人类物质生活水平提高，帮助社会成员适应环境，提高全社会文化水平。承担环境监控、社会协调、文化传承的功能。

（一）传统媒体的地位和作用

传统新闻媒体（广播、电视、报纸、杂志等）是党和人民的耳目喉舌，是政务信息的重要传播渠道，是社会稳定的预警者，是公民知情权、参与权、表达权、监督权的实现平台，是党政工作决策的重要参考依据。

约瑟夫·普利策名言："倘若一个国家是一条航行在大海上的船，新闻记者就是船头的瞭望者。他要在一望无际的海面上观察一切，审视海上的不测风云和浅滩暗礁，及时发出警告。"

（二）互联网媒体的地位和作用

党和国家领导人一直高度重视互联网的发展和网络舆论影响力，多次视察并提出指导性意见。让互联网成为我们同群众交流沟通的新平台，成为解群众、贴近群众、为群众排忧解难的新途径，成为发扬人民民主、接受人民监督的新渠道。[②] 互联网已成为思想文化信息的集散地和社会舆论的放大器，我们要充分认识以互联网为代表的新兴媒体的社会影响力，高度重视互联网的建设、运用、管理，努力使互联网成为传播社会主义先进文化的前沿阵地、提供公共文化服务的有效平台、促进人们精神生活健康发展的广阔空间。[③] 互联网媒体是满足公民的知情权、监督权、表达自由、批评建议权，参政议政的重要途径；是各级政府官员了解社情民意的重要渠道，也是反腐倡廉的重要利器。中央纪委监察部公

---

① 2009年3月中央党校习近平校长在出席中央党校春季学期开学典礼时讲话。
② 2016年4月19日习近平总书记在网络安全与信息工作座谈会上的讲话。
③ 2008年6月20日胡锦涛书记到人民网考察工作时的讲话。

布了中央纪委信访室、监察部举报中心网址。最高人民检察院 12309 检察服务中心成为网上信访大厅，主要受理对国家工作人员职务犯罪的举报以及对检察干警违法违纪的举报控告。查办了一大批职务犯罪案件，有力地惩治和预防腐败，发挥了检察职能，维护了民生民利。

【案例】

"严书记"案

2018 年 5 月 11 日，有网友在社交平台爆料了"严书记女儿"的妈妈在成都一幼儿园家长群里飞扬跋扈的言辞。随后，网上出现了署名为"广安市委副书记严春风"写给四川省委组织部的情况说明，称其已与涉事幼童的母亲离婚，对相关情况并不知晓。然而，网友继续深挖细究，爆出了更多信息，"严书记"迅速成为网络热词。5 月 14 日，四川省纪委监委回应称已关注到网友反映"严春风舆情"相关情况，已及时介入调查核实。5 月 18 日，四川省纪委监委宣布，广安市委副书记严春风涉嫌严重违纪违法，接受纪律审查和监察调查。11 月 13 日，四川省纪委监委再发消息，严春风被开除党籍和公职。从网友爆料、媒体追问，到纪检监察机关介入调查直至公布最终结果，"严书记"事件已然成为 2018 年群众监督、舆论监督和纪委监委监督共同发力的典型实例。

2019 年 8 月 2 日，四川省德阳市中级人民法院一审公开宣判四川省广安市委原副书记严春风受贿案，对被告人严春风以受贿罪判处有期徒刑 10 年，并处罚金人民币 60 万元；对严春风受贿所得财物及孳息，依法予以追缴，上缴国库。严春风当庭表示认罪服判，不上诉。①

（三）自媒体的地位和作用

自媒体时代，以个人传播为主，以现代化、电子化、数据化手段，向不特定的大多数或者特定的单个人传递信息。全民都有麦克风，人人都能当记者，个个都是新闻传播者。自媒体的交互性、自主性的特征，使得信息传播的自由度显著提高，传媒生态发生了前所未有的转变。

自媒体的特点：（1）传播快。快如闪电，以秒计算。新浪网统计，一条信息留存 5 分钟，就被转载上千次。（2）覆盖广。广如大海，空间无限。截至 2019 年 6 月，我国网民规模达到 8. 54 亿，手机网民 8.47 亿。农村网民规模为 2.25 亿，占整体网民的 26.3%，城镇网民规模为 6.30 亿，占比达 73.7%。互联网普及率为 61.2%。②（3）影响大。小事炒大，大事炒炸。"市场化选择"使媒体逢事必炒，双向的平视交流。（4）作用强。新闻辅政，载舟覆舟。影响社会稳定，干扰破坏能力极强。（5）控制难。有根无心，事发人难寻。源

① 参见德阳市中级人民法院 2019 年 8 月 2 日消息《"严书记"判了！有期徒刑十年》。
② 中国互联网络信息中心（CNNIC）第 44 次《中国互联网络发展状况统计报告》。

头难控、速度难控、内容难控、趋势难控、人头难控。

（四）自媒体时代的舆论监督

自媒体时代的舆论监督主体是不特定的多数网民；客体是拥有公权力国家机关及其工作人员；手段是人肉搜索、渲泄情绪；披露隐私、诋毁名誉；虚拟法庭、道德审判。

二、了解传媒和记者关注的问题

（一）记者的工作动力

记者的工作动力是新情况的首位报道者、发表有社会影响的报道、获得新闻奖、给信息来源留下深刻印象、搞清事实真相、引人注目地讲述事件经过、上头版头条、挖出惊天大案。

（二）媒体的关注点

1. 人们不知道的东西。可以给自己扩展视野和增加知识的东西，如国家尖端技术、行业机密、敏感的政治议题、世界未解之谜、其他稀奇古怪的问题等。

2. 人们感兴趣的东西。不同的人有不同的兴趣点，如明星隐私、社会热点问题、猎奇犯罪事件等。

3. 人们有用的东西。对自己日常工作、学习、生活有帮助的东西，如排除安全隐患、解决劳动争议、申请损害赔偿、处理遗产纠纷、申请财产保全等。

（三）媒体关注的话题

1. 事件新闻，是指以某个独立的新闻事件为核心而展开的新闻报道，其事物变动的时态是突发性或跃进性的。如突发性事件。

2. 问题新闻，是以回答、阐述或揭示新闻受众共同关注或亟待解决的问题为主要内容的新闻。如叔侄强奸案。

3. 人物故事，以纪录片为主体形态，深入挖掘人物内心、成长经历及心路历程，形成了生动、平实、有深度的人物故事。如贪官的监狱故事等。

（四）媒体的需求点、兴奋点

1. 媒体的两个需求点：事件真相、快速报道。记者是职业的信息传播者，通过多方调查，挖掘事实真相，快速报道，满足公众的知情权。

2. 媒体的四个兴奋点：灾难性事件、戏剧性冲突、变化和反差、敏感的人与地，这些都是受众关心的、急切想知晓的信息。

三、司法工作与媒体的关系

（一）两者共同的价值体系：

1. 追求社会公平、正义，司法是维护社会公平和正义的最后一道屏障；而媒体是社会的良心，让无力者有力，让悲观者前行。

2. 维护大多数人利益，即广大人民是其所代表的利益阶层。“一个国家如果推行维护大多数人利益的政策，它就是民主的。”①

（二）趋同中的工作差异

1. 司法公开与舆论监督。司法权力需要接受媒体监督，在阳光之下行使权力，避免“暗箱操作”；媒体能满足公众的知情权，是其参与国家政治生活的重要途径。

2. 司法工作强调严肃、审慎。讲求程序性、保密性；对待媒体不愿说、不善说、不敢说。而新闻媒体关注非常态、公开报道、讲求时效性、追求轰动效应。

（三）两者的矛盾

司法工作讲究程序性、保密性；传媒监督讲究时效性、公开性。实际上是公众的知情权、监督权、表达自由、批评建议权与司法公开的谨慎态度之间发生的冲突。

四、媒介素养及调查

媒介素养，是指在人们面对不同媒体中各种信息时所表现出的信息的选择能力、质疑能力、理解能力、评估能力、创造和生产能力以及思辨的反应能力。②

媒介素养的内容包括：（1）对大众媒介的认识与界定；（2）对记者的社会角色和社会责任认识；（3）对新闻基本特性的了解和看法；（4）对政府与媒体之间关系的判断；（5）面对媒体的心态、决策、行为。

据调查显示，在媒介接触方面，党政领导干部体现出明显的职务性和工作化特征。在接触使用各类媒介信息的具体类型的调查中，在报纸方面，100% 的领导干部会阅读各级党报，而在阅读都市类、晚报类、文摘类报纸方面，整体人数不足 7%；在电视方面：100% 的领导干部会观看时政新闻类节目，有 37.2% 的领导干部会观看文艺体育的娱乐休闲节目；32.5% 的领导干部会观看科学益智的教育类节目；在广播方面，72.1% 的领导干部会收听新闻类节目；34.9% 的领导干部会收听交通类节目。可以看出，无论何种媒介，时政新闻类的传播内容是领导干部必要的接触内容，在具体的使用内容上有所区别：报纸

① 2007 年 10 月 18 日俄罗斯《专家》杂志主编瓦列里·法捷耶夫在评论中国特色民主发展道路时的讲话。
② 1992 年美国媒体素养研究中心对媒介素养下的定义。

的宣传、舆论导向指导工作的功能更加突出，而与纸质媒介相比，广播电视网络声像图文共现特征更凸显了在娱乐休闲方面的优势，更侧重于领导干部的生活方面。从领导干部媒介接触使用方面可以看到，媒介的娱乐休闲放松功能在领导干部接触使用中明显弱化，媒介的接触和使用主要集中在工作范畴之内。①

对领导干部而言，媒介素养不仅是能力，更是一种心态。有平等的心态，才不会有“替党说话还是替人民说话”的傲慢官腔；有尊重的心态，才不会有“没时间跟你闲扯”的敷衍轻慢；有开放的心态，面对监督才能正视问题而不是列“记者黑名单”；有坦诚的心态，遭遇批评才会反躬自省而不是“诽谤定罪”。②全媒体时代的到来，在阳光下执政，在透明化情况执政，将越来越成为常态，这是党委政府治国理政所面临的新情况、新形势，也是对领导干部执政能力水平的新考验，提升“媒体素养”应当成为一项重要而紧迫的任务。

党政领导干部应有的媒介素养：（1）充分认识媒体社会功能。（2）对媒体不能采取管制手段。（3）在媒体面前千万不要做强者。（4）突发事件要在第一时间公布真相。（5）学会在媒体监督的常态下工作。（6）对媒体的不实报道要予以宽容。（7）改变躲、封、吵、抓、告、怨的做法。

五、舆情与政法网络舆情

舆情，就是公众的意见和态度，包括社会舆情、媒体舆情、网络舆情。

舆情管理，是指及时、准确地收集、研究、应对社会舆情，尽早发现带有苗头性、倾向性的问题，正确控制和引导。

（一）政法网络舆情

网络舆情，是指在互联网上流行的对社会问题不同看法的网络舆论，是社会舆论的一种表现形式，是通过互联网传播的公众对现实生活中某些热点、焦点问题所持的有较强影响力、倾向性的言论和观点。网络舆情其表现方式主要为新闻评论、BBS 论坛、博客、播客、微博、聚合新闻 (RSS)、新闻跟帖及转帖等。

政法网络舆情，包括有关司法、综治、维稳等领域舆情信息、舆情动向和趋势分析，解剖梳理政法热点事件和舆论形成路径，总结应对得失，提供舆情处置的理性建设性专业意见。

应该重视的政法网络舆情：（1）三公经费支出；（2）冤假错案；（3）与律师冲突；（4）政法干警违法违纪案件；（5）与民生问题密切相关的公益诉讼；（6）法官违法违纪案

① 杨丽娜. 党政领导干部媒介素养现状调查与思考 [J]. 管理观察，2016(28).
② “媒介素养”体现执政水平 [N]. 人民日报，2011-06-17.

件；（7）裁判不公正、执行不到位；（8）媒体记者、公益律师炒作司法个案；（9）审判贪官污吏案件；（10）境外势力、网络热炒的案件。

（二）舆情应对考核指标

1. 常规应对评价：应对是否及时？信息是否透明？反应是否灵活？是否掌握话语权？应对是否守法？问责是否到位？是否妥善处理与纸媒、广播、电视等舆论载体的关系？是否重点监控网络媒体的舆情？

2. 应对技巧评价：与网民关系、与当事人关系、内部关系及与相关部门关系等。

3. 舆论热度评价：网民关注度：以强国论坛、天涯、凯迪、西祠等网络社区论坛主贴数、浏览量、回复数、博文、微博、微信等为基本指标；国外媒体关注度：日本的 NHK、美国的 CNN、英国的 BBC 等。

六、传播学、说服艺术、心理学

（一）传播学理论

1. 议程设置理论①

议程设置是媒介通过反复播出某类新闻报道强化该话题在公众心目中的重要程度。换句话说，大众传播可能无法影响人们怎么想，却可以影响人们想什么。

议程设置理论为人们认识传播与社会提供了一个新的角度，对我们详细考察传媒的舆论导向过程具有一定的启发意义。

2. 沉默的螺旋理论②

大多数个人会力图避免由于单独持有某些态度和信念而产生的孤立。因为害怕孤立，他便不太愿意把自己的观点说出来。也就是说，人们在表达自己想法和观点的时候，如果看到自己赞同的观点受到广泛欢迎，就会积极参与进来，这类观点就会越发大胆地发表和扩散；而发觉某一观点无人或很少有人理会，有时甚至会有群起而攻之的遭遇，即使自己赞同它，也会保持沉默。

沉默的螺旋理论表明：舆论是大众传播、人际传播和人们对周围环境的认知三者相互作用所形成的；强调社会心理机制在舆论形成中的作用；强调大众传播对舆论的强大影响，并指出这种影响来自传媒营造的“意见环境”。

① “议程设置功能”作为一种理论假说，最早见于美国传播学家 M.E. 麦库姆斯和唐纳德 . 肖于 1972 年在《舆论季刊》上发表的一篇论文，题目是《大众传播的议程设置功能》。这篇论文是他们在 1968 年美国总统选举期间就传播媒介的选举报道对选民的影响所作的一项调查研究的总结。

② 德国政治学家伊丽莎白诺伊曼 1974 年在《传播学刊》上发表了论文《沉默的螺旋：一种舆论学理论》，最早表述了“沉默的螺旋”这一概念提出，其对 1965 年德国大选中突然拉开的选票以及公众意见螺旋式的发展趋势，逐渐提出对该模型的研究。

3. 两级传播理论[①]

两级传播理论认为：信息的传递是按照“媒介—意见领袖—受众”这两种传播模式进行的。也就是说，信息从大众媒介到受众，经过了两个阶段，首先从大众传播到意见领袖，然后从意见领袖传到社会公众。

两级传播理论表明：个人不是与社会隔离的，而是与群体中的其他人相互影响的；对媒介讯息的响应和反应不是直接和及时的，而是通过“中间站”传递的，并受到其影响；对大众媒介的讯息接收并不等于反应，不接收亦不等于无反应，因为受传者原来的立场和人际传播中的次要接收都在发挥重要作用。

4. 意见领袖[②]

意见领袖是指在人际传播网络中经常为他人提供信息、意见、评论，并对他人施加影响的“活跃分子”，是大众传播效果的形成过程的中介或过滤的环节。由他们将信息扩散给受众，形成信息传递的两级传播。意见领袖的特征是：生活经验丰富，阅历广，大多数的教育文化程度比较高。有众多的社会关系，社交能力比较强，平易近人，与公众联系比较密切。收人水平高且稳定，具有较高的社会经济地位。思想活跃，性格外向，勇于创新，敢于接受新生事物。

意见领袖表明：意见领袖作为媒介信息和影响的中继和过滤环节，对大众传播效果产生了重要的影响。事实上，这种传播方式不仅只是在两个层次间进行，而且常常是“多级传播”，一传十,十传百，由此形成信息的扩散。

5. “知识沟”理论[③]

“知识沟”理论是关于大众传播与信息社会中的阶层分化理论，它认为：由于社会经济地位高者通常能比社会经济地位低者更快地获得信息，因此，大众媒介传送的信息越多，这二者之间的知识鸿沟也就越有扩大的趋势。

“知识沟”理论揭示：社会经济地位高的阶层都处在有利的地位，这是造成“知识沟”不断扩大的根本原因，“知识沟”也就尤为明显。因此，当大众媒介流量继续增加时，传播技能、知识储备、社会交往、态度性选择都在一定程度上发挥作用，“知识沟”也随之加深。

（二）说服艺术

1. “只说一面”与“两面都说”[④]

“只说一面”仅向说服对象提示自己一方的观点或于己有利的判断材料，观点集中，简洁明快，但易产生心理抵抗。“只说一面”对于原来就赞同此观点和受教育程度较低的

① 两级传播论是传播学研究的先驱者之一拉扎斯菲尔德及其同事于1940年主持的一项研究发现。
② 20世纪40年代美国传播学者拉扎斯菲尔德最早提出“意见领袖”概念。
③ 1970年蒂奇纳、多诺霍和奥里恩等人在《大众传播流动和知识差距增长》一文提出“知识沟假说”。
④ 1953年美国的霍夫兰和贾尼斯、凯利合著的《传播与劝服》一书中提出“只说一面”与“两面都说”。

人有较强的说服效果。

“两面都说”在提示自己一方观点或有利材料的同时，也以某种方式提示对立一方的观点或不利于自己的材料。给对立观点的发言机会，有“公平感”，可消除心理反感；但论旨复杂，理解难度增加，不易把握。“两面都说”对于原来就反对此观点和受教育程度较高的有较强的说服效果。

2. “先说有利，后说有利”

美国著名的传播学者施拉姆认为：首先提出论点在引起注意上是有利的，而最后提出论点在被记住上是有利的。新闻写作中的倒金字塔结构有利于唤起人们注意，金字塔结构则有利于加深人们的印象。

3. “结论由传者提出还是由受众自己得出”

耶鲁研究表明：“明白”优于“含蓄”，直接表述更有效。但相反的观点认为：受众自己得出结论容易记忆，效果更好。结论：对于通情达理者含蓄暗示更有效；对于轻信盲从者直接给出结论的方法更有效。

4. “情感诉求与理性诉求”

研究表明：动感情的诉求方式，容易打动受众的感情，改变其态度；逻辑理性的诉求方式，使受众认识深入，改变其观念与行为。将二者结合，即“动之以情，晓之以理”劝服的效果最佳。

（三）心理学

1. “坏消息综合征”

以微博、论坛、社区为代表的民间舆论场，那些负面的有噱头的内容更能引起广泛转载和评论，网民通过分享这些负面消息，以发泄自己对“社会不完美”的一种心理情绪，从而患上了坏消息综合症。此症首先源于人性的自私自利，人们似乎更喜欢扮演成一个被逼无奈的受害者，买不起房、找不到好工作、娶不上媳妇、创业失败……所有这些压力都可以通过坏消息来消解，习惯于把问题推给别人和外在，而缺少自我反省。其次与新闻本身的传播特质有关，媒体上暴力、凶杀、灾害、灾难的新闻总能激起更多人的关注兴趣；网络围观、炒作、放大，不一而足。此症迎合了大众愤世嫉俗、不满现状的愤懑情绪。易降低内心的幸福感受，引起群体性恐慌情绪。

2. 仇富心理

仇富心理，是指贫富差距加大而导致的一种心理失衡状态，主要表现为对富人的仇视与憎恨，对于富人阶层或富人个体的致富手段的合法性、依法纳税等操守所持有的怀疑和否定倾向的社会心态。“仇富”不是仇视富人，而是仇视“财路不正”和“为富不仁”的人。以权谋私、贪污腐败；利益不均衡、分配不公；地方政府不作为、乱作为；司法不公平、不公正；道德体系崩溃，人心迷茫；贫富差距日益严重等社会问题更加深了这种仇富心理。仇富心理会使社会底层的部分人出现内心焦虑与矛盾，容易产生心理失衡，带来失落、自卑感等一系列不良反应，从而产生厌恶、对抗社会的心态，甚至做出一些偏激的行为，成为社会不稳定因素，引发舆情。要高度重视并疏导这种情绪。

3. 先入为主、刻板印象[①]

先入为主，指先听进去的话或先获得的印象可能在头脑中占有主导地位，以后再遇到不同的意见时或可不容易接受。由于一个缺点导致对事物的普遍评价较差的现象，即“一差百差”现象。

刻板印象，指人们对某个事物或物体形成的一种概括固定的看法，并把这种观看法推而广之，认为这个事物或者整体都具有该特征，而忽视个体差异。刻板印象容易造成偏见和歧视，会将我们的决策引入歧路。

4. 从众心理与群体压力

从众心理，是人受到群体压力而跟从群体选择的一种社会心理。个人受到外界人群行为的影响，而在自己的知觉、判断、认识上表现出符合于公众舆论或多数人的行为方式，而实验表明只有很少的人保持了独立性，没有被从众，所以从众心理是部分个体普遍所有的心理现象。简单来说，我们思维里有这种潜意识“别人是这么做的，我也这么做，就不会错，或者不会受到伤害”，从众能够给我们带来一种安全感。

群体压力，即群体对其成员形成的约束力与影响力。趋向于一定的群体是人的一种生存方式，当个人被他所在的群体所排斥时，通常会体验到莫大的痛苦，群体对它所属的成员具有一种力量。对于与群体保持一致的成员，群体的反应是喜欢、接受和优待；而对于偏离者，群体则倾向于厌恶、拒绝和制裁。

七、舆情引导策略与方法

（一）舆情引导的六个步骤

1. 团结媒体：第一时间建立新闻记者接待中心 。
2. 滚动发布：24 小时内召开多场新闻发布 。
3. 全面服务：对到场记者登记造册，有问必答。
4. 全媒展现：互联网随时更新，广电滚动直播 。
5. 上下协调：利益攸关者持续沟通、一致对外 。
6. 关注舆情：适时舆情监控，不断预测问题，周密拟定口径 。

① 1922 年新闻传播学者沃尔特·李普曼在经典著作《舆论学》中首次将刻板印象引入社会心理学领域。

（二）新闻发布形式的时间顺序

1.“两微急先锋”：微博、微信先发布消息。

2.“官网汇天下”：政府网站总汇各种途径的信息。

3.“专访发重点”：安排媒体专访来突破重点信息的发布。

4.“新闻发布会”：谨慎、周全地安排新闻发布会。

（三）新闻发布会的准备工作

1. 跟踪信源，列席党委会。

2. 分析舆情，猜测问题。

3. 确定主题和发布时机。

4. 确定人选和发言人。

5. 准备押题。

6. 准备口径，重大问题与上级部门一致。

7. 准备文稿（主持词，发布稿，名词解释，法律条文，发布人名单，职务，图表，记者签到表）。

8. 邀请记者（一般周二至周四上午，40-60 分钟）。

9. 其他准备（官网直播，会场布置通道）。

10. 负面新闻一定要模拟彩排。

（四）常见的 8 种提问风格及应答策略[①]

提问风格	应答策略
（1）高高在上，欲加之罪。 如：“你们从来都是掩盖实情，在这个问题上我相信也一样隐瞒了真实数据吧？”	（1）进行归谬，传递正面信息。 如：“我想你既然来参加这次发布会就是相信能够从中得到有用的信息，我不仅可以告诉你这个数据是真实的，而且还能够告诉你更多重要的信息……”
（2）假设推测，传播谣言。 如：“我听说……”“有传言……”	（2）严辞更正，传递正面信息。 如：“这是没有根据的，我所知道的是……”
（3）填充背景，牵强附会。 如：“几年前曾经发生过这样的事情，这次的情况也是同样的吧？”	（3）指出牵强之处，传递准确信息。 如：“这次的情况与你所说的几年前的事情有很大的不同，这次的情况是……”
（4）打断你的话提问。	（4）不要生气，保持微笑。
（5）要求你对某事、某部门或某人做评论。	（5）用词谨慎，不谈个人观点。

① 李希光著《发言人教程》清华大学出版社 2013 版，第 258-259 页

续表

提问风格	应答策略
(6)问题含糊或多个问题。	(6)可以请记者再陈数一遍，也可以直接选择一个最容易的角度去回答。如果事先说明一名记者只能提一个问题，那么也可以选择多个问题中的一个去回答，从而留给更多记者提问的机会。
(7)铺设诱饵，引君入瓮。 如："你在回答我的上一个问题时说到……这样推理的结果是……"	(7)这类问题通常是经过记者精心设计的，一般连环提出，这需要发言人在回答第一个问题时，就能够预测到记者的意图；如果不慎掉入"陷阱"，回答出现漏洞，应保持镇静，立即澄清，或指出记者提问 的误导作用。
(8)先赞扬，后提问。	(8)首先表示感谢，之后保持清醒回答问题。

(五)接受记者采访时的注意事项

1. 随时准备接受采访

一旦出现问题要主动联系熟悉的媒体，第一时间掌握主动权，及时说明情况，澄清事实。不要等到谣言满天飞了才被迫出来应对，那样会事倍功半。如果媒体第一时间采访不到当事人，就会去采访外围的所谓"知情者"，受众一旦先入为主，形成刻板印象就很难纠正，后面再听到相关信息，就会选择性记忆，支持原有观点的就记住了，不同声音就排斥在外。这样就加大了澄清事实的成本，不利于舆论引导。

2. 要求记者自报家门

接受记者采访前要做好充分地准备。包括基本事实、来龙去脉、原因、后果、伤亡数字等。"知己知彼，百战不殆"，要对上门采访的媒体有所了解。包括记者所属的媒体类型、节目定位、受众情况等。见面后要求记者自报家门，可以适时沟通信息，增进感情，拉近关系；最好要上记者的名片或者电话，在采访中时常称呼记者的名字。采访后发现有事实出入或数字错误，可以打电话联系记者，及时要求更正。切记：接受不了解或者不存在的媒体采访，无异于给自己找麻烦。

3. 学会控制新闻标题

掌握说话技巧，提高与记者沟通的能力十分重要。接受记者采访时，要学会用媒体报道的方式说话，最好第一句话开诚布公地说出新闻标题，如"这是一起生产责任事故或食品安全事故"，标题能决定舆论导向，要争取一个正面标题。少用否定句，多用肯定句。如"我们不要鼓励农村孩子上大学，因为一旦读了大学，就回不到自己的家乡，回不去自己的家乡就是一个悲剧。"[①]最好用肯定句表达同样的意思"我鼓励农村孩子上大专、技校，安心掌握一门技能，返回农村，可以学以致用，带领乡亲们脱贫致富。"

① 黄艳，张玉琴.全国政协委员王平：不要鼓励农村孩子上大学[N].信息时报，2011-03-9.

4. 迅速说明真相

不迅速说明真相，是引发舆论危机的主要原因。不要试图隐瞒事实，拒绝采访的做法非常不可取，会引发次生舆情。因为你不说，有人会替你说；你慢了，就给别人留下议论、猜测的时间和空间。别人说不如自己说；被动说不如主动说；外行说不如内行说；明天说不如今天说。新闻发言人要用自己的话来回答问题，而不是照本宣科。即使准备好了稿件，重要的地方也一定要脱稿，看着记者回答问题，这是最基本的技巧，一定要掌握好。

5. 要牢牢把握话语主导权

掌握谈话主导权的关键是自己主动和对方交谈。不论是采访还是记者招待会上，面对众多记者，首先要把想说的话、想澄清的事实说出来，之后再让记者提问，这样就可以掌握主导权。一般来说，在上班的时间、工作的状态、记者问的是官员职责范围内的事情，应当接受采访。官员要慎用拒绝采访权。在危机应对接受采访时，要把握时机把自己平时所做的工作和成绩顺便向媒体说出来。

6. 控制情绪，避免负面标题

回答问题时不要被激怒。不能口无遮拦、咄咄逼人、更不能偏激。因为偏激和过头的语言是媒体最喜欢的负面标题语言。如果遇到记者提出的问题与原定的主题不相干，可以说："关于这些问题，下次有机会我们再谈吧。因为现在还不是谈论这些问题的时候，到了该谈论的时候，我会首先告诉你的。"这样既尊重了对方，又可以把话题引回来，不失为两全之策。

7. 言多必失

回答问题要简短，不要长篇大论；根据提纲或口径回答完问题就打住；不要没完没了地解释、发挥；不要怕冷场，避免节外生枝。如果发现记者在给自己设立圈套，可以主动出击，采用通过反问记者的方式来应对，比如："您又是怎么预测的呢？""您是从哪里得到的这些关于××的消息呢？"

8. 问题正中要害时，要谦虚地接受

有时记者提出的问题不但紧扣正题，而且正中要害。遇到这种情况，被采访者一定要采取谦虚的态度来应对。可以说："改善方法等正在研究中"等，如果自己诚恳认错，表示出发自内心的反省，相信没有人不会原谅的。

9. 控制好时间

在接受电视采访时，回答问题时间最好控制在 15 秒内，否则，会被剪接，编辑，甚至出现断章取义。由于电视画面会出现晃眼的图案，建议穿衣服和系领带都要避免有条纹、方格和小图案的。

10. "脱困用语"与幽默感

遇到难以回答的棘手问题时，学会转移话题。一句真诚的话能留下诚恳、务实、可信赖的好印象；可以这样说：“谢谢！您的这个问题出乎我的预料，可否把您的电话或电子邮箱留下，我回头了解后尽快给您回复。”这样既坦荡得体，又不失礼节，还争取了主动。

总之，不能患“网络民意恐惧症”、不要“闻网而动”就做出决策、不要片面顺应各方要求、不被媒体牵着鼻子、不要死守错误信息不放、不在事实不清时发布信息、不随意召开新闻发布会、不以个人名义披露信息。要让媒体成为舆论引导的最佳途径。

【如何识别假记者】

1. 采访时以种种理由为借口不肯出示记者证，或出示的记者证是假的。

2. 假记者的口气大、职务高。比如称自己是新华社、人民日报社、中央电视台记者；是主任记者、主编、副主编等等；自称与当地头面人物相熟。

3. 假记者和真记者混在一起。比如临时或长期聘用的、借调的、帮忙的人。

4. 真单位假记者。新闻单位的广告经营人员、发行人员打着记者的牌子，抬高身价。

5. 打着香港、澳门等地新闻单位的旗号。一些期刊杂志在香港、澳门等地注册，在内地设立记者站。

6. 假记者真捞钱的目的很明显。通常以抓问题、公开曝光、写内参来要挟。

【如何对付假记者】

1. 及时致电宣传主管部门，让他们帮助识别假冒伪劣记者。

2. 到国家新闻出版总署和全国记者协会创办的中国记者网，输入记者证上的编号，就可以立即查出其真伪。

3. 向记者所说的单位核实记者的姓名和负责的跑口领域。假记者有三种情况：（1）记者所说的新闻单位是真的，但记者的身份是假的；（2）记者所说的新闻单位是真的，但该单位没有其人；（3）记者所说的新闻单位是假的，记者当然更是假的。

4. 向当地公安部门报案，运用司法手段打击假冒伪劣记者。

5. 发现敲诈勒索的记者，要坚决拒绝。不管是假记者还是真记者，对其敲诈勒索行为都要坚决拒绝。

6. 对于搞有偿新闻的劣记者要采取拖拉战术，使其目的不能得逞。比如可以说：“你说的事我们考虑考虑。”“这一段我们特别忙，过一段再说吧。”“这件事现在不好办，以后有机会再说吧。”这样做既不得罪他，又可以把他的无理要求搪塞过去。

相关规定

1.**《宪法》**第3条:“国家行政机关、监察机关、审判机关、检察机关都由人民代表大会产生,对它负责,受它监督。”第27条:“一切国家机关和国家工作人员必须依靠人民的支持,经常保持同人民的密切联系,倾听人民的意见和建议,接受人民的监督,努力为人民服务。”第33条:“国家尊重和保障人权。”第35条:“中华人民共和国公民有言论、出版、集会、结社、游行、示威的自由。”第41条:“中华人民共和国公民对于任何国家机关和国家工作人员,有提出批评和建议的权利;对于任何国家机关和国家工作人员的违法失职行为,有向有关国家机关提出申诉、控告或者检举的权利,但是不得捏造或者歪曲事实进行诬告陷害。”第130条:“人民法院审理案件,除法律规定的特别情况外,一律公开进行。”第131条:“人民法院依照法律规定独立行使审判权,不受行政机关、社会团体和个人的干涉。”

2.**《关于司法公开的六项规定》**:(1)立案公开,立案条件、流程、法律文书样式、诉讼费用标准、缓减免交诉讼费程序、当事人重要权利义务、诉讼和执行风险提示以及可选择的诉讼外纠纷解决方式等向当事人公开。(2)庭审公开,建立健全有序开放、有效管理的旁听和报道庭审的规则,消除公众和媒体知情监督的障碍。(3)执行公开,执行的依据、标准、规范、程序以及执行全过程应当向社会和当事人公开,但涉及国家秘密、商业秘密、个人隐私等法律禁止公开的信息除外。(4)听证公开,人民法院对申请再审案件、涉法涉诉信访疑难案件、司法赔偿案件、执行异议案件以及对职务犯罪案件和有重大影响案件被告人的减刑、假释案件等,按照有关规定实行公开听证的,应当向社会发布听证公告。(5)文书公开,除涉及国家秘密、未成年人犯罪、个人隐私以及其他不适宜公开的案件和调解结案的案件外,人民法院的裁判文书可以在互联网上公开发布。(6)审务公开,各级人民法院应当逐步建立和完善互联网站和其他信息公开平台。探索建立各类案件运转流程的网络查询系统,方便当事人及时查询案件进展情况。

3.**《关于人民法院接受新闻媒体舆论监督的若干规定》**第1条:“人民法院应当主动接受新闻媒体的舆论监督。对新闻媒体旁听案件庭审、采访报道法院工作、要求提供相关材料的,人民法院应当根据具体情况提供便利。”第2条:“对于社会关注的案件和法院工作的重大举措以及按照有关规定应当向社会公开的其他信息,人民法院应当通过新闻发布会、记者招待会、新闻通稿、法院公报、互联网站等形式向新闻媒体及时发布相关信息。”第3条:“对于公开审判的案件,新闻媒体记者和公众可以旁听。审判场所坐席不足的,应当优先保证媒体和当事人近亲属的需要。有条件的审判法庭根据需要可以在旁听席中设立媒体席。记者旁听庭审应当遵守法庭纪律,未经批准不得录音、录像和摄影。”

4.**《刑事诉讼法》**第24条:“刑事案件由犯罪地的人民法院管辖。如果由被告地的人民法院审判更为适宜的，可以由被告人居住地的人民法院管辖。”第26条：“上级人民法院可以指定下级人民法院审判管辖不明的案件，也可以指定下级人民法院将案件移送其他人民法院审判。”“未经人民法院审判，任何人不得确定为有罪。”

5.**《关于严格执行公开审判制度的若干规定》**：“十一、依法公开审理案件，经人民法院许可，新闻记者可以记录、录音、录相、摄影、转播庭审实况。”

6.**《中国新闻工作者职业道德准则》**第6条：“……（6）维护司法尊严，依法做好案件报道，不干预依法进行的司法审判活动，在法庭判决前不做定性、定罪的报道和评论。”

7.**《关于加强和改进案件报道的通知》**要求：“不得超越司法程序，不得违反事实和法律，不得擅自对案件定性。”

8.**《关于当前在法制宣传方面应注意的几个问题的通知》**中强调指出：“不得超越司法程序抢先报导，更不得利用新闻媒介制造对司法机关施加压力的舆论。”

思 考 题

一、判断题

1. 传媒与司法所追求的根本目标是社会的公平与正义，保障最大多数人的最大幸福。（　）

2. 司法活动与传媒监督虽然都追求真实，但司法活动讲究公开性和时效性，而传媒监督讲究独立性和程序性。（　）

3. 传媒是公民实现对国家机关、国家工作人员的批评权利和建议权利的途径。（　）

4. 依靠传媒的力量宣传新出台的法律法规会破坏司法的独立性。（　）

5. 通过媒体向社会公示司法机关推出的新举措是司法实践的需要。（　）

二、填空题

1. 我国的司法机关一般是指________和________，从广义上理解也可以包括________、国家安全机关、________、军队保卫部门、________等负责刑事侦查的机构。

2. 传媒与司法所追求的根本目标是：社会的______与______，保障最大多数人的______。

3. 传媒与司法的冲突，实际上是________与________的冲突，是公众对司法活动的________、言论表达权以及公民对国家机关及其工作人员的________等一系列基本权利与司法独立权的冲突。

4. 记者旁听庭审应当遵守______纪律，未经批准不得________、录像和________。

5. 司法公开，包括立案、________、执行、________、文书、________六公开。

6. 我国的主刑有五种：管制、________、有期徒刑、________和死刑；附加刑有三种：罚金，________，没收财产。

三、选择题

1. 传媒介入案件的报道，要遵循（　　）的原则。

A. 侧面报道　　B. 全程报道　　C. 舆论报道　　D. 即时报道

2.（　　）第 7 条规定，法官应当接受法律监督和人民群众的监督。

A.《中国新闻工作者职业道德准则》　B.《中华人民共和国宪法》

C、《中华人民共和国民法通则》　D.《中华人民共和国法官法》

四、名词解释：

1. 司法独立　2. 传媒监督　3. 司法新闻

4. 知情权　5. 媒介审判　6. 独立审判

7. 异地审判　8. 无罪推定　9. 疑罪从无

10. 罪刑法定　11. 罪罚相适应　12. 媒介公信力

五、简答题

1. 传媒监督司法的重要性？

2. 传媒监督司法的十条原则是什么？

3. “媒介审判”的负面影响有哪些？

4. 简述犯罪嫌疑人有哪些权利？

5. 传媒应重点监督哪些司法权力？

6. 传媒与司法如何互动？

第四章　传媒与人格权

人格权，是法律赋予公民和法人以人格利益为内容的，作为一个独立的法律人格所必须享有且与其主体人身不可分离的专属权利。始于出生，终于死亡。

公民人格权的范畴：个人尊严、人身自由、生命、健康、姓名、肖像、隐私、名誉、荣誉等方面的权利。法人的人格权范畴：名称权、名誉权、荣誉权等。新闻传播活动总要与特定的公民或者法人发生密切联系，因此，新闻媒体和记者应该对我国法律法规对公民和法人的人格权利的保护规定有所了解，以防止侵权纠纷的发生。

第一节　传媒与隐私权

1890 年美国法学家路易斯 · 布兰蒂斯 (Louis D. Brandeis) 和塞缪尔 · 沃伦 (Samuel D.Warren) 在当年的《哈佛法律评论》杂志上发表了一篇具有历史意义的著名论文《隐私权》首度提出隐私权的概念及其基本理论。隐私权又叫宁居权、独处权。

在西方社会，隐私权已被公认为不容侵犯的重要权利，人人对其都有极高的警觉性。凡未经当事人同意或不具法律上的理由，公开别人的私事，使当事人受到名誉上的损害，物质上的损失者，均可以诉诸法律，法官也必须肯定这项权利的存在。在中国，隐私权也逐渐被人们认识而重视，也有司法解释设立法律救济，但维权的成本很高。

一、隐私、隐私权

（一）隐私

隐私（privacy），指不愿告人的或不愿公开的事。主要包括五方面的内容：

1. 个人信息（personal info rmation）

指描述或已经确认或可确认个人相关的信息 。包括姓名、居住地址、账号、医疗信息、指纹、其他生物确认指标（身高、体重、三围、生理缺陷、残疾状况）。

2. 敏感信息（sensitive information）

指被认为对个人具有特殊风险，从而通常受到特殊保护的个人信息。如种族出身、政治观点、宗教信仰、收养身世、涉及健康或性生活的哲学或伦理倾向。

3. 私人空间（private space）

从社交心理学分析，私人空间包含两层意思：

（1）**物理空间**（physical space），人都有社交物理敏感距离，周围的人接近这个距离，你就会感到不安。卧室、病房、电话亭、休息室、租住的宾馆、房间等；因此，远离、独处，就是寻找私人空间。

（2）**心理空间**（mental space），是指每个人属于自己的，不被任何人了解、知道的属于个人的空间。一般人会把日记、自己的秘密、内心某一个角落视为私人空间。一旦有人闯入，就会感觉不自在。周围的人越了解你的隐私，你就会感到不安，这实际上侵犯了你的心理空间，因此，相处中，人们彼此尊重，给人家留一点空间，不去涉足他人隐私，是一种文明表现。

4. 个人私事（private matter）

依据个人的自由意志来决定并主导的私人事务，如恋爱、婚姻、生育、避孕、堕胎、收养子女等。

5. 私人活动（private activities）

个人与配偶、子女及其他家庭成员、朋友之间在公开或私密场合所进行的活动，包括家庭生活、夫妻性生活、朋友聚会、生日晚会、孩子百日庆祝会等。

（二）隐私权

隐私权（right of privacy），又称“宁居权”，是指自然人享有的私人生活安宁与私人生活信息依法受到保护，不受他人侵扰、知悉、使用、披露和公开的权利。隐私权包括两层含义：一是公民对于自己与社会公共生活无关的私人事项，有权要求他人**不打听、不搜集、不传播**，也有权要求新闻媒介**不报道、不评论、不非法**获得；二是公民对于自己与社会公共生活无关的私生活，有权要求他人**不得任意干涉**，包括自己的身体不受搜查，自己的住宅和其他私生活区域**不受侵入和窥探**。

1. 隐私权的特点

（1）隐私权的主体，只能是自然人。隐私权是基于自然人的精神活动而产生，法人作为组织并没有精神活动，故无隐私可言。法人对其经营活动的信息享有的权利可依商业秘密不受侵犯而得到保护。

（2）隐私权的内容，包括私人生活安宁和私人生活信息。只要未经公开，自然人不愿意公开、披露的信息都构成 隐私的内容，自然人就此享有隐私权。因此，隐私在外延上涵盖了阴私，后者仅指与男女两性关系有关的生活秘密。

（3）侵害隐私权的方式，包括侵扰自然人的生活安宁，探听自然人的私生活秘密，或在知悉他人隐私后，向他人披露、公开，或者未经许可进行使用。

（4）任何人不能处分权利人的隐私。除非权利人自愿放弃隐私，主动公之于众。如权利人可以许可他人使用自己的隐私写作个人传记，在传记中披露鲜为人知的个人生活信息，以提高传记的发行量。任何第三人无权处分权利人自己的隐私。

2. 隐私权的内容

（1）个人生活安宁权。也称个人生活自由权。即自然人享有的维持安稳宁静的私生活状态，并排除不法侵扰的权利。如拒绝垃圾信息、骚扰电话、门缝广告等。

（2）个人信息保密权。自然人有权禁止他人非法知悉、使用、披露或者公开个人生活信息。例如，未经权利人的许可，任何人不得以任何方式向第三人披露权利人的身体上隐秘的缺陷。

（3）个人通讯秘密权。自然人对个人信件、电报内容有权加以保密，有对自己的电话、传真、电子信箱的号码及其内容加以保密的权利，有权禁止他人未经许可窃听或者查阅。

（4）个人隐私使用权。自然人有权依法自己使用或者许可他人使用隐私，并有权决定使用隐私的方式，任何人或者组织不得非法干涉。任何权利不得滥用，隐私权也不例外。自然人对自己隐私的使用，不得违反法律的强制性规定，不得违背社会公序良俗，不得损害第三人的利益。如权利人不得任意使用与第三人隐私或者名誉有关的隐私。

二、网络隐私权

网络隐私权，是指自然人在网上享有私人生活安宁、私人信息、私人空间和私人活动依法受到保护，不被他人非法侵犯、知悉、搜集、复制、利用和公开的一种人格权。[①]

（一）网络隐私权的特点

1. 客体数据化

网络隐私以"个人数据"的形式出现。个人数据包括：

（1）身份识别信息，包括姓名、身份证号码、家庭住址、工作单位等。

（2）贷款信息，包括贷款发放银行、贷款额、贷款期限、还款方式、实际还款记录等。

（3）信用卡信息，包括发卡银行、授信额度、还款记录等。

（4）公用事业费用的信息，支付电话、水、电、燃气等。

（5）公共信息，法院民事判决、欠税等。

2. 权益的双重属性

网络隐私权是一种独立的精神性人格权，本身不具有财产的内容，但对网络隐私权的侵犯，不仅仅是基于窥探他人隐私的好奇心，而大多数是基于利益的驱使。因为个人数据已经具有了经济价值，财产属性，所以才会被网络经营商收集、利用、买卖。因此，网络隐私权兼具无形财产权与人格权的双重属性。

3. 侵权内容的复杂性

由于互联网具有开放性、交互性、信息资源共享性等特点，在一定程度上削弱了权利主体对个人隐私的控制能力，使得对个人数据的收集和处理更加平常和普遍，每一个人的部分个人数据都可能被他人（国家机关、ISP 公司、网站等）所掌握和利用。而当事人却不一定知道自己的个人数据在他人的手中是什么内容，是否真实准确，将用于什么目的和用途。

4. 侵权手段的隐蔽性

网络隐私侵权行为人具备专业知识和操作技能，依靠智力和高科技去实施侵权行为，达到收集他人数据或侵入他人系统的目的。侵权证据又多存于数据、代码等无形信息中，很容易被更改和删除，甚至不留任何痕迹。手段新颖不易被发现。

5. 侵权后果的严重化

由于互联网的特性，网络信息的发布具有了更快的传播速度及更广的传播范围，公民隐私权一旦在网上披露，全球范围的人在瞬间都能知道，这将给当事人带来严重的损害后果。同时有可能给用户的名誉造成不良影响，给用户身心造成了巨大的伤害。

---

① 参见百度百科：网络隐私权。

【案例】

手机泄露导演王某某的隐私

2014年9月10日，据北京警方通报，第六代导演王某某通过手机招嫖信息联系到吕某某，当晚6时许，两人在王某某的工作室进行卖淫嫖娼活动，后王某某付给吕某某800元作为嫖资，被北京警方当场抓获并依法行政拘留。

据悉，事发当天王某某工作室所在的小区并无异状，也没有看到警车，工作室所在的楼层保安也十分严格，警方是如何在第一时间、案发现场比110还神速抓到王某某的？

手机泄露了王某某的所有隐私。警方通过对其智能手机的定位跟踪进一步查明：王某某曾连续三次嫖娼，警方对王某某的行踪了如指掌。如果一个人在凌晨一两点的时候频繁地在红灯区附近的取款机取钱，那么这个人就很有可能有招妓的陋习，因为性交易和毒品都是一手交钱一手交货。

智能手机已经成为大数据时代的绝佳利器，不仅可以感知光线、声音、动作、位置，以及附近的网络、电脑、其他手机等，甚至你的指纹、血压和心跳等数据都可以自动收集并联网保存。

（二）网络隐私权的内容

1. 网络隐私知悉权

权利主体有权知晓收集个人数据单位的性质、经营范围、收集的目的、用途等情况，有权通过合理途径查询其个人数据的收集和使用情况。

2. 网络隐私修改权

权利主体发现记录自己的个人数据有误或其个人数据已发生变化时，有权进行修改、补充、删除，以保证个人数据的准确。

3. 网络隐私收益权

权利主体对其提供的个人数据有权要求收集者或使用者支付相应的报酬。

4. 网络隐私被遗忘权

任何公民可以在其个人数据不再需要时提出删除要求。或在特定情况下，个人有权要求删除指向个人信息的链接。网站要服从人们的要求，顺应民意，把新闻文章和其他网页上可能会令人尴尬的内容链接从搜索结果中移除。

三、侵害他人隐私的情形

（一）公布、宣传他人的隐私

如未经公民许可，公开其姓名、肖像、住址和电话号码；披露性犯罪、性侵扰的被害人的姓名、身份、地址和其他足以使人辨认的特征；未经允许非法向第三人披露他人婚姻恋爱家庭情况；将他人婚外性生活向社会公布。泄露公民的个人材料或公诸于众或扩大公开范围。

（二）窃取个人资讯

如非法刺探他人财产状况或未经本人允许公布其财产状况。非法刺探、调查他人个人经历、行踪、通讯记录；调查、刺探他人社会关系并非法公诸于众。窃取或者披露他人信件、电话等通信内容；收集、储存、使用涉及自然人隐私的各种个人资料（身份、地位、电话、储蓄、日记等）；医生、律师、会计师、评估师等违反保密义务，向外界公布当事人隐私信息。

（三）侵入私生活领域

如非法侵入、搜查他人住宅，或以其他方式破坏他人居住安宁；非法跟踪他人，监视他人住所，安装窃听设备，私自拍摄他人私生活镜头，窥探他人室内情况。侵入公共场所的私人场合，非法偷窥视他人私生活；非法搜查他人身体、财物；非法强迫他人接受检查；干扰他人夫妻性生活或对其进行调查、公布。

（四）侵入互联网的私生活区域

如在互联网的私信空间收集公民不愿向社会公开的纯属个人的情况；电话或者手机短信息骚扰他人的生活安宁等多种情况；通过手机短信、微信、博客、微博等社交媒体发布淫秽色情信息，骚扰他人的私生活。

四、侵犯隐私权的抗辩事由

（一）公共利益

公共利益是与社会成员共同有关的利益，不但包括国家的、社会的、集体的利益，也包括正常的社会秩序，它在靠法律保护的同时，需要依靠社会舆论、习惯和教育等方法来维护。在现实中，传媒不应揭发与社会和政治生活无关的一般个人的私事，如果这种个人的私事涉及或妨碍了社会生活，或者这个人处于政治生活之中，那么他个人的活动就不属于不应公开的个人私事，而成为传媒报道的对象。政府官员手中掌握着一定的权力，而权力的运用关系到公共利益，应该受到社会监督，因此，有关政府官员的学历、政绩、财产状况、工作能力、生活作风等都可以成为传媒舆论监督的重点。恩格斯说："个人隐私应受法律保护，但当个人私事甚至隐私与最重要的公共利益——政治生活发生联系的时候，个人的私事就不是一般意义的私事，而是属于政治的一部分，它不受隐私权的保护，而应成为新闻报道不可回避的内容。”因此，媒体在采访和报道中，涉及他人隐私时，如果能够证明是出于社会公共利益的需要，可以作为抗辩事由。特别是对一些违反法律的行为或违反社会公共道德行为进行采访报道，如政府官员的婚外恋、不赡养父母、不良嗜好、追求奢华的生活方式；明星偷税漏税、吸毒等，是出于维护社会公共利益的需要，因而在法律上得到保护。

（二）公众人物与公众兴趣

1. 公众人物

公众人物是指因其身份、地位、事业的成就、罪行重大或因为与某一特定事件有关而为公众普遍知晓的人物。如著名科学家、作家、明星、罪犯等。公众人物分为两类：自愿型和非自愿型公众人物。

（1）自愿型的公众人物，指追求与放任社会知名的效果，并在客观上已成为公众人物的人，包括明星、政府高级官员等；

（2）非自愿型的公众人物，指主观上并不希望成名，但由于特殊事由的介入而被迫成为公众人物的人。如因为新闻报道而成名的见义勇为者、交通肇事者、刑事案件的受害者。一般认为前者主观上具有自愿性，其“名利双收”的同时，应牺牲一点隐私满足公众兴趣。而后者是临时性成名人士，从公众的关注中获得的利益很少，甚至为零。应对其隐私多些保护。

但无论是自愿型、非自愿型社会知名人士，其个人秘密与生活安宁等基本隐私受法律保护，任何人不得以任何理由随意披露和利用：（1）其住宅不受非法侵入和侵扰；（2）其私生活不受监听监视；（3）保障其通信秘密与自由；（4）夫妻间性生活不受他人干扰和调查。（4）正常通信秘密与自由不受侵犯；（5）正常婚恋和夫妻两性生活不受他人干扰。

2. 公众兴趣

公众兴趣指公众对这些社会知名人士了解、知情的愿望。基于合理的公众兴趣可以对公众人物的隐私权进行适度地限制，如兴趣爱好、奋斗历程、工作状况等，这一方面是公众兴趣的实现途径，另一方面也是公众的心理期许。说明：明星们的事业不仅属于他们自己，也是社会的、公众的，公众有权了解他们的事业及与其事业相关的个人情况，只要他们进入公众生活领域，参加各种社会活动都可以成为传媒追踪报道的对象，这是他们作为社会精英和公众人物所应付出的代价。

（三）公众知晓、公共场合、公开记录

公众已经知晓的个人情况、个人在公开场合下进行的活动以及已成为公开记录的私人

情况和信息资料，媒体都可以报道。

1. 已为公众中较大部分人知晓的个人情况

如外在的生理、性格特征、经常出入的公共场所等，不属于“私人情况”，新闻媒介对此进行报道不为侵权。

2. 公民在公共场合的活动往往被推定为其“默示允许”

对公职人员和公众人物在公共场合的活动，只要与其职务、职业相关，与社会公共利益相关，新闻媒介可以报道。对于普通公民而言，新闻媒介对其在公共场合的活动进行报道，如果确实属于与公共利益相关或者符合公众知情权范围的新闻事件，则不构成侵犯其隐私权，如传媒对交通肇事的报道；当然，如果该普通公民的活动纯属私人事务，新闻媒介对其进行采访报道时遭到明确拒绝的，则应视为推翻前面所说的“默示允许”。

3. 已成为公开记录内容的公民的私人情况或信息资料

在许多国家，传媒和普通公民有权对政府机构保管和发布的文件、信息、资料进行查询，其中涉及公民私人情况的内容，如果获准查询，则被视为公开记录或者叫公共记录，新闻媒介或公民有权予以报道、评说，并不构成对隐私权的侵犯。

【小知识】

公共场所

公共场所，是公众可以任意逗留、集会、游览或利用的场所。具有相对开放性、共享性和秩序性的特点。大致分为以下几类：（1）公共医疗场所，如医院、诊所、保健站等；（2）公共旅游场所，如各种名胜古迹等处所；（3）公共消遣场所，如公园、园林大道路边、街心专供人消遣休息的地方；（4）公共集会场所，如用于集会、庆祝、竞赛的场地等；（5）公共观览场所，如展览馆、博物馆、图书馆等；（6）公共营业场所，如贸易市场、菜市场等；（7）公共娱乐场所，如电影院、舞厅、剧场等；（8）可以自行出入的公共场所，如车站、码头、机场、海港等。

法律对公共场所下的隐私利益保护的力度应比普通隐私权相对要小。可以在这种公共场所用录音、拍照、录像等方式记录当事人的谈话、形象和行为，这些记录是客观的，同实际生活中发生的情景没有本质区别，并不存在侵犯隐私权的问题。但是可以设想，在公共场所，对特定人进行持续高强度、近距离的观察、摄像和拍照，同样对被观察者具有高度侵犯性，使被观察者安宁感消失。所以这种记录应当被限制在一定的距离之外和合理的程度或强度范围之内。该记录不会对当事人安宁生活带来重大影响则可以传播；但如果这些记录带有明显的恶意，显然会给当事人带来巨大的伤害或不良影响，如拍摄女性走光照片或当事人无意中的不雅之举等，则应当尊重当事人的隐私利益而不能随意传播。然而，如果被记录者是公众人物则另当别论，因为法律对公众人物的隐私保护比普通公民要低得多。

（四）权利协调

隐私权是一种自主性很强的私人权利，法律允许当事人放弃、处分自己的权利。当事人可以经口头或书面的形式明确表示对新闻报道的同意，具体表现为愿意接受采访、主动提供资料、协助完成新闻作品等。事实上，社会现实生活中有不少人有意或无意地放弃了自己的一部分隐私，如许多政治家、体育、影视明星、艺术家等在自己的回忆录中详细介绍自己的经历、家庭、生活甚至个人的隐私。传媒的一些栏目也为普通公民倾诉个人隐私提供了舞台，如征婚、交友、心理咨询等节目，因此，根据当事人的陈述或提供的材料写成的文章或发出的报道中有当事人的隐私内容，不应视为侵权。在把握权利人同意原则时要注意以下三点：

（1）保护相关人的隐私。如果传媒报道中涉及相关人的隐私，如父母、兄弟、姐妹、夫妻等，披露隐私必须征得相关人的同意，当事人本人不能单方放弃隐私而侵害相关人的隐私。

（2）保护第三人的隐私。如果传媒报道中涉及第三人的隐私，如前夫（妻）、过去的恋人、非婚生子女、养父母等，披露隐私必须征得第三人或监护人的同意，否则就会侵害第三人的隐私。

（3）对不公开审理案件的处理。涉及个人隐私的案件在不公开审理时，其中的敏感内容也是属于法律保护的隐私，媒体不得随意披露。

（五）使不可辨认

在现实生活中，有一些私生活中应当批评的现象、某些有教育意义或者公众感兴趣的事情，确有报道价值但又涉及隐私，当事人又不可能同意披露，或者属于法律特别保护不便直接披露的情形，可以采取一种变通的办法处理，即略去当事人的姓名、模糊当事人的身份、给当事人的面部打上马赛克、对声音加以必要的处理等。如对刑事案件的报道，受害人（特别是强奸、猥亵等性侵犯案件的受害人）身份情况不宜公布；对于案件的举报人、证人的身份情况一般不应当公开；对于未成年的犯罪嫌疑人、被告人的姓名、照片，依法不得公开披露，能够使其身份得以确定的描述也是不允许的。

五、披露明星隐私的界限

明星隐私一直是媒体娱乐报道关注的热点问题，也是传媒竞争中吸引受众眼球，提高发行量、收视率的“杀手锏”。但明星也是公民，也享有法律所赋予的人格权利。而隐私权是一项重要的人格权利，保护明星适度的隐私是尊重其人格尊严的表现，也是人类文明进步的体现。在民主法治化的社会中，新闻媒体在行使采访权，满足公众知情权的同时，要明确披露明星隐私的合理界限，认识到自律对于维护媒体品牌的重要性。

互联网时代，明星隐私频频被大众传媒曝光：引起演艺界、媒体和公众的极大关注。关于名人隐私的事件一次次刺激着受众的好奇心，媒体在满足公众窥私欲的同时，也使明星们一次次地付出了隐私被曝光的“代价”。在这里，隐私要“不为人知”，而新闻要“广为人知”，这就构成了二者的冲突。

（一）满足正当合理的公众兴趣

兴趣是个人的主观心理状态，受个人的道德素质、认识事物的能力、文化程度、社会引导等综合因素影响，由于每个人的情况不同，其兴趣也就有所不同。而公众兴趣是与知情权有关的一个概念，当多数人对某个人或某件事产生了解、知情的愿望时，即产生了公众兴趣。公众兴趣可以分为正当和不正当两种，如对影星的自然状况的兴趣就是正当的，与社会公共利益并行不悖；而对影星身体的兴趣则是不正当的，属于一种变态的窥视他人隐私的心理，不但无益于社会，反而会影响社会风气。

基于合理的公众兴趣可以对公众人物的隐私权进行适度的限制，这一方面是公众兴趣的实现途径，另一方面也是公众的心理期许。这也说明，明星们的事业不仅是他们自己的，也是社会的、公众的，公众有权了解他们的事业及与他们的事业有关的个人情况，只要他们离开自己的生活圈子，进入公众生活领域，参加各种社会活动都可以成为新闻媒体追踪报道的对象，这是他们作为社会精英和公众人物所应付出的代价。

但要对公众兴趣进行适当引导，媒体的报道是否具有新闻价值，是否属于公众的合理兴趣，需要媒体从业人员进行仔细甄选。应知的、合理的公众兴趣可以适度满足，而那种为了追求感官刺激、低级的、下流的公众兴趣不应该得到满足，新闻媒体不应以披露明星的隐私来取悦公众，提高媒体的关注度。2003 年 3 月 12 日香港《东周刊》“裸照”事件，充分暴露了媒体的低级趣味和庸俗化倾向，遭到了胸怀正义与良知的香港各界人士的痛斥，最后以停刊而告终。

社会各界对隐私权都有不同程度的理解，《大众电影》杂志社针对“明星隐私”的话题举办过一个座谈会，有的演员认为：“隐私权就是人们各自生活的秘密，有权不告诉他人，如收入、恋爱、婚姻、性、生活习惯以及某些生理状况等，它是人权的一部分，每个人都拥有这个权利，承认、尊重、保护隐私权很必要，它实际上是承认、尊重人的价值，是社会进步的象征。”有的演员认为：“每个人都有自己的隐私，作为一个演员，生活中的很多东西透明度已经很高了，不希望自己的点点滴滴再被曝光，使自己赤裸裸地面对众人，凡是演员不想说的，不愿告诉别人的东西，都是属于自己的隐私，通过他人的嘴说出来，就是侵犯了隐私权。”

（二）媒体报道明星生活的合理界限

媒体对明星隐私的披露，一定要理性。既不侵犯名人的隐私权，又满足公众兴趣。媒体对明星隐私的报道，应该注意以下几点。

1. 体现人文精神、以人为本

就新闻媒体“人文关怀”来说，包含两个方面，一是对人的价值的肯定、对人格尊严的维护和对社会公平的倡导；二是按新闻规律，还受众于主体位置，尊重受众、了解受众、引导受众。媒体应在尊重新闻客观、真实的基础上，饱含人文关怀，对新闻报道的内容、形式进行科学取舍。不能一味迎合受众的低级趣味，蓄意利用人性的弱点，过分迎合人的自然性；置价值判断于不顾，回避思考沉重而深刻的问题。如傅彪患病期间，有的媒体娱乐记者如获至宝，闯病房在先，抢病历于后，全然不顾病人的安危、家属的感受。李雪健身体有恙，明明正在抓紧治疗，但关于他已经去世的谣言却出现在不少媒体上，个别媒体新闻的伦理欠缺可见一斑。

2. 记者要有责任、道德和品位

这要求记者有社会责任和职业道德，把大众化和世俗化与人文品位统一起来，培养受众健康向上的审美趣味，既要传播信息，提供娱乐，更要在培养健康向上的道德价值体系上深思熟虑，不恶意炒作花边新闻、制造绯闻，更不得故意渲染暴力、色情等低俗取向的新闻。

3. 娱乐报道要将公共兴趣原则和公共利益原则有机结合。

（1）对于与明星专业、职业相关的、有新闻价值的信息，例如兴趣爱好、成长经历、工作状况等等，媒体可以优先考虑公众兴趣原则，在不伤害到明星人格尊严的前提下，对这些内容作挖掘报道。

（2）对于明星的一些不真实的广告代言行为、个人行为、生活作风等有伤社会风化、有损社会利益的，如柯震东吸毒、黄某某嫖娼等，就要优先考虑公共利益原则，履行舆论监督的功能，作相关追踪报道。

（3）对于明星的一些个人信息，如家庭住址、私人电话、私人活动等，虽然公众对此有一定兴趣，但此时应该尽量优先考虑明星们的隐私权，尽量不要报道，以免影响名人们的正常生活，给他们带来不必要的困扰。

（4）对于明星的性取向、私生活等，尤其是与公共利益无关的，不要去挖掘报道，避免给名人及其周围的人带来伤害、避免在社会上造成不良影响。

（三）不宜有营利动机或非法手段获得和披露隐私

2005年10月，美国加利福尼亚州出台《反狗仔队法》，率先通过了限制狗仔队工作方式的法规，比如摄影师不得透过门窗拍卧室、不得在餐馆窃听谈话等。该法案还对“以非法手段取得名人照片者”处以高额罚金，雇主连带受罚。

如果娱乐记者的跟拍以刺探、偷窥明星隐私为目的，且跟拍行为较为恶劣，甚至影响到了其正常的公共生活，如堵门、近距离跟拍、拍摄范围扩大到家人（子女）等，在恶劣程度非常严重的情形下，应当认定是违法的。

香港狗仔队与演艺工会座谈，认为明星开窗、开门，能够让外界看到、拍摄到，就属于开放私人空间，这时候的家庭住所就视为公共场所，所以不侵权。因此，挂窗帘、安装百叶窗是明星保护家庭隐私的有效方法。

相关规定

1.《宪法》第39条：中华人民共和国公民的住宅不受侵犯。禁止非法搜查或者非法侵入公民的住宅。第40条：中华人民共和国公民的通信自由和通信秘密受法律的保护。除因国家安全或者追查刑事犯罪的需要，由公安机关或者检察机关依照法律规定的程序对通信进行检查外，任何组织或者个人不得以任何理由侵犯公民的通信自由和通信秘密。

2.《刑法》《刑法修正案（七）》

第245条之一：**非法搜查罪**，是指非法搜查他人身体的行为，处三年以下有期徒刑或者拘役。司法工作人员滥用职权，犯前款罪的，从重处罚。

第245条之二：**非法侵入住宅罪**，是指未经法定机关批准或者未经住宅主人同意，非法强行侵入他人住宅的行为，处三年以下有期徒刑或者拘役。司法工作人员滥用职权，犯前款罪的，从重处罚。

第252条：**侵犯通信自由罪**，是指一般公民隐匿、毁弃或者非法开拆他人信件，情节严重的行为，处一年以下有期徒刑或者拘役。

第253条：**私自开拆、隐匿、毁弃邮件罪**，是指邮政工作人员利用职务上的便利，私自开拆或者隐匿、毁弃邮件、电报的行为。处二年以下有期徒刑或者拘役。

第253条之一：**出售、非法提供公民个人信息罪**，指国家机关或者金融、电信、交通、教育、医疗等单位的工作人员，违反国家规定，将本单位在履行职责或者提供服务过程中获得的公民个人信息，出售或者非法提供给他人，情节严重的行为。根据刑法规定，犯本罪的，处三年以下有期徒刑或者拘役，并处或者单处罚金。

第 253 条之二：**非法获取公民个人信息罪**，指以窃取或者其他方法非法获取国家机关或者金融、电信、交通、教育、医疗等单位在履行职责或者提供服务过程中获得的公民个人信息，出售或者非法提供给他人，情节严重的行为。根据刑法规定，犯本罪的，处三年以下有期徒刑或者拘役，并处或者单处罚金。

3.《民法通则》第 100 条：公民享有肖像权，未经本人同意，不得以营利为目的使用公民的肖像。

4.《侵权责任法》第 2 条：侵害民事权益，应当依照本法承担侵权责任。本法所称民事权益，包括生命权、健康权、姓名权、名誉权、荣誉权、肖像权、隐私权等人身、财产权益。

5.《关于贯彻执行〈民法通则〉若干问题的意见》第 140 条：首次使用隐私概念。"以书面、口头形式宣扬他人的隐私，或者捏造事实公然丑化他人人格，以及用侮辱、诽谤等方式损害他人名誉，造成一定影响的，应当认定为侵害公民名誉权的行为。"

6.《关于审理名誉权案件若干问题的解答》七："对未经他人同意，擅自公布他人的隐私材料或者以书面、口头形式宣扬他人隐私，致他人名誉受到损害的，按照侵害他人名誉权处理。"

7.《关于确定侵权精神损害赔偿责任若干问题的解释》第 1 条第 2 款："违反社会公共利益、社会公德侵害他人隐私或者其他人格权利益，受害人以侵权为由向人民法院起诉请求赔偿精神损害的，人民法院应当依法予以受理。"该司法解释明确将隐私权作为一种独立人格权看待，实为一种立法上的进步。

8.《关于审理未成年人刑事案件的若干规定》第 13 条："未成年人刑事案件判决前，审判人员不得向外界披露该未成年人的姓名、住所、照片及可能推断出该未成年人的资料。未成年人刑事案件的诉讼案卷材料，除依法查阅、摘抄、复制以外，未经本院院长批准，不得查询和摘录，并不得公开和传播。"

9.《关于适用刑事诉讼法的解释》诉讼参与人、旁听人员应当遵守以下纪律："……（3）不得对庭审活动进行录音、录像、摄影，或者通过发送邮件、博客、微博客等方式传播庭审情况，但经人民法院许可的新闻记者除外；""对未经许可录音、录像、摄影或者通过发送邮件、博客、微博客等方式传播庭审情况的，审判长可以决定暂扣存储介质或者相关设备。"

第 469 条："审理未成年人刑事案件，不得向外界披露该未成年人的姓名、住所、照片以及可能推断出该未成年人身份的其他资料。查阅、摘抄、复制的未成年人刑事案件的案卷材料，不得公开和传播。"

10.《关于人民法院在互联网公布裁判文书的规定》第 7 条 人民法院在互联网公布裁判文书时，应当删除下列信息：（1）自然人的家庭住址、通讯方式、身份证号码、银行账号、健康状况等个人信息；（2）未成年人的相关信息；（3）法人以及其他组织的银行账号；（4）商业秘密；（5）其他不宜公开的内容。

11.《关于审理利用信息网络侵害人身权益民事纠纷案件适用法律若干问题的规定》第 12 条："网络用户或者网络服务提供者利用网络公开自然人基因信息、病历资料、健康检查资料、犯罪记录、家庭住址、私人活动等个人隐私和其他个人信息，造成他人损害，被侵权人请求其承担侵权责任的，人民法院应予以支持。"

12.《消费者权益保护法》第 29 条："经营者收集、使用消费者个人信息，应当遵循合法、正当、必要的原则，明示收集、使用信息的目的、方式和范围，并经消费者同意。经营者收集、使用消费者个人信息，应当公开其收集、使用规则，不得违反法律、法规的规定和双方的约定收集、使用信息。

经营者及其工作人员对收集的消费者个人信息必须严格保密，不得泄露、出售或者非法向他人提供。经营者应当采取技术措施和其他必要措施，确保信息安全，防止消费者个人信息泄露、丢失。在发生或者可能发生信息泄露、丢失的情况时，应当立即采取补救措施。经营者未经消费者同意或者请求，或者消费者明确表示拒绝的，不得向其发送商业性信息。"

13.《未成年人保护法》第 39 条：任何组织或者个人不得披露未成年人的个人隐私。对未成年人的信件、日记、电子邮件，任何组织或者个人不得隐匿、毁弃；除因追查犯罪的需要，由公安机关或者人民检察院依法进行检查，或者对无行为能力的未成年人的信件、日记、电子邮件由其父母或者其他监护人代为开拆、查阅外，任何组织或者个人不得开拆、查阅。

14.《预防未成年人犯罪法》第 45 条："对未成年人犯罪案件，新闻报道、影视节目、公开出版物不得披露该未成年人的姓名、住所、照片及可能推断出该未成年人的资料。"

15.《治安管理处罚法》第 42 条："对偷窥、偷拍、窃听、散布他人隐私的行为，要处五日以下拘留或者五百元以下罚款；情节较重的，处五日以上十日以下拘留，可以并处五百元以下罚款。"

16. 诉讼法。《民事诉讼法》、《刑事诉讼法》、《行政诉讼法》都有"涉及个人隐私案件不公开审理的规定"。

17.《邮政法》第 5 条："对用户交寄的邮件，除法律另有规定外，任何组织或个人不得检查、扣留。"第 6 条："除法律另有规定外，邮政企业和邮政工作人员不得向任何组织或个人提供用户使用邮政业务的情况。"

18.《收养法》第 21 条："收养人、送养人要求保守收养秘密的，其他人应当尊重其意愿，不得泄露。"

19.《商业银行法》第 29 条："商业银行办理个人储蓄存款业务，应当遵循存款自愿、取款自由、存款有息、为存款人保密的原则。"

20.《统计法》第 40 条：“属于私人、家庭的单项调查资料，非经本人同意，不得泄露。”

21.《艾滋病防治条例》第 39 条：“未经本人或者其监护人同意，任何单位或者个人不得公开艾滋病病毒感染者、艾滋病病人及其家属的姓名、住址、工作单位、肖像、病史资料以及其他可能推断出其具体身份的信息。”

22.《关于加强网络信息保护的决定》

（1）国家保护能够识别公民个人身份和涉及公民个人隐私的电子信息。任何组织和个人不得窃取或者以其他非法方式获取公民个人电子信息，不得出售或者非法向他人提供公民个人电子信息。

（2）任何组织和个人未经电子信息接收者同意或者请求，或者电子信息接收者明确表示拒绝的，不得向其固定电话、移动电话或者个人电子邮箱发送商业性电子信息。

（3）任何组织和个人对窃取或者以其他非法方式获取、出售或者非法向他人提供公民个人电子信息的违法犯罪行为以及其他网络信息违法犯罪行为，有权向有关主管部门举报、控告；接到举报、控告的部门应当依法及时处理。被侵权人可以依法提起诉讼。

23.《关于维护互联网安全的决定》第 4 条：为了保护个人、法人和其他组织的人身、财产等合法权利，对有下列行为之一，构成犯罪的，依照刑法有关规定追究刑事责任：……（2）非法截获、篡改、删除他人电子邮件或者其他数据资料，侵犯公民通信自由和通信秘密。

24.《计算机信息网络国际联网安全保护管理办法》第 7 条：任何单位和个人不得从事下列危害计算机信息网络安全的活动：（1）未经允许，进入计算机信息网络或者使用计算机信息网络资源的；（2）未经允许，对计算机信息网络功能进行删除、修改或者增加的；（3）未经允许，对计算机信息网络中存储、处理或者传输的数据和应用程序进行删除、修改或者增加的……

25.《互联网电子公告服务管理规定》第 12 条：电子公告服务提供者应当对上网用户的个人信息保密，未经上网用户同意不得向他人泄露，但法律另有规定的除外。

26.《民法总则》第 110 条：“自然人享有生命权、身体权、健康权、姓名权、肖像权、名誉权、荣誉权、隐私权、婚姻自主权等权利。”

27.《世界人权宣言》第 12 条：“任何人的私生活、家庭、住宅和通信不得任意干涉，他的荣誉和名誉不得加以攻击。人人有权享受法律保护，以免受这种干涉或攻击。”该条被认为是保护个人隐私权的直接依据，并被原样搬到了《公民权利和政治权利国际公约》的第 17 条规定中。

28.《欧洲人权公约》第 8 条：“维护隐私和家庭生活的权利”第 1 款：“人人都有维护其隐私、家庭生活、居所和通信的权利。”

29.《美洲人权公约》第 11 条：“享有私生活的权利”。

30.《儿童权利公约》第 16 条：“儿童隐私权”。

思考题

一、填空题

1.《预防未成年犯罪法》第 45 条规定：对未成年人犯罪案件，新闻报道、________、公开出版物不得披露该未成年人的________、住所、________及可能推断出该未成年人的________。

2.《治安管理处罚法》第 42 条规定：________、________、________、________的，处________以下拘留或者________以下罚款。

3. 刑法中与隐私权相关的罪名有 4 个：非法搜查罪、________、私自开拆、________、毁弃信件罪。出售、________公民个人信息罪、________公民个人信息罪。

4. 侵犯隐私权的抗辩事由：____________、公众兴趣、____________、权利协调、使不可辨认。

二、名词解释

1. 隐私	2. 隐私权	3. 网络隐私权
4. 公共场所	5. 公众人物	6. 自愿型公众人物
7. 非自愿型公众人物	8. 公众兴趣	

三、简答题

1. 简述隐私权、绝对的隐私。
2. 侵犯隐私的四种情形。
3. 简述新闻侵犯隐私权的抗辩事由。
4. 简述媒体侵害隐私权的方式有哪些？

四、论述题

1. 媒体披露明星隐私的合理界限是什么？
2. 如何加强网络隐私的自我保护？

第二节　传媒与名誉权

一、名誉、名誉权

名誉，是社会或他人对公民品德、才干、信誉、功绩、资历和身份等方面评价的总和。名誉权，就是公民享有应该受到社会公正评价的权利和要求他人不得非法损害这种公正评价的权利。

（一）侵害名誉权的方式

1. 侮辱

通过言行、文字或图像手段，辱骂、丑化、嘲讽、侮蔑、猥亵他人，把当事人的形象描写得可憎、可恶、可鄙，贬损对方人格尊严，降低对方社会评价的行为。

【慎用贬义词】

小偷、歹徒、泼妇、精神病、癞皮、罪犯、野种、败类、地痞、无信誉者、第三者、烂人、猥琐人、娼妓、吸血鬼、色狼、猪、狗、王八蛋、垃圾、鬼子、骗子、疯子、人贩子、二流子、瘸子、瞎子、聋子、哑巴、蒙古大夫、草包、暴徒、破鞋、不称职、重婚者、小爬虫，等等。

2. 诽谤

诽谤是指散布虚假事实，无中生有、无事生非，捕风捉影、虚构瞎猜。包括一切有损于他人名誉的事实，如诬蔑他人犯罪、品德不良、素质能力不高、企业形象不佳、信誉不好、作风不正派、手脚不干净等。判断的标准：某种言论如果经社会中具有正常思维能力的成员判断，认为有损于他人的名誉，该言论即为诽谤。新闻诽谤，是通过新闻传播媒介侵犯他人人格尊严的一种行为。新闻诽谤不但可以构成民事侵权，情节严重的可构成诽谤罪，要承担相应的刑事责任。

【案例】

霍建华与林心如起诉微博大V宋祖德侵犯其名誉权案

2017年5月22日，新浪微博用户宋祖德在其个人微博账号“宋祖德”中发布了一篇标题为《霍建华与林心如竟然没有领证结婚》的文章，宋祖德写道：由于林心如未婚先孕，以肚子里的孩子逼霍建华领结婚证，但只是办了婚礼掩人耳目，没有正式领证的婚姻，只能算非法同居，更是直言：婚礼再隆重也代替不了合法的登记！

该文章一经发布便被诸多媒体大量、频繁转载，同时引发了众多网络用户的讨论与评价，对霍建华、林心如的名誉造成严重损害。霍建华和林心如夫妇将宋祖德起诉至北京市海淀区人民法院。要求：注销宋祖德微博，宋祖德公开赔礼道歉不少于90日，赔偿精神损失费50万、经济损失100万。

2018年12月20日，海淀法院分别作出一审判决，认为公众人物的名誉权受到法律保护，涉案文章通过偷换概念的方式称林心如与霍建华"非法同居"是对公众的误导，文章被多次转载，造成林心如和霍建华的社会评价降低，法院认定被告宋祖德构成对霍建华、林心如名誉权的侵犯，须在涉案微博首页置顶位置连续两日发布致歉声明分别向原告霍建华、林心如赔礼道歉，并分别赔偿霍建华、林心如精神损害抚慰金及维权合理费用10万元，两案合计20万元。

宋祖德不服一审判决，向北京市第一中级人民法院提出上诉。

2019年3月25日，北京市一中院经审理后，终审判决：驳回上诉，维持原判。

3. 过度褒扬

褒扬，赞美表扬。如无中生有的任意拔高。这种捏造的表扬事实对当事人而言不但没有抬高声誉，反倒引起社会的非议，造成精神痛苦，名誉受损的事实显然并不因是褒扬而不成立。

【案例】

陈玛雅诉俞大庆

1992年记者俞大庆采访陈玛雅后，参考其他报刊登载的有关陈玛雅的文章，在《南方周末》上发了一篇专访《从记者到"反角专业户"——访青年演员陈玛雅》，同时还配发了陈的一张头像照片。文章例数了陈玛雅数年来在30多部影视剧中扮演的各种类型的反角人物及其所取得的艺术成就。文章编造了陈玛雅"获得最佳女配角奖"的假象、"考入中国人民大学新闻系"的不实履历，致使陈玛雅身边"熟知的亲朋好友纷纷来电来信或当面指责其为自己编造历史，为自己涂脂抹粉，从而造成极大精神压力，影响工作，事业及身心健康"。陈玛雅诉俞大庆及《南方周末》《新华日报》《当代青年》等媒体，因褒扬不当造成名誉受损的事实，要求维护其名誉权、肖像权。陈玛雅称文中虚构、捏造的表扬事实对当事人而言不但没有抬高声誉，反倒引起社会的非议，造成精神痛苦。1993年陈玛雅一审胜诉，获赔3.4万元。[①]

① 曹维铭．创个人精神损害赔偿最高纪录 陈玛雅打"新闻官司"引起争议 [J]. 新闻记者，1993（12）.

（二）侵害名誉权的构成要件

1. 行为人实施了侵犯名誉权的行为

行为人实施了通过大众传播媒介，刊载、播出有损特定人名誉的文字（登报、出书）、语言（广播播音、电视伴音）、图像（播放电视、电影、发行录像带、在报刊上刊登图片）侵权文章的行为。

2. 侵权内容直接指向受害人

行为人以大众传播媒介刊载、播出的内容有特定的指向，侵害的是特定人的名誉权。特定的指向并不限于指名道姓，如果使用的称呼或陈述的方式或任何其他特征和背景资料足以使一般人合理推知其所指为某一特定人时，即可构成特定指向。

【未指名道姓也侵权】

（1）李谷一诉汤生午和《声屏周报》报社侵害名誉权案。文章中的指向用语是“10年前以一曲《乡恋》而名噪大陆的某乐团领导人”。

（2）游本昌诉张弛和《上海每周广播电视》报社侵害名誉权案，文章指向用语是“一个靠演济公抬高身份的演员竟然向《济公》剧组漫天要价”。

（3）徐良诉《上海文化艺术报》报社侵犯名誉权案，文章的指向用语是“一位以动听的歌声博得群众尊重爱戴的老山英模参加上海金秋文艺晚会时”。

（4）刘晓庆诉羊慧明侵害名誉权案，文章的指向用语是“四川籍女演员，全国政协委员”。

3. 侵权行为造成受害人精神损害

行为人通过大众传播媒介发布了诽谤或侮辱受害人人格的新闻报道，使受害人的社会评价降低，名誉受到不应有的损害，受害人表现出气愤、焦虑、痛苦、烦恼、暴躁、好斗、羞愧、悲伤、失望、仇恨等的精神损害，或出现短时的失眠、记忆减退、神经质、反应迟钝等精神障碍或疾病，严重地影响其工作、学习、生活。

4. 行为人主观上有过错

过错，是违法行为人对自己的行为及其后果所具有的主观心理状态。我国实行过错责任原则，以行为人主观上的过错为承担民事责任的基本条件的认定责任的准则。我国《民法通则》第106条第2款规定：“公民、法人由于过错侵害国家的、集体的，侵犯他人财产、人身的，应当承担民事责任。”最高人民法院《关于贯彻执行〈中华人民共和国民法通则〉若干问题的意见》第150条规定：“公民的名誉权等受到侵害，公民或者法人要求赔偿损失的，人民法院可以根据侵害人的过错程度、侵权行为的具体情节、后果和影响确定其赔偿责任。”按过错责任原则，行为人仅在有过错的情况下，才承担民事责任。没有过错，就不承担民事责任。

二、网络侵害名誉权

网络侵害名誉权，是指通过互联网络，在网上登载包括文字、图片、声音、动画等各种利用电脑和网络技术制作并在网络中上载的各种各样的作品，侵犯公民或法人的名誉，并使其社会评价降低或贬损的行为。

（一）网络侵权的特点

1. 侵权方式的多样性

在网页新闻、论坛、贴吧、博客、微博、微信、搜索引擎等发布平台、交互方式均能成为侵权行为媒介和手段。

2. 损害后果的扩散性

由于网络的交互性，转载、转发、下载的便捷性，侵权行为的后果极易得到扩散、放大甚至恶化，呈现不可逆转和不可控制的趋势。

3. 侵权主体的连锁性

一个侵权内容发布之后，传播者可能对该信息进行转载、转发、评论等，传播主体成为连锁的责任主体。

4. 侵害权利的复合性

在网络环境下，信息内容可兼容语言、文字、肖像、视频等多种要素，使得姓名权、名誉权、隐私权、肖像权等人身权利被同时侵害。

【案例】

杨颖案

2015年5月，原告杨颖（Angelababy，北京风尚时代国际模特文化有限公司签约艺人）发现“北京知音创美医疗美容”的微信公众号及微信公众平台中发表了《“打造完美鼻形”哪种方法最适合》《小心美瞳变大，一时毁人一世！》两篇文章，分别使用了原告的一张照片。另该公众号中还有《范爷杨颖为何没成仙，8项微整造就的！》等文章，其中部分文章宣称原告进行过多项整容手术，其中均使用了多张原告肖像用于配图，文章下方有被告的字号、二维码等信息，点击下方“阅读原文”后会出现被告在线咨询窗口以及工作人员。原告诉至北京市东城区人民法院，要求被告在全国公开发行的报纸上公开赔礼道歉，赔偿经济和精神损失。

法院认为：被告在其经营的微信公众号上发布文章，且未经原告许可，擅自使用原告的照片作为网页文章配图，因该公众号中文章以对外宣传被告开展的整形美容业务为主要内容，具有营利性质，故应当认定其侵犯了原告的肖像权。被告在上述文章中有“七年整容路”“真不担心下一代的长相？”等相关描述，但被告并未提交证据证明杨颖具有“整容”的事实存在，其仅以原告是否存在整容系网络热点即刊载涉案文章，已构成对原告的诽谤和侮辱，侵犯了原告的名誉权，且该行为足以致使原告受到精神损害。涉案文章中提到的杨颖系对本案原告的称呼，因此不存在冒用、盗用姓名的问题。

法院判决：原告在全国公开发行的报刊上登载致歉声明向原告杨颖赔礼道歉，致歉声明的内容和版式须经本院审核认可后方可发表，费用自付。被告赔偿原告杨颖经济损失人民币6万元、精神损失费人民币2万元、公证费人民币2000元。驳回原告杨颖的其他诉讼请求。

（二）网络侵权主体及责任

1. 网络信息用户

网络信息用户，指在科研、教学、生产、管理、生活及其他活动中需要和利用网络获取信息以改造自身知识结构的个体和群体。网络信息用户既是网络信息的使用者，也是网络信息的创造者。如在个人主页、BBS论坛等分享信息，以及发表意见和观点。

2. 互联网服务提供商（ISP：Internet Service Provider）

互联网服务提供商，即向广大用户综合提供互联网接入业务、信息业务和增值业务的电信运营商。能提供拨号上网服务、网上浏览、下载文件、收发电子邮件等服务，是网络最终用户进入Internet的入口和桥梁。这些ISP通常通过执行邮件传输协议（SMTP）、交互式邮件存取协议（IMAP）、邮局协议（POP）及其他专有协议进行信息的传输和获取。

3. 互联网内容提供商（ICP：Internet Content Provider）

互联网内容提供商，即向广大用户综合提供互联网信息业务和增值业务的电信运营商。《互联网信息服务管理办法》规定：互联网信息服务分为经营性和非经营性两类。国家对经营性互联网信息服务实行许可制度；对非经营性互联网信息服务实行备案制度。未取得许可或者未履行备案手续的，不得从事互联网信息服务。

依据《中华人民共和国侵权责任法》第36条规定：“网络用户、网络服务提供者利用网络侵害他人民事权益的，应当承担侵权责任。网络用户利用网络服务实施侵权行为的，被侵权人有权通知网络服务提供者采取删除、屏蔽、断开链接等必要措施。网络服务提供者接到通知后未及时采取必要措施的，对损害的扩大部分与该网络用户承担连带责任。网络服务提供者知道网络用户利用其网络服务侵害他人民事权益，未采取必要措施的，与该网络用户承担连带责任。”

【案例】

汪峰案

2015年4月20日，韩炳江（化名：卓伟）在其新浪微博发布了题为“章子怡汪峰领证蜜月会友妇唱夫随”的文章，并评论“赌坛先锋我无罪，影坛后妈君有情”。汪峰认为“赌坛先锋”是对其侮辱诽谤，名誉受损，将其告上了法庭。

经审理，法院认为，“赌坛”一词语意指从事特定社会行为的社会群体，因此，该“赌”字更应理解为对特定社会行为的客观描述，而非对行为法律性质的判断，韩炳江使用“赌坛”一词并不意味着给予汪峰法律意义上的否定评价。“先锋”一词更近于一种修辞上的表达，虽有一定夸大成分，但本身并无侮辱或诽谤内容。综上，韩炳江使用“赌坛先锋”一词难以认定构成对汪峰的侮辱或诽谤。

法院认为，关于《新闻晨报》发表的涉诉文章，总体而言是一篇评论文章，该评论所基于的事实主要是汪峰所参加江苏扑克锦标赛的后续赛事经公安部门调查因涉嫌赌博而被叫停。该事实本身并非虚构。涉诉文章根据上述事实通过归纳、推理，甚至演绎的方式表达观点、提出意见或得出结论，符合评论文章的一般特点。该文章配图，是以艺术创作的手法表达自己的观点。涉诉文章虽然措辞激烈尖锐，但其所基于的事实大体真实，所作评论基本属于个人观点表达，其言辞并未达到侮辱或诽谤的程度，且该文章和配图所评论的行为具有社会公共利益的性质，文章亦有弘扬社会正气的愿望。因此，涉诉文章并未超出公正评论的范畴，而是媒体正当行使舆论监督权的一种行为，难以认定构成对汪峰名誉权的侵害。

法院指出，汪峰系具有一定社会知名度的音乐人，属公众人物范畴，其理应对社会评论具有更大的容忍义务。韩炳江及《新闻晨报》的评论虽有些尖锐，但韩炳江评论并非无中生有，《新闻晨报》的评论系基于公开传播的事实且出于社会公共目的发表，均未超过损害汪峰人格尊严的必要限度，因此，法律不宜对此类评论加以苛刻地限制，而汪峰作为公众人物应对上述评论加以容忍和理解。①

三、媒体侵权抗辩事由

媒体侵权抗辩，是指新闻媒体作为被告对原告的媒体侵权诉讼请求提出的证明原告的诉讼请求不成立或者不完全成立的主张。媒体侵权抗辩事由，则是媒体侵权抗辩的特定的具体事实。分完全抗辩和不完全抗辩。

完全抗辩，指能够完全对抗原告的媒体侵权请求权，免除自己的媒体侵权责任的媒体侵权抗辩事由，如事实基本真实、权威消息来源、连续报道等；

不完全抗辩，指须具备特别理由或者具体条件才能成立并能够完全对抗媒体侵权请求权，或者仅能对抗部分媒体侵权请求权以减轻被告侵权责任的媒体侵权抗辩事由，如已尽审查义务、已经更正、道歉、转载。②

（一）基本真实

基本真实，是指传媒发表的文章内容是真实的，符合客观实际情况。因撰写、发表批

① 刘洋．汪峰诉“第一狗仔”卓伟、新闻晨报等名誉侵权案宣判 汪峰败诉 [J]. 新京报，2015-12-24.

② 杨立新．新闻侵权抗辩的 22 个关键词 [EB/OL].（2008-10-08）[2017-09-19]，http//:www.jcrb.com/zhuantr/fzzt/xw9qkb/.

评文章引起的名誉权纠纷，人民法院应根据不同情况处理：（1）文章反映的问题基本真实，没有侮辱他人人格的内容的，不应认定为侵害他人名誉权；（2）文章反映的问题虽基本属实，但有侮辱他人人格的内容，使他人名誉受到侵害的，应认定为侵害他人名誉权；（3）文章的基本内容失实，使他人名誉受到侵害的，应认定为侵害他人名誉权。①

（二）公正评论

公正评论，是指新闻媒体在有可靠的事实来源的情况下，针对与社会公共利益有关的事项进行立场公正的、没有恶意的评论，即使某些言辞是片面的、偏激的，甚至具有诽谤性，也不应该追究法律上的责任。其条件是：（1）评论的事项与公共利益有关；（2）有可靠的事实来源（包括其他媒体的报道）；（3）立场应当公正（但不一定客观）；（4）没有恶意。具备以上四个条件，评论即使是片面的、偏激的，甚至具有一定的诽谤性，也不应追究法律上的责任。

传媒内容基本上可以分为“事实”“意见”两大类，事实是客观的，只有一个；意见是主观的，是对某一特定事实所发表的评论。既然是评论，就带有评论者的主观标准与好恶，难免众说纷纭，有时还会发生争执与论战。各种意见当然是有对有错，如果把错误的意见等同于侵权，那就无异于取消了发表意见的自由。②同时，可以借鉴国外立法，确立“微罪不举”原则。只要新闻媒体或者新闻工作者的评论以客观事实为基础，并且本着善意的原则发表评论，即使其言辞稍有不当，有些偏激或者片面，造成了轻微的损害，受害人也应当对其予以忍受。也许表面上看起来，这种原则牺牲了公民的个人利益，不利于对公民人格权的保护，但从长远大局来看，其实际上是通过保护舆论监督权来保证社会公众的公共利益。

“消费者对生产者、经营者、销售者的产品质量或者服务质量进行批评、评论，不应当认定为侵害他人名誉权。但借机诽谤、诋毁、损害其名誉的，应当认定为侵害名誉权。新闻单位对生产者、经营者、销售者的产品质量或者服务质量进行批评、评论，内容基本属实，没有侮辱内容的，不应当认定为侵害其名誉权；主要内容失实，损害其名誉的，应当认定为侵害名誉权。”③

（三）特许权

特许权，是指为了公众利益或为保护个人合法权益，可以作诽谤性的陈述而不需承担法律责任。新闻媒介的特许权原则：（1）公正、准确；（2）所报道事项应与公益有关；（3）不具有恶意。

---

① 参见1993年《最高人民法院关于审理名誉权案件若干问题的解答》的规定八。
② 魏永征.新闻传播法教程[M].北京：中国人民大学出版社，2006：175.
③ 参见最高人民法院1998年《关于审理名誉权案件若干问题的解释》第九条规定。

1998年最高人民法院《关于审理名誉权案件若干问题的解释》规定："新闻单位根据国家机关依职权制作的公开的文书和实施的公开的职权行为所作的报道，其报道客观准确，不应当认定为侵害他人名誉权，其报道失实，或者前述文书的职权行为已公开纠正而拒绝更正报道，致使他人名誉受到损害的，应当认定为侵害他人名誉权。"如某人一审被判处死刑，二审改判有期徒刑20年，如果传媒报道了一审判决结果，就一定要连续报道二审判决结果，否则，就构成侵权。

（四）权威消息来源

权威消息来源，是指消息由权威机构或者权威人士提供，新闻媒体对此进行报道，不必进行调查、审查，即使存在事实错误，也不是新闻媒体的责任。在我国公认的权威消息有：（1）政府机关在其职责范围内所做出的文件、报告，以及向社会或者新闻机构发布的消息；（2）政府发言人的发言；（3）人民代表、政协委员在人民代表大会和政协会议上就有关事宜所作的发言或者书面材料；（4）国家授权新华社发布的消息；（5）党和国家领导人的正式讲话；（6）国家机关工作人员在履行职责时的讲话或者报告；（7）法官、陪审员、检察官、律师在法庭上的发言；（8）司法程序中的当事人、证人。需要说明的是，中央级报刊、大企业、民主党派等，一般不能作为权威消息来源。

媒体根据权威消息进行报道时，必须忠于权威消息。报道时未添加其他不实事实或者诽谤、侮辱性文字，或者没有删减事实并改变原意。如果在事实上进行删改、增减，致使发生侵权后果的，则构成侵权。如传媒根据国家地震局提供的震级预报、卫生部发布的疫情通报、统计局提供的统计数据、交管部门提供的交通肇事的情况、医疗部门提供的医疗事故的数据、生产部门提供的生产事故的鉴定结论、人民法院的判决结果等进行的报道，如果这些官方机构原来提供的事实和数据有差错，传媒只负有更正义务，而不对差错的后果承担法律责任。

（五）舆论监督

舆论监督，指运用大众传媒发表各种意见或言论，对社会的政治和文化生活进行批评、实行监督，以帮助公众了解政府事务、公共事务和一切涉及公共利益的活动，并用舆论的力量促使他们沿着法制和社会生活共同准则的轨道运作的一种社会行为。① 宪法所规定的言论出版自由以及批评、建议权是舆论监督权的法律渊源。对于与公共利益有关的公众人物、公共事务（政治事件和社会事件），历史人物或事件的报道、对法人的报道评论等，应当给予更多的舆论监督权和新闻自由；对于非公众人物、私人事务、现实生活中的人、自然人的事务之报道评论等，则应当更加强调对所涉及者的人格权保护。②

① 孙旭培.新闻侵权与诉讼[M].北京：人民日报出版社，1994：1.
② 张新宝，康长庆.名誉权案件审理的情况、问题及对策[J].现代法学，1997（3）.

（六）公众人物

我国在审理“公众人物”名誉权纠纷时，可以借鉴国外的“实际恶意”[①]原则，允许媒体大胆报道和批评公众人物，并要求公众人物对新闻媒体主观上存在恶意承担举证责任，一旦原告无法证明实际恶意的存在，法院应当驳回其诉讼请求。[②]同时，考虑到中国新闻体制的特殊性，在借鉴“实际恶意”原则时，出于进一步实现证明责任的平衡的考虑，要求新闻媒体证明自己发表的新闻作品经过了行业要求的新闻业务流程。如果新闻媒体在发表新闻的过程中存在索取或收受物质利益、受人指使或涉嫌报复；明知内容虚假或者理应对内容抱有怀疑，但仍然轻率地予以发表的行为的，则可认定新闻媒体存在主观恶意，需承担新闻侵权的责任。

（七）连续报道

连续报道，是对正在发生并持续发展的某一重要的、受众关注的新闻事件，在一段时间内进行连续及时的报道，完整反映新闻事实的发生发展结局及其影响。取材于不可预知的事件性新闻，报道时间相应于新闻事件始末。符合连续报道要求的新闻报道，可以完全对抗新闻侵权请求权，不构成新闻侵权责任。

【案例】

范志毅诉《东方体育日报》案

2002 年 6 月，《东方体育日报》连续发表了四篇文章：从第一篇报道不指名地批评“某国脚涉嫌赌球”到第四篇报道《真相大白：范志毅没有涉嫌赌球》，称：“本报通过连续报道为范志毅澄清事实真相，洗刷无端罪名的目的已达到。”7 月，范志毅向上海静安区法院提起诉讼，状告《东方体育日报》6 月 16 日的第一篇报道侵害了自己的名誉权，认为被告以未经核实的消息为新闻来源，直接点名原告涉嫌赌球，后续报道不能改变这篇文章已造成的伤害。

12 月 18 日，法院一审判决认定：被告的系列报道是有机的、连续的，客观反映了事件的全部情况，是一组完整的连续报道。就本案而言，不应将该组报道割裂。该判决书首次使用了“公众人物”的概念，提出“弱化保护”与“微罪不举”的审判理念。明确阐述：“本案消息来源并非被告主观臆造，即使原告认为被告的报道指名称其涉嫌赌球，有损其名誉，但原告作为公众人物，对媒体在行使正当舆论监督的过程中，可能造成的轻微损害应当予以容忍与理解。”判决范志毅败诉。[③]

---

① 实际恶意（actual malice），也译为真正恶意、实质恶意，美国法律名词，是美国法院用来规范言论自由与出版自由的准则之一。这个原则在 1964 年美国最高法院审理《纽约时报》诉沙利文案（New York Times Co. v. Sullivan）时确立（见后）。

② 张栩．浅谈我国新闻侵权的抗辩事由 [J]. 沈阳大学学报，2016（3）.

③ 参见中国新闻网 2002 年 12 月 18 日《范志毅诉〈东方体育日报〉案宣判 媒体胜诉》的报道。

【隐私权与名誉权辨析】

（一）联系

隐私权与名誉权都属于人身权利，都是与精神利益有关但不体现直接财产内容的人身权利，侵害他人的隐私权有时会导致名誉权受损害的结果，但并非所有侵犯隐私权的行为都构成对他人名誉权的侵犯，而侵害他人名誉权的行为可能包含了侵犯隐私权。二者是相互独立的民事权利。

（二）区别

1. 主体不同

名誉权的主体，除了公民之外，也包括法人。而隐私权的主体只能是公民，法人不能享有隐私权。

2. 内容不同

名誉权内容是维护名誉安全；隐私权内容为维护私生活自由与保密的权利。

3. 客体不同

名誉一般是良好的肯定评价；个人生活（或私生活）自由与保密。

4. 侵权方式不同

侵害名誉权方式有无中生有、侮辱、诽谤；侵犯隐私权方式有非法获取、扩散有关他人、私生活的事实、干涉他人私生活。

5. 侵权责任形式不同

名誉权有侵害、消除影响、恢复名誉、赔礼道歉、赔偿损害；隐私权有停止侵害、赔礼道歉、赔偿损失。

6. 侵权结果不同

名誉权有人格的贬损、名誉的降低；隐私权有未必造成名誉的降低。

四、避免新闻侵权方法

（一）辨清新闻消息来源

记者和编辑要学会辨清以下新闻消息来源真实性、合法性和权威性。（1）会议材料类：会议、文书、权威消息；（2）记者采访类：包括隐性采访、卧底采访；（3）读者报告类：热线、读者来信、转述他人言论；（4）网络来源类：QQ、MSN、微博、微信。

（二）记者要注意搜集相关的证据

新闻官司是举证责任[①]倒置[②]，即“谁报道，谁举证”。因此记者最好要搜集、保存三个以上的证据，形成相互应证的证据链，共同指向所报道的事实。

民事证据包括以下七种：（1）书证（采访笔录、见报稿）；（2）物证（留存新闻原稿、

① 举证责任，即当事人对自己提出的主张，有提供证据加以证明的责任。一般的侵权官司是“谁主张，谁举证”。
② 举证责任倒置，是指法律直接规定的侵权诉讼案件中，由侵权人负责举证，证明与损害结果之间不存在因果关系或受害人有过错或者第三人有过错承担举证责任。

相关材料)；(3)证人证言(被采访对象签字、照片)；(4)视听材料(录音录像、图片)；(5)当事人陈述；(6)鉴定结论；(7)勘验笔录等。

最高人民法院《关于民事诉讼证据的若干规定》(2001年)第68条："以侵害他人合法权益或者违反法律禁止性规定的方法取得的证据，不能作为认定案件事实的依据。"而反过来理解：(1)以合法手段取得；(2)有其他证据佐证；(3)无疑点的录音录像等，具有证据效力。

【小知识】

网络侵权证据的保存

1. 保留网页证据：先不要打草惊蛇，在公证人员在场的情况下，显示并保存在本地，刻录为光盘。

2. 公证部门制作《网络侵权证据保全公证书》。

3. 联系网监、网站管理人员：网络诈骗与网监联系，微博等侵权行为与管理人员联系，及时删除侵权文字、图片、链接等。

4. 网络侵权公证证据可由侵权方买单。

(三)编辑把好稿件的法律关

1. 内容关

是否采访了当事人；是否有被批评者的说法；是否有相关部门的鉴定和结论；是否合乎常理。

2. 文字关

删除侮辱性词语，准确运用形容词；权衡结论定性词语，要持之有据；杜绝新闻稿件的文字差错，以免以讹传讹。

3. 图片关

文字说明(事实、用字词、隐含的评价)；图文相配(防止用错照片)；对未成年人的隐私的保护(马赛克)；肖像图片慎用作商业活动(新闻图片管理)；街头抓拍(不知情、丑化、注意拍摄角度)；图片网络传播(移花接木、添油加醋)。

4. 法律常识关

准确运用法律术语；注意保守国家机密；尊重个人隐私；维护人格尊严；维护司法尊严。

(四)善于化解新闻报道引起的矛盾

耐心接待、与人为善；澄清事实、晓以利害；事态变化、跟踪报道；及时更正、赔礼道歉。谨防对原告及其他当事人二次侵权、对司法的干扰、对法官的名誉损害。

侵犯名誉权、隐私权、肖像权等承担民事责任的方式主要有：更正与答辩、停止侵害、消除影响、恢复名誉、赔礼道歉、赔偿经济损失、赔偿精神损失。以上承担民事责任的方式，可以单独适用，也可以合并适用。

最高人民法院《关于贯彻执行〈民法通则〉若干问题的意见（试行）》："公民的姓名权、肖像权、名誉权、荣誉权和法人的名称权、名誉权、荣誉权受到侵害，公民或者法人要求赔偿损失的，人民法院可以根据侵权人的过错程度、侵权行为的具体情节、后果和影响确定其赔偿责任。"

【案例】

沙利文诉《纽约时报》案

1960年2月，美国北卡罗来纳州的黑人奋起挑战不准黑人在一些商店里的餐馆就餐的法律，他们走进只许黑人购物、不许黑人就餐的商店，在午餐柜台前"入坐"，要求提供服务。一些黑人因此被捕。不久，这一运动迅速蔓延到包括亚拉巴马州在内的其他美国南部地区。"入坐"成了一场民权运动。

1960年3月29日，《纽约时报》刊登了名为"关注他们高亢的呼声"的一个整版政治广告，声援南部学生的抗议示威种族歧视，争取黑人选举权，为受到伪证指控而有可能入狱的美国著名黑人民权运动领袖马丁·路德·金博士筹集诉讼费用。这个整版的广告还有64位知名人士签名，落款是"保卫马丁·路德·金和为南部自由而斗争委员会"。

蒙哥马利市公共事务委员会的官员沙利文认为，这版广告构成了对自己的"诽谤"，于是提起诉讼，要求赔偿。经美国法院两次审理，均判决《纽约时报》败诉并赔偿其50万美元。对此判决，《纽约时报》不服，又上诉到美国联邦最高法院，最高法院大法官布伦南出人意料地推翻了前两次法院的判决，认为《纽约时报》的报道尽管有失实之处，但并不存在侵犯沙利文本人的"实有恶意（actual malice）"；沙利文作为"公众人物"，报纸作为公民行使宪法赋予的言论自由权的载体，应该"两害相权取其轻"。于是，联邦最高法院终审判决《纽约时报》不负赔偿责任。从此，有无"实际恶意"一度成为美国判断媒体是否构成侵权的重要原则，"公众人物"的新闻概念也随之产生，这就是著名的"沙利文案"。

布伦南法官对"实际恶意"原则解读：（1）对于公众事务的辩论，应当是毫无拘束、富有活力和完全公开的。（2）对于政府及其官员的批评之所以受到特别的保护，是因为他们的言行对社会影响巨大，其所作所为直接关系到社会的整体利益，理应受到比一般老百姓更严格的舆论监督。（3）对于新闻报道来说，报道既要真实，又要快速，但真实和快速之间必然存在着内在的紧张关系。（4）除此之外，一些人相信，较之于一般老百姓，"公众人物"有更多的渠道为不属实的报道进行纠正，从而对自己的名誉进行维护。（5）公共官员不得从有关其职务行为的诽谤诉讼中获得赔偿，除非他能够证明被告具有实际的恶意，即明知事实虚假或者完全漠视其真伪。后来又推广到虽然不是官员当时有较大社会影响的其他"公众人物"起诉媒介诽谤的案件中。①

① 萧瀚．诽谤诉讼中的新闻自由——评《纽约时报》诉沙利文等媒体诽谤案 [J]. 外国宪法，2002（5）.

相关规定

1.《宪法》（第38-40条）中华人民共和国公民的人格尊严、人身自由、住宅、通信自由和通信秘密等不受侵犯。禁止用任何方法对公民进行侮辱、诽谤和诬告陷害。

2.《刑法》侮辱罪、诽谤罪（第246条）、损害商业信誉、商品声誉罪（第221条）、出版歧视、侮辱少数民族作品罪（第250条）。

网络诽谤罪（2015年刑法修正案）第246条：利用信息网络诽谤他人，同一诽谤信息实际被点击、浏览次数达到5000次以上，或者被转发次数达到500次以上的，应当被认定为刑法第246条第一款规定的“情节严重”，可构成诽谤罪。

3.《民法通则》第101条：“法人享有名誉权，公民的人格尊严受法律保护，禁止用侮辱、诽谤等方式损害公民法人的名誉。”第120条：“公民的姓名权、肖像权、名誉权、荣誉权受到侵害的，有权要求停止侵害，恢复名誉，消除影响，赔礼道歉，并可以要求赔偿损失。”

4.《治安管理处罚法》第42条：“有下列行为之一的，处五日以下拘留或者500元以下罚款；情节较重的，处五日以上十日以下拘留，可以并处500元以下罚款：（1）写恐吓信或者以其他方法威胁他人人身安全的；（2）公然侮辱他人或者捏造事实诽谤他人的；（3）捏造事实诬告陷害他人，企图使他人受到刑事追究或者受到治安管理处罚的；（4）对证人及其近亲属进行威胁、侮辱、殴打或者打击报复的；（5）多次发送淫秽、侮辱、恐吓或者其他信息，干扰他人正常生活的；（6）偷窥、偷拍、窃听、散布他人隐私的。并对尚不够刑事处罚的侮辱、诽谤新闻规定了行政处罚。”

5. 专业法。《未成年人保护法》《妇女权益保护法》《老年人权益保护法》《残疾人保护法》《消费者权益保障法》《监狱法》就保护未成年人、妇女、老年人、残疾人、消费者、服刑人员的人格尊严、名誉权、肖像权和个人隐私等做出规定。

6.《妇女权益保护法》第39条：“妇女的名誉权和人格尊严受法律保护。禁止用侮辱、诽谤、宣扬隐私等方式损害妇女的名誉和人格。”

7.《艾滋病防治条例》第39条：“未经本人或者其监护人同意，任何单位或者个人不得公开艾滋病病毒感染者、艾滋病病人及其家属的姓名、住址、工作单位、肖像、病史资料以及其他可能推断出其具体身份的信息。”

8. 行政法规。《出版管理条例》《电影管理条例》《广播电视管理条例》《报纸管理暂行规定》、《报刊刊载虚假失实报道处理办法》都把“侮辱或者诽谤他人的”列为禁载禁播内容，并规定了相应的行政处罚方法。

9.《国家赔偿法》第30条：“赔偿义务机关对依法确认的……情形之一，造成受害人名誉权、荣誉权损害的，应当在侵权行为影响的范围内，为受害人消除影响，恢复名誉，赔礼道歉。”

10.《互联网信息管理办法》规定："互联网信息服务提供者不得制作、复制、发布、传播侮辱或者诽谤他人，侵害他人合法权益的的信息"，一旦发现后立即停止传输，保存有关记录，并向有关部门报告，还规定了处罚办法。

11.《互联网电子公告服务管理规定》第9条规定："任何人不得在电子公告服务系统中发布含有下列内容之一的信息：……(八)侮辱或者诽谤他人，侵害他人合法权益的。"

12.《关于审理名誉权案件若干问题的解答》对侵犯名誉权行为的构成要件、新闻事实与侵害名誉权的关系、披露宣扬隐私与侵害名誉权的关系、名誉侵权诉讼管辖、名誉侵权主体、死者名誉损害、文学作品侵害名誉权、名誉侵权责任承担形式等问题做了明确规定。

13.《关于审理名誉权案件若干问题的解释》对新闻单位报道国家机关的公开的文书和职权行为引起的名誉权纠纷的责任、消费者和新闻单位评论产品和服务质量的责任、新闻媒介转载责任、提供新闻材料的责任、"内参"和"内部资料"引起的名誉权纠纷应否受理、企业名誉权损害赔偿等问题做出规定。

14.《关于确定民事侵权精神损害赔偿责任若干问题的解释》首次把人格尊严权同人身自由权并列作为一类权利提出。

思　考　题

一、填空题

1.《宪法》第38条：中华人民共和国公民的________不受侵犯。禁止用任何方法对公民进行________、诽谤和诬告陷害。

2.侵犯名誉权的表现形式有3种：________、________和________。

4.《治安管理处罚法》第42条：公然______他人或者捏造事实________他人的；处________日以下拘留或者________元以下罚款；情节较重的，处五日以上十日以下拘留，可以并处500元以下罚款：

5.《妇女权益保障法》第39条：妇女的________和________受法律保护。禁止用侮辱、诽谤、宣扬隐私等方式损害妇女的________和________。

6.《关于确定民事侵权精神损害赔偿责任若干问题的解释》首次把________同人身自由权并列作为一类权利提出。违反社会公共利益、社会公德侵害他人________或者其他人格利益，受害人以侵权为由向人民法院起诉请求赔偿________的，人民法院应当依法予以受理。

7.医疗卫生单位的工作人员擅自公开患者患有淋病、梅毒、麻风病、艾滋病等病情，致使患者名誉受到损害的，应当认定为侵犯________。

8.新闻侵犯名誉权的抗辩事由有：________、公正评论、________、权威消息来源。

9. 名誉，是指社会对公民、法人的________、思想、________、作用、才干等方面的社会评价。

10. 互联网信息服务提供者不得________、复制、发布、________侮辱或者诽谤他人，侵害他人________的信息。

11. 以暴力或者其他方法公然________他人、贬低他人________、损害他人名誉、________的行为，构成侮辱罪。

12. 故意________并________虚构事实，损害他人人格，损害他人名誉，情节严重的行为，构成诽谤罪。

13. 特许权的限制条件是与________有关，________、准确，不具有恶意。

二、选择题

1. 刑法中与名誉权相关的四个罪名（　　）

A. 诽谤罪　　B. 侵犯商业信誉和商品声誉罪

C. 侮辱罪　　D. 出版歧视、侮辱少数民族作品罪

2. 大学生梁某在网上与同学聊天时，捏造本班同学乔某有小偷小摸行为，还把乔某的照片发到互联网上，下边标注“贼”的字样，梁某侵犯了乔某的什么权利？（　　）

A. 肖像权、名誉权　　B. 姓名权、肖像权

C. 姓名权、荣誉权　　D. 名誉权、隐私权

三、名词解释

1. 名誉　　2. 名誉权　　3. 抗辩事由

4. 公正评论　　5. 特许权　　6. 权威消息

四、简答题

1. 简述侵害名誉权抗辩理由。

2. 简述新闻侵犯名誉权的构成要件。

3. 简单评述美国沙利文诉《纽约时报》案。

五、案例分析

分析范志毅诉《东方体育日报》案中法官的判决思路的现实意义。

第三节 传媒与肖像权

随着摄影、录像、印刷、复制等技术的发展，视频、图片的普及传媒对肖像的运用越来越广泛。而肖像权是公民的一种重要的人格权。传媒在新闻报道或广告中不当使用他人的肖像会给他人带来精神或财产的损失。因此，合理使用公民肖像是一个重要的话题。

一、肖像及特点

（一）肖像

肖像是以人的面部为中心，通过绘画、雕塑、剪纸、照相、录像、摄影艺术等艺术形式而再现的人体视觉形象。

（二）肖像的特点

1. 肖像是视觉作品具有可视性。

肖像是人们通过视觉感知到的人物形象，必须载于特定的载体之上，如胶片、光盘、照片、纸张、绘画、刺绣、剪纸、丝绸等。肖像并非特定人的形象本身，而是该形象的再现。文学作品对人的形象描写则不具备可视性，口头描述或人脑海中的想象也不具有可视性。

2. 肖像以人的面部为中心。

无论摄制或绘制，正面或侧面、单个人或与多个人在一起，只有反映出某人的面部容貌特征才是其肖像。如果只是呈现出其背影或剪影、手足或胸臀等部位的形象，就不认为是肖像。

3. 肖像具有可识别性。

肖像包含特定个人的人身及相貌要素，是特定个人形象的具体化，是其最直观、最具体的记录和代表物，是个人形象的识别标志，仅次于姓名，具有很强的专属性，可以通过肖像表明身份（身份证、工作证、护照、教师证等）。

4. 肖像是一种“无形资产”。

肖像与人身不可分离，一旦被他人盗用、污损、侵害，肖像权人可以要求赔偿经济损失。如模特、演员、运动员等以容貌、形体表现为其职业特征的人，他们对自己的形象付出的投入比普通人多，对社会使用其肖像的成本也高，索取赔偿的数额也相对要高。

二、肖像权及特点

（一）肖像权

肖像权，是指公民依法对自己的肖像享有制作、使用、支配、获酬并排斥他人侵害的权利。

（二）肖像权的特点

1. 肖像权的权利主体只能是自然人。

只有自然人才拥有肖像、肖像权。法人或其他社会组织，由于不存在客观的、能够独立反映其容貌的“肖像”，因此不享有肖像权。法人的“企业形象”不是指人的肖像，而是有关法人的经营、规模、管理、效益、资信以及产品质量等综合状况及社会评价。

2. 肖像权也具备一种财产利益。

这种财产利益是通过肖像权人的人格利益所派生和产生的，它允许肖像权人在一定的范围内有限度地转让肖像权，允许他人制作和使用自己的肖像，并从中获得某种利益。

3. 肖像权还是一种标识性人格权。

肖像权的基本作用在于以外貌形象标识人格，借以辩识每一个特定的自然人。而姓名权是通过文字符号标识人格。

【案例】

谢东娜案

1999年在宁波举行的雅戈尔杯中国精英男模特大赛暨世界男模特大赛中国选拔赛的宣传材料中，概念久芭公司提供了一张利用电脑手段把谢东娜的五官面部更换成郭桦的照片。谢东娜认为这种行为毁损了自己的形象，向法院提起诉讼，要求概念久芭公司停止侵害、公开赔礼道歉，并赔偿精神损失、经济损失各50万元。

北京市朝阳区人民法院认为，肖像权所保护的肖像是指以公民面部为中心的形态和神态的客观表现，被告提供的是一幅利用电脑技术将原告的头面部改换成他人的照片，仅包括了原告的四肢和躯干，没有其面部形象，因此，此幅照片中没有原告谢东娜的肖像。故原告诉求本院不予支持。但被告概念久芭公司的这种做法是非常不妥的，本院提出严厉批评。①

（三）肖像权的内容

1. 肖像制作专有权。

肖像权人可以根据自己的需要和他人、社会的需要，在合法的前提下通过任何形式由自己或由他人制作自己的肖像，他人不得干涉；肖像权人有权禁止他人非法制作自己的肖像。

2. 肖像使用专有权。

肖像权人对自己的肖像利用价值享有专有的支配权、利用权。有权以任何方式使用自己的肖像，并通过使用取得精神上的满足和财产上的收益，他人不得干涉。有权允许他人使用

---

① 照片换头术换出官司 [N]. 光明日报，1999-08-03.

自己的肖像，并决定从中获得报酬。有权禁止他人非法使用自己的肖像。

3. 肖像利益维护权。

肖像利益是公民专有的人格利益，他人不得干涉和侵犯。有权禁止他人未经自己允许制作、使用自己的肖像；有权禁止他人对自己的肖像进行毁损、玷污、丑化和歪曲。

【案例】

范冰冰诉门窗公司案

2015年范冰冰发现广东某门窗公司未经许可，擅自在其公司官网多处、大幅使用其个人形象作为头像，并在实体门店外墙面使用其大幅照片形象进行宣传等。范冰冰认为，该公司未经许可，擅自使用其肖像进行商业宣传，使消费者误认为其与被告存在代言关系或其他关联关系，借此谋取经济利益，并导致其社会评价降低，侵犯了其肖像权及名誉权，故诉至法院，要求对方停止侵权，公开道歉，并赔偿经济损失1 000万元。

2015年12月14日，北京市朝阳区人民法院一审判决：该门窗公司停止侵权，赔礼道歉并赔偿范冰冰经济损失80万元。一审判决后，双方均未上诉，判决生效。[①]

三、肖像权与其他权利

肖像权与著作权、名誉权、隐私权等都会发生并存的关系，且权利主体之间的关系比较复杂，都受《中华人民共和国著作权法》和《中华人民共和国民法通则》的保护。

（一）肖像权与著作权

在与肖像有关的美术、摄影作品中，由于著作权的主体与肖像权的主体不一致，因此二者常常会发生冲突。从实践中看，这种冲突表现为以下两种类型。

第一类：委托创作的作品中著作权与肖像权的冲突。

当委托人委托他人为自己画像、摄像、塑像时，如果委托人只能得到自己的照片、画像或塑像，而得不到照片、画像或塑像的著作权时，就会造成肖像权的主体与著作权的主体不同一的情况。在这种不同一的情况下，不管是作为肖像权主体的委托人营利性使用自己的照片、画像或塑像，还是作为著作权主体的受托人营利性使用照片、画像或塑像，都可能侵犯对方的权利。具体说，有以下几种情形：

（1）受托人（委托人）未经委托人（受托人）同意，自己或许可他人在广告、商标、产品说明书等商业性书面材料中使用照片、画像作品；

（2）受托人（委托人）未经委托人（受托人）同意，自己或许可他人在商业橱窗或

① 范冰冰诉门窗公司侵犯肖像权 获赔80万图 [EB/OL].（2015-12-14）[2016-08-20]. http//:www.sohu.com/a/4840319.

商业性服务设施，如餐厅、饭店、旅馆、商场等处张贴、悬挂或摆设照片、画像或塑像作品；

（3）受托人（委托人）未经委托人（受托人）同意，自己或许可他人使用照片等作品制成挂历或作为刊物封面等；

（4）受托人（委托人）未经委托人（受托人）同意，将照片等作品参加展览、比赛等活动；

（5）受托人（委托人）未经委托人（受托人）同意，将照片等作品作其他营利性使用。

【案例】

汤加丽诉摄影师张旭龙案

2004年2月21日，汤加丽在北京劳动大厦礼品部购买了吉林美术出版社出版、张旭龙著的《中国首位演艺员人体魅力摄影·看见记忆》简装版图书一套两册、《汤加丽人体写真·看见记忆》精装本图书一套两册。共收录汤加丽人体摄影照片180余幅。在《看见记忆》精装本图书中还附有“走进记忆 汤加丽人体写真”VCD光盘一张，该光盘注明为长春电影制片厂银声音像出版社出版。

汤加丽感觉自己的权益受到严重损害，向法院提起诉讼，汤加丽认为，张旭龙未经她同意，以营利为目的使用其照片侵犯她的肖像权，要求被告在《中国摄影家》杂志上刊登致歉声明，并赔偿损失51万元。

2005年5月23日，北京市朝阳区人民法院对此案作出一审判决。判决被告吉林美术出版社停止销售、被告张旭龙于本判决生效后十五日内在《中国摄影家》杂志上书面向原告汤加丽赔礼道歉，赔偿原告汤加丽人民币30万元，吉林美术出版社承担连带赔偿责任。被告不服，提出上诉。

2006年2月17日，北京市第二中级人民法院作出终审判决：驳回上诉，维持原判。①

第二类：以他人为原形创作肖像作品，著作权和肖像权的冲突。

以他人为原型创作肖像作品时，如果著作权主体和肖像权主体不一致，同样会发生冲突，具体情形和上述的差不多。

这里要注意区别以他人为原型创作的肖像作品和委托他人创作的肖像作品。这两种类型的作品存在以下主要差别：

（1）以他人为原型创作肖像作品时，作品创作者一般应向他人（模特）支付报酬；而在委托创作的情况下，则是委托人向作品创作者支付报酬。

① 参见北京知识产权律师网2012年12月31日报道《汤加丽诉摄影师张旭龙侵害肖像权案纪实》。

（2）以他人（模特）为原型创作的肖像作品，作品的著作权人为创作者而非模特，而委托创作情况下，委托人和受托人可对著作权归属作出约定，既可属委托人，也可属于受托人。如果双方当事人无约定或约定不明，则著作权属于受托人。

（3）以他人（模特）为原型创作的肖像作品；作品原件所有权归创作者而非模特；而在委托创作的情况下，作品原件所有权一般归委托人，除非双方另有约定。[①]

【案例】

画家与“裸模”起纠纷 遭诉被判赔30万

月琦（化名）湘潭人，是一名美术老师。2006年她进入中央美院深造，通过同学介绍，结识了比自己大5岁、同样热爱美术的河北张家口人王宏峥。后来，他们成了恋人，交往半年后，王宏峥向她提出“拍几张裸照留念”的要求，她思量再三还是答应了：“他说想拍下这些照片收藏起来，等老了拿出来看会感觉很温馨……”月琦称，自己当时被爱情冲昏了头脑。一次，在与朋友聊天时，月琦了解到王宏峥已婚的事实，与王宏峥大吵一架后，她离开北京回到了湘潭。

2011年月琦听到朋友、同事和学生家长对她议论纷纷，才得知以自己为原型的裸体油画在一些展览和杂志上发表，并公开拍卖。她认为，这一行为侵害了自己的肖像权、名誉权和隐私权，要求画家王宏峥立即登报赔礼道歉并赔偿50万元。诉讼过程中，月琦还请了两名证人证实，油画发表后，很多同事、学生家长对她的评价极坏，认为其“行为”与人民教师的身份极不相称。

引发这场诉讼的是名为《尘》的系列作品，系画家王宏峥创作，并曾应邀参加了在中华世纪坛举办的“第九画派”首届油画作品展。王宏峥称，2007年创作这组作品时还在读研究生。当时通过朋友、模特公司等挑选人体模特，最终选了3人作为参照原型。鉴于“大家都认识”“作为画家是很感性的”，当时他与月琦之间并没有订立协议，只是简单地拍了一组裸体照片。他支付约2000元后，月琦就离开了。月琦称其从未做过“裸模”。王宏峥也无法向法院提供月琦为其他画家做过“裸模”的证据。

月琦的代理律师占海军认为：无论月琦的身份是否为模特，王宏峥在没有征得其同意的条件下，都不能将以其裸照为蓝本创作的作品公开发表、拍卖。根据法律规定，画家与职业模特之间也应该签订书面协定对作品的应用范围予以规定。

王宏峥的代理律师周欢表示：月琦同意王宏峥对其进行拍摄，应视作接受作为王宏峥的模特；双方并没有特别约定作品不能对外发表；艺术作品只有对外展示才能实现其艺术价值，从这一特性上来看，即使没有征得月琦同意，王宏峥也可以将作品对外发表和展览，只有牵涉到商业行为的时候才会构成侵权。

2012年3月29日，湖南省湘潭雨湖区法院一审认为，尽管画家认为油画相比于照片已与月琦本人有较大差别，同时作品中还融入了主观创造，但月琦提供的证据已能证

① 参见华律网2012年8月12日报道《肖像权和著作权的区别和联系》。

明油画肖像与其本人的一致性，属于“临摹绘画”，因此侵犯了肖像权。此外，法院认为月琦的裸体属于其隐私，画家未经准许就擅自发表也构成了侵权，而且还破坏其“人民教师”的良好形象，因此又侵犯了隐私权、名誉权。

法院根据该油画公开拍卖价是24万余元、被告发表了多幅油画等情节，酌情认定了赔偿数额30万。宣判后，王宏峥提出了上诉，二审维持一审判决。[①]

【处理原则】

1. 肖像著作权的行使应服从肖像权。即未经肖像权人同意，肖像作品不得展览、复制、发表或出售。

2. 肖像著作权的行使必须依据肖像著作权人与肖像权人之间的约定。肖像权人同意肖像著作权人展览、复制、发表、出售的，肖像著作权人才能行使其对作品的著作权。并且，此种约定应以明示方式表示。如果无明示约定，应视为肖像权人不同意肖像著作权人行使展览、复制、发表或出售的权利。

3. 肖像作品著作权人的权益包括以下几点：

（1）如果作者将其制作的肖像作品或者同意他人将其肖像作品用于公益目的，如新闻报道，肖像人不得主张肖像权。因为时事新闻不适用著作权法保护。

（2）如果肖像人自己未经作者同意，私自将肖像作品在媒体上发表，不署名、不支付报酬给作者，肖像人和媒体就侵犯了肖像作者的著作权。

（3）如果肖像作者将其作品或者同意他人将其作品用于广告等营利目的，应征得肖像人书面同意，否则，肖像人有权主张肖像权。

（4）如果有人按照《著作权法》的相关规定取得了肖像作品的发表权并用于广告等营利目的却没有征得肖像人同意，那么他虽然没有侵犯肖像作者的著作权，但却侵害了肖像人的肖像权。

（5）如果有人将他人制作的肖像作品用于营利目的，如擅自出版、复制出售获利或用于广告、商标等，既侵害了作者的著作权，也侵害了肖像人的肖像权。

（6）如果有人将他人制作的肖像作品用于非营利目的，但冒充自己制作的肖像作品，那就只侵害了作者的著作权而没有侵犯肖像人的肖像权。

（7）如果有人征得肖像人同意将其肖像用于营利目的如广告，但却没有向肖像作者取得使用许可，虽然不侵害肖像人的肖像权，但侵害了作者的著作权。

（二）肖像权与名誉权

肖像有时比姓名更具有辨识功能，因为重名的问题，有时姓名与真人不见得能一一对应，但肖像让人一目了然，其具有很强的指认和辨识的功能。当肖像所表示的意义具有非

① 范筱苑．画家与“裸模”起纠纷 遭诉被判赔30万[N]．成都商报，2012-03-29.

法贬低肖像人社会评价性质时，就会侵害肖像人的名誉权。常见的就是张冠李戴。一篇报道配发照片有误，足以使人们误以为照片中的人物与报道中的事实有关，产生误解。因此，侵害名誉权的肖像使用同时也侵害肖像权。

【案例】

刘璇妈妈肖像权案

2001 年 7 月，著名体操运动员刘璇妈妈谢蔚平接受记者汤国基采访，并应汤国基的要求与其合影。同年 8 月和 9 月，现代女报社和女性天地杂志社分别刊登汤国基此次采访文章和合影照片，但将照片中的人物说成是“刘璇父母”。谢蔚平将汤国基、《现代女报》和《女性天地》告上法庭，要求三方赔偿精神损害费 100 万元，停止侵害，公开登报赔礼道歉，退还合影底片并承担本案诉讼费等。

2001 年 12 月 24 日，此案正式开庭，从开庭伊始，法官提出双方和解，但三被告或以责任不在自己、或以索价太高为由拒绝和解。后经法院审理查明，汤国基在随稿附寄的合影照片中，已注明“本文所配照片，是作者采访之后与刘璇母亲的合影”。而之所以出现错误说明，两家媒体也都承认系自己失误，并公开向汤国基和谢蔚平致歉。

法院认为，现代女报社、女性天地杂志社公开刊登谢蔚平与汤国基的合影照片并附加错误说明，系失实新闻报道，有过错，以致谢蔚平名誉损害，侵害了谢蔚平的名誉权。而被告汤国基投稿时已对照片作了正确说明，无过错。法院同时认为，侵权行为对刘璇之母谢蔚平来说，名誉损害虽大于普通人，但其诉请数额畸高，不予全额支持。据此，长沙市开福区人民法院作出一审判决：被告现代女报社和女性天地杂志社各赔偿谢蔚平精神损害抚慰费 1 万元，并平摊受理费。谢蔚平的其他诉讼请求被驳回。①

（三）肖像权与隐私权

肖像作为一种个人资料，同隐私有着密不可分的关系。侵害肖像权的行为往往也会侵害隐私权，而这两个权利有联系也有区别。未经肖像人许可使用他人肖像的侵害的是肖像权，而公开他人隐私涉及他人肖像的是侵害隐私权。

【案例】

人造美女案

2003 年 12 月 18 日，南方某报发表了一篇报道，题为“‘人造美女’想嫁整容医生”，副标题为“中山一女孩 3 年花费 10 多万元整容 12 次”。该报道首段的主要内容为：“近来，一股‘人造美女’风潮席卷中华大地，北京、上海、成都和深圳等地都涌现了大批

① 参见人民网 2002 年 2 月 15 日报道《照片署错名：侵犯了刘璇母亲的什么权利？》。

的‘人造美女’，其实中山也有一个‘人造美女’，今年23年的吴晶（化名）是中山本地人，自己开有一间小公司，从2000年至今3年时间里，她连续做了12次整容手术，花费了10多万元，而且她表示以后会继续整容，‘把身上的瑕疵都去掉’‘如果可以选择的话，我想嫁个整容医生’。”在报道的主副标题下刊登了两张刘某（整容医院导医小姐）的大幅相片，左侧相片下配注的文字内容为“整容前，吴某就是个容貌俏丽的姑娘”，右侧相片配注的文字内容为“整容后，吴某自认为美上加美了”。刘某向法院提出诉讼：确认南方某报侵害了自己的肖像权、名誉权及隐私权的侵害，要求恢复名誉，消除影响，赔偿精神损失费3万元。

2005年11月25日法院审理认为：南方某报的报道使用刘某的照片时，虽经刘某同意但未按当时双方的约定作技术处理而直接使用，构成对其肖像权的侵害；媒体披露刘某曾整容、极端爱美等个人信息和私人活动，造成了刘某的隐私被泄露，侵害其隐私权；报道确有导致刘某名誉受损之法律后果，侵害其名誉权，故判决媒体刊登道歉声明，消除影响、恢复名誉，酌定精神损害抚慰金1万元。南方某报不服一审判决，提出上诉。二审驳回上诉，维持原判。案件受理费1 360元，由南方某报负担。①

（四）肖像权与姓名权

姓名权是公民依法享有的决定、使用、变更自己的姓名并要求他人尊重自己姓名的一种人格权利。《民法通则》第99条也规定：“公民享有姓名权，有权决定、使用和依照规定改变自己的姓名，禁止他人干涉、盗用、冒用。”未经肖像人同意擅自使用他人的照片，一并公开他人姓名，不仅侵害了肖像权，也侵害了姓名权。

【案例】

杨澜“被出书”案

2009年北京工业大学出版社有限责任公司，未经杨澜本人授权，出版了由李文静创作的《杨澜给女人24堂幸福课》，在全国市场上公开销售。杨澜认为：（1）该书在封面、扉页以及页面处，大量使用她不同版本的肖像照片，首先侵害了她的肖像权。（2）该书以她的姓名命名，但作者在创作和发行该书的过程中，从未对她进行任何形式的采访，亦未就该书的内容向她进行确认或者征得授权。通篇贯穿她的个人经历、经验；大量引用不属于她的观点、作品以及重新拼接的事实片断，主观上有误导消费者的恶意，严重侵害了她的姓名权。（3）该书涉及她的婚姻家庭、个人情感、事业成就等诸多方面，并被冠以“杨澜说”“杨澜认为”等，侵害了她的表述自由。将李文静及起诉到法院，要求对方停止侵权，并赔偿损失60万元。

① 广东省中山市中级法院民事判决书（2005）中法民一终字第1003号。

北京市朝阳区人民法院一审判决：该书以杨澜口吻及立场所表述的“杨澜言论”，并未获得杨澜本人的认可，足以证明涉案作品属未经同意冒用杨澜姓名的情形。涉案作品在市场的公开销售，客观上已给杨澜造成了较为严重的负面影响，构成对杨澜姓名权的侵害。作品使用杨澜的肖像，构成对杨澜肖像权的侵害。涉案作品的出版、发行、销售行为，系二被告共同行为所致，故应当承担连带责任。

二被告立即停止《杨澜给女人 24 堂幸福课》一书的再版印刷、发行，在全国发行的报纸上刊登向原告杨澜的致歉声明，并共同赔偿杨澜损失等共计 45 万元。二被告均不服一审判决，分别提起上诉，请求改判驳回杨澜的诉讼请求。二审判决：维持一审判决。①

四、侵犯肖像权的情形

我国《民法通则》第 100 条规定：“公民享有肖像权，未经本人同意，不得以营利为目的使用公民的肖像。”因此，侵犯肖像权的认定标准：一是未经本人同意；二是以营利为目的。

（一）以营利为目的使用他人肖像侵权

1. 在广告、商标、挂历、产品说明书等商业性书面材料中使用公民的肖像。

2. 在商店橱窗或者在商业性服务设施，如餐厅、饭店、旅馆、商场内张贴、悬挂或摆设公民的肖像。

3. 使用他人肖像制作书刊的封面、封底装潢。以上述方式使用公民肖像，不论有偿无偿，均须本人同意。

【案例】

林志玲诉日晶国际汽车科技公司侵权案

2016 年起，日晶公司未经允许，长期在其官网、微博、微信公众号以及优酷、腾讯等视频网站，大量发布林志玲的肖像，并使用林志玲姓名和肖像制作大量的宣传物料，在线下多个经营场所进行产品宣传，在产品展示厅中立有林志玲的人形立牌，墙上、展柜上贴有其肖像，为其产品宣传，并虚构林志玲为其产品代言。不但严重影响林志玲的形象，造成其经济损失，也严重欺骗了广大消费者，误导加盟商投资，扰乱正常的市场竞争规则。林志玲认为：日晶公司的行为侵犯了其肖像权、姓名权等合法权益，给其造成经济损失和不良社会影响，遂提起诉讼，要求日晶公司赔礼道歉、赔偿经济损失和精

① 刘妍．知名主持人杨澜“被出书”出版社作者赔偿 45 万 [EB/OL].(2011-09-16)[2016-08-20].http//www.chinacourt.org/article/20111091id/4.

神损失费等。

2018 年 12 月 27 日，北京互联网法院公开宣判，认定日晶公司侵权行为时间长、次数多、范围广，特别是在明知林志玲没有为其产品代言的情况下，公然捏造事实，侵犯了林志玲的肖像权和姓名权，判决其删除所有侵权文章、视频，并通过其官方网站、自媒体以及全国发行的报纸向林志玲赔礼道歉、同时赔偿林志玲精神损失、维权费用共计 51 万余元。①

（二）不以营利为目的使用他人肖像侵权

不以营利为目的使用他人肖像，是指未经肖像权人同意，擅自使用他人肖像，但没有从中获得经济利益。

（1）非法制作拥有他人肖像。擅自拍摄其照片；或给他人画肖像或复制他人的照片；或强迫他人拍照、画像。

（2）恶意毁损、玷污、丑化他人肖像。如侮辱、涂抹他人肖像；盗用他人肖像；歪曲、丑化他人肖像；故意玷污、毁损他人肖像，破坏他人肖像的完整性。

（3）擅自改编、创制、恶搞他人肖像。将肖像移花接木，配以讽刺挖苦的言论，以上述方式使用公民肖像，即使不以营利为目的，但不是出于社会公共利益，且有侮辱、丑化、贬损的事实，或超出本人忍受的限度，不仅是对肖像权的侵害，还涉及对名誉权的侵害。

（三）未经他人同意使用他人肖像

未经他人同意使用他人肖像的情形包括：（1）复制、传播、展览他人的肖像；（2）超出约定范围、期限使用他人肖像；（3）为了公益事业使用他人肖像；（4）不怀好意使用他人肖像；（5）擅自使用名人的 Flash 肖像。

【案例】

黄奕肖像权案

2016 年福州某公司在其经营的宣传网站上，未经许可擅自利用黄奕的肖像照片作为文章配图：《引发输卵管炎的两个重要原因》《补水养颜有四个秘笈 避开误区！》《3 个秘笈让你轻松拥有苹果肌》《溃疡性结肠炎处理法典》《陈思璇是怎么练出性感小腿的？》《女人害怕听到的话》《做好防晒工作还你白皙美人》等，为公司网站相关项目进行商业宣传，对自己商业形象及个人声誉造成极大的负面影响，降低了其社会评价，黄奕认为其行为侵犯了自己的肖像权、名誉权。

① 资料来源：中华互联网知产法律，2018-12-27。

一审法院认为，公司使用黄奕照片作为文章的配图，根据文章内容，不足以使他人认为黄奕接受过相关诊疗，且黄奕未能就其社会评价降低提供证据，故黄奕主张公司侵犯其名誉权无事实依据，法院不予支持。就肖像权侵权部分，根据原告知名度、代言费用情况等因素综合考量，法院判决福州某公司赔偿黄奕经济损失、精神损害抚慰金共计3万元。某公司不服提出上诉。上海一中院二审：维持原判。[①]

（四）新闻报道中的肖像权

新闻报道使用公民肖像存在很多问题。有的新闻报道为了“吸引受众眼球”，制造所谓的“轰动效应”，甚至将死难者、受害儿童等本应受到尊重或特别保护的对象的正面肖像也不加遮掩地置于公众的视野中。新闻报道应有的人文关怀荡然无存，对于应该恪守的新闻伦理道德也是一种背离。因此，在法律许可的范围内，再对新闻报道使用公民肖像作些伦理道德方面的规范，也是相当必要的。尤其以下几类新闻报道，更应注重新闻的伦理道德界限。

1. 灾难报道中的死者肖像权

在有关战争、车祸、矿难、爆炸、凶杀等新闻报道中，经常会出现死者的图片或影像。由于死者已经无法表达自己的意愿，新闻媒体在刊播其肖像时就不可能征得死者的同意。加之肖像权作为一种人格权，具有不可转让性，即使是死者的近亲属也不能主张死者的肖像权。因此，在这一层面上也可以这样理解，当公民人身死亡时，其肖像权也随之丧失，新闻报道无论是否出于营利目的，都不构成对死者肖像权的侵害。但古今中外，人类社会都信奉逝者“入土为安”，对于已经故去的人，生者都是保持着虔诚敬畏的态度。因此即使法律上没有明文规定，新闻报道对于死者肖像的使用也绝对不应肆无忌惮、毫无限制。

【案例】

戴安娜王妃车祸丧生

1997年8月31日，在戴安娜王妃车祸丧生时，在场记者拍下了已经严重变形的汽车内戴安娜七窍出血、面目全非的面部照片，并不顾人道主义将其公开。一时间舆论哗然，新闻媒体受到严厉谴责，那些为抢新闻不讲道德操守的记者遭到唾弃。这种将死者遗像搬上媒体、置于公众面前任人评说的做法，虽然并不违法，但从伦理道德的角度讲，无疑严重侵害了死者的“肖像权”，尽管这种肖像权已然不存在了。而这对于依然健在的死者亲属而言，更是一种莫大的伤害。

① 明星不知不觉“被代言” 肖像权频遭侵犯[N]. 人民法院报，2016-07-09.

2. 隐性采访中的肖像权

隐性采访的合法性与合理性，一直以来都是法学界和新闻界争论的问题。“在隐性采访过程中，被偷拍的人和记者处于信息极不对称的状态，很容易形成对肖像权人意愿的违背，造成侵权。在暗访中，偷拍行为的产生是记者从新闻报道的角度来考虑的，也许就会忽略被摄者的肖像权所体现的人格尊严不受侵害。对于一般性违法或属于道德问题的事件，图片或镜头中涉及个人肖像的，应做技术处理。在对隐性采访中拍摄的画面进行处理时，为避免出现侵害肖像权问题，最好不让被害人或者提供线索的第三人清晰地出现在电视节目中，可以运用其他镜头补充，如果非要用那些镜头，也要对被害人或第三人加马赛克处理。一些轻度的违法或不道德的问题，属于批评教育范畴，一般不应公开当事人的肖像、姓名等。”①即使是有严重违法行为者，考虑到其日后的生活及其亲属子女的名誉，新闻报道在公开其肖像镜头时也应审慎对待，或加以处理。

3. 不幸或贫困儿童的肖像权

通过儿童形象来深化新闻报道的主题一直是媒体常用的手法。但在某些新闻报道中将儿童肖像不加遮掩地全然托出是否合理，还有待商榷。比如，受众经常可以在媒体上看到对贫困地区的报道，其中最刺眼的是以衣衫不整的儿童肖像特写来突出环境的险恶、生活的艰难。还有对贫困儿童进行资助的报道，最常见的情形是贫困儿童走上讲台，从成年人手中接过捐助，鞠躬行礼。在这样的报道中，镜头中每一个孩子的面孔都清晰可辨。在拍摄这些肖像镜头时，要考虑这些孩子的自尊，记者最好事先征得孩子们的同意，编辑要考虑给这些孩子的面孔打上马赛克。

《未成年人保护法》第 4 条“尊重未成年人的人格尊严”和“适应未成年人身心发展的特点”。第 30 条规定，“任何组织和个人不得披露未成年的个人隐私”。童年时期对于人的一生至关重要。尚处于发育初期的儿童，其身心发展都尚未定型。这时，如果媒体将其形象作为“贫穷”和“不幸”的符号加以突出和公开报道，这给儿童心灵投下的阴影可能远远不是其所获得的援助所能消除的。毕竟贫穷和不幸是谁都不愿意公开提起的话题，对于儿童们自己来说，这也完全可以被看作是他们的个人隐私。尽管因为文化、教育等公益事业的需要而有限制地使用公民的肖像可以不认定为新闻侵权。但从人心的角度考虑，从维护未成人身心健康发展的角度考虑，如果能够避免，记者应该尽量避免让此类儿童的肖像特写清晰地出现在媒体上。

五、肖像权的合理使用

所谓肖像权的合理使用，是指依据法律规定，使用人在特定情况下，有权无须征得肖像权人的同意，也无须向其支付报酬而利用其肖像。肖像权保护制度在对公民的肖像进行

① 骆汉城，黄洁，竹然，刘霞，龚敏．行走在火上——隐性采访法律思考 [M]. 北京：中国经济出版社，2005：175-177.

保护的同时，也对公民的肖像进行了某些限制，在符合合理使用条件时，主要是基于维护公共利益、社会秩序的需要，即使未经本人同意而使用其肖像也不构成对肖像权的侵害。

（1）使用具有新闻价值人物的肖像。

对于党和国家领导人，地方各级党政领导人、人大代表、政协委员、著名社会活动家、学者、演员、运动员以及其他社会知名人士，为了报道其活动和事迹而使用其肖像，不构成侵权。

（2）使用在特定场合出席特定活动人物的肖像。

为记载历史，使用参加特定活动，如集会、游行、仪式，庆典或其他公共活动的公民肖像。因这类活动往往具有新闻价值，所以任何人在参加这些活动时，都应允许将其肖像用于宣传报道。博物馆在“中华人民共和国成立60周年成就展览”“五一劳动奖章获得者展览”“三八红旗手展览”中使用他人的肖像。

（3）国家机关为了执行公务而使用公民的肖像。

如公安机关为识别、辨认、通缉犯罪分子而使用其肖像；司法机关在诉讼活动中作为证据而使用当事人的肖像等等。

（4）为了公民本人的利益而使用公民的肖像。

如为了寻找下落不明的公民，在寻人启示上使用该公民的照片。如为肖像权人具备某种特殊技能所做的广告中使用其肖像等。

（5）为了行使正当舆论监督而使用他人的肖像。

如拍摄他人破坏文物、翻越交通隔栏的照片并予以公开，这属于正当舆论监督，不构成侵权。

（6）为了公益事业使用公民肖像。

为了科学、文化、教育、卫生、体育等公益事业的需要而有限地使用公民的肖像。所谓“有限”是指只能在一定的范围内使用，如为了医学临床教学、研究而在教室、医院展示病人的病理照片或在专业书报杂志上撰写文章时使用这些照片，但不得随意扩散使用的范围。如为医学试验、法医学教学在课堂上向学员展示病人或者接受法医鉴定的受害人的肖像。

（7）基于肖像作品著作权的使用。

在一幅具体的肖像作品上，体现着两种权利：一是肖像人的肖像权；二是作品制作人的著作权。当他人制作肖像时，这两种权利归属于两个不同的权利主体，因而两种权利经常处于矛盾的状态。肖像作品的著作权，包括肖像作品的发表权、复制权、展览权。而肖像权则是肖像人的绝对权。对于肖像权，《中华人民共和国民法通则》有严格的法律保护规定，对于肖像著作权，《中华人民共和国著作权法》则未作明确规定。

总之，新闻报道合理使用公民肖像要注意：（1）该肖像必须是新闻报道的有机组成部分，不能使人产生错误印象；（2）可不经肖像权人的同意；（3）应注意淡化肖像权人，避免侵犯隐私权；（4）不能用作具有一定商业利益的宣传性文章的插图。

六、肖像拍摄中的权利冲突与平衡

在公共场合进行拍摄，拍摄者和被拍摄者都有自己的合法权益，而二者的权益又基本上是冲突的，那么，如何协调和平衡二者的权益？要注意以下四点：场合、对象、拍摄目的、拍摄距离。

（一）拍摄场合：公共场合、非公共场所

1. 记录发生在公共场所的社会事件。

如对发生在公众场所的犯罪行为、火灾、庆典等具有一定影响的社会事件进行拍摄，拍摄者可能是一般的公众，也可能是专门从事新闻采访活动的记者或摄影爱好者，他们的拍摄活动，是行使公民知情权、舆论监督、表达自由的一种合法行为，法律对此应予以保护。

2. 对非自愿型公众人物的拍摄。

非自愿型公众人物是指那些主观上并不希望成名，但由于特殊事由的介入而被迫成为公众人物的人。如因为传媒的报道而成名见义勇为者、交通肇事者、刑事案件的受害者等。原则上对其的拍摄不属于侵害当事人隐私的行为，因为卷入社会事件的人无论其愿意与否，都成为公众人物，此时他（她）的隐私权应让位于公众的知情权和记者的报道权。

3. 禁止猎奇拍摄。

在公共场所进行猎奇性质的拍摄，尤其是在公共场合对他人的私生活领域或者隐私进行的拍摄活动，原则上应当受到禁止。

4. 不得非法侵入私人住宅进行拍摄。

在任何时候不得以任何理由非法侵入他人住宅（包括私有住宅、租用的私房或者公房、宿舍以及临时租用的宾馆、招待所房间、办公室等）进行拍摄；我国宪法第39条规定："中华人民共和国公民的住宅不受侵犯。禁止非法搜查或非法侵入公民的住宅。"刑法第245条规定："非法侵入他人住宅的，应当立案。本罪是行为犯，行为人只要未经住宅主人同意，非法强行闯入他人住宅或者经要求退出仍无故拒不退出的，原则上就构成本罪，应当予以立案追究。"

5. 拍摄要征得主人同意。

即使合法进入他人的住宅、办公室进行口头采访（包括制作笔录或者录音），如果需要进行拍摄，也应当另外征得主人的特别同意。在私人家庭里未经允许进行偷拍偷录是违法行为，情节严重的是犯罪行为。

（二）拍摄的对象：公众人物、普通公民

1. 拍摄公众人物。

新闻记者在公众场所拍摄公众人物，原则上该公众人物不得对拍摄活动本身加以拒

绝，但拍摄者与被拍摄的对象之间应保持一定的距离。

2. 拍摄普通公民。

新闻记者在公众场所拍摄普通公民，只能拍摄那些与新闻报道内容和主题有关的图像，如果拍摄的对象并未处于公众活动或者新闻事件之中，或者即使参加了公众活动但并非报道内容所需要，则该人有权拒绝被拍照或录像。

（三）拍摄的目的：社会事件、随机采访、商业广告

对于不以特定的人物为中心的社会事件（如群众性的问题活动、交通事故、犯罪现场等）的采访，在隐私权保护方面，其规则要宽泛得多。

1. 拍摄正在发生的或者已经发生的社会事件。

在公共场所，新闻记者可以对正在发生的或者已经发生的社会事件进行采访，可以拍摄照片、制作录音、录像等，如果某人碰巧卷入了这样的事件，成为新闻的一个部分，他即成为“非自愿的公众人物”，难以主张严格的隐私权保护。因为这样的新闻已经成为公众兴趣的一部分，公众有权了解这种社会事件的真实情况。

2. 对非公众人物的随机采访。

在户外对于没有预订的、非公众人物进行随机采访，应该得到被采访对象的同意，否则就有可能侵害被采访对象的合法权利（隐私权、肖像权），破坏其生活安宁。

3. 使用他人的名义或者形象做广告。

广告法规定，使用他人的名义或者形象做广告，必须事前征得他人的书面同意；使用未成年人的名义或者形象做广告，必须事前征得其监护人的书面同意。

（四）拍摄的距离：远距离、近距离

1. 较远距离的拍摄。

在较远的距离进行拍摄，无需征得被拍摄对象的同意。因为一个人置身于公共场所，也可以判断其默许别人看到他（她），而每一个人都有权将他看到的东西拍摄下来，但是，被拍摄对象明确表示拒绝拍摄的，则不宜拍摄，因为这已明确表示已经撤销了之前已被推定的默许的意思。对于非公众人物来说，其个人私生活应当得到更多的保护。

2. 较近距离的拍摄。

在较近距离不得拍摄非公众人物，但是被拍摄对象自愿的除外。应当指出的是，即使是符合上述条件合法拍摄到他人的照片、摄影、摄像，也只是表明这种拍摄行为不构成对他人隐私权的侵害，而并不表明行为人有权发表或者以其他任何方式利用这些照片、摄像和摄影，因为被拍摄者还保有肖像权和公开权。

【小知识】

哪些情形需要打马赛克?	哪些情形要使用化名?
1. 正在进行抓捕的嫌疑人	1. 犯罪嫌疑人的家属
2. 不满 18 岁的未成年人	2. 涉及犯罪的未成年人
3. 与新闻事件无关的其他人	3. 刑事案件中的被害人
4. 涉隐私案件的当事人、身份证、门牌号	4. 涉及案件的妇女和儿童
5. 要求保密的举报人、证人	5. 采用人工授精等辅助生育手段的孕、产妇
6. 卧底的警察、线人等	6. 严重传染病患者、精神病患者
7. 只是违法行为未达到犯罪的程度	7. 被暴力胁迫卖淫的妇女
8. 不愿意面对镜头的当事人	8. 艾滋病患者
9. 恶性案件的目击者	9. 有吸毒史或被强制戒毒人员
10. 涉及国家机密和保密数据时	10. 不愿公开姓名的消息来源

相关法律

1.**《宪法》**第 38 条:“中华人民共和国公民的人格尊严不受侵犯。禁止用任何方法对公民进行侮辱、诽谤和诬告陷害。”

2.**《民法通则》**第 100 条:“公民享有肖像权,未经本人同意,不得以营利为目的使用公民的肖像。”第 120 条:“公民的姓名权、肖像权、荣誉权受到侵害的,有权要求停止侵害,恢复名誉,消除影响,赔礼道歉、赔偿损失。”

3.**《关于贯彻执行〈民法通则〉若干问题的意见(试行)》**139:“以营利为目的,未经公民同意利用其肖像做广告商标、装饰橱窗等,应当认定为侵犯公民肖像权的行为。”150:“公民的姓名权、肖像权、名誉权、荣誉权和法人的名称权、名誉权、荣誉权受到侵害,公民或者法人要求赔偿损失的,人民法院可以根据侵权人的过错程度、侵权行为的具体情节、后果和影响确定其赔偿责任。”151:“侵害他人的姓名权、名称权、肖像权、名誉权、荣誉权而获利的,侵权人除应适当赔偿受害人的损失外,其非法所得应当予以收缴。”159:“以侮辱或者恶意丑化的形式使用他人肖像的,可以认定为侵犯名誉权的行为。”

4.**《关于确定民事侵权精神损害赔偿责任的若干问题的解释》**

第 1 条:“自然人因下列人格权利遭受非法侵害,向人民法院起诉请求赔偿精神损害的,人民法院应当依法予以受理:(1)生命权、健康权、身体权;(2)姓名权、肖像权、名誉权、荣誉权;(3)人格尊严权、人身自由权。”

第 3 条："自然人死亡后，其近亲属因下列侵权行为遭受精神痛苦，向人民法院起诉请求赔偿精神损害的，人民法院应当依法予以受理：（1）以侮辱、诽谤、贬损、丑化或者违反社会公共利益、社会公德的其他方式，侵害死者姓名、肖像、名誉、荣誉；（2）非法披露、利用死者隐私，或者以违反社会公共利益、社会公德的其他方式侵害死者隐私……"

5.**《治安管理处罚法》**第 42 条"偷窥、偷拍、窃听、散布他人隐私的，处五日以下拘留或者 500 元以下罚款。情节严重的，处五日以上十日以下拘留，可并处 500 元以下罚款。"

6.**《预防未成年人犯罪法》**第 45 条："对未成年人犯罪案件，新闻报道、影视节目、公开出版物不得披露该未成年人的姓名、住所、照片及可能推断出该未成年人的资料。"

7.**《妇女权益保障法》**第 42 条："妇女的名誉权、荣誉权、隐私权、肖像权等人格权受法律保护。禁止用侮辱、诽谤等方式损害妇女的人格尊严。禁止通过大众传播媒介或者其他方式贬低损害妇女人格。未经本人同意，不得以营利为目的，通过广告、商标、展览橱窗、报纸、期刊、图书、音像制品、电子出版物、网络等形式使用妇女肖像。"

8.**《广告法》**第 25 条："广告主或者广告经营者在广告中使用他人名义、形象的，应当事先取得他人的书面同意；使用无民事行为能力人、限制民事行为能力人的名义、形象的，应当事先取得其监护人的书面同意。"第 47 条："广告主、广告经营者、广告发布者违反本法规定，有下列侵权行为之一的，依法承担民事责任：……(4) 广告中未经同意使用他人名义、形象的。"

9.**《关于适用刑事诉讼法的解释》**第 469 条："审理未成年人刑事案件，不得向外界披露该未成年人的姓名、住所、照片以及可能推断出该未成年人身份的其他资料。查阅、摘抄、复制的未成年人刑事案件的案卷材料，不得公开和传播。"

10.**《关于适用刑事诉讼法的解释》** 第 249 条："法庭审理过程中，诉讼参与人、旁听人员应当遵守以下纪律：（3）不得对庭审活动进行录音、录像、摄影，或者通过发送邮件、博客、微博客等方式传播庭审情况，但经人民法院许可的新闻记者除外。"第 250 条："对未经许可录音、录像、摄影或者通过发送邮件、博客、微博客等方式传播庭审情况的，审判长可以决定暂扣存储介质或者相关设备。"

11.**《侵权责任法》**第 2 条："侵害民事权益，应当依照本法承担侵权责任。本法所称民事权益，包括生命权、健康权、姓名权、名誉权、荣誉权、肖像权、隐私权、婚姻自主权、监护权、所有权、用益物权、担保物权、著作权、专利权、商标专用权、发现权、股权、继承权等人身、财产权益。"

12.**《关于确定民事侵权精神损害赔偿责任若干问题的解释》**第 10 条"精神损害的赔偿数额根据以下因素确定：（1）侵权人的过错程度，法律另有规定的除外；（2）侵害的手段、场合、行为方式等具体情节；（3）侵权行为所造成的后果；（4）侵权人的获利情况；（5）侵权人承担责任的经济能力；（6）受诉法院所在地平均生活水平。”

13.《**法国民法典**》第 35 条：“任何人都享有私生活受尊重的权利，因此任何人哪怕他是演员，都可以反对在未经其准许的情况下散布体现其个人特征的影像。”

14.《**德国美术作品著作权法**》第 22 条：“人之肖像，限于原像人同意时，得公布或公然展览……”

15.《**苏俄民法典**》第 514 条：“肖像的被制作人死亡后，其肖像的发表、复制或散发均须取得其子女及配偶的许可。”

16.《**德国美术作品著作权法**》规定：“肖像人死亡时，死亡后如未经过 10 年，公布或者公然展览其肖像，须征得死者亲属的同意。”

思 考 题

一、判断题

1. 名人的卡通形象不受肖像权保护。（　　）

2. 法人的“企业形象”不是指人的肖像，而是有关法人的经营、规模、管理、效益、资信以及产品质量等综合状况及社会评价。（　　）

3. 不以营利为目的，未经本人同意将其照片上传到互联网上不侵犯肖像。（　　）

二、选择题

1. 公民享有肖像权，未经本人同意，不得以（　　）为目的使用公民的肖像。

A. 个人收藏　　B. 营利

C. 个人学习　　D. 新闻报道

2、下列哪一情况不属于肖像权的合理使用（　　）

A. 公安局识别犯罪分子而使用公民肖像

B. 商业广告中使用过世之人的肖像

C. 在旅游景区拍摄他人破坏文物的照片，并公布在网上

D. 在寻人启事上使用照片

3. 下列行为中不属于侵犯公民肖像权的行为（　　）

A. 某房地产公司未征得陈某的同意就把他的照片登在广告上

B. 马某为了发泄对张某的不满意，当众把张某的相册撕毁

C. 某影楼没有跟李某商量就把李某的照片放在影楼橱窗里

D. 交警队把违反交通规则闯红灯的人和行为在电视台播放

4. 未成年人在使用自己肖像和获取报酬父母需要征得谁的同意？（　　）

A. 家长　　B. 班主任

C. 学校　　D. 朋友

5. 下列哪一种是肖像？

A. 绘制在丝绸上的人物肖像

B. 对一个人的外貌的文字描述

C. 镜中的形象、水中的形象

D. 内心世界心灵美

三、连线题

1. 苏某同意记者解某为自己拍摄照片	肖像使用权
2. 苏某同意希望工程使用自己的照片	肖像获酬权
3. 苏某为某品牌代言获得一定报酬	肖像制作权
4. 苏某起诉某眼睛公司擅自使用自己的照片	肖像维护权

四、名词解释

1. 肖像　　2. 肖像权　　3. 肖像制作专有权

4. 肖像使用专有权　　5. 肖像利益维护权　　6. 肖像权的合理使用

五、简答题

1. 肖像权的特点和内容分别有哪些？

2. 试论肖像权合理使用的情形

3. 哪些情形需要打马赛克？

4. 哪些情形要使用化名？

5. 新闻报道使用公民肖像应该注意哪些问题？

六、案例分析

小岗和小勇闹矛盾，小岗为了羞辱小勇，用一张白纸画了一头肥猪，并在画的旁边注明这头肥猪蠢猪叫小勇，小岗趁小勇不注意时将此画贴在小勇的后背，引起同学哄堂大笑。

问：小岗是否侵犯了小勇的肖像权，为什么？

第五章 传媒与著作权

著作权与大众传播活动的关系十分密切。在大众传播活动中，一方面，大众传媒或记者、编辑、非本单位作者都可能成为著作权的权利主体，他们的作品都可能成为著作权保护的客体。另一方面，传媒又是新闻作品的传播者，在传播过程中应当遵守著作权法的相关规定，尊重著作权人的人身权利和财产权利。

第一节 著作权概论

著作权，也称版权，是指著作权人基于科学、文学、艺术等作品的创作，依法享有的人身和财产权利，是知识产权[①]的重要组成部分。

一、著作权与版权的区别

著作权，强调作者的精神权利，是大陆法系的概念；版权，是

① 知识产权是指人们就其智力劳动成果所依法享有的专有权利，通常是国家赋予创造者对其智力成果在一定时期内享有的专有权或独占权。著作权可分为两类：（1）著作权（也称为版权、文学产权）；（2）工业产权（也称为产业产权）。工业产权则是指工业、商业、农业、林业和其他产业中具有实用经济意义的一种无形财产权，主要包括专利权、商标权，还有发明权、发现权等。

指出版者权，强调出版者的财产权利，是英美法系的概念表 5-1。

表 5-1　著作权与版权的区别

区别点	著作权	版权
（1）词源不同	原为“作者权”（author's right）	原为“复制权”（copyright）
（2）来源不同	大陆法系	英美法系
（3）主体不同	作者（自然人）	国有出版机构
（4）客体不同	作品	书刊、音像出版物
（5）形成机制不同	自动依法产生	只能由著作权人授予而产生
（6）内容不同	人身权：发表权、署名权．修改权、保护作品完整权。 财产权：使用权、获酬权。	专有出版权、版本权、出版作品的形式和内容的修改权、删除权。
（7）保护重点不同	注重保护作者的人身权利。不允许转让、继承。	重点保护作者的经济权利。
（8）期限不同	著作人身权的保护一般不受限制，著作财产权，其发表权和著作财产权的保护期为作者终生及其去世后 50 年，截止于作者去世后第 50 年的 12 月 31 日止。	出版者对作者授权出版的作品享有一定时限的专有出版权。时限长短由出版人与著作权人协商签约产生，并规定合同有效期限不超过 10 年。

二、著作权的主体、客体、内容

（一）著作权的主体

著作权的主体，亦称著作权人，即依法对文学、艺术和科学作品享有著作权的人，包括创作作品的公民、法人和其他组织，继受者，指通过赠与、继承、遗赠等继受方式取得者。在一定条件下，国家也可能成为著作权主体。

（二）著作权的客体

著作权的客体，亦称作品，是指文学、艺术和科学领域内具有独创性并能以某种有形形式复制的智力成果。

1. 著作权作品具有的特点

（1）独创性。亦称原创性，是作品成为著作权客体的首要条件。指由作者独立构思而成的，作品的内容或表现形式完全或基本不同于他人已经发表的作品，即不是抄袭、剽窃、篡改他人的作品。

（2）可复制性。即能以某种物质复制形式表现的智力创作成果。复制形式包括印刷、绘画、摄影、录制等。

2. 著作权作品的种类

（1）文字作品；

（2）口述作品；

（3）音乐、戏剧、曲艺、舞蹈、杂技艺术作品；

（4）美术、建筑作品；

（5）摄影作品；

（6）电影作品和以类似摄制电影的方法创作的作品；

（7）工程设计图、产品设计图、地图、示意图等图形、模型作品；

（8）计算机软件；

（9）法律、行政法规规定的其他作品等。

【案例】

天下霸唱诉《九层妖塔》侵害著作权纠纷案

2016年1月，天下霸唱（原名张牧野）将中国电影股份有限公司、陆川、梦想者电影（北京）有限公司、乐视影业（北京）有限公司、第三人北京环球艺动影业有限公司诉至北京市西城区人民法院，称其是《鬼吹灯》系列文字作品作者，中影公司等获得《鬼吹灯》电影改编权后，由陆川担任导演拍摄成电影《九层妖塔》。但《九层妖塔》上线后没有给自己署名，且故事情节、人物设置、故事背景均与原著相差甚远，已严重歪曲、篡改了原著，不仅侵犯了其署名权，还侵犯了其保护作品完整权。

西城法院经审理认为，在涉案各方均认可电影《九层妖塔》改编自小说《鬼吹灯之精绝古城》的基础上，根据我国著作权法第12条的规定，电影《九层妖塔》权利人在行使权利时，必须为小说《鬼吹灯之精绝古城》作者天下霸唱署名，否则即视为侵犯了天下霸唱的署名权。此外，在判断电影《九层妖塔》是否侵犯原告的保护作品完整权时，不能简单地依据电影"是否违背作者在原著中表达的原意"这一标准进行判断，也不能根据电影"对原著是否改动、改动多少"进行判断，而是注重从客观效果上进行分析，看改编后的电影作品是否损害了原著作者的声誉。据此，西城法院认定涉案电影《九层妖塔》的改编、摄制行为并未损害原著作者的声誉，不构成对原告保护作品完整权的侵犯。①

（三）著作权的内容

著作权的内容，包括人身权和财产权。

1. 著作权的人身权

著作权的人身权又称精神权利，是指作者因创作活动而产生的与人身利益紧密联系的权利。包括发表权、署名权、修改权、保护作品完整权等。作者有权决定自己的作品是否

① 《九层妖塔》著作权纠纷案一审有果 [N]. 中国知识产权报，2016-09-26.

出版、发行、改编、表演、录音、展览或用其他方式传播。人身权永远属于作者本人，不能转让、继承。除发表权外，受保护期不受限制。

【案例】

《舌尖上的中国》案

2012 年中央电视台制作的大型美食纪录片《舌尖上的中国》播出后，引起社会广泛关注，享有较高知名度。中央电视台将该节目的信息网络传播权授予央视国际网络有限公司独占行使。在节目播出后，央视国际网络有限公司发现上海全土豆文化传播有限公司未经许可，在其网站上提供涉案节目的在线点播服务。于是提起诉讼，请求判令停止侵权并赔偿经济损失人民币 80 万元及合理费用人民币 5 万元。

上海市闵行区人民法院经审理认为：纪录片《舌尖上的中国》受著作权法保护。原告央视国际经中央电视台授权，独占享有该作品的信息网络传播权。被告全土豆公司未经授权于作品热播期内，在其网站上提供涉案作品的在线点播服务，是侵犯权利人对作品享有的信息网络传播权的行为，应该承担相应的侵权责任。闵行法院还认为，被告虽然辩称涉案作品系网友上传，但未就该主张提供实际上传者的信息等证据予以证明，其自行删除原始数据的行为导致该事实无法查明，应对此承担不利后果。闵行法院在一审中判决，被告全土豆公司应赔偿原告央视国际经济损失及合理费用共计人民币 24.8 万元。一审判决后，被告不服，上诉至上海市第一中级人民法院。上海一中院经审理认为，原审判决合理，并作出判决，驳回上诉，维持原判。①

2. 著作权的财产权

又称经济权利，是指作者自己使用或者许可他人使用其作品而获得报酬的权利。包括复制权、发行权、出租权、展览权、表演权、放映权、广播权、摄制权、改编权、翻译权、汇编权、信息网络传播权。②

（1）信息网络传播权的概念。即以有线或无线方式向公众提供作品，使公众可以在其个人选定的时间和地点获得作品的权利。这是针对网络环境下出现的新技术作品的著作权保护需求而增加的权利。该权利法律地位的确立，使著作权人对作品传播方式的专有控制权延伸到网络空间，并能直接传播作品，行使邻接权。

（2）信息网络传播权的范畴。

第一，禁止他人上传使用的权利：作者有权禁止他人未经许可，擅自将其网下作品上传到互联网进行任何形式的使用。

第二，禁止他人下载使用的权利：作者有权禁止他人未经许可，擅自将其网上作品在

① 参见凤凰科技 2013 年 10 月 16 日报道《央视网诉上海全土豆内容侵权案在上海开庭》。
② 2001 年新修改的《著作权法》第 10 条第 12 款增加著作财产权。

网下进行各种形式的使用，包括改编、翻译、注释、发行、表演、播放，等等。

第三，禁止他人在网络上转载的权利：即作者有权禁止他人未经许可，擅自将其网上作品在互联网上进行任何形式的使用。

第四，禁止他人在互联网上和网下侵犯其署名权，保护作品完整权等精神权利。

（3）信息网络传播权的法律渊源。

第一，《世界知识产权组织版权条约》简称《WIPO 版权条约》（1996 年 12 月 20 日，世界知识产权组织）第 8 条规定："文学和艺术作品的作者应享有专有权，以授权将其作品以有线或无线方式向公众传播，包括将其作品向公众提供，使公众中的成员在其个人选定的地点和时间可获得这些作品。"

第二，《关于审理涉及计算机网络著作权纠纷案件适用法律若干问题解释》（2000 年，最高人民法院）明确著作权法对著作权各项权利的规定均适用于数据化作品的著作权，将作品通过网络向公众传播，属于著作权法规定的使用作品的方法，著作权人享有以信息网络传播的方式使用或者许可他人使用作品，获得报酬的权利。

第四，《信息网络传播保护条例》（2006 年，国务院）第 2 条规定："权利人享有的信息网络传播权受著作权法和本条例保护。除法律、行政法规另有规定的外，任何组织或者个人将他人的作品、表演、录音录像制品通过信息网络向公众提供，应当取得权利人许可，并支付报酬。"

【案例】

上海美术电影制片有限公司诉某网络公司侵权案①

2017 年，苏州创果文化传播有限公司在其运营的微信公众号"早安苏州"上发布了《娶个苏州姑娘就等于娶了七个葫芦娃》一文，并在文中打比方称打老公时是大娃，八卦时是二娃，逛街时是三娃……"等，其中依次选用了七个葫芦娃的形象作为配图。上海美术电影制片厂有限公司认为：该公司侵犯了其"葫芦娃"角色造型美术作品的著作权，起诉到法院。

江苏省苏州市虎丘区人民法院认为：被告未经原告许可，在其发布的文章中使用了"葫芦娃"美术作品，侵犯了原告的复制权、获取报酬的权利，应当承担停止侵权、赔偿损失的民事责任。据此判决该网络公司停止侵权行为，立即删除侵权文章，赔偿原告经济损失 3 万元。同时因上海美术电影制片有限公司未能举证其名誉因此受损，对于其要求在媒体上发表声明，澄清事实，消除影响的诉求不予支持。

① 上海美术电影制片厂有限公司与苏州创果文化传播有限公司侵害作品信息网络传播权纠纷一审民事判决书，中国裁判文书网，2018-11-01.

第二节 著作权归属和保护

著作权归属自动取得和登记取得。在中国，按照著作权法规定，作品完成就自动有版权。所谓完成，是相对而言的，只要创作的对象已经满足法定的作品构成条件，即可作为作品受到著作权法保护。

一、著作权归属一般原则

著作权归属的一般原则：著作权归属于作者。《著作权法》第41条第4款规定："如无相反证明，在作品上署名的公民、法人或者其他组织为作者。"在特定环境下产生出来的作品其著作权的归属依法律来界定。

二、特殊情况下的著作权归属

（一）演绎作品

演绎作品，指在已有作品基础上经创造性劳动而产生的作品，包括改编、翻译、注释、整理已有作品而产生的作品。

演绎作品获得著作权的条件：（1）演绎行为必须获得原著作权人的许可；（2）获得许可的演绎著作权由改编、翻译、注释、整理人享有；（3）演绎作者行使著作权时不得侵犯原作品的著作权。

【案例】

"大头儿子"著作权侵权纠纷案

杭州大头儿子文化发展有限公司未经许可，擅自授权时代佳丽公司在其经营的"名创优品"店铺中，销售两款由大头儿子公司擅自授权生产、销售的"大头儿子"形象玩偶。央视动画公司诉至法院，请求判令两公司停止侵权行为；判令大头儿子公司赔偿经济损失20万元及合理维权费用8万元。

一审法院判决：大头儿子公司、时代佳丽公司停止授权生产、销售涉案侵权产品；大头儿子公司赔偿央视动画公司经济损失20万元，赔偿央视动画公司合理费用8万元。大头儿子公司不服提出上诉。

2018年6月12日，北京知识产权法院二审判决：驳回杭州大头儿子文化发展有限公司的上诉，维持原判。[①]

① "大头案"二审揭晓，大头儿子著作权归央视动画 [EB/OL].(2016-02-29)[2019-09-18], http://www.qbaobei.com/jiankang/407471.html.

（二）合作作品

合作作品，指两人以上合作创作的作品，著作权由合作作者共同享有。其权利的分配和行使，可以由合作作者协议确定。如果没有协议，或者协议没有约定的权利，则由合作作者共同行使。

1. 可以分割使用的合作作品

可以分割使用的合作作品，指合作作者对各自创作的部分可以单独使用、单独享有著作权，单独行使修改权。但许可他人使用而获得的报酬，由合作人按协议分配，没有协议或者协议不成的按同等份额分配。单独行使著作权时不得侵犯合作作品整体的著作权。

2. 不能分割使用的合作作品

不能分割使用的合作作品，指合作作者虽有各自的创作，但在作品中已融为一体，区分不出作品的某个部分是哪个合作作者写的。合作作者对著作权的行使，需要由全体合作作者协商一致，未经协商一致，各合作作者无权单独行使合作作品的著作权。“合作作品不可以分割使用的，合作作者对著作权的行使如果不能协商一致，任何一方无正当理由不得阻止他方行使著作权法实施条例第 11 条规定。”

（三）汇编（数据库）作品

1. 汇编作品

汇编作品，是将两个以上的作品、作品的片断或者不构成作品的数据或者其他材料进行选择、汇集、编排而产生的新作品，包括百科全书、词典、选集、全集、期刊、报纸等。汇编人在内容的选择、安排上付出了创造性劳动，因此，他享有汇编作品的著作权。但是，在内容的选择与安排上没有体现独创性，只是简单地将作品或者材料拼凑在一起，则不认为产生了新作品，因此，也不构成汇编作品。

2. 数据库作品

数据库作品，是根据既定标准挑选的经过系统整理并被存储在可供用户存取的计算机系统内的一整套信息资料。数据库也可以制作成为光盘。数据库所存储的信息如果是有著作权的作品，可以作为汇编作品保护，但许多数据库汇编的是没有著作权的作品、数据或者其他材料，如法律数据库等。虽然其设计的程序部分可以作为软件进行保护，但由于其所存储的内容是没有著作权的，因而他人可以复制。考虑到虽然信息资料本身可能是没有著作权的作品或者其他材料，但是数据库的汇编体现了汇编人的创造性劳动，同时数据库的建立需要大量的投资。因此，数据库作品应当纳入汇编作品受著作权法保护。

汇编作品作为一个整体，由汇编人享有著作权。汇编人汇编有著作权的作品，应当经过原作品著作权人的许可，并支付报酬，还应当尊重原作品著作权人的人身权。在行使著作权时，不得侵犯原作品的著作权。汇编已过保护期的作品，也应当尊重原作品作者的人身权。

汇编作品中可以单独使用的部分，其作者对该部分作品享有著作权。例如，《中国大百科全书》的法学部分作者就有许多人，他们每个人对自己创作的那部分作品单独享有著作权，都有权单独使用自己创作的那部分作品。同合作作品一样，单独使用自己作品的作者不得侵犯汇编者的著作权。

（四）职务作品

职务作品，是指公民为完成法人或者其他组织工作任务所创作的作品。其特征是：创作的作品应当属于作者的职责范围；对作品的使用应当属于作者所在单位的正常工作或业务范围之内。在我国，除法律特殊规定以外，职务作品的著作权属于事实作者，即自然人作者。

1. 单位作品

单位作品，是由单位主持、代表单位意志创作并由单位承担责任的作品。单位被视为单位作品的作者，行使完整的著作权。①

2. 一般职务作品

一般职务作品，公民为完成单位工作任务而又未利用单位主要物质技术条件创作的作品。其著作权由作者享有，但法人或者其他组织有权在业务范围内优先使用。作品完成两年内，未经单位同意，作者不得许可第三人或者其他组织以与单位相同的方式使用该作品。作品完成两年内，经单位同意，作者许可第三人以与单位使用的相同方式使用作品所获报酬，由作者与单位按约定的比例分配。作品完成两年的期限，自作者向单位交付作品之日起计算。

3. 特殊职务作品

特殊职务作品，主要是利用法人或其他组织的物质技术条件制作，并由法人或其他组织承担责任的工程设计图、产品设计图、地图、计算机软件等职务作品，或法律、行政法规规定或合同约定著作权由法人或者其他组织享有的职务作品。特殊职务作品的作者享有署名权，著作权人的其他权利由法人或者其他组织享有，法人或者其他组织可以给予作者奖励。②

（五）委托作品

委托作品，是指受托人根据委托人的委托而创作的作品。一般来说，双方当事人会约定，受托人创作完成作品后应当提供给委托人使用，而委托人应当按照约定的范围和方式使用并向受托人支付报酬。

我国著作权法从保护作者权利的角度出发，对委托作品的著作权归属进行了规定：（1）受托人和委托人可以自行约定著作权的归属。仅限于著作财产权，而不包括著作人身权。著作人身权只能属于受托人。（2）在当事人没有特别约定的情况下，法律规定著作权属于受托人。

【婚纱照片的归属】

婚纱摄影照片不同于普通肖像照片，从化妆、道具到人物形态，都融入了制作者的智慧，具有独创性，符合《著作权法》作品构成要件，属于摄影作品和委托作

① 《著作权法》第11条第3款的规定。
② 《著作权法》第16条第2款规定。

品，肖像权人与影楼未约定权利归属，影楼依法享有著作权。《著作权法实施条例》第4条规定："……（八）摄影作品，指借助器械，在感光材料上记录客观物体形象的艺术作品"；《著作权法》第17条规定："受委托创作的作品，著作权的归属由委托人和受托人通过合同约定。合同未作明确约定或者没有订立合同的，著作权属于受托人。"委托摄影作品，是指委托人向作者支付约定的创作报酬，由作者按照委托人的意志和具体要求而创作的特定的摄影作品。

（六）电影等方法创作的作品

根据《著作权法》第15条的规定："电影作品和以类似摄制电影的方法创作的作品的著作权由制片者享有，但编剧、导演、摄影、作词、作曲等作者享有署名权，并有权按照与制片者签订的合同获得报酬。电影作品和以类似摄制电影的方法创作的作品中的剧本、音乐等可以单独使用的作品的作者，有权单独行使其著作权。

【案例】

八一电影制片厂案

中国人民解放军八一电影制片厂投资4 000多万元人民币摄制完成的重大革命和历史题材电影故事片《太行山上》享有电影作品著作权。2005年7月28日，该电影作品取得国家广播电影电视总局影映故字（2005）第126号电影片公映许可证。2005年8月中旬，该电影拷贝在全国各地影院陆续开始首轮放映，该电影作品音像制品同期也全国各地开始发行销售。2005年11月，该片获第25届中国电影金鸡奖最佳故事片奖。

2005年9月2日下午，湖南电视台娱乐频道未经原告许可，在其开办的大牌档影院栏目播出了《太行山上》这部电影作品；2005年9月3日早上，再次播放了该片。在播放《太行山上》这部电影时，将电影的片头和片尾部分内容删除并将原告的署名予以删除。原告发现后与被告进行了交涉，但双方未能达成一致意见。2005年11月8日原告向湖南省长沙市中级人民法院提起诉讼，被告湖南电视台娱乐频道的主管部门湖南广播影视集团向原告中国人民解放军八一电影制片厂发出了一份"关于湖南电视台娱乐频道侵权播出电影《太行山上》的致歉函"。

法院认为：播放他人的电影作品应当取得制片者的许可并支付报酬。被告湖南电视台娱乐频道未经原告许可，即在其大牌档影院栏目中两次播放电影《太行山上》，并在播放过程中删除该片的片头和片尾的部分内容，并删除原告的署名。上述行为侵犯了原告依法享有的署名权、保护作品完整权和许可他人放映并获得报酬的权利，对此被告湖南电视台娱乐频道应承担停止侵权、赔礼道歉并赔偿经济损失的民事责任。鉴于被告湖南电视台娱乐频道播放电影《太行山上》，其侵权影响范围仅在湖南省部分地区，故被告承担赔礼道歉民事责任的方式和范围也应在其侵权影响涉及的范围内。判决被告湖南电视台娱乐频道赔偿原告经济损失人民币 30 万元（含制止侵权所支付的合理开支）本案诉讼费 20 610 元，由原告中国人民解放军八一电影制片厂负担 6 183 元，由被告湖南电视台娱乐频道负担 14 427 元。[①]

三、著作权保护

（一）著作权保护机构

国家版权局是著作权行政管理部门；中国版权保护中心是全国性的著作权社会管理机构；专门性的著作权集体管理[②]组织有：中国文字著作权协会、中国音乐著作权协会、中国音像集体管理协会、中国摄影著作权协会、中国电影著作权协会。

（二）著作权的保护期限

著作权，自作品完成创作之日起产生，并受著作权法的保护。作者的署名权、修改权、保护作品完整权的保护期不受限制。公民的作品，其发表权、使用权和获得报酬的保护期为作者终生及其死亡后 50 年；合作作品的保护期截止于最后死亡的作者死亡后 50 年；法人或非法人单位的作品，著作权（署名权除外）由法人或非法人单位享有的职务作品，其发表权、使用权和获得报酬权的保护期为 50 年，从作品首次发表之日起算。

【案例】

《鲁迅全集》

《鲁迅全集》最早的版本是 1938 年由鲁迅先生纪念委员会编辑印行的，所收只是鲁迅的著作、译文和部分辑录的古籍，共 20 卷。新中国成立后，《鲁迅全集》被誉为人民文学出版社的“镇社之宝”，给该社带来了长期而稳定的收益。由人民文学出版社重新编辑的版本，于 1956 年至 1958 年间印行，只收作者自己撰写的著作，包括创作、评论、文学史专著以及部分书信，并加了必要的注释，共 10 卷。1973 年 12 月，人民文学出版社出版了 20 卷的《鲁迅全集》。1981 年，人民文学出版社出版了 16 卷的《鲁迅全集》，目前一般教科书所选用的鲁迅的文章均出自这个版本。2005 年，人民文学出版社出版了 18 卷的《鲁迅全集》新版本。但是，鲁迅于 1936 年逝世，《鲁迅全集》的发表权及财产权早已超过 50 年保护期。根据法律规定，《鲁迅全集》的发表权超过保护期后，任何出版社均可自由出版。其后人无权取得稿酬。[③]

① 八一电影制片厂与湖南电视台娱乐频道著作权侵权纠纷案 [J]. 法律快车，2011-09-27.

② 著作权集体管理，是指著作权集体管理组织经权利人授权，集中行使权利人的有关权利并以自己的名义进行的：（1）与使用者订立著作权或者与著作权有关的权利许可使用合同；（2）向使用者收取使用费；（3）向权利人转付使用费；（4）进行涉及著作权或者与著作权有关的权利的诉讼、仲裁等。

③ 《鲁迅全集》已过版权保护期根据法律，任何出版社均可自由出版 [J]. 江南晚报，2005-12-02.

（三）著作权许可使用合同

著作权许可使用是著作权人授权他人以一定的方式，在一定的时期和一定的地域范围内商业性使用其作品并收取报酬的行为，包括自行使用和许可他人使用。

1. 自行使用

即对自己的作品行使各种使用的权利，不受他人的干涉；他人以任何一种方式使用著作权人的作品，必须取得著作权人的许可，著作权人有权利许可，也有权利不许可；著作权人有权禁止他人未经许可使用自己的作品。

2. 许可使用他人使用

应当同著作权人订立著作权许可使用合同或取得许可。许可使用合同应包括下列主要条款：（1）许可使用作品的方式；（2）许可使用的权利是否是专有使用权；（3）许可使用的范围、期间；（4）付酬标准和办法；（5）违约责任；（6）双方认为需要约定的其他内容。合同的有效期限不超过 10 年，期满可以续订。同著作权人订立合同或者取得许可使用其作品，应当采取书面形式。

3. 使用费的标准

使用费是著作权人最主要的收益，合同中应该对其标准和支付方式加以明确的规定。使用费的标准由当事人根据市场行情约定，可以参考国家版权局会同有关部门制定的付酬标准支付；当事人约定不明确的，执行上述机关制定的标准。

4. 非专有使用权限制

原则上，经许可获得非专有使用权的人不得再将其权利转让或者许可给他人，至于获得专有使用权的人能否再许可或者转让其权利，存在不同的见解。《著作权法实施条例》第 24 条规定："……除合同另有约定外，被许可人许可第三人行使同一权利，必须取得著作权人的许可。"

5. 纠纷原因

著作权许可使用合同产生纠纷的常见原因一般有：合同约定不明、违约、侵权、市场变化、人事变化等，其中以违反支付义务、质量义务和使用范围约定最为普遍。

6. 解决途径

著作权许可使用合同纠纷解决途径：调解、仲裁、诉讼。

（1）调解：著作权许可使用合同纠纷，当事人可以自愿请求诉讼外调解。

（2）仲裁：是依据合同中的仲裁条款或事后达成的书面仲裁协议，向著作权仲裁机构申请，由仲裁机构对纠纷予以裁决。对于仲裁裁决，当事人有义务履行。当事人一方不履行的，另一方有权申请人民法院强制执行。受申请的人民法院发现仲裁裁决违法的，有权不予执行。对此，当事人可就合同纠纷向人民法院起诉。人民法院受理后，原仲裁裁决就不发生效力。

（3）诉讼：当事人如果不愿意调解，合同中又没有订立仲裁条款，事后又没有书面仲裁协议的，可以直接向人民法院提起民事诉讼。

第三节 著作权与邻接权

“邻接权”（Neighboring Right）又称作品传播者权，是与著作权相邻近的权利，指作品传播者对其传播作品过程中所创造的成果所享有的权利（见表 5-2）。

表 5-2 著作权与邻接权的区别

区别点	著作权	邻接权
主体	作品创作者	传播者
客体	原创作品	传播者再创造后的传播产品
内容	人身权、财产权	著作权派生出来的传播者的权利
前提	作品只要符合法定条件，一经产生就可获得著作权保护	邻接权的获得须以著作权人的授权及对作品的再利用为前提

作者的作品产生后，要通过一定的媒介才能为公众知晓，在此，传播者的传播就必不可少。但传播者在传播作者作品时需要投入大量的人力、物力和财力，包括选题审核、稿件编辑、录入、排版、封面设计、装帧等工序。传播者投入产出的是新的智力成果，理应享有权利。因此，传播者的权利，包括出版者权、表演者权、录音录像制作者权、广播电视组织权等。

一、出版者权

在我国，作者不能自行出版自己的作品，必须把出版权委托给出版社才能出版。自然人和非出版单位都不能成为出版者。

出版者权，是指出版者对其出版的图书和期刊的版式设计[①]享有的专有权。包括：

（1）专有出版权。依据与作者签订的出版合同，享有对作品的专有出版权[②]和非专有出版权[③]。

（2）版式装帧、设计权。在出版过程中，对作品进行编排、装帧、装潢形成版式的权利（10 年的保护期[④]）。

（3）文字修改权。基于作品出版质量保证或版面容量的需要，对作品进行一定程度的

---

① 版式设计应用范围，涉及报纸、刊物、书籍（画册）、产品样本、挂历、招贴画、唱片封套和网页页面等平面设计各个领域。

② 专有出版权，是指出版单位通过和作者订立合同，在预定的期限或地域内，获得出版作者作品的一种专有使用权利；合同期满，作品使用权回归著作权人。也指图书的出版者依据图书出版合同享有的在一定期限内独占出版他人作品的权利，排除包括著作权人在内的一切他人在合同约定的地区内，另行出版该作品的权利。当然，出版者也要受到合同的约束，不得许可他人出版。属于著作权的邻接权。专有出版权受法律保护。

③ 根据《著作权法》的规定，对作品的许可使用是专有使用还是非专有使用由合同约定。凡在合同中对专有使用权还是非专有使用权未作明确表达的，视为使用者只享有非专有使用权。

④ 《著作权法》第 36 条：“出版者有权许可或者禁止他人使用其出版的图书、期刊的版式设计。权利的保护期为十年，截止于使用该版式设计的图书、期刊首次出版后第十年的 12 月 31 日。”

修改和删减的权利。

（4）重印、再版权。图书出版者重印、再版作品的，应当通知著作权人，并支付报酬。

二、表演者权

表演者权，是指表演者依法对作品进行艺术表演而获得的权利。表演者，是指演员、歌唱家、音乐家、舞蹈家、演出单位或者表演文学、艺术作品的人。表演者权，包括人身权和财产权。

人身权包括：

（1）身份权。无论是在现场表演，还是在制作录音、录像制品，播放广播电视节目时，表演者都有权要求公开其身份，表明表演者的姓名和身份。

（2）形象权。表演者有权保护自己的表演形象不受歪曲、丑化；禁止他人未经许可而把其表演形象挪作他用。

财产权包括：

（1）播送权。许可他人现场直播和公开传送其现场表演。

（2）录制权。许可他人以营利为目的录音录像。

（3）发行权。许可他人复制、发行录有其表演的录音录像制品。

（4）信息网络传播权。许可他人通过信息网络向公众传播其表演。

（5）获酬权。以上四项表演者均有权获得报酬。

表演者的主要义务：

（1）表演者使用他人的作品演出，应当征得著作权人许可，并支付报酬；

（2）使用改编、翻译、注释、整理已有作品而产生的作品演出，应当征得演绎作品著作权人和原作品著作权人许可，并支付报酬。

【表演权与表演者权】

1. 法律性质不同：前者属于著作权，后者属于派生权利。

表演权，是指依法享有的对其作品公开表演的权利。它与著作权人的复制权、发行权、改编权、翻译权等同属于著作权中的财产权。

表演者权，是表演者基于对作品的表演而产生的权利，是表演者获得作者授权之后才产生的权利，是由作者的表演权派生出来的权利。所以有关国际公约及大多数国家将表演者与出版者、音像制品者等作品传播者的权利统称为“邻接权”。

2. 保护客体不同：前者为作品，后者为表演。

保护表演权的原因是作者对其作品的创作，它的客体是作品本身，方式是允许他人以一定方式表演作品并取得报酬。而表演者权要保护的客体是表演者自身在表演作品时的形象、动作、声音等一系列表演活动。所以，一部作品如果经过不同表演者的多次表演，那么拥有表演者权的人不止一个，而表演权主体还是作者一个人，原因就是作品本身没有变化，而各个表演者的活动并不相同。例如我国著名芭蕾舞《红色娘子军》从首次登上舞台至今进行了数千次公演，共有22位演员先后扮演过琼花，16位演员扮演过洪常青。他们同等地享有表演者权。

3. 权利主体不同：前者为作者，后者为表演者。

表演权的主体是著作权人，也就是创作作品的作者。而表演者权的主体是表演作品的表演者。如老舍先生对其话剧《茶馆》和小说《骆驼祥子》拥有的著作权中包括决定这两部文学作品是否被搬上电视荧屏和电影银幕的表演权，而演出《骆驼祥子》的话剧团和电影《茶馆》的演员，如祥子扮演者张丰毅、虎妞扮演者斯琴高娃拥有表演者权。

4. 权利内容不同：前者为财产权，后者既包括财产权也包括人身权。

表演权属于著作权中的财产权，权利内容主要体现为无论作品是否发表，表演者使用他人作品进行营业性演出，必须取得著作权人的许可并支付报酬。可见，表演权对作者而言是权利，对表演者而言是义务。表演者获作者授权后对其表演享有如下权利：（1）表明表演者身份；（2）保护表演形象不受歪曲；（3）许可他人从现场直播和公开传送其现场表演，并获得报酬；（4）许可他人录音录像，并获得报酬；（5）许可他人复制、发行录有其表演的录音录像制品，并获得报酬；（6）许可他人通过信息网络向公众传播其表演，并获得报酬。可见，表演者权包括人身权和财产权两个方面。前两项是表演者的人身权，即署名权和保护表演完整权；后四项是表演者的财产权，包括公开传播权、录制权、复制发行权及相应的报酬请求权。

5. 保护期限不同：前者为作者终生及死后50年，后者人身权保护期不限，财产权为50年。

公民表演权的保护期为作者终生及其死亡后50年，截止于作者死亡后第50年的12月31日。表演者权利的保护期限因权利的内容不同而有所差别，具体而言就是，表演者署名权和保护表演完整权的保护期不受限制，其他权利的保护期为50年，截止于该表演发生后第50年的12月31日。

【案例】

陈佩斯、朱时茂诉中国国际电视总公司案

1999年，陈佩斯和朱时茂一纸诉状将中国国际电视总公司推上被告席。起因是他们在历届春节晚会上表演的小品《吃面条》《警察与小偷》《主角与配角》等小品在未经其本人许可的情况下，被该公司出版发行VCD光盘。二人认为被告侵犯了其著作权、表演权、获得报酬权，要求被告赔礼道歉，赔偿损失。

法院认为，虽然中央电视台对春节晚会整体享有著作权，但陈佩斯、朱时茂仍拥有作为表演者的权利，所以被告的行为构成侵权，判决其立即停止侵权、登报道歉，并偿二人经济损失 33 万余元。[①]

三、录音录像制作者权

录音录像制作者权，指录音录像制作者享有对录音录像制品的专有权利。

录音录像制品，包括唱片、激光唱盘、录音带、录像带等。

录音录像制作权，包括复制权、发行权、出租权、信息网络传播权等。（1）录音制作者使用他人作品制作录音制品，应当取得著作权人许可，并支付报酬。（2）录音制作者使用他人已经合法录制为录音制品的音乐作品制作录音制品，可以不经著作权人许可，但应当按照规定支付报酬；著作权人声明不许使用的不得使用（法定许可使用）。（3）录音录像制作者制作录音录像制品，应当同表演者订立合同，并支付报酬。

【案例】

韩红成名金曲珍藏版 CD 录音制作者权纠纷案

1998 年 5 月，麒麟童文化传播有限责任公司签定了出版、发行韩红专辑《雪域光芒》唱片全权委托出版发行合同书。2002 年 11 月 7 日，麒麟童文化传播有限公司在通州新华商场有限责任公司发现了广州市新时代影音公司、杭州大自然光电有限公司出版、复制、发行的韩红成名金曲珍藏版 CD 光盘，该光盘收录了《雪域光芒》里的歌曲。

麒麟童文化传播有限责任公司诉称，杭州大自然光电有限公司等三家公司擅自出版、复制、发行自己享有录音制作者权的曲目，构成了对自己所享有的录音制作者权的侵害。

北京第二中级人民法院经审理认为，麒麟童公司为涉案歌曲录音制品的制作人，享有录音制作者权，享有许可他人复制、发行、出租、通过信息网络向公众传播并获得报酬的权利，杭州大自然光电等三公司侵害了原告的著作邻接权，应承担侵权责任。[②]

四、广播电视组织权

广播电视组织权，是指广播电台、电视台对其制作的广播、电视节目享有著作权，但应当同表演者订立合同，并支付报酬。具体包括：

（1）转播权，禁止他人未经其许可将其播放[③]的广播、电视进行转播的权利。

① 北京市高院民事裁定书（2001）高知终字第 31 号。
② 北京麒麟童文化传播有限责任公司诉北京市通州新华商场有限责任公司等侵犯邻接权纠纷案一审民事判决书（2003）二中民初字第 1801 号。
③ 播放，是指广播电台、电视台以无线或者有线的方式进行的首播、重播和转播。

（2）录制权和复制权，即禁止他人未经其许可将其播放的广播、电视录制在音像载体上以及复制音像载体的权利。无论是对电台、电视台的播放进行转播，还是对播放进行录制，或者录制后进行复制，都必须征得电台、电视台的许可，并按电台、电视台要求支付报酬。

2001 年，为了适应我国加入世界贸易组织的需要，我国《著作权法》第 43 条修订为："广播电台、电视台播放已经出版的录音制品，可以不经著作权人许可，但应当支付报酬。当事人另有约定的除外。具体办法由国务院规定。"（法定许可）

电台、电视台应当注意的义务：

（1）播放他人未发表的作品，应当取得许可并付酬。

（2）播放他人已发表的作品（不包括电影作品和类似摄制电影的方法创作的作品、录像制品），适用法定许可。合理使用不必付酬。著作权人已声明不许使用的，不得使用。

（3）电视台播放电影作品和类似摄制电影的方法创作的作品、录像制品，应取得制片者和录像制片者许可并付酬；播放他人的录像制品，还要取得著作权人许可并付酬。

（4）使用经过改编、翻译等产生的演绎作品，既要向改编者、翻译者付酬，又要向原初作品的作者付酬。

（5）对于表演，如果要现场直播，必须征得表演者许可并付酬；录制播放同样要征得许可并付酬；还应当同表演者订立合同。

（6）邀请表演者表演进行播放或录制节目，不仅要向表演者付酬，还要向被表演的作品的作者付酬。

（7）广播、电视节目被复制发行，除电台、电视台获得报酬外，节目中作品的作者，表演者也有权获得报酬，他们报酬的支付者是被许可复制发行的录音录像制作者。

《著作权法实施条例》第 27 条规定："出版者、表演者、录音录像制作者、广播电台、电视台行使权利，不得损害被使用作品原件著作权人的权利。"禁止他人未经许可擅自转播、录制和复制的权利。向著作权人支付报酬时，著作权人或著作权人的地址不明确，应在 1 个月内将报酬寄送国家版权局指定的机构，由该机构转递著作权人。

第四节　著作权与公共利益

著作权是对著作权人智力成果的保护，它保护的是作者的合法权益。作者不断创作出新的作品来，对于繁荣社会的文化、科学、艺术都有十分重要的意义。作品作为一种智慧的结晶、文化的遗产，其价值在于全人类共享。对作者所享有的权利既要保护，也不能把权利绝对化、无限期化，这是世界各国通用的做法。对作者的著作权进行必要、合理的限制，是为了实现著作权同社会公共利益的合理平衡。

一、依法禁止出版作品

我国《著作权法》第 4 条规定：“依法禁止出版、传播的作品，不受本法的保护。”“著作权人行使著作权，不得违反宪法和法律，不得损害公共利益。”我国宪法第 51 条规定：“中华人民共和国公民在行使自由和权利的时候，不得损害国家、社会、集体的利益和其他公民的合法自由权利。”我国有关出版管理、广播电视管理、互联网管理等法律、法规对传播的内容也有相应的管制。

二、不适用著作权法保护

《著作权法》第 4 条规定：（1）法律、法规，国家机关的决议、决定、命令和其他具有立法、行政、司法性质的文件及官方正式译文；（2）立法、通用数表、通用表格和公式；（3）时事新闻不适用著作权法保护。时事新闻，即通过报纸、期刊、广播电台、电视台等媒体报道的单纯的事实消息。

时事新闻不适用《著作权法》保护，并不等于不受任何保护。时事新闻不是智力成果，传播者不能享有著作权，但由于传播者付出了劳动，理应享有一般意义上的财产权。时事新闻一经刊用，作者都可以获得稿酬，并在新闻上署名。但时事新闻的采写者只能像一般的财产交易那样一次获酬，而不能像著作权一样成为一种“连续的权利”，著作权人在作品发表后，每一次再使用时都有权获得报酬。①

三、著作权的合理使用

著作权的合理使用，是指在特定情况下使用他人作品，可以不经著作权人许可，不向其支付报酬，但应当指明作者姓名、作品名称，并且不得侵犯著作权人依照本法享有的其他权利的制度。

合理使用包括五层含义：（1）使用要有法律依据；（2）使用是基于正当理由；（3）不需经作者与著作权人同意；（4）不支付报酬；（5）不构成侵权，是合法行为。合理使用制度也是对著作权人使用著作权的限制，其立法目的，也是为了满足公共利益的需要。

（一）著作权合理使用情形

《著作权法》第 22 条规定，在下列情况下使用作品，可以不经著作权人许可，不向其支

① 魏永征．新闻传播法教程：第二版 [M]. 北京：中国人民大学出版社，2010：262.

付报酬，但应当指明作者姓名、作品名称，并且不得侵犯著作权人依照本法享有的其他权利：

（1）为个人学习、研究或者欣赏，使用他人已经发表的作品；

（2）为介绍、评论某一作品或说明某一问题，在作品中少量适当引用他人已经发表的作品；

（3）报道时事新闻，在报纸、期刊、广播、电视节目或者新闻纪录影片中引用已经发表的作品；

（4）报纸、期刊、广播电台、电视台刊登或者播放其他报纸、期刊、广播电台、电视台已经发表的社论、评论员文章；

（5）报纸、期刊、广播电台、电视台刊登或者播放在公众集会上发表的讲话，但作者声明不许刊登、播放的除外；

（6）为学校课堂教学或者科学研究，翻译或者少量复制已经发表的作品，供教学或者科研人员使用，但不得出版、发行；

（7）国家机关为执行公务使用已经发表的作品；

（8）图书馆、档案馆、纪念馆、博物馆、美术馆等为陈列或者保存版本的需要，复制本馆收藏的作品；

（9）免费表演已经发表的作品；

（10）对设置或者陈列在室外公共场所的艺术作品进行临摹、绘画、摄影、录像；

（11）对已经发表的汉族文字作品翻译成少数民族文字在国内出版发行；

（12）将已经发表的作品改为盲文出版。以上规定适用于对出版者、表演者、录音录像制作者、广播电台、电视台的权利的限制。

（二）合理使用的条件

（1）必须有法律规定；

（2）必须是已经发表的作品；

（3）必须出于正当目的，主要是为了个人学习研究和出于信息传播、教育、科学等社会公共利益的需要，并非以营利为目的；

（4）必须说明作品的名称、作者的姓名和作品的出处；

（5）不得损害作者的其他权益，如不得对作品进行歪曲、篡改；

（6）应有量和质方面的要求，即对他人作品的利用不能超过必要的限度，或者对他人作品的利用不应给他人造成事实性的损害。

四、法定许可使用

法定许可使用，是指法律明文规定，可以不经著作权人许可，以特定的方式有偿使用他人已经发表的作品的行为，并且这种使用应当尊重著作权人的其他各项人身利和财产权。

（一）法定许可使用的条件

（1）法定许可使用只限于著作权法明确规定的范围内，不能任意扩大。

（2）法定许可使用只限于已经发表的作品。未发表的作品，必须由作者决定是否发表，不属法定许可范围。

（3）法定许可使用必须以著作权人没有声明为前提。如果作者事先声明不许使用的，就不能实行法定许可。

（4）法定许可必须向著作权人付酬，支付方式或是直接交付著作权人，或是由著作权集体管理机构转交。

（5）法定许可不得损害著作权人的其他权益，如必须注明作者姓名、作品原题和原载何处，并且不得歪曲、篡改作品的原意。

（二）法定许可使用的情形

（1）为实施九年制义务教育和国家教育规划而编写出版的教科书；

（2）作品被报社、期刊社刊登后，其他报社可以转载摘编；

（3）已在报刊上刊登或者网络上传播的作品，网站可以转载、摘编；

（4）录音制作者使用他人已合法录制为录音制品的音乐作品制作录音制品；

（5）广播电台、电视台播放他人已经发表的作品；

（6）广播、电视台播放已经出版的录音。

值得注意的是：如果著作权人事先声明不许使用的，则排除在法定可以使用的范围之外，即法定许可使用一般受到著作权人声明的限制。此外，在使用作品时，不得影响作品的正常使用，也不得不合理地损害著作权人的合法利益。

【比较】

“法定许可使用”与“合理使用”

法定许可使用与合理使用的相同点：都是不经著作权人同意可以使用作品。所使用的作品都必须是已经发表的作品；

二者的区别在于：法定许可使用必须支付报酬；而合理使用不必支付报酬。

第五节 著作权的侵权责任

著作权侵权行为，是指未经著作权人许可，又无法律上的依据，在不属于合理使用和法定许可的情形下，擅自使用他人作品或行使著作权人专有权的行为。

著作权的侵权责任包括民事责任、行政责任、刑事责任。

一、民事责任

《著作权法》第47条规定：有下列侵权行为的，应当根据情况，承担停止侵害、消除影响、赔礼道歉、赔偿损失等民事责任：

（1）未经著作权人许可，发表其作品的；

（2）未经合作作者许可，将与他人合作创作的作品当作自己单独创作的作品发表的；

（3）没有参加创作，为谋取个人名利，在他人作品上署名的；

（4）歪曲、篡改他人作品的；

（5）剽窃他人作品的；

（6）未经著作权人许可，以展览、摄制电影和以类似摄制电影的方法使用作品，或者以改编、翻译、注释等方式使用作品的，本法另有规定的除外；

（7）使用他人作品，应当支付报酬而未支付的；

（8）未经电影作品和以类似摄制电影的方法创作的作品、计算机软件、录音录像制品的著作权人或者与著作权有关的权利人许可，出租其作品或者录音录像制品的，本法另有规定的除外；

（9）未经出版者许可，使用其出版的图书、期刊的版式设计的；

（10）未经表演者许可，从现场直播或者公开传送其现场表演，或者录制其表演的；

（11）其他侵犯著作权以及与著作权有关的权益的行为。

【案例】

《新京报》诉浙江在线非法转载案

2003年至2007年间，《新京报》发现“浙江在线”网站擅自转载新京报社拥有著作权的各类作品7 706篇文章，并且在其子网站、收费手机报等平台上大量使用传播。在沟通无效后，《新京报》数次发出律师函，要求对方停止侵权行为，签署转载协议，但均无结果。《新京报》遂于2008年8月1日向杭州市中级人民法院提起诉讼。2010年3月29日杭州市中级人民法院发出一纸裁定，要求《新京报》将7 706篇被非法转载的文章分案起诉。

《新京报》为维护自身合法权益，从 7 706 篇被非法转载的报道中选取了 10 篇文章，于 2010 年 7 月底向杭州中级人民法院提起 10 起侵权案件的起诉。首批起诉的 10 起案件涉及的被侵权作品包括 2005 年至 2007 年期间，由《新京报》记者采写并在新京报刊登的北京新闻、中国新闻、核心报道、经济新闻、视觉等各版块的重头独家新闻报道。几经周折，“浙江在线”方面虽曾明确承认其侵权行为，但拒绝支付稿费。经过三年的诉讼，最终以浙江在线支付合理的版权使用费而结束。

二、行政责任

《著作权法》第 48 条规定：有下列侵权行为的，应当根据情况，承担停止侵害、消除影响、赔礼道歉、赔偿损失等民事责任；同时损害公共利益的，可以由著作权行政管理部门责令停止侵权行为，没收违法所得，没收、销毁侵权复制品，并可处以罚款；情节严重的，著作权行政管理部门还可以没收主要用于制作侵权复制品的材料、工具、设备等；构成犯罪的，依法追究刑事责任：

（1）未经著作权人许可，复制、发行、表演、放映、广播、汇编、通过信息网络向公众传播其作品的，本法另有规定的除外；

（2）出版他人享有专有出版权的图书的；

（3）未经表演者许可，复制、发行录有其表演的录音录像制品，或者通过信息网络向公众传播其表演的，本法另有规定的除外；

（4）未经录音录像制作者许可，复制、发行、通过信息网络向公众传播其制作的录音录像制品的，本法另有规定的除外；

（5）未经许可，播放或者复制广播、电视的，本法另有规定的除外；

（6）未经著作权人或者与著作权有关的权利人许可，故意避开或者破坏权利人为其作品、录音录像制品等采取的保护著作权或者与著作权有关的权利的技术措施的，法律、行政法规另有规定的除外；

（7）未经著作权人或者与著作权有关的权利人许可，故意删除或者改变作品、录音录像制品等的权利管理电子信息的，法律、行政法规另有规定的除外；

（8）制作、出售假冒他人署名的作品的。

【案例】

百度公司快播公司侵犯著作权案

2013 年下半年，国家版权局陆续接到优酷、腾讯、乐视、搜狐公司等权利人对北京百度网讯科技有限公司和深圳快播科技有限公司涉嫌通过播放器软件传播侵权视频作品的投诉。11月19日，国家版权局就此正式立案。调查表明，百度公司和快播公司通过其运营的播放器软件，向公众提供定向搜索、定向链接服务，直接定向搜索、链接到大量盗版网站，具有一定主观过错，已构成侵犯信息网络传播权，且同时损害公共利益。12月27日，国家版权局分别对百度公司和快播公司作出罚款人民币25万元的行政处罚[①]。

三、刑事责任

（一）侵犯著作权罪（刑法第217条）

以营利为目的，违反著作管理法规，未经著作权人许可，复制发行其文字作品、音乐、电影、电视、录像作品、计算机软件及其他作品，侵犯他人的著作权，违法所得数额较大或者有其他严重情节的行为。

侵犯著作权罪的处罚：

第一，自然人犯本罪的，处三年以下有期徒刑或者拘役，并处或者单处罚金；违法所得数额巨大或者有其他特别严重情节的，处三年以上七年以下有期徒刑，并处罚金。

第二，情节特别严重，是指违法所得数额巨大或者具有其他特别严重的情节。

1. 所谓违法所得数额巨大，根据有关司法解释的规定，是指个人违法所得数额即获利数额在10万元以上，或单位违法所得数额在50万元以上。

2. 所谓其他特别严重情节，是指具有下列情形之一者：（1）因侵犯著作权被追究刑事责任，又犯侵犯著作权罪的；（2）个人非法经营数额在100万元以上，单位非法经营数额在500万元以上的；（3）造成其他特别严重后果或者具有其他特别严重情节的。

第三，单位犯本罪的，对单位判处罚金，对其直接负责的主管人员和其他直接责任人员，依本条规定追究刑事责任。

【案例】

大学生刘炜犯侵犯著作权罪获刑3年

2006年，在虚拟的网络空间里，刘炜认识了网友“如风”和“黑夜”。“如风”的电脑技术令他羡慕、崇拜，“黑夜”的赚钱创意令他好奇、激动。从爱玩网络游戏到经营网络游戏，刘炜与网游一路相伴从少年长成青年。然而，在由未成年步入成年的时候，他从一名学子沦为了一名罪犯。

2008年8月，刘炜等三人开设的《劲舞团》私服正式营运，三人对分工又作了调整。“如风”主要负责私服游戏服务器端的架设和私服的数据库维护，“黑夜”主要负责

① 赵红仕．百度、快播公司侵犯著作权案解析[J]．中国版权，2014(1).

游戏服务器的日常维护以及抵御黑客入侵等安全防范，刘炜则主要负责收取玩家钱款后按约定分配给各人。

2009 年 2 月刘炜被抓，在半年多一点的时间里，他们共租用了十多台服务器开设私服，总共收取玩家钱款 190 余万元，扣除各项费用后，每人分得约 40 万元。

2009 年 10 月 22 日，上海市长宁区人民法院公开开庭审理刘炜侵犯著作权罪一案。法庭经审理查明，刘炜伙同他人架设私服，非法经营网络游戏《劲舞团》，牟利 190 余万元并从中分得 40 万元，其行为已构成侵犯著作权罪，判处其有期徒刑 3 年，并处罚金人民币 100 万元。①

（二）销售侵权复制品罪（刑法第 218 条）

以营利为目的，销售明知是侵犯他人著作权、专有出版权的文字作品、音乐、电视、录像、计算机软件、图书及其他作品以及假冒他人署名的美术作品，违法所得数额巨大的行为。

销售侵权复制品罪的处罚如下：

1. 自然人犯本罪的，处三年以下有期徒刑或者拘役，并处或者单处罚金。

2. 单位犯本罪的，对单位判处罚金，对其直接负责的主管人员和其他直接责任人员，依上述规定追究刑事责任。

（1）违法所得数额巨大：违法所得数额 10 万元以上的；

（2）违法所得数额虽未达到上述数额标准，但尚未销售的侵权复制品货值金额达到 30 万元以上的。

相关规定

1.《著作权法》（1990 年）

2.《著作权法实施条例》（2002 年）

3.《著作权行政处罚实施办法》（2003 年）

4.《互联网著作权行政保护办法》（2005 年）

5.《计算机软件保护条例》（2001 年）

6.《信息网络传播权保护条例》（2006 年）

7.《关于审理计算机网络著作权案件适用法律若干问题的解释》（2000 年）

8.《侵权责任法》（2009 年）

9.《保护文学艺术作品伯尔尼公约》（1886 年制定、1992 年中国成为会员国）

① 大学生刘某犯侵犯著作权罪获刑三年 [EB/OL].（2009-11-13）[2017-11-15]. http://games. sina. com.cn，2009-11-13.

10.《世界版权公约》(1952 年缔约、1955 年生效)

11.《世界知识产权组织表演及录音制品条约》“WPPT 条约”(1996 年缔结)

12.《世界知识产权组织著作权条约》“WCT 条约”(1996 年)

思 考 题

一、填空题

1. 著作权的人身权，包括署名权、______、修改权、______完整权、_____作品权等，作者有权决定自己的作品是否出版、_____、改编、______、录音、______或用其他方式传播。

2. 著作权的财产权，包括复制权、_____、出租权、______、表演权、______、广播权、_______、摄制权、______、翻译权、______和应当由著作权人享有的其他权利。

3. 著作权，自作品______之日起产生，并受著作权法的保护。

4. 作者的署名权、修改权、保护作品完整权的______不受限制。

5. 公民的作品，其发表权、使用权和获得报酬的保护期为作者终生及其死亡后____年；合作作品的保护期截止于______死亡的作者死亡后 50 年。

6. 法人或非法人单位的作品，著作权(署名权除外)由法人或非法人单位享有的_____作品，其发表权、使用权和获得报酬权的保护期为 50 年，从作品______发表之日起算。

二、名词解释

1. 著作权	2. 知识产权	3. 信息网络传播权
4. 著作权的主体	5. 著作权的客体	6. 演绎作品
7. 合作作品	8. 汇编作品	9. 数据库作品
10. 职务作品	11. 单位作品	12. 一般职务作品；
13. 特殊职务作品	14. 委托作品	15. 著作权许可使用
16. 邻接权	17. 出版者权	18. 表演者权
19. 录音录像制作者权	20. 广播电视组织权	21. 时事新闻
22. 著作权的合理使用	23. 法定许可使用	24. 著作权侵权行为
25. 侵犯著作权罪	26. 销售侵权复制品罪	

三、辨析题

1. 著作权与版权
2. 著作权与邻接权
3. 表演权与表演者权
4. 法定许可使用与合理使用

四、简答题

1. 著作权许可使用合同纠纷有哪三种解决途径？
2. 著作权合理使用的情形和条件分别是什么？
3. 著作权法定许可使用的情形和条件
4. 哪些侵犯著作权的行为要承担民事责任？
5. 哪些侵犯著作权的行为要承担行政责任？

第六章 传媒行政管理

第一节 报纸期刊

世界上一般通行的出版制度主要有两种形式：审批制与追惩制。我国实行出版审批制度，任何单位和个人必须经新闻出版主管机关批准，取得出版资格后才能进行出版活动。出版单位的法人准入、产品准入、人员准入、岗位准入这四大准入制度是出版管理的基本制度；审批许可的项目包括：创办报纸，出版中的变更事项和报社分支机构等。出版物进口业务，取消经营报刊进口业务的指定制，一律实行许可制[①]。

2001 年国务院颁布《出版管理条例》涉及出版行政主管部门、出版单位和从业人员职责，出版监管、出版物出版、法律责任等多方面内容，涵盖了大部分条款。

2018 年，中共中央印发了《党和国家机构改革方案》，中央宣传部统一管理新闻出版、电影工作。主要职责为：贯彻落实党的宣传工作方针，拟定新闻出版业的管理政策并督促落实；管理新闻出版行政事务；统筹规划和指导协调新闻出版事业、产业发展。[②]

① 《出版管理条例》（2011 年修订版）：（1）区分公益性文化事业单位和经营性文化企业单位；（2）加快出版业转企改制进程，明确将“出版事业”区分为“出版事业”和“出版产业”，对两者的登记、变更和终止等程序作了分别规定等。（3）完善准入制度及监管措施，增加有关监督管理的专章规定。（4）增列了通过互联网从事出版物发行业务的许可规定。

② 参见中共中央印发《深化党和国家机构改革方案》。

一、报刊的创办条件

依据《出版管理条例》第 11 条的规定，设立出版单位，应当具备下列条件：（1）有出版单位的名称、章程；（2）有符合国务院出版行政部门认定的主办单位及其主管机关；（3）有确定的业务范围；（4）有 30 万元以上的注册资本和固定的工作场所；（5）有适应业务范围需要的组织机构和符合国家规定的资格条件的编辑出版专业人员；（6）法律、行政法规规定的其他条件。（7）审批设立出版单位，除依照前款所列条件外，还应当符合国家关于出版单位总量、结构、布局的规划。

二、对出版单位分类管理

按照事业单位法人和企业法人类别对出版单位进行分类，在设立、变更、注销等程序方面分别作出不同规定，体现新闻出版体制改革和产业发展的要求。

（一）事业单位法人

出版单位领取出版许可证后，属于事业单位法人的，持出版许可证向事业单位登记管理机关登记，依法领取《事业单位法人证书》。（第 15 条）

（二）企业法人

出版单位领取出版许可证后，属于企业法人的，持出版许可证向工商行政管理部门登记，依法领取《营业执照》。（第 16 条）

三、主办单位和主管机关

创办报刊的出版单位必须有：主办单位和主管机关，这是我国新闻事业的一项独特规制。设立出版单位的必备条件之一是有符合国务院出版行政主管部门认定的主办单位及其主管机关[①]。《出版管理条例》第 9 条："报纸、期刊、图书、音像制品和电子出版物等应当由出版单位出版。"出版单位，包括报社、期刊社、图书出版社、音像出版社和电子出版物出版社等。

四、报刊的监督

依据 2018 年《党和国家机构改革方案》，中央宣传部负责全国的出版活动监督管理工作，监督管理出版物的内容和质量，监督管理，印刷业管理，著作权管理出版物进口等。

① 《出版管理条例》（2002 年施行，2011、2013、2014 年修订）第 11 条规定。

（一）报刊审读

报刊审读是新闻出版行政部门和报刊主管机关在报刊出版后组织有关人员，依法对报刊出版质量进行的审阅和评定，是报刊出版事后管理的重要规制。凡经新闻出版主管机关批准，持有“国内统一连续出版物号”，领取《报纸出版许可证》和《期刊出版许可证》的报刊，应列入审读范围。①

报刊审读事项。包括报道涉及灾情疫情、交通事故、安全生产、刑事案件、社会稳定等重大、敏感和突发事件，是否符合有关规定；是否刊载有悖于社会主义道德风尚，格调低下的文章，是否含有色情淫秽、凶杀暴力、迷信愚昧等有害等内容。对审读中发现的问题，应及时予以认定，并依据相关规定做出处理。

（二）报刊年检

报刊年检，是新闻出版主管机关对报刊进行阶段性监督管理的有效方法。年度核验内容包括：报刊出版单位及其所出版报刊登记项目、出版质量、遵纪守法情况、新闻记者证和记者站管理等。②

对于不能通过年检的报刊处理结果：“暂缓年检”，期限：报纸不得超过180天，期刊不得超过一年，具体期限由省级新闻出版行政主管部门确定。“不予通过年检”，由新闻出版主管机关撤销出版许可证，所在地省级新闻出版行政部门注销登记。未通过年度核验的，报刊出版单位自第二年起停止出版该报刊。③

【案例】

停办出版质量评估不达标的教辅类报纸

2011年5月25日，新闻出版总署在京召开教辅类报纸管理工作会议，对教辅类报纸2011年度出版质量综合评估情况予以通报。按照评估指标体系，经量化评估产生基础建设、环境资源、出版能力、经营能力等4个专项指标，管理类、内容质量、素质教育、法人资质、人力资源等5个专题指数。4个专项指数之和为该报综合指数，依据综合指数得分将67种报纸进行排名并划分为4级。对教辅类报纸实施分级管理，对有品牌、有资源、有市场、有实力的一级、二级教辅类报纸给予出版资源倾斜，鼓励其品牌延伸，做大做强，组建教辅类报纸综合性、专业性出版集团；对三级教辅报纸提出整改意见，要求其减少学科年级版别或缩减业务范围；对四级教辅报纸实施整改和调整退出，督促其调整报纸定位，对排名最后的《学语文报》《中小学数学教学》《新世纪小学生报》《中学生导报》、《小学生阅读报》等5家报纸今年要限期整改，达不到整改要求的予以停办。④

① 《报纸期刊审读暂行办法》（2009年）第3条。
② 根据2006年《关于印发报纸期刊年度核验办法的通知》第5条规定。
③ 同上，第11条规定。
④ 教辅类报纸出版质量综合评估结果公布 [J] 凤凰传媒，2011-05-26.

（三）重大选题备案

重大选题，是指涉及国家安全、社会安定等方面的内容，对国家的政治、经济、文化、军事等会产生较大影响的选题。

凡内容涉及中国共产党党史、国史、军史、重大革命和历史题材以及外交方面的选题，要履行备案手续。重大选题应当经所在地省级新闻出版局审批后报新闻出版主管机关备案。新闻出版主管机关自决定受理备案之日起 30 日内，对备案申请予以答复或者提出意见。

未经备案而出版属于重大选题范围的出版物，无论内容有无问题，一律先停止出版发行。同时，由新闻出版主管机关责令该出版单位按照规定办理申报备案手续，待查实问题后给予相应的行政处罚，并责成出版单位的上级主管部门对出版单位主要负责人给予行政处分。

【案例】

《看历史》杂志重大选题未经备案

2014 年 6 月，成都日报报业集团主管主办的《看历史》杂志 2014 年陆月刊（总第 51 期）刊发了《列宁是蘑菇？》一文，该文涉及列宁同志的有关内容属于重大选题范围，《看历史》编辑部在未经新闻出版行政部门备案的情况下刊发该文。四川省局查明，《看历史》杂志的主编、执行主编、责任编辑等 4 人在任职期间均没有取得法定的出版专业技术职业资格证书。最终四川省局对《看历史》杂志编辑部做出停业整顿 3 个月的行政处罚；对成都日报报业集团做出警告并罚款 3 万元的行政处罚。①

（四）报刊虚假失实报道处理

新闻报道内容的真实、准确、公正是报刊的第一要务。报刊刊载虚假、失实报道和纪实作品，损害了公民、法人或者其他组织的合法权益，也会影响报刊的公信力、权威性和出版秩序。

（1）更正或答辩。虚假、失实报道和纪实作品侵害公民、法人或其他组织的合法权益，当事人有权要求更正或答辩，有关出版单位应在其出版的报刊上予以发表；拒绝发表，当事人可向法院提起诉讼。

凡公开更正，应自虚假、失实报道和纪实作品发现之日起，在其最近出版的一期报刊的同等版位上发表；凡按当事人要求进行更正或发表答辩，应自当事人提出要求之日起，在其最近出版的一期报刊的同等版位上发表。

① 参见《看历史杂志曾因重大选题未备案被停业 3 月》，新浪传媒，2015 年 3 月 23 日。

（2）民事责任。报刊一旦刊载虚假、失实报道和纪实作品，出版单位应在其出版的报刊上公开更正，消除影响；如果致使公民、法人或其他组织的合法权益受到侵害，出版单位应依法承担民事责任。

（3）行政处罚。报刊刊载虚假、失实报道和纪实作品，造成不良社会影响，新闻出版行政主管部门可下达违规通知单、通报批评、责令限期更正或检讨；致使国家和社会公共利益受到损害、造成严重社会影响，可给予警告或罚款；建议主管部门、主办单位整顿违规报刊，处分有关责任人。

【案例】

《扬子晚报》违规案件查处情况

2014 年 12 月 19 日，某网站刊发《成都男 20 张火车票送女友丈母娘一开心聘礼只要 50 万》的报道。2014 年 12 月 21 日，江苏《扬子晚报》未经核实，将上述报道改编，以《男子抢 20 张火车票送女友岳母大悦聘礼减半》为题刊发。经查，此条消息是某抢票软件企业炮制的虚假新闻。对此，江苏省新闻出版广电局依法对《扬子晚报》作出警告、罚款 1 万元的行政处罚。①

（五）报刊违纪违规警告

建立违纪违规报刊警告制度，是为了强化约束机制，进一步健全和完善宏观管理制度，有利于规范报刊的管理，维护正常的宣传秩序；有利于促进报刊业的繁荣健康发展。

党委宣传部和新闻出版行政管理部门对报刊出现的以下违纪违规问题提出警告②：（1）否定马列主义、毛泽东思想、邓小平理论的指导地位，造成恶劣的社会影响；（2）违背党的路线、方针、政策，出现严重的政治错误；（3）泄露国家秘密，危害国家安全，损害国家利益；（4）违反民族、宗教政策，危害民族团结，影响社会稳定；（5）宣扬凶杀、暴力、色情、迷信和伪科学，思想导向错误；（6）传播谣言，编发假新闻，干扰工作大局；（7）党委宣传部门和新闻出版行政管理部门认定的其他严重错误。

对违纪违规报刊进行处罚，包括撤换该报刊总编辑或社长，给予有关责任人必要的行政处分、停业整顿、出现严重导向错误可撤销该报刊的刊号。

① 15 家媒体刊发虚假失实报道被查处 [M/OL]，新华网，2015-09-28.
② 依据 2000 年《关于建立违纪违规报刊警告制度的意见》和《违纪违规报刊警告制度实施细则》规定。

【案例】

《南方都市报》原记者王某违规案件被查处

2014年12月，王某在担任《南方都市报》记者期间，在未采访当事人家属、单位和医院的情况下，根据河南当地传闻，编写了《河南平顶山女官员3个月前自杀官方至今未通报》一文，在微信公众号"深℃"发布。经查实，该报道关于女官员的自杀内容与事实严重不符，导致虚假新闻传播，王某被报社劝退。对此，新闻出版广电总局依法将王某列入有新闻采编不良从业行为的名单，5年内禁止从事新闻采编工作。[①]

相关规定

1.《国务院关于严厉打击非法出版活动的通知》(1987年)
2.《关于出版单位的主办单位和主管单位职责的暂行规定》(1993年)
3.《关于严格禁止买卖书号、刊号、版号等问题的若干规定》(1997年)
4.《图书、期刊、音像制品、电子出版物重大选题备案办法》(1997年)
5.《出版管理行政处罚实施办法》(1998年)
6.《报刊刊载虚假失实报道处理办法》(1999年)
7.《关于建立违纪违规报刊警告制度的意见》(2000年)
8.《出版管理条例》(2001年)
9.《音像制品管理条例》(2001年)
10.《印刷业管理条例》(2001年)
11.《新闻出版行业领导岗位持证上岗实施办法》(2002年)
12.《出版专业技术人员职业资格管理暂行规定》(2002年)
13.《期刊出版管理规定》(2005年)
14.《报纸出版管理规定》(2005年)
15.《音像出版管理规定》(2004年发布)
16.《报纸期刊年度核验办法》(2006年)
17.《电子出版物管理规定》(2008年)
18.《报纸期刊审读暂行办法》(2009年)
19.《关于规范报纸期刊主要负责人任职资格的通知》(2009年)
20.《报纸出版评估论证制度试行办法》(2010年)
21.《报纸期刊出版质量综合评估办法(试行)》(2010年)

① 资料来源：15家媒体刊发虚假失实报道被查处，新华网，2015-09-28。

22.《关于报刊编辑部体制改革的实施办法》(2012 年)
23.《内部资料性出版物管理办法》(2015 年)
24.《网络出版服务管理规定》(2016 年)

思 考 题

一、判断题

1. 我国传媒行政管理包括报纸、期刊管理、广播、电视管理，互联网管理。(　　)
2. 我国设立出版单位需要有 100 万元以上的注册资本和固定的工作场所。(　　)

二、选择题

1. 我国报刊管理的两项基本制度为出版审批制度和(　　)
   A. 主管单位制度　　B. 主办单位制度
   C. 主持单位制度　　D. 主管主办单位制度
2. 重大选题备案制度包括哪些题材？(　　)
   A. 涉及党和国家秘密的选题
   B. 涉及“文化大革命”的选题
   C. 涉及中国国界的各类地图选题
   D. 大型古籍白话今译的选题

三、名词解释

1. 出版物
2. 出版单位
3. 重大选题

四、简答题

1. 简述新闻出版主管主办制度。
2. 设立出版单位要具备哪五个条件？
3. 哪些属于重大选题？
4. 我国报刊的禁载规定有哪些？

第二节　广播电视

我国广播电视业在整个新闻传播领域中的性质和地位都很特殊，承载着重大的社会责任和历史使命。既有一般行业属性，又有意识形态的特殊性；既有上层建筑的属性，又有信息产业的属性；既是大众传媒，又是党的重要舆论宣传阵地。融政治、经济、文化、科技、社会服务多种元素于一身，集政治属性、经济属性和文化属性于一体。

1997 年国务院颁布的《广播电视管理条例》把广播电视节目的采编、制作、播放、传输、广播电视运营服务、互联网视听节目服务、公共视听节目服务等活动规制范围。明确国务院广播电视行政部门负责全国的广播电视管理工作。县级以上地方人民政府负责广播电视行政管理工作的部门或者机构负责本行政区域内的广播电视管理工作。

一、电台、电视台的设立

我国设立广播电台、电视台，应当具备下列条件：（1）有符合国家规定的广播电视专业人员；（2）有符合国家规定的广播电视技术设备；（3）有必要的基本建设资金和稳定的资金保障；（4）有必要的场所。审批设立广播电台、电视台，除依照前款所列条件外，还应当符合国家的广播电视建设规划和技术发展规划。

广播电台、电视台由县、不设区的市以上人民政府广播电视行政部门设立，其中教育电视台可以由设区的市、自治州以上人民政府教育行政部门设立。其他任何单位和个人不得设立广播电台、电视台。（第 10 条）

对擅自设立广播电台、电视台、教育电视台、有线广播电视传输覆盖网、广播电视站的，由县级以上人民政府广播电视行政部门予以取缔，没收其从事违法活动的设备，并处以罚款。（第 47 条）

【案例】

为赚钱私办“电视台”　湖北“下海”教师被查处

2002 年，姚某（曾是当地某电大教师）辞职下海私设一家卫星地面接收站，擅自转播境外电视节目，并公开向社会发展个人用户，附近几家工厂的 400 多户居民接受了他的“服务”。襄樊国家安全局和襄樊广电管理部门发现这一情况后，于 2013 年 7 月 22 日暂扣了姚某的卫星地面转播设备，并依法查处了姚某的违法行为。[①]

① 刘振雄，襄国安 . 为赚钱私办“电视台”　湖北“下海”教师被查处 [N]. 楚天都市报，2003-07-29.

二、广播电视节目

我国广播电视节目管理主要涉及：禁播规定、审查规定、限制播放规定、直播和转播规定、节目制作经营管理等。

（一）禁播规定

第32条明确禁播规定：（1）危害国家的统一、主权和领土完整的；（2）危害国家的安全、荣誉和利益的；（3）煽动民族分裂，破坏民族团结的；（4）泄露国家秘密的；（5）诽谤、侮辱他人的；（6）宣扬淫秽、迷信或者渲染暴力的；（7）法律、行政法规规定禁止的其他内容。

【案例】

周口一村支书自办电视台 播放低俗内容被查处

2012年春节过后，河南省商水县巴村、谭庄、大武、舒庄等乡镇，村民们晚上观看当地电视台的电视节目时，突然会闪现没有台标的一些节目，其内容大多为“安徽戏曲小调”，其戏曲段子常有插科打诨，内容低俗。在播出的节目中，还插播有性药广告和其他广告信息。村民们将此情况反映到该县电视台和县广播电视局，电视台的工作人员通过走访群众，实地观看了村民家中电视里播放的这些节目，证实该电视节目为非法制作播放。3月28日，周口市无线电管理委员会联合商水县广播电视局和商水县公安局，经过周密部署和仔细测量，执法人员在巴村镇一村支书家里当场查获电视信号发射机及延时器、电视播放自动定时器等设备。此时，该播出器仍在播放着虚假药品广告。按照有关法规，执法人员当场对当事人下达了行政处罚通知书，依法查扣全部播出发射设备，对这一非法电视台进行了查处。①

（二）审查规定

为了切实履行广播电视行政机构对广播电视宣传的管理职能，规范广播电视宣传规制活动，落实“四项制度”，完善广播电视宣传工作机制，做好广播电视宣传工作，确保导向正确。我国对广播电视节目审查制度包括两种：

1. 播出机构审查

播出机构审查，即广播电台、电视台对其播放的节目内容进行播前审查、重播重审，付费频道开办机构对付费频道的节目内容进行播前审查、重播重审，播出机构一般设有编辑委员会；

① 资料来源：周口一村支书自办电视台 播放低俗内容被查处，2012-04-30。

2. 政府部门审查

对用于广播电台、电视台播放的境外电影、电视剧，由国务院广播电视行政部门进行审查批准；用于广播电台、电视台播出的境外其他节目，由国务院广播电视行政部门或其授权机构审查批准。

3. 重播重审

2004 年 6 月 24 日《国家广播电影电视总局关于严格重播重审制度的通知》各影视节目制作机构要加强政治意识、大局意识、责任意识，高度重视涉及民族问题的各类节目的制作；各级广播影视管理部门要切实履行职责，完善必要的管理制度，明晰管理职责；各级广播电视播出机构要严格执行对其播放的广播电视节目进行播前审查和重播重审的有关规定，严格把控播出。

（三）限制播放规定

1. 涉案剧限制播放

2004 年 4 月 19 日，国家广播电影电视总局下发了《关于加强涉案剧审查和播出管理的通知》规定，所有电视台的所有频道（包括上星频道和非上星频道）正在播出和准备播出的涉案题材的电视剧、电影片、电视电影，以及用真实再现手法表现案件的纪实电视专题节目，均安排在每晚 23：00 以后播放，特殊需要的需向总局专项报批。

2. 广告节目限制播放

广播电台、电视台应当播放公益性广告。禁止虚假违法广告、明确规定各类广播电视类型的节目不得含有法律法规或者危害社会公德的内容。

（四）直播规定

1. 重要政务新闻的直播规定

执政党和国家的领导机关的重大决策、重要会议和事件、重要文件、中央领导人的重要活动、中央领导人同外宾会见与会谈、会谈时发表的涉及国内国际重大问题的谈话、重要人事任免、领导人去世等。这类新闻必须由国家通讯社即新华通讯社统一发布，并由中共中央机关报《人民日报》负责刊载。

重要政务新闻的直播：（1）重大政治会议报道直播：中国共产党每届每一次党代会；全国人大和政协每届每一次代表大会报告直播等；（2）各类政务会议报道；（3）领导同志出访、接见外宾活动的报道；（4）推行政务公开活动的报道。如农村村务公开、乡镇政权机关的政务公开等。

2. 群众参与的直播节目规定[①]

群众参与的直播节目规定包括：（1）听众、观众通过热线电话等形式参与的电台、

① 依据 1999 年广电总局发布《群众参与的广播电视直播节目管理暂行办法》规定。

电视台、有线广播电视台、广播电视台的直播节目或栏目；（2）有听众、观众现场参与的广播电视直播节目或栏目；（3）现场转播其他部门的有听众、观众参与的节目。（第2条）

广播电台、电视台、有线广播电视台、广播电视台开设群众参与的直播节目，必须符合以下条件：（1）具备"延时[①]装置""储存电话"等技术保障设施；（2）具有较高政策水平、熟练掌握有关操作技能的相对固定的编播人员；（3）电台、电视台的导演、导播、主持人必须经过培训、持证上岗，电话编辑、节目监制等编播人员必须具有中级以上的专业技术职务；（4）有比较完善的节目操作程序和管理规定；（5）有处理不测情况的应对预案。（第3条）

广播电台、电视台、有线广播电视台、广播电视台开设群众参与的直播节目，须经广播电视行政部门批准。（第4条）

未经批准擅自开设直播节目的要责令立即停止，通报批评。发生政治性事故的，应当暂停节目，予以行政处罚，对负责人和责任人予以行政处分。（第7条）

（五）转播规定

地方广播电台、电视台或者广播电视站，应当按照国务院广播电视行政部门的有关规定转播广播电视节目[②]。（第37条）

各地广播电台、电视台、有线广播电视台（站）必须安排标准频道，完整直接地转播好中央台和本省（区、市）台的第一套广播电视节目。各地有线广播电视台还应当转播中央台和本省（区、市）台的其他无线广播电视节目。各地有线广播电视台（站）应开辟专用频道转播中国教育电视台的第一套节目。[③]

【案例】

未经许可转播圣火传递

2008年，央视独家制作了"圣火耀珠峰"直播节目，播出时，世纪龙公司经营的网站对其实时转播，就此央视认为世纪龙公司侵犯了其独享的信息网络传播权，索赔30万元。

法院经审理认为，根据相关协议，当届奥运会赛事及相关活动在国内新媒体（互联网和移动平台）转播权由国际奥委会独家授予中国中央电视台，被告的行为被认定侵犯央视的信息网络传播权，因此判令其赔偿损失及合理费用共30万元。[④]

① 延时直播，是指节目播出的时间，要比节目开始的时间有一定的延迟。延时的目的是为监播人员提供一定的监播时间，以防止不利于社会稳定和安全的画面及语言播出。总局规定，有群众参与的电视节目必须延时播出20秒以上。延时直播绝非录播。录播是指播出前把整档节目按播出要求编辑录制，做成完整节目的播出带，按规定播出时间进行播放的方式。

② 参见《广播电视管理条例》（国务院，1997年，2013年修订）。

③ 参见《关于加强对转播国内卫星广播电视节目管理有关问题的通知》（国家广播电影电视总局，1999年）。

④ 网站违规转播圣火传递 央视索赔30万元[N]. 羊城晚报，2010-04-23.

三、节目制作经营管理

（一）适用范围

设立广播电视节目制作经营机构或从事专题、专栏、综艺、动画片、广播剧、电视剧等广播电视节目的制作和节目版权的交易、代理交易等活动的行为，都要遵守《广播电视节目制作经营管理规定》。

（二）许可制度

国家对设立广播电视节目制作经营机构或从事广播电视节目制作经营活动实行许可制度。设立广播电视节目制作经营机构或从事广播电视节目制作经营活动应当取得《广播电视节目制作经营许可证》。

时政新闻等节目制作限制。广播电视时政新闻及同类专题、专栏等节目只能由广播电视播出机构制作，其他已取得《广播电视节目制作经营许可证》的机构不得制作时政新闻及同类专题、专栏等广播电视节目。

禁止以任何方式涂改、租借、转让、出售和伪造《广播电视节目制作经营许可证》和《电视剧制作许可证》。违反规定的，依照《广播电视管理条例》进行处罚。构成犯罪的，依法追究刑事责任。

四、卫星传输和接受广播电视节目

（一）卫星传输广播电视节目

卫星传输广播电视节目，是指境内广播电台、电视台利用卫星方式传输广播电视节目，以扩大广播电视覆盖的活动。广播电台、电视台利用卫星方式传输广播电视节目，应当符合国家规定的条件，并经国务院广播电视行政部门审核批准。利用卫星方式传输广播电视节目的广播电台、电视台应当建立、健全节目审查责任制度，严格审查卫星广播电视节目[①]。

【案例】

非法接收和传送电视节目案

2016 年 7 月 12 日，北京市文化执法总队根据群众举报，对朝阳区某公司涉嫌违规开通卫星电视服务展开调查。发现涉事公司在未经许可的情况下，设置卫星地面接收设施接收卫星传送的电视节目，并擅自利用有线方式从事广播电视节目传送业务，为朝阳区某小区用户接收和传送凤凰中文、CNN、华娱等电视节目。

① 参见《卫星传输广播电视节目管理办法》（广播电影电视部，1997 年）第 13-14 条。

该公司在利用有线方式从事广播电视节目传送业务的过程中，涉及卫星电视信号落地、卫星电视信号转换、数字电视信号混入、客户端接收等多个技术环节，而这些违法行为严重影响电视节目传送安全，存在安全隐患。最终，依据《卫星电视广播地面接收设施管理规定》《广播电视节目传送业务管理办法》等法规，北京市文化执法总队对该公司作出了行政处罚。[①]

（二）卫星地面接收设施管理

卫星地面接收设施接收外国卫星传送的电视节目，是指单位利用已有的卫星地面接收设施或者设置专门的卫星地面接收设施接收与本单位业务工作有直接关系的外国卫星传送的电视节目。国家对卫星地面接收设施实行审批制。[②]

境外加扰卫星电视节目的接收范围[③]限于：（1）三星级或国家标准二级以上的涉外宾馆；（2）专供外国人和港、澳、台人士办公或居住的公寓，可申请设置卫星地面接收设施接收卫星传送的境外加扰娱乐节目；（3）级别较高，规模较大的教育、科研、新闻、金融、经贸等确因业务工作需要的单位，可申请设置卫星地面接收设施接收与本单位业务相关的境外加扰专业节目，个人不得安装和使用卫星地面接收设施。严禁将所接收的外国卫星传送的电视节目在国内电视台、有线电视台、录像放映点播放或者以其他方式进行传播。

【案例】

非法安装使用地面卫星接收设施案

2016年7月山东省滨州市文化市场综合执法局同市广电网络公司、邹平县文化执法局对邹平县锦江之星宾馆进行检查时，发现酒店客房内电视接收的电视频道包含澳门莲花、凤凰中文、TV5MONDE、RT等4套境外电视节目，经询问，宾馆未办理《接收卫星传送的电视节目许可证》，属擅自播放境外电视节目，已违反了《卫星电视广播地面接收设施管理规定》第七条的规定，执法人员依法制作现场检查笔录、调查询问笔录等执法文书，对现场证据进行了拍照取证，依法下达了《责令整改拆除通知书》。经进一步调查询问，该酒店在顶层安装使用3台卫星电视接收天线，机房内设有电视信号集成前端，包括有线电视机顶盒和卫星电视机顶盒，可集成40套电视节目并发送到酒店各客房，其中境外电视节目4套。市文化市场综合执法局依法予以立案，依据《卫星电视广播地面接收设施管理规定》和《行政处罚法》有关规定，给予行政罚款、没收擅自安装和使用卫星电视广播地面接收设施的行政处罚。[④]

① 参见北京查处非法接收和传送电视节目案，广电总局，2016-09-06。
② 参见《卫星地面接收设施接受外国卫星传送电视节目管理办法》（广播电影电视部公安部国家安全部1990年）。
③ 参见《关于接收境外卫星电视节目管理的有关问题的通知》（广播电影电视部，1995）。
④ 滨州查处一起非法安装使用地面卫星接收设施案件[N].鲁北晚报，2016-07-06.

五、广播电视涉外制度

明确非公有资本依照国家有关规定，可以投资广播电台、电视台、网络广播电视台的科技、音乐、体育、娱乐等节目的制作，为社会有条件参与广播电视发展提供法规依据。①

（一）规定境外节目播放比例

付费频道播出境外的电影、电视剧及动画片的时间不得超过该频道当天总播出时间的30%，不得以任何形式转播境外广播电视节目频道或栏目。② 另外，我国台湾地区要求无线广播电视播出本地自制节目不得少于70%，有线广播电视播出本地自制节目不得少于20%。

电视频道每天播出的境外影视剧，不得超过该频道当天影视剧总播出时间的25%；每天播出的其他境外电视节目，不得超过该频道当天总播出时间的15%；未经广电总局批准，不得在黄金时段（19：00—22：00）播出境外影视剧。③

（二）境外记者到境内采访

外国常驻记者、外国短期采访记者、外国常驻新闻机构，在中华人民共和国境内从事新闻采访报道业务的必须：（1）必须遵守中华人民共和国的法律、法规。（2）应当在注册的业务范围或者商定的采访计划内进行业务活动。（3）应当遵守新闻职业道德，不得歪曲事实、制造谣言或者以不正当手段采访报道。（4）不得进行与其身份和性质不符或者危害中国国家安全、统一、社会公共利益的活动。

（三）外国人参加广播电视节目制作活动

广播影视节目制作活动，包括除新闻类以外的广播电视节目（含专题、综艺、外语教学类等）、电视剧、电影片的制作以及以制作广播电视节目为目的的各类文艺演出。

在有特殊需要或国内缺少相关人员的情况下，可聘请外国人参加广播影视节目制作活动。被聘用参加广播影视节目制作活动的外国人，必须具有相关的工作技能、专业资格或工作经历。④

聘请外国人要注意：（1）广播电台、电视台不得聘请外国人主持新闻类节目，包括新闻、新闻评论、新闻专题等。（2）广播电台、电视台经批准聘请外国人以专家身份参加外语教学节目并付给报酬的，纳入聘请外国文教专家系列管理，并按国家有关规定办理相关手续。（3）具有电视剧制作许可证或摄制电影许可证的单位，经批准可聘请外国人参加电视剧或电影片的制作。中外合作制作电视剧或电影片聘请外国演职员依照合作制作电视剧

① 资料来源：黄浩铭，夏军．广西出台广电管理条例规范运营服务，新华社，2016-10-01。
② 参见《广播电视有限数字付费频道业务管理暂行办法》（广电总局，2003 年）第 24 条。
③ 参见《境外电视节目引进、播出管理规定》（广电总局，2004 年）第 18 条。
④ 参见《外国人参加广播影视节目制作活动管理规定》（广电总局，1999 年）第 4 条。

和电影片的有关规定执行。（4）原则上外国留学生不得参加广播影视节目制作活动。因节目制作需要邀请外国留学生参加临时性广播影视节目制作的，制作单位应事先征得学生所在学校同意。

若违反规定，国家广播电影电视总局或省级广播影视行政部门，可根据其情节轻重，给予下列行政处罚：（1）警告；（2）责令停止制作或播放违反上述规定的节目；（3）处以1万元以下罚款。

（四）进口、转播境外广播电视节目

依据《广播电视管理条例》第51条第四项的规定：未经批准，擅自以卫星等传输方式进口、转播境外广播电视节目的，由县级以上人民政府广播电视行政部门责令停止违法活动，给予警告，没收违法所得和从事违法活动的专用工具、设备，可以并处2万元以下的罚款；情节严重的，由原批准机关吊销许可证。

相关规定

1.《卫星地面接收设施接受外国卫星传送电视节目管理办法》（1990年）
2.《无线电管理条例》（1993年）
3.《广播电视管理条例》（1997年）
4.《关于接收境外卫星电视节目管理的有关问题的通知》（1995年）
5.《卫星传输广播电视节目管理办法》（1997年）
6.《群众参与的广播电视直播节目管理暂行办法》（1999年）
7.《广播电视设施保护条例》（2000年）
8.《广播电视有限数字付费频道业务管理暂行办法》（2003年）
9.《广播电视无线传输覆盖网管理办法》（2004年）
10.《广播电视节目经营管理规定》（2004年）
11.《境外电视节目引进、播出管理规定》（2004年）
12.《关于加强涉案剧审查和播出管理的通知》（2004年）
13.《广播电视广告播放管理暂行办法》（2004年）
14.《广播电台、电视台审批管理办法》（2004年）
15.《境外卫星电视频道落地管理办法》（2004年）
16.《电视剧审查管理规定》（2004年）
17.《境外电视节目引进、播出管理规定》（2004年）
16.《中外合作制作电视剧管理规定》（2004年）

18.《广播电视编辑记者、播音员主持人资格管理暂行规定》(2004 年)

19.《广播电视广告播放管理办法》(2004 年)

20.《关于新闻采编人员从业管理的规定(试行)》(2005 年)

21.《广播电视有限数字付费频道业务管理暂行办法》(2003 年)

22.《境外电视节目引进、播出管理规定》(2004 年)

23.《广播电视无线传输覆盖网管理办法》(2004 年)

24.《广播电视安全播出管理规定》(2009 年)

25.《电视剧内容管理规定》(2010 年)

思 考 题

一、判断题

1. 广播、电视台每套节目中每天播放公益广告的数量，不得少于广告总播出量的10%（ ）

2. 破坏广播电视设施、公用电信设施，危害公共安全的，处三年以上七年以下有期徒刑（ ）

二、选择题

1.2004 年《境外电视节目引进、播出管理规定》指出，各电视频道每天播出的境外影视剧，不得超过该频道当天影视剧总播出时间的（ ）

A.25%　　B.35%　　C.50%　　D.70%

2. 电影频道每天播出的境外影视剧，不得超过该频道当天影视剧总播出时间的（ ）

A.20%　　B.25%　　C.40%　　D.50%

三、简答题

1. 在我国，设立广播电台、电视台应当具备哪些条件？

2. 我国广播电视禁止播放的内容有哪些？

3. 广播电视节目管理规定有哪些？

4. 外国人参加广播电视节目制作活动应注意的问题有什么？

第三节 互联网信息

1994 年我国正式接入国际互联网，成为第 71 个加入互联网的国家。自此中国的互联网迅速发展，互联网全方位影响着中国的政治、经济、文化，深刻地改变了人们的生活。经过多年的努力，我国陆续颁布实施了一系列有关计算机及国际互联网络的法规、部门规章或条例，内容涵盖国际互联网管理、信息安全、国际信道、域名注册、密码管理等多个方面，在传媒领域完善了网络出版服务、互联网新闻信息服务、互联网视听节目、网络剧、微电影、网络游戏等规制，初步形成了具有中国特色的互联网法律体系。

一、网络出版服务

随着新业态的发展，网络出版已成为出版业的重要力量。网络出版服务是新兴出版形态和传播方式。网络文学、网络学术、网络地图、网络游戏等原创网络出版蓬勃发展。网上销售异军突起，网上书店的管理也亟待加强，大量未经批准的非法网站和淫秽色情、有害信息等违禁内容，依法监管面临更大挑战，因此，规范网络出版市场秩序，维护国家网络出版领域的文化安全，亟须完善有关法规和规章。

2016 年的《网络出版服务管理规定》对网络出版服务许可、网络出版服务管理、监督管理、保障与奖励，法律责任作出说明。

（一）网络出版相关概念

网络出版服务，是指通过信息网络向公众提供网络出版物。

网络出版物，是指通过信息网络向公众提供的，具有编辑、制作、加工等出版特征的数字化作品。其范围主要包括：（1）文学、艺术、科学等领域内具有知识性、思想性的文字、图片、地图、游戏、动漫、音视频读物等原创数字化作品；（2）与已出版的图书、报纸、期刊、音像制品、电子出版物等内容相一致的数字化作品；（3）将上述作品通过选择、编排、汇集等方式形成的网络文献数据库等数字化作品；（4）国家广电总局认定的其他类型的数字化作品。（第 2 条）

（二）许可制度

1. 相关服务器和存储设备必须在境内

图书、音像、电子、报纸、期刊出版单位从事网络出版服务应当具备以下条件：（1）有确定的从事网络出版业务的网站域名、智能终端应用程序等出版平台；（2）有确定的网络出版服务范围；（3）有从事网络出版服务所需的必要的技术设备，相关服务器和存储设备必须存放在中华人民共和国境内。

首次要求所需技术设备、服务器、存储设备必须存放在中国境内。不仅从事网络出版服务的企业主体需要在境内，其从事服务活动的设备也需要存放在境内。这一条防止某些国内公司，为逃避检查将服务器置于香港地区或国外某地的情形。

2. 明确外资单位将不得从事网络出版服务

在外资政策方面，由于网络出版属于出版业的重要组成部分，新规定明确中外合资经营、中外合作经营和外资经营的单位不得从事网络出版服务。同时，明确网络出版服务单位与外资企业或境外组织及个人进行网络出版服务业务的项目合作，应当事前报国家广播电视总局审批。

3. 许可证有效期 5 年

从事网络出版服务，必须依法经过出版行政主管部门批准，取得《网络出版服务许可证》。有效期为 5 年。

（三）网络出版服务制度

1. 出版物内容审核责任制度

加大了对未成年合法权益的保护范围。网络出版物不得含有诱发未成年人模仿违反社会公德和违法犯罪行为的内容，不得含有恐怖、残酷等妨害未成年人身心健康的内容，不得含有披露未成年人个人隐私的内容。

2. 重大选题备案制度

网络出版服务单位出版涉及国家安全、社会安定等方面重大选题的内容，应当按照国家广电总局有关重大选题备案管理的规定办理备案手续。未经备案的重大选题内容，不得出版。

3. “人工干预搜索排名、广告、推广等”查验制度

要求网络相关服务提供者在为网络出版服务提供者提供人工干预搜索排名、广告、推广等服务时，应当查验服务对象的《网络出版服务许可证》，防止为未取得相关许可的非法网站提供相关服务。

4. 国家对网络出版物实行标识规制

按照“谁登载、谁负责”“网上、网下相一致”的原则，细化了网络出版服务的管理要求，增强可操作性，进一步明确了网络出版服务单位的内容审核责任。

5. 首次规定网络出版服务单位年度核验制度

网络出版服务单位实行年度核验制度，年度核验每年进行一次。省、自治区、直辖市出版行政主管部门可以向社会公布年度核验结果。

（四）法律责任

对擅自出版、上网出版网络游戏的；违反禁载规定；转借、出租、出卖许可证的，已经触犯刑法的，依法追究刑事责任。否则，出版行政主管部门可以采取下列行政措施：（1）下达警示通知书；（2）通报批评、责令改正；（3）责令公开检讨；（4）责令删除违法内容。以上行政措施可以并用。

二、互联网新闻信息服务

2005 年颁布的《互联网新闻信息服务管理规定》界定了新闻信息、互联网新闻信息服务、新闻单位的概念。

新闻信息，是指时政类新闻信息，包括有关政治、经济、军事、外交等社会公共事务的报道、评论，以及有关社会突发事件的报道、评论。

互联网新闻信息服务，包括通过互联网登载新闻信息、提供时政类电子公告服务和向公众发送时政类通讯信息。

新闻单位，是指依法设立的报社、广播电台、电视台和通讯社；其中，中央新闻单位包括中央国家机关各部门设立的新闻单位。

互联网新闻信息服务单位分为以下三类：

（1）新闻单位设立的登载超出本单位已刊登播发的新闻信息、提供时政类电子公告服务、向公众发送时政类通讯信息的互联网新闻信息服务单位；

（2）非新闻单位设立的转载新闻信息、提供时政类电子公告服务、向公众发送时政类通讯信息的互联网新闻信息服务单位；

（3）新闻单位设立的登载本单位已刊登播发的新闻信息的互联网新闻信息服务单位。

根据《国务院对确需保留的行政审批项目设定行政许可的决定》和有关行政法规，设立第（1）项、第（2）项规定的互联网新闻信息服务单位，应当经国务院新闻办公室审批。

设立第（3）项规定的互联网新闻信息服务单位，应当向国务院新闻办公室或者省、自治区、直辖市人民政府新闻办公室备案。

2016 年 11 月，网信办给了 14 家网站采访权，包括人民网、新华网、中国网、国际在线、中国日报网、中国网络电视台、中国青年网、中国经济网、中国台湾网、中国西藏网、光明网、中国广播网、中国新闻网和中青在线 14 家，拿证记者共 594 名。

除此之外，商业网站没有采访权，不能进行直接的新闻采访。只能登载或转载时政类新闻信息，即有关政治、经济、军事、外交等社会公共事务的报道、评论，以及有关社会突发事件的报道、评论。[①]

① 汪丹，594 名网络采编人员拿到记者证，北京日报 . 2015-11-07.

2017 年，为适应信息技术应用发展的实际，国家互联网信息办公室公布施行了《互联网新闻信息服务管理规定》，对通过互联网站、论坛、博客、微博客、公众账号、即时通信工具、网络直播等形式提供互联网新闻信息服务，进行统一的规范和管理，加强网络空间法治建设，促进互联网新闻信息服务健康有序发展。

（一）严控外资进入新闻媒体

1. 明确外资不得设立互联网新闻相关单位

任何组织不得设立中外合资经营、中外合作经营和外资经营的互联网新闻信息服务单位。

2. 互联网新闻信息采编业务不允许非公有资本介入

互联网新闻信息服务提供者的采编业务和经营业务应当分开，非公有资本不得介入互联网新闻信息采编业务，对新闻采编业务的资本来源也做出了明确的要求，从源头上巩固了我国的舆论阵地。

3. 有条件地与外资企业合作

互联网新闻信息服务单位与境内外中外合资经营、中外合作经营和外资经营的企业进行涉及互联网新闻信息服务业务的合作，应当报经国家互联网信息办公室进行安全评估，在保证外资企业安全、可信，网络新闻内容可管、可控的前提下，依法、有序地开展合作。

（二）确立新闻转载制度

在“互联网新闻信息服务”定义中，明确“转载服务”是互联网新闻信息服务的一种重要形式。主要从转载内容原真性的保持和转载内容版权的保护两个方面，给出了转载相关规定条款。

1. 保持转载内容的原真性

互联网新闻信息服务提供者转载新闻信息，应当转载中央新闻单位或省、自治区、直辖市直属新闻单位等国家规定范围内的单位发布的新闻信息，注明新闻信息来源、原作者、原标题、编辑真实姓名等，不得歪曲、篡改标题原意和新闻信息内容，并保证新闻信息来源可追溯。

2. 保护新闻内容传递不失真性

规定不得歪曲、篡改标题原意和新闻信息内容，保证了新闻内容层层传递不失真，级级传达不走样。保证新闻传播内容有据可循，增强了新闻传播的抗抵赖性[①]，进一步强

① 抗抵赖性也称作不可否认性，在网络信息系统的信息交互过程中，确信参与者的真实同一性。即所有参与者都不可能否认或抵赖曾经完成的操作和承诺。利用信息源证据可以防止发信方不真实地否认已发送信息，利用递交接收证据可以防止收信方事后否认已经接收的信息。通过用户认证、数字签名、操作日志等方法实现。

化了新闻传播的责任约束机制。

3. 加强转载内容版权保护

互联网新闻信息服务提供者转载新闻信息，应当遵守著作权相关法律法规的规定，保护著作权人的合法权益。明确了新闻内容具有知识产权，强调了新闻内容的知识产权同样应受到保护，填补了我国网络新闻知识产权相关规定的空白。

（三）建立信用管理体系

为规范互联网用户行为，净化互联网舆论环境，要求互联网新闻信息服务提供者为用户提供互联网新闻信息传播平台服务，应当按照《网络安全法》的规定，要求用户提供真实身份信息。用户不提供真实身份信息的，互联网新闻信息服务提供者不得为其提供相关服务，从内外两方面对这些用户进行规制：

从传播平台出发。要求互联网新闻信息传播平台服务的提供者应当与在其平台上注册的用户签订协议明确双方权利义务。

从用户的角度出发。不得制作、复制、发布、传播法律，行政法规禁止的信息内容。把提供身份信息作为用户发表互联网新闻相关信息必要条件，保证了互联网非法信息的可追溯性，增强了用户在互联网上发表或转载信息的自我约束意识。

强调传播平台的保密责任。为防止用户提供的信息被互联网平台非法利用，要求互联网新闻信息服务提供者对用户身份信息和日志信息负有保密的义务，不得泄露、篡改、毁损，不得出售或非法向他人提供。新闻信息服务提供者及其从业人员，不得通过采编、发布、转载、删除新闻信息，干预新闻信息呈现或搜索结果等手段谋取不正当利益。

三、互联网视听节目

截至 2017 年 12 月 31 日，互联网视听节目服务持证机构共 586 家。北京近 200 家。中国网络视频用户规模达 5.45 亿。[①] 互联网视听节目服务发展迅速，影响日益增强，不断满足广大网民多样化、个性化的需求。但是，互联网上也在传播着不少含有淫秽色情、暴力低俗内容的节目和侵权盗版节目，严重污染了网络环境，影响了未成年人的健康成长，损害了互联网视听节目服务业的长远发展。对此，社会舆论反应强烈，要求政府依法加强监管。

2008 年，国家广电总局在《互联网视听节目服务管理规定》中，规定在互联网视听节目的市场准入中，只有国有独资或国有控股企业才有资格。此前，只有国有广电机构才可以制作在电影、电视渠道中进行传播的视频节目，现在只要符合国有控股以及其他资质，

① 资料来源：互联网视听节目服务持证机构名单（截止到 2017 年 12 月 31 日），广电总局网站，2018-03-19。

就可以进行视频生产，对于民营资本进入这一领域有着重大意义，无疑开拓了网络视频生产的能力。①

2016年，国家广电总局日前下发《关于加强网络视听节目直播服务管理有关问题的通知》，重申相关规定，要求网络视听节目直播机构依法开展直播服务，对内容审核、播出管理、原创红线、审核流程等方面都有了详细规定②。

2018年3月22日，国家广电总局下发《进一步规范网络视听节目传播秩序的通知》，对网络视听节目的传播秩序提出四点要求：

（1）坚决禁止非法抓取、剪拼改编视听节目的行为。不得制作、传播歪曲、恶搞、丑化经典文艺作品的节目；不得擅自对经典文艺作品、广播影视节目、网络原创视听节目作重新剪辑、重新配音、重配字幕，不得截取若干节目片段拼接成新节目播出；不得传播编辑后篡改原意产生歧义的作品节目片段等。

（2）加强网上片花、预告片等视听节目管理。制作、播出的片花、预告片等节目要坚持正确导向，不能断章取义、恶搞炒作。不能做"标题党"，以低俗创意吸引点击。不得出现包括"未审核"版或"审核删节 " 版等不妥内容等。

（3）加强对各类节目接受冠名、赞助的管理。广播电视节目、网络视听节目接受冠名、赞助等，要事先核验冠名或赞助方的资质，不得与未取得《信息网络传播视听节目许可证》非法开展网络视听节目服务的机构进行任何形式的合作，包括网络直播、冠名、广告或赞助。

（4）严格落实属地管理责任。各省级新闻出版广电行政部门要加强对网上传播的剪拼改编节目、片花预告片，以及各类节目接受冠名赞助情况的监听监看，发现问题及时纠正、处理，对严重违规的机构依法处罚。

（一）管理范围

目前，基于互联网提供音视频服务有三种类型，第一类为依托于传统广电媒体资源，以流媒体直播、点播的方式"转播"电视台、电台的节目，如央视国际、凤凰网等；第二类为模仿 YouTube 的视频聚合社区，如土豆网、悠视网、56 网、酷 6 网、偶偶网、新浪播客等，主要采用 Flash Video 技术；第三类为非流媒体播出的视音频文件下载网站，如 VeryCD、BT99、OKBT 等，绝大多数应用于 BT、电骡等 P2P 软件客户端。其中，第一类和第二类运营主体目前也面向手机类终端提供流媒体视音频服务。

互联网视听节目服务，指制作、编辑、集成并通过互联网向公众提供视音频节目，以及为他人提供上载传播视听节目服务的活动。依据《互联网视听节目服务管理规定》，以上三类运营主体均在监管之列。在中华人民共和国境内向公众提供互联网（含移动互联

① 周婷.互联网视听节目服务管理规定出台[J].中国证券报，2008-01-02.
② 网络视听节目管理的三个政策信号[J].传媒内参，2018-05-11.

网）视听节目服务活动，都属于管理范围。

从事互联网视听节目服务，应取得广播电影电视主管部门颁发的《信息网络传播视听节目许可证》或履行备案手续。有效期为 3 年。否则，任何单位和个人不得从事互联网视听节目服务。

（二）视听新闻服务的准入条件

1. 电台、电视台准入条件

从事广播电台、电视台形态服务和时政类视听新闻服务的准入条件，除符合上述规定外，还应当持有《广播电视播出机构许可证》或《互联网新闻信息服务许可证》。其中，以自办频道方式播放视听节目的，由地（市）级以上广播电台、电视台、中央新闻单位提出申请。

2. 节目类准入条件

从事主持、访谈、报道类视听服务的准入条件，除符合上述规定外，还应当持有广播电视节目制作经营许可证和互联网新闻信息服务许可证；从事自办网络剧（片）类服务的，还应当持有广播电视节目制作经营许可证。

（三）对互联网直播的管理

2016 年国家网信办发布《互联网直播服务管理规定》对直播节目内容，相关弹幕发布，直播活动中涉及的主持人、嘉宾、直播对象等作出了具体要求，直播节目应坚持健康的格调品味，不得含有国家法律法规规定所禁止的内容，并自觉抵制内容低俗、过度娱乐化、宣扬拜金主义和崇尚奢华等问题。

1. 提出了“双资质”要求

互联网直播服务提供者和互联网直播发布者在提供互联网新闻信息服务时，都应当依法取得互联网新闻信息服务资质，并在许可范围内开展互联网新闻信息服务。

2. 对直播内容实施“先审后发”管理制度

为保证互联网新闻信息直播及其互动内容健康向上，互联网直播服务提供者应对直播内容实施“先审后发”管理制度。提供互联网新闻信息直播服务的，应当设立总编辑。互联网直播发布者发布新闻信息，应当真实准确、客观公正。转载新闻信息应当完整准确，不得歪曲新闻信息内容，并在显著位置注明来源，保证新闻信息来源可追溯。

3. 互联网直播的禁止性规范

互联网直播服务使用者不得利用互联网直播服务从事危害国家安全、破坏社会稳定、扰乱社会秩序、侵犯他人合法权益、传播淫秽色情等法律法规禁止的活动，不得利用互联网直播服务制作、复制、发布、传播法律法规禁止的信息内容。

4. “后台实名、前台自愿”

互联网直播服务提供者应当按照“后台实名、前台自愿”的原则，对互联网直播用户进行基于移动电话号码等方式的真实身份信息认证，对互联网直播发布者进行基于身份证件、营业执照、组织机构代码证等的认证登记。

5. 建立投诉举报机制

互联网直播服务提供者应当自觉接受社会监督，健全社会投诉举报渠道，设置便捷的投诉举报入口，及时处理公众投诉举报。

（四）保护合法权益

1. 保护用户的合法权益

互联网视听节目服务单位应当依法维护用户权利、履行对用户的承诺，对用户信息保密。（1）不得进行虚假宣传或误导用户；（2）不得做出对用户不公平不合理的要求，不得损害用户合法权益；（3）提供有偿服务时，应当以显著方式公开所提供服务的视听节目种类、范围、资费标准和时限，并有告知用户中止或者取消服务的条件和方式等义务。明确了公众有权举报视听节目服务单位的违法违规行为，要求有关主管部门应当及时处理。

2. 保护著作权人的合法权益

互联网视听节目服务单位应当遵守著作权法律、行政法规的规定，采取版权保护措施，保护著作权人的合法权益。未采取版权保护措施的，县级以上广播电影电视主管部门可对其予以警告、责令改正，并可处 3 万元以下罚款；同时，可对其主要出资者和经营者予以警告、并处 2 万元以下罚款。

3. 保护互联网视听节目服务单位合法权益

省、自治区、直辖市人民政府广播电视主管部门应当为提出从业申请的单位提供便捷的服务。明确要求网络运营单位向互联网视听节目服务单位提供节目信号传输服务时，要保证传输安全，不得擅自插播、截留视听节目信号。

（五）法律责任

违反相关规定的，由县级以上广播电视主管部门予以警告、责令改正、罚款、吊销其许可证等行政处罚。构成犯罪的，由司法机关依法追究刑事责任。

四、网络剧、微电影

网络剧、微电影等网络视听节目作为一种新兴网络文化业态发展迅速。但部分节目出现了内容低俗、格调低下、渲染暴力色情等问题，网民反应强烈，要求政府依法保护青少年身心健康；致力于制作、播出优秀的网络剧、微电影等网络视听节目的视听网站要求政府部门及时约束，防止不良节目占据优良节目的时间和空间①。

2012年国家互联网信息办公室、国家广播电影电视总局联合发布《关于进一步加强网络剧、微电影等网络视听节目管理的通知》，明确规定把“审核权”下放给播出机构“自审自播”，重申“先审后播”并提高制作方准入门槛，这是我国在影视剧行政审核方面最大的改革和创新，也是最大亮点，以顺应互联网时代内容的快速产生和推出。

2016年国家广播电视总局发布《关于进一步加强网络原创视听节目规划建设和管理的通知》，这是总局为加强网络原创节目管理的新举措，文件从事前、事中、事后等各环节加强了对网络视听节目的引导和管理。

（一）概念界定

网络剧，是专门为电脑网络制作的，通过互联网播放的一类网络连续剧。

微电影，即微型电影，又叫微影、小型电影，指的是在电影和电视剧艺术的基础上衍生出来的小型影片，具有完整的故事情节和可观赏性。

网络电影，是指在网络中传播的电影，不通过电视、影院传播的一种视频。

影视类动画片，涉及影视特效创意、前期拍摄、影视3D动画、特效后期合成、影视剧特效动画等。

纪录片，是以真实生活为创作素材，以真人真事为表现对象，并对其进行艺术的加工与展现的，以展现真实为本质，并用真实引发人们思考的电影或电视艺术形式。

网络剧、微电影、网络电影、影视类动画片、纪录片等以电脑网络为媒介的视听节目都被纳入互联网视听节目的监管范围②。

（二）强化内容审核

1. 先审后播、自审自播、未审不播

互联网视听节目服务单位要按照“谁办网谁负责”的原则，对网络剧、微电影等网络视听节目实行先审后播管理制度。放权给视频网站自审，也要求媒体承担更大监管责任。

（1）具有网络剧播出资质的互联网视听节目服务单位播放网络剧、微电影、网络电影、影视类动画片、纪录片等视听节目自审自播，应组织3名以上审核员进行内容审核，审核一致通过后由本单位内容管理负责人复核、签发。所有审核通过的网络剧、微电影、网络电影、影视类动画片、纪录片，都应在节目片头标注审核单位编制的审核序列号。未审不播，未经审核不得播出。

① 白瀛，粟灵.加强网络剧和微电影自审力度[J].中国文化报，2012-07-13.

② 参见《关于进一步加强网络剧、微电影等网络视听节目管理的通知》（国家互联网信息办公室、国家广播电影电视总局2012年联合发布）。

（2）具有专业类视听节目播出资质的互联网视听节目服务单位播放文艺、娱乐、科技、财经、体育、教育等专业类视听节目自审自播，应组织 2 名以上审核员进行内容审核，审核一致通过后由本单位内容管理负责人复核、签发。未审不播，未经审核不得播出。

2. 转发视为自制视听节目

互联网视听节目服务单位转发上传视听节目，视同为该单位自制视听节目，由该单位按照同样要求先审后播。同时，互联网视听节目服务单位应对向网站上传视听节目的个人和机构核实真实身份信息。

（三）原创节目管理

1. 重点节目主动事前备案

从 2016 年 12 月 19 日开始，所有视频网站的网络大电影、网剧、网络综艺等网络视听内容，都须填写重点网络原创节目信息登记表，实行备案登记制度，并由视频网站统一盖章报送各省新闻出版广电局备案。备案登记的网络视听内容，除了需要填写不少于 1 500 字的内容简介之外，还须对思想内涵作出不少于 300 字的概括说明，而且节目备案名称必须与上线播出名称保持一致。

2. 特殊题材提前征求意见

原创视听节目拍摄重大题材或者涉及政治、军事、外交、国家安全、统战、民族、宗教、司法、公安等特殊题材的节目，应当征求省级以上人民政府有关主管部门或有关方面的意见。

（四）法律责任

凡在广播影视行政部门备案公示，但未取得《电影片公映许可证》《电视剧发行许可证》的电影和电视剧等，不得在网上播出。对播放违规节目的网站，管理部门将视情节严重程度，依法采取诫勉谈话、责令整改、行政处罚等措施及时进行处置。违规播出网络剧、微电影等网络视听节目的互联网视听节目服务单位的主要出资者和经营者，广播影视行政部门依据《互联网视听节目服务管理规定》，视情节予以警告、罚款甚至 5 年内不得投资和从事互联网视听节目服务的处罚。

五、短视频

2016 年以来，随着移动终端普及和网络的提速，短视频作为短平快的大流量传播内容逐渐获得各大平台、粉丝和资本的青睐。网红经济的出现，视频行业逐渐崛起一批优质 UGC 内容制作者，微博、秒拍、快手、今日头条纷纷入局短视频行业，募集一批优秀的内容制作团队入驻。到了 2017 年，短视频行业竞争进入白热化阶段。但用户为了博关注、吸引眼球、迎合猎奇、窥私心理，出现色情、暴力、甚至传播未成年人低俗不良信息。挤压了优质短视频的生存空间。

2018 年 7 月 16 日，国家版权局、国家互联网信息办公室、工业和信息化部、公安部联合启动“剑网 2018”专项行动。行动将在对网络转载、短视频、动漫等重点领域开展版权专项整治，重点监管抖音、快手等短视频平台。11 月 15 日，中央网信办通过官网发布新规《具有舆论属性或社会动员能力的互联网信息服务安全评估规定》。

2019 年 1 月 4 日中国网络视听节目服务协会发布《网络短视频平台管理规范》及《网络短视频内容审核标准细则》两份文件，从机构把关和内容审核两个方面为规范短视频传播秩序提供了依据。《网络短视频平台管理规范》对平台应遵守的准则总体规划、账户管理、内容管理、技术管理规范，提出了 20 条建议性要求。《网络短视频内容审核标准细则》面向短视频平台一线审核人员，针对短视频领域的突出问题，提出了操作性审核标准 100 条。这两个文件的出台，将有助于进一步规范短视频的传播秩序。

短视频，即短片视频，是一种互联网内容传播方式，一般是在互联网新媒体上传播的时长在 1 分钟以内的视频传播内容。

（一）规范的范围

文件规定，网络播放的短视频节目，及其标题、名称、评论、弹幕、表情包等，其语言、表演、字幕、背景中不得出现 21 个方面的具体内容（常见问题）。

具体内容覆盖：攻击我国政治制度、法律制度的内容，分裂国家的内容，损害国家形象的内容，损害革命领袖、英雄烈士形象的内容，泄露国家秘密的内容，破坏社会稳定的内容，歪曲贬低民族优秀文化传统的内容，宣扬封建迷信，违背科学精神的内容，宣扬不良、消极颓废的人生观、世界观和价值观的内容，渲染暴力血腥、展示丑恶行为和惊悚情景的内容等。

（二）具体规范

1. 在损害国家形象的内容方面，文件举例提及，如贬损、玷污、恶搞中国国家和民族的形象、精神和气质的，以焚烧、毁损、涂划、玷污、践踏、恶搞等方式侮辱国旗、国徽的。

2. 在歪曲贬低民族优秀文化传统的内容方面，文件举例提及，如篡改名著、歪曲原著精神实质的；颠覆经典名著中重要人物人设的；违背基本历史定论，任意曲解历史的；对历史尤其是革命历史进行恶搞或过度娱乐化表现的。

3. 在美化反面和负面人物形象的内容方面，文件举例称，如为包括吸毒嫖娼在内的各类违法犯罪人员及黑恶势力人物提供宣传平台，着重展示其积极一面的；对已定性的负面人物歌功颂德的。

4. 在宣扬封建迷信，违背科学精神的内容方面，文件举例称，如开设跳大神、破太岁、巫蛊术、扎小人、道场作法频道、版块、个人主页，宣扬巫术作法等封建迷信思想的；鼓吹通过法术改变人的命运的；借民间经典传说宣扬封建迷信思想的。

5. 在宣扬不良、消极颓废的人生观、世界观和价值观的内容方面，文件举例称，如宣扬拜金主义和享乐主义的，展示违背伦理道德的糜烂生活的，宣传和宣扬丧文化、自杀游戏的，展现同情、支持婚外情、一夜情的。

6. 在其他违反国家有关规定、社会道德规范的内容方面，文件举例称，如将政治内容、经典文化、严肃历史文化进行过度娱乐化展示解读，消解主流价值的；侵犯个人隐私，恶意曝光他人身体与疾病、私人住宅、婚姻关系、私人空间、私人活动的；破坏生态环境，虐待动物，捕杀、食用国家保护类动物的等。

（三）短视频平台的责任

1. 开展短视频服务的网络平台，应当持有《信息网络传播视听节目许可证》（AVSP）等法律法规规定的相关资质，并严格在许可证规定的业务范围内开展业务。

2. 网络短视频平台应当积极引入主流新闻媒体和党政军机关团体等机构开设账户，提高正面优质短视频内容供给。

3. 网络短视频平台应当建立总编辑内容管理负责制度。

4. 网络短视频平台实行节目内容先审后播制度。平台上播出的所有短视频均应经内容审核后方可播出，包括节目的标题、简介、弹幕、评论等内容。

5. 网络平台开展短视频服务，应当根据其业务规模，同步建立政治素质高、业务能力强的审核员队伍。审核员应当经过省级以上广电管理部门组织的培训，审核员数量与上传和播出的短视频条数应当相匹配。原则上，审核员人数应当在本平台每天新增播出短视频条数的千分之一以上。

6. 对不遵守本规范的，应当实行责任追究制度。

（四）平台的其他责任

《规范》还对在版权方面有了进一步的要求：网络短视频平台应当履行版权保护责任，不得未经授权自行剪切、改编电影、电视剧、网络电影、网络剧等各类广播电视视听作品；不得转发UGC上传的电影、电视剧、网络电影、网络剧等各类广播电视视听作品片段；在未得到PGC机构提供的版权证明的情况下，也不得转发PGC机构上传的电影、电视剧、网络电影、网络剧等各类广播电视视听作品片段。《规范》还提出：网络短视频平台应设未成年人家长监护系统；违法违规上传《账户名单库》将信息共享等内容。

六、网络游戏

网络游戏按照游戏终端不同，主要分为三类：客户端游戏（端游）、网页游戏（页游）以及移动端游戏（手游）。网络游戏产业链主要包括网游研发商、网游运营商、网游渠道商、支付服务商、互联网接入提供商、网游用户等环节。内容流由网游研发商流向网游用户，资金流由网游用户流向网游研发商。

2010 年文化部作为网络游戏的主管部门，切实履行管理职责，制定了《网络游戏管理暂行办法》是我国第一部专门针对网络游戏进行管理的和规范的部门规章，对网络游戏的娱乐内容、市场主体、经营活动、运营行为和法律责任做出明确规定，对中国网络游戏健康有序的发展，具有重大且深远的影响。①

（一）概念的界定

网络游戏，是指由软件程序和信息数据构成，通过互联网、移动通信网等信息网络提供的游戏产品和服务。

网络游戏上网运营，是指通过信息网络，使用用户系统或者收费系统向公众提供游戏产品和服务的经营行为。

网络游戏虚拟货币，是指由网络游戏经营单位发行，网络游戏用户使用法定货币按一定比例直接或者间接购买，存在于游戏程序之外，以电磁记录方式存储于服务器内，并以特定数字单位表现的虚拟兑换工具。

（二）网络游戏经营活动管理

鉴于未成年人自制力和甄别力较弱，在网络游戏中易引发沉迷，影响学业和身心健康，坚决按照《中华人民共和国未成年人保护法》的“优先保护”原则，明确要求网络游戏经营单位应当采取一系列未成年人保护措施。

1. 用户指引和警示说明

网络游戏经营单位应当根据网络游戏的内容、功能和适用人群，制定网络游戏用户指引和警示说明，并在网站和网络游戏的显著位置予以标明。

2. 保护未成年人权益

（1）以未成年人为对象的网络游戏不得含有诱发未成年人模仿违反社会公德的行为和违法犯罪的行为的内容，以及恐怖、残酷等妨害未成年人身心健康的内容。

（2）网络游戏经营单位应当按照国家规定，采取技术措施，禁止未成年人接触不适宜的游戏或者游戏功能，限制未成年人的游戏时间，预防未成年人沉迷网络。

---

① 2018 年 4 月 8 日，按照中共中央印发的《深化党和国家机构改革方案》，文化部、国家旅游局进行职责整合，组建文化和旅游部，作为国务院组成部门。不再保留文化部、国家旅游局。

（3）按照国家规定，采取技术措施禁止未成年人接触不适宜的游戏或者游戏功能，限制未成年人的游戏时间，预防未成年人沉迷网络；不得向未成年人提供网络游戏虚拟货币交易服务。

3. 规范网络游戏的经营行为

维护网络游戏市场秩序的重要着力点是规范网络游戏经营行为。重点规范因技术安全措施不到位导致的用户账号丢失和被盗现象；网络游戏市场推广中存在的虚假宣传行为；刻意设置欺诈陷阱，诱使用户投入过多的资金和精力；因终止运营引发的纠纷等问题，严重扰乱市场秩序，影响市场健康发展。针对以上问题，从技术和制度角度入手，网络游戏经营单位义务：

（1）不得在网络游戏中设置未经网络游戏用户同意的强制对战；

（2）网络游戏的推广和宣传不得含有本办法第九条禁止内容；

（3）不得以随机抽取等偶然方式，诱导网络游戏用户采取投入法定货币或者网络游戏虚拟货币方式获取网络游戏产品和服务。

4. 严格限制虚拟货币交易

网游运营商不得设置未经网络游戏用户同意的强制对战，不得以随机抽取等偶然方式，诱导网络游戏用户采取投入法定货币或者网络游戏虚拟货币方式获取网络游戏产品和服务；此外，《办法》还要求网游虚拟货币的使用范围仅限于兑换自身提供的网络游戏产品和服务，网游企业不得为未成年人提供交易服务。

（三）取得许可证的条件

从事网络游戏上网运营、网络游戏虚拟货币发行和网络游戏虚拟币交易服务等网络游戏经营活动的单位，应当具备以下条件，并取得《网络文化经营许可证》：（1）单位的名称、住所、组织机构和章程；（2）确定的网络游戏经营范围；（3）符合国家规定的从业人员；（4）不低于1 000万元的注册资金；（5）符合法律、行政法规和国家有关规定的条件。《网络文化经营许可证》有效期为3年。有效期届满，需继续从事经营的，应当于有效期届满30日前申请续办。

（四）法律责任

未经批准，擅自从事网络游戏上网运营、网络游戏虚拟货币发行或者网络游戏虚拟货币交易服务等网络游戏经营活动的，由县级以上文化行政部门或者文化市场综合执法机构依据《无照经营查处取缔办法》的规定予以查处。

其他违反相关规定的，由县级以上文化行政部门或者文化市场综合执法机构责令改正，并可根据情节轻重，处1～2万元以下罚款。

【案例】

36 家网游单位违规被文化部查处

2016 年 11 月 22 日，文化部在全国抽查了 200 家网络游戏运营单位，其中北京畅游时代数码技术有限公司、深圳新游世界科技有限公司等 36 家网络游戏运营单位涉嫌提供含有宣扬色情、赌博、教唆犯罪、违背社会公德等禁止内容的网络游戏产品和服务，文化部指导监督北京、上海、浙江、江西、广东、四川等地文化市场综合执法机构依法予以查处。①

2017 年 2 月 27 日，文化部在京公布了首批网络游戏市场“双随机一公开”查处结果，北京畅游时代数码技术有限公司等 36 家网络游戏运营单位被依法查处。文化部同时部署了对网络表演的“双随机”执法检查，并现场抽取了 50 家网络表演经营单位，映客直播、一直播、六间房、斗鱼直播等悉数在列。②

相关规定

1.《计算机信息网络国际联网管理暂行规定》(1996 年)
2.《互联网信息服务管理办法》(2000 年)
3.《电信条例》(2000 年)
4.《关于维护互联网安全的决定》(2000 年)
5.《互联网信息服务管理办法》(2000 年)
6.《互联网电子公告服务管理规定》(2000 年)
7.《互联网站从事登载新闻业务管理暂行规定》(2000 年)
8.《互联网出版管理暂行规定》(2002 年)
9.《计算机软件保护条例》(2002 年)
10.《非经营性互联网信息服务备案管理办法》(2005 年)
11.《电子签名法》(2005 年)
12.《互联网 IP 地址备案管理办法》(2005 年)
13.《信息网络传播权保护条例》(2006 年)
14.《互联网视听节目服务管理规定》(2007 年)
15.《中国互联网络域名管理办法》(2008 年)
16.《互联网文化管理暂行规定》(2011 年)
17.《持有互联网电视牌照机构运营管理要求》(2011 年)
18.《关于进一步加强网络剧、微电影等网络视听节目管理的通知》(2012 年)
19.《网络游戏管理暂行办法》(2012 年)
20.《信息网络传播权保护条例》(2013 年)

① 资料来源：文化部查处 36 家网游运营单位涉嫌提供违规内容，央视网，2016-11-22。
② 参见 36 家网游单位违规被文化部查处，北青网，2017-03-01.

21.《关于开展网上境外影视剧相关信息申报登记工作的通知》（2015 年）

22.《网络出版服务管理规定》（2016 年）

思 考 题

一、填空题

1. 从事网络出版服务，必须依法经过出版行政主管部门批准，取得（　　　　　）。

2. 中外合资经营、中外合作经营和外资经营的单位（　　　）从事网络出版服务。

3. 有从事网络出版服务所需的必要的技术设备，相关服务器和存储设备必须存放在中华人民共和国（　　　　）。

4. 互联网新闻信息服务管理的主管机关是（　　）。

5. 任何组织（　　）设立中外合资经营、中外合作经营和外资经营的互联网新闻信息服务单位。

6. 互联网新闻信息服务提供者的采编业务和经营业务应当（　　），非公有资本（　　）介入互联网新闻信息采编业务。

7. 互联网新闻信息服务提供者对用户身份信息和日志信息负有（　　）的义务，不得泄露、（　　）、毁损，不得（　　）或非法向他人提供。

8. 从事互联网视听节目服务，应取得广播电影电视主管部门颁发的（　　）或履行备案手续。

二、名词解释

1. 网络出版服务
2. 网络出版物
3. 新闻信息
4. 互联网新闻信息服务
5. 互联网视听节目服务
6. 网络剧
7. 微电影
8. 网络电影
9. 影视类动画片
10. 纪录片
11. 网络游戏

三、简答题

1. 互联网出版有哪些禁载内容？

2. 申请从事互联网视听节目服务的一般条件有哪些？

3. 对互联网直播的要求是什么？

4. 对微电影有哪些禁播规定？

5. 网络游戏如何保护未成年人权益？

第四节 广告信息

中国经济的飞速发展，互联网科技的不断创新，媒介融合使得媒介形态多种多样，不仅改变了信息传播方式，也丰富了信息传播内容，为广告市场、新型媒体广告业态带来了机遇和挑战。在现实生活中，一些企业为了获取最大利润，在商业广告中不时出现一些违法现象，甚至出现虚假广告，不仅使消费者上当受骗，而且污染了社会风气，损害了精神文明建设，引起社会的广泛关注，同时也给广告监管工作带来新的挑战。

一、广告监管制度

我国广告业经过多年的探索和实践，已经形成具有中国特色的广告管理制度，针对广告主、广告经营者、广告发布者等所从事的广告经营、发布活动进行有效的监管。

（一）广告代理制

广告代理制，是指广告公司在广告经营中处于主体和核心地位，广告主委托广告公司进行广告的策划和实施，广告媒体通过广告公司承揽业务，出售版面或时间的广告经营机制。广告代理制的意义在于：通过专业分工，提高广告创意水平和制作质量，提高广告在整合营销传播中的作用；同时通过严格执行代理企业的准入退出制度和资质认定制度，强化对广告市场的管理，维护竞争有序的市场秩序，保障广告行业的健康发展。

（二）广告合同制

广告合同制，指广告客户与经营者之间、广告经营者与广告经营者之间、广告经营者与广告媒体之间确立、变更、终止广告承办或代理关系的协议。广告监督管理机关监督、指导、促进广告合同当事人依法订立、履行各类广告合同，从而规范广告经营行为，保护合同当事人合法权益的制度。广告合同制的意义在于：运用广告合同的形式来约定广告经营双方或多方的权利、义务和责任；通过广告合同的管理，保护广告活动中的正当竞争，从而促进了市场经济的发展和繁荣、国际交流与合作，推动了对外贸易的发展。

（三）广告承接登记制

广告承接登记制，是广告经营者依据广告法相关规定，对广告客户的业务要求，依法进行登记、审核，并对相应的合同文件和证明文件。如营业执照、生产、经营、卫生许可证、商标、专利证书等进行验证的制度。广告承接制的意义：有利于规范广告承接行为，加强广告承接、登记管理法制化，规范广告市场行为，促进广告业的健康有序发展。

（四）广告审查制

广告审查制度，是广告审查机关在广告交付设计、制作、代理和发布前，对广告主的主体资格、广告内容及其表现形式和有关证明文件或材料的审查，并出具与审查结果和审查意见相应的证明文件的一种广告管理制度。

（五）广告发布标准制

广告发布标准制，是指广告管理机关确定广告内容和形式必须遵循的准则，以便广告主、广告经营者、广告发布者遵照履行，广告监督管理机关依法进行监督管理的制度。《广告基本准则》包括广告应当真实、合法，符合社会主义精神文明建设的要求。广告不得含有虚假的内容，不得欺骗和误导消费者。广告主、广告经营者、广告发布者从事广告活动，应当遵守法律、行政法规，遵循公平、诚实信用的原则。广告内容应当有利于人民的身心健康，促进商品和服务质量的提高，保护消费者的合法权益，遵守社会公德和职业道德，维护国家的尊严和利益，等等。

（六）广告服务收费制

广告服务收费制，是政府有关部门依据广告管理和物价、税务管理方面的法律法规和其他规定，监督管理广告经营者、广告发布者广告收费行为的一系列措施和规定的总称。1996 年国家计委和国家工商局发布《广告服务收费管理暂行办法》，明确各个收费标准和办法。设立广告服务收费管理制度，有利于规范广告服务收费行为，“合理”“公开”和“备案”，消除双重价格标准、防止不正当竞争或禁止谋取暴利，加强广告收费管理的权威性和法制化，促进广告业的健康发展。

（七）广告业务档案制

广告业务档案制度，是指广告经营者、广告发布者，对广告主所提供的关于主体资格和广告内容的各种证明文件、材料以及在承办广告业务活动中涉及的承接登记、广告审查、广告设计制作、广告发布等情况的原始记录材料，进行整理、保存，并建立业务档案，以备随时查验的制度。广告业务档案制度的意义在于：增强广告经营者、广告发布者的社会责任感，使其认真查验证明，审查广告内容。同时有利于广告监督管理机关对广告活动进行监督管理。

除此之外，我国还在探索广告行业自律规范，建立和完善广告的道德原则。

二、新广告法的亮点

2015 年修订的广告法主要从当前广告业规模、新型媒介广告业态、外部经济、法律环境变化等实际情况出发，针对时下出现的各种新颖的广告形式，从调整的范围、参与广告的不同主体、广告的内容准则、广告行为规范、广告监管、虚假违法广告的界定与法律责任等方面做了详尽的规定。

（一）新增多种广告的内容准则

1. 烟草广告遭到禁令

禁止在大众传播媒介或者公共场所、公共交通工具、户外发布烟草广告。禁止利用其他商品或者服务的广告、公益广告，宣传烟草制品名称、商标、包装、装潢以及类似内容。烟草制品生产者或者销售者发布的迁址、更名、招聘等启事中，不得含有烟草制品名称、商标、包装、装潢以及类似内容。

2. 药品、保健品类广告管理更严格

（1）重视保护生命权、健康权。药品广告的内容不得与国务院药品监督管理部门批准的说明书不一致，并应当显著标明禁忌、不良反应。新增内容使得患者最根本的生命权、健康权等权益进一步得到了保护，保证了用药安全。

（2）要有明显的标示。保健食品非药品广告不得涉及疾病预防、治疗功能；不得声称或者暗示广告商品为保障健康所必需；不得利用广告代言人作推荐、证明……保健食品广告应当显著标明“本品不能代替药物”。

（3）禁止养生节目变相兜售产品。广播电台、电视台、报刊音像出版单位、互联网信息服务提供者不得以介绍健康、养生知识等形式变相发布医疗、药品、医疗器械、保健食品广告。

（二）新增新媒体广告规范

1. 不得发布电子垃圾广告

“任何单位或者个人未经当事人同意或者请求，不得向其住宅、交通工具等发送广告，也不得以电子信息方式向其发送广告。以电子信息方式发送广告的，应当明示发送者的真实身份和联系方式，并向接收者提供拒绝继续接收的方式。”这条规定确实解决了网络用户不堪其扰的垃圾广告问题，一旦发现可以及时举报，相关部门会立即予以查处。

2. 不能“一键关闭”将受罚

利用互联网发布、发送广告，不得影响用户正常使用网络。在互联网页面以弹出等形式发布的广告，应当显著标明关闭标志，确保“一键关闭”（第 44 条）。违反规定者由工商行政管理部门责令改正，对广告主处 5 千元以上 3 万元以下罚款（第 63 条）。

3. 明确电信部门的责任

公共场所的管理者或者电信业务经营者、互联网信息服务提供者对其明知或者应知的利用其场所或者信息传输、发布平台发送、发布违法广告的，应当予以制止（第45条）。违反本规定者，由工商管理部门没收违法所得，违法所得5万元以上的，并处所得1倍以上3倍以下罚款，不足5万元的并处1万元以上5万元以下罚款。情节严重的，由有关部门依法停止相关业务（第64条）。

（三）首次确立广告代言人制度

修订后的广告法首次确立广告代言人制度，将广告代言人也列为监管对象和责任主体，并明确处罚措施和法律责任。

1. 界定了广告代言人

广告代言人，是指广告主以外的，在广告中以自己的名义或者形象对商品、服务作推荐、证明的自然人、法人或者其他组织。

2. 未使用产品不得代言广告

“广告代言人在广告中对商品、服务作推荐、证明，应当依据事实，符合本法和有关法律、行政法规规定，并不得为其未使用过的商品或者未接受过的服务作推荐、证明”（第38条1款）。为其未使用过的商品或者未接受过的服务作推荐、证明的；由工商行政管理部门没收违法所得，并处违法所得1倍以上2倍以下的罚款。（第62条1款）

3. 明确广告代言人的年龄限制

“不得利用不满10周岁的未成年人作为广告代言人”（第38条第2款）。未成年人本身不是能独立承担民事行为、民事责任的人，无法对自己的行为作出清晰的判断。利用不满10周岁的未成年人作为广告代言人的；由市场监督管理部门责令停止发布广告，责令广告主在相应范围内消除影响，处广告费用1倍以上3倍以下的罚款，广告费用无法计算或者明显偏低的，处10万元以上20万元以下的罚款；情节严重的，处广告费用3倍以上5倍以下的罚款，广告费用无法计算或者明显偏低的，处20万元以上100万元以下的罚款，可以吊销营业执照，并由广告审查机关撤销广告审查批准文件、一年内不受理其广告审查申请（第58条）。

4. 代言过虚假广告者将有三年“禁期”

“对在虚假广告中作推荐、证明受到行政处罚未满3年的自然人、法人或者其他组织，不得利用其作为广告代言人。”（第38条3款）为保护消费者合法权益，该条规定进一步强化了广告代言人的责任，代言活动更加严格规范。

5. 明确广告代言人的违法责任

“广告代言人违法推荐或者证明，由工商行政管理部门没收违法所得，并处违法所得1倍以上2倍以下的罚款。”（第62条）进一步强化了广告代言人的责任，使得明星在接广告代言时须三思而后行，多一道把关口，就多一分对消费者的保护，同时也在一定程度上维护了市场管理秩序及其他合法经营者的权益。

（四）关注未成年人成长

1. 禁止为母乳替代品做广告

“禁止在大众传播媒介或者公共场所发布声称全部或者部分替代母乳的婴儿乳制品、饮料和其他食品广告。”违反本规定发布声称全部或部分替代母乳的婴儿乳制品、饮料和其他食品广告的。由市场监督管理部门责令停止发布广告，对广告主处20万元以上100万元以下的罚款，情节严重的，并可以吊销营业执照，由广告审查机关撤销广告审查批准文件、一年内不受理其广告审查申请；对广告经营者、广告发布者，由市场监督管理部门没收广告费用，处20万元以上100万元以下的罚款，情节严重的，并可以吊销营业执照、吊销广告发布登记证件。（第57条）

2. 不得利用教材等变相发布广告

“不得在中小学校、幼儿园内开展广告活动，不得利用中小学生和幼儿的教材、教辅材料、练习册、文具、教具、校服、校车等发布或者变相发布广告，但公益广告除外。”（第39条）违反本规定，在中小学校幼儿园或者利用与中小学生幼儿园有关的物品发布广告的，依据《广告法》第58条处罚。

3. 未成年人广告规范

“在针对未成年人的大众传播媒介上不得发布医疗、药品、保健食品、医疗器械、化妆品、酒类、美容广告，以及不利于未成年人身心健康的网络游戏广告。针对不满14周岁的未成年人的商品或者服务的广告不得含有下列内容：（1）劝诱其要求家长购买广告商品或者服务；（2）可能引发其模仿不安全行为。”（第40条）违反者，依据《广告法》第57条处罚。这些新增的规定进一步完善了对未成年的保护制度，使相关规定具有了更强的操作性，更有利于未成年人身心健康的保护。

（五）规定了虚假广告的情形

1. 对虚假广告给出了定义

“广告以虚假或者引人误解的内容欺骗、误导消费者的，构成虚假广告”增加了“引人误解的内容”，是指可能使广告受众或消费者对商品的真实情况（制作成分、产品质量、性能、用途、生产者、有效期限、产地，价格等）产生错误的联想，从而影响其购买决策的广告内容。

2. 明确虚假广告情形

明确虚假广告有以下5种情形：（1）商品或者服务不存在的；（2）商品或者服务的基本信息、允诺等信息与实际情况不符，对购买行为有实质性影响的；（3）使用虚构、伪造或者无法验证的科研成果、统计资料、调查结果、文摘、引用语等信息作证明材料的；（4）虚构使用商品或者接受服务的效果的；（5）以虚假或者引人误解的内容欺骗、误导消费者的其他情形（第28条）。只要触及这5条底线就是虚假广告。

3. 加重违法主体的责任成本

（1）民事责任。违反广告法的规定，发布虚假广告的，由工商行政管理部门责令停止发布广告，责令广告主在相应范围内消除影响，处广告费用3倍以上5倍以下的罚款，广告费用无法计算或者明显偏低的，处20万元以上100万元以下的罚款；2年内有3次以上违法行为或者有其他严重情节的，处广告费用5倍以上10倍以下的罚款，广告费用无法计算或者明显偏低的，处100万元以上200万元以下的罚款，可以吊销营业执照，并由广告审查机关撤销广告审查批准文件、一年内不受理其广告审查申请。（第55条）

（2）先行赔偿责任，就是当消费者有正当、充分的理由，找到广告发布者索赔时，广告发布者应该承担先行赔付的责任，再要求广告经营者、广告主予以补偿。先行赔付责任减轻了消费者维权的路径，加大了广告活动主体的责任。

违反广告法规定，发布虚假广告，欺骗、误导消费者，使购买商品或者接受服务的消费者的合法权益受到损害的，由广告主依法承担民事责任。广告经营者、广告发布者不能提供广告主的真实名称、地址和有效联系方式的，消费者可以要求广告经营者、广告发布者先行赔偿（第56条第1款）

（3）连带责任，是指依照法律规定或者当事人约定，广告主、广告经营者、广告发布者，行业协会等对其生产、代理、发布、推荐的商品广告，一旦出现虚假或违法的情形，给消费者造成经济损失，消费者无论找到哪一方，该方都负有清偿全部债务的责任，各责任人之间有连带关系。

新广告法中规定了以下情形负连带责任：（1）关系消费者生命健康的商品或者服务的虚假广告，造成消费者损害的，其广告经营者、广告发布者、广告代言人应当与广告主承担连带责任。（2）前款规定以外的商品或者服务的虚假广告，造成消费者损害的，其广告经营者、广告发布者、广告代言人，明知或者应知广告虚假仍设计、制作、代理、发布或者作推荐、证明的，应当与广告主承担连带责任。

（六）广告监管更加严格

1. 设立“监督管理”专章

新《中华人民共和国广告法》第四章将“广告的审查”修订为“监督管理”，并明确规定了工商行政管理部门履行广告监督管理职责时可以行使的职权，以及“工商行政管理部门依照本法规定行使职权，当事人应当协助、配合，不得拒绝、阻挠（第51条）”，使其在执法过程中操作性和执行力更强。

2. 启动广告监管部门联动机制

新闻出版广电部门以及其他有关部门发布违法广告，或者以新闻报道形式变相发布广告，或者以介绍健康、养生知识等形式变相发布医疗、药品、医疗器械、保健食品广告，对广播电台、电视台、报刊音像出版单位进行处理的，对负有责任的主管人员和直接责任人员，依法给予处分（第 68 条第 2 款）。这昭示着治理违法广告需要部门联动形成合力，除了工商部门加强监管外，新闻出版广电等媒体主管部门也需切实履行对媒体活动的监管职责，在关键时刻不能推脱责任。

3. 加重了对违法广告的惩罚力度

新《中华人民共和国广告法》提高了罚款标准的同时，明确了“广告费用无法计算或者明显偏低的”情形如何处罚，还区分了行为性质和情节轻重设定行政处罚种类和幅度，增加了如下内容：“2 年内有 3 次以上违法行为或者有其他严重情节的，处广告费用 5 倍以上 10 倍以下的罚款，广告费用无法计算或者明显偏低的，处 100 万元以上 200 万元以下的罚款，可以吊销营业执照，并由广告审查机关撤销广告审查批准文件、一年内不受理其广告审查申请”。这样的处罚，突出了对虚假广告的打击。

4. 增加了广告行业自律条款

广告行业组织依照法律、法规和章程的规定，制定行业规范，加强行业自律，促进行业发展，引导会员依法从事广告活动，推动广告行业诚信建设（第 7 条）

5. 增加了消费者社会监督的条款

消费者协会和其他消费者组织对违反本法规定，发布虚假广告侵害消费者合法权益，以及其他损害社会公共利益的行为，依法进行社会监督。（第 54 条）

我国的广告管理已经形成政府的行政性管理规制、广告社会组织性规制、广告行业性自律规制、广告消费者监督性规制四管齐下、互为补充的监管体制，新广告法的完善和实施，能够更好地规范广告活动，更有效地保护消费者的合法权益，更有力地促进广告业的健康发展、维护社会经济秩序，对于广告企业、个人、消费者都将产生积极而深远的影响。

三、国外广告规制

（一）明星代言广告

美国广告法规定，代言广告必须是“证言广告”和“明示担保”。也就是说，广告代言人既是商品推荐者也是商品证明人，是产品一定时间的实际用户和直接受益者，证词要真实无误，否则就会被重罚。因此，在美国，名人代言广告多见于大众消费品和服务类产品，而美容产品、保健品及药物类广告宣称的效果与实际使用的效果常常存在差异，较易引起消费者不满，演艺及体育明星们大多对其敬而远之[①]。著名歌星迈克尔·杰克逊曾为百事可乐做广告代言人，但当公众得知他根本不喝汽水后，杰克逊因为这一“弄虚作假”成为人们心目中“最讨厌的名人”之一。好莱坞知名影歌两栖演员雪尔当年也曾由于代言一种自己没有使用过的化妆品而遭罚款 50 万美元。

① 参见陈曦：《国外如何管理名人代言广告》，新华网，2009 年 4 月 4 日。

（二）医疗广告

德国于 1994 年修订颁布的《医疗广告法》，对医院、药品及医药设备等的广告做出严格规定。有关医院的广告规定是：第一，医院只能做“形象广告”，只能在报纸、杂志、路牌、橱窗、网络等上出现；第二，广告内容必须与营业许可证中核定的内容相符，不能介绍未经临床验证的诊疗方法等；第三，广告语上不能出现“特色”“领先”等“表扬词语”。此外，不能出现“专家”等非医学专业技术职称用语，做广告的名人必须是此产品的直接使用者和受益者，如有虚假成分，消费者可据此索赔。在网站上，公众可查看媒体发布的医院广告内容与审查批准的广告内容是否相符。违反者，将按情节轻重，处以 500 欧元以上的罚款并追究刑事责任。[①]

（三）儿童广告

在加拿大，针对儿童的广告只能出现在周一到周六的上午 9 时到 10 时 20 分之间，不准使用诸如“只有”多少钱、“才”多少钱或者“花钱很少”等具有诱惑性的语言。在儿童专题节目中出现过的演员和播音员，不许出现在儿童商品广告中。在儿童专题节目中也不能播广告。加拿大魁北克政府颁布广告禁令，规定广告不得直接以 13 岁以下的儿童为目标受众。瑞典早在 1991 年就颁布禁播儿童广告的法律，全面禁止针对 12 岁以下儿童的电视广告。意大利新的传媒法中规定，禁止在电视和广播广告中出现 14 岁以下的儿童，这是欧洲第一个颁布禁令禁止以儿童拍摄新的广播和电视广告的国家[②]。

（四）电子邮件广告

2003 年 9 月，美国加利福尼亚州通过一项新的法规，禁止未经互联网用户请求向其信箱发送任何电子邮件，同时允许网民个人向垃圾邮件制造者提起诉讼。根据该法规，发送一条垃圾邮件可能被罚款 1 000 美元，采用垃圾邮件方式所做的每次广告宣传也可能被罚款 100 万美元。10 月，加利福尼亚州就自垃圾邮件问题立法以来作出了首例判决。该州一家发送垃圾邮件的公司被处以 200 万美元的罚款[③]。

反观世界各国广告业的发展历程，在一定时期广告失范的问题都会出现，但经过政府的法规管理、广告行业的自律和消费者的社会监督，广告业都会朝着健康、向上的方向发展，成为社会经济发展的风向标和人们赖以生存的重要的因素。中国也不例外[④]。

① 丸颜 . 域外之音，外国怎样整治虚假医疗广告 [J]. 上海法制报，2008-06-03.
② 朱少山 . 国外儿童电视广告的规制经验及启示 [J]. 电视研究，2007（2）.
③ 赵洁，骆宇 . 美国网络广告监管以及对我国的启示 [J]. 中国广告，2007（11）.
④ 本文是国家广播电影电视总局社科项目“广告治理与监管法规政策研究”结项报告，项目编号 GD09056。

相关规定

1.《广告法》(全国人大 1995 年)
2.《广告管理条例》(国务院 1987 年)
3.《广告管理条例施行细则》(国家工商管理局 1988 年)
4.《化妆品广告管理办法》(国家工商管理局 1993 年)
5.《烟草广告管理暂行办法》(国家工商管理局 1993 年)
6.《医疗广告管理办法》(国家工商管理局 1993 年)
7.《广告审查标准》(国家工商管理局 1994 年)
8.《临时性广告管理办法》(国家工商管理局 1995 年)
9.《酒类广告管理办法》(国家工商管理局 1995 年)
10.《广告经营者、广告发布者资质标准》(国家工商管理局 1995 年)
11.《户外广告登记管理规定》(国家工商管理局 1995 年)
12.《印刷品广告管理办法》(国家工商管理局 1996 年)
13.《食品广告发布暂行规定》(国家工商管理局 1996 年)
14.《广告显示屏管理办法》(国家工商管理局 1996 年)
15.《广告服务收费管理暂行办法》(国家工商管理局 1996 年)
16.《广告经营资格检查办法(修正)》(国家工商管理局 1997 年)
17.《店堂广告管理暂行办法》(国家工商管理局 1997 年)
18.《广告语言文字管理暂行规定》(国家工商管理局 1998 年)
19.《广告基本准则》(国家工商管理局 1998 年)
20.《药品广告审查办法》国家工商管理局 2007 年)
21.《广告宣传精神文明自律规则》(中国广告协会 1997 年)
22.《广告活动道德规范》(国家工商局 1997 年)
23.《广告审查员管理办法》(国家工商局 1997 年)
24.《广告行业公平竞争自律守则》(中国广告协会 2003 年)

思考题

一、填空题

1.(　　)在大众传播媒介或者公共场所、公共交通工具、户外发布烟草广告。

2.禁止利用其他商品或者服务的广告、(　　)广告，宣传烟草制品名称、商标、包装、装潢以及类似内容。

3.烟草制品生产者或者销售者发布的迁址、更名、招聘等启事中，(　　)含有烟草制品名称、商标、包装、装潢以及类似内容。

4. 保健食品非药品广告（　　）涉及涉及疾病预防、治疗功能；（　　）声称或者暗示广告商品为保障健康所必需；不得利用广告（　　）人作推荐、证明。

5. 任何单位或者个人（　　）当事人同意或者请求，不得向其（　　）、交通工具等发送广告，也不得以（　　）信息方式向其发送广告。

6. 不得利用不满（　　）周岁的未成年人作为广告代言人。

7. 对在虚假广告中作推荐、证明受到行政处罚未满（　　）年的自然人、法人或者其他组织，不得利用其作为广告（　　）人。

二、名词解释

1. 广告规制　　2. 广告代理制　　3. 广告合同制
4. 广告承接登记制　　5. 广告审查制　　6. 广告发布标准制
7. 广告服务收费制　　8. 广告业务档案制度　　9. 广告代言人
10. 虚假广告　　11. 连带责任

三、简答题

1. 广告失范行为有哪几类？
2. 广告规制的“四管齐下”具体指什么？
3. 简述广告的道德原则。
4. 试对广告法修订的亮点进行分析。
5. 新广告法对于广告代言人有哪些规定？
6. 什么是虚假广告？有哪几种情形？
7. 国外的广告规制有哪些可以借鉴的地方？

传媒伦理篇

导　论

新闻伦理研究综述

近年来大量的理论研究都围绕大众传播领域中的伦理问题及道德规范展开。这些研究各有侧重，核心和关键词汇主要可以概括为如下几种："新闻伦理""传媒伦理""传媒职业伦理""传媒职业道德""记者职业伦理"，等等。事实上，这些概念有相似之处，但其含义和范畴又各不相同。可见，目前学界对"新闻伦理""传媒伦理""传播伦理"的概念和内涵的界定尚无定论[①]。传媒立法相对滞后导致人们更容易寻求伦理道德的解决手段，新闻伦理研究更具必要性和紧迫性。

一、概念辨析

从称谓上看，"新闻伦理""媒介伦理""媒体伦理""传媒伦理""大众传媒伦理"等提法同时存在，这些名称常被混用，即使是在同一学者所撰写的同一著作中，也有可能出现两种或两种以上的不同提法。

（一）新闻伦理

新闻伦理（Journalism Ethics），又叫新闻传播伦理，是新闻事

① 李蓓．行业失范时有发生背景下的传媒伦理研究 [J]. 传媒观察，2011（2）.

业整体（新闻机构及其各项业务活动的总称）、新闻媒介实体（包括通讯社、报社、电台、电视台、网站等新闻组织）和新闻工作者（编辑、记者、播音、主持等）在新闻传播活动中的价值取向、道德表现与日常行为品德规范等的总和。①

关于新闻伦理的概念与范畴问题，学界说法不一。有学者认为："新闻伦理或新闻道德，就是新闻传播的伦理，是新闻传播行为及其过程中的道德问题，特别是新闻传播的道德规律和道德规范系统。新闻伦理，既然是新闻传播行为的伦理，就必然包括了传播者、受众和传播媒体等诸多方面，因此，应该把新闻伦理作为一个整体系统来看。"②这一概念主要从新闻工作者的职业道德与新闻伦理的部分与整体的关系角度对新闻伦理做出界定。也有学者将新闻伦理定性为一种规范："新闻伦理，是伦理在新闻传播活动中的投射和反映，是指从事采访、编辑、出版、播出、经营、管理等新闻信息传播活动的人们在长期的职业实践中形成的调整相互关系的行为规范。概言之，它是新闻媒体及其工作者出于自律而制定的成文或者不成文的规范。"③

尽管学界对于新闻伦理的定义尚未达成共识，但仍可从现有的众多观点中窥见一些共性：新闻伦理内化于新闻传播活动中，与新闻工作者的职业道德密不可分，可视为新闻业内要求自己"可为"和"不可为"的自律规范。新闻伦理的责任主体包括了新闻传媒实体、新闻工作者和新闻产品的受众，将新闻伦理完全等同于新闻从业者的个人品质问题、编辑记者的业务素养问题或新闻采制过程中的技术问题等具体某方面问题的做法易致新闻伦理沦于偏狭。

（二）媒体伦理

媒体伦理④（Media Ethics），指媒体与受众、社会组织、各种利益团体之间，在新闻内容的把关、自身经营管理及其他运作机制中应遵行的行为准则、道德规范，以不损害社会公共利益和人类共同价值为基本准则。⑤媒体伦理规范中，从报道类型看，如何对待突发公共事件，悲伤图片的处理，犯罪新闻中犯罪嫌疑人的称谓，商家赞助的活动，不良广告等不同事件的特殊规范。⑥

新闻伦理对记者或从业者来讲，是个人的素质和道德问题。而对媒体整体来讲，则是它自己的一整套规则和程序问题。媒体伦理建设的特殊基础和目标，在于建立和健全一整套合理的制度、体制、机制、规则、规范和程序等，可以简称为制度，包括执行和落实制度的制度在内，并使它们得到真正的贯彻和体现。⑦

① 李稳根.毛泽东新闻伦理思想研究 [M].南宁：广西民族大学出版社，2007：3.
② 谭平剑，邹国秋.关于我国新闻伦理研究与教学现状的反思 [J].湖南环境生物职业技术学院学报，2007（4）.
③ 姜彩杰，蔡麒麟.2010 年国内新闻传播伦理学研究综述 [J].新闻世界，2012（1）.
④ 传媒伦理，又叫"媒介伦理""媒体伦理""大众传媒伦理"。
⑤ 张艺苑.论中国大众传媒伦理的构建 [M].大连：辽宁师范大学出版社，2014：7.
⑥ 阴卫芝.新闻伦理规范：如何区分媒体与记者 [J].中国记者.2006（10）.
⑦ 阴卫芝.新闻伦理规范：如何区分媒体与记者 [J].中国记者.2006（10）.

因媒介伦理与新闻伦理是包含与被包含的关系，所以媒介伦理的研究内容同新闻伦理的研究内容存在重合之处，媒介伦理的原理研究、史学研究、实践研究等部分研究视角以及个案研究等一些研究方法同样适用于新闻伦理的研究。

（三）传播伦理

传播伦理（Transition Ethic），是人类传播过程和传播行为所涉及的道德关系和行为准则。包括传播主体的道德品质和修养、传播的道德观念、传播道德准则、传播道德行为、传播的社会道德评价等。传播伦理的独特性主要体现在其传播性上，它是关于人类传播行为的，而不是关于人类其他行为的。除了传播性外，传播伦理还具有利他性、自觉性、理想性、层次性、阶级性和民族性等特点①。

人类传播丰富多彩，新闻传播伦理只是其中的一个研究视角，除新闻伦理外，传播伦理的研究还可从政治传播伦理、科技传播伦理、广告传播伦理、文艺传播伦理等视角切入，新媒体的传播过程中网络暴力探析、新媒体视域下传播伦理的困境及对策等媒介伦理失范现象也都在传播伦理的研究范畴内。

三者之间是属种关系，传播伦理外延最大，涵盖媒体伦理、新闻伦理；新闻伦理范畴最小，包含在媒体伦理、传播伦理之中。传播伦理不能等同于新闻伦理、媒体伦理等应用伦理。

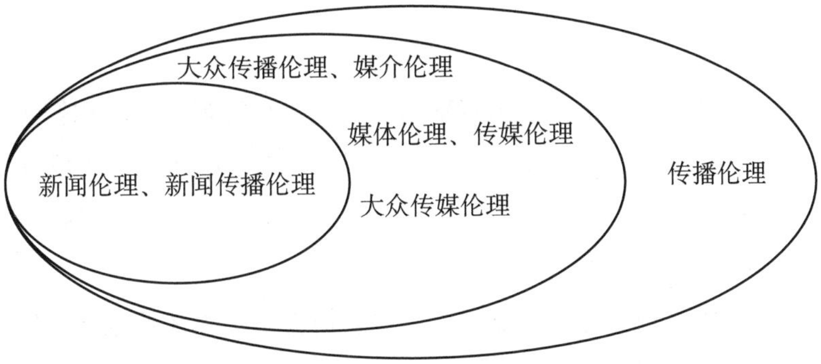

图一　新闻伦理、媒体伦理、传播伦理的关系示意图

在实际展开研究时，上述概念时常被研究者混用。在此应注意任意扩大或缩小某一概念的边界，不加思考即将新闻伦理、媒体伦理与传播伦理的概念两两等同未免有失研究的严谨性和可信度。

① 陈汝东 . 传播伦理学 [M]. 北京：北京大学出版社，2006：8-9.

二、伦理失范研究

随着新媒介的迅速崛起与迅猛发展，过去常被谈及的报道低俗化、虚假新闻、新闻炒作、角色越位、侵犯隐私等媒介失范行为未减反甚，隐性采访、匿名信息源等极具争议的方式也持续被推上舆论的风口浪尖。此外，在“公民新闻”“数据新闻”等全新的新闻业态下，新闻伦理的研究范围得到了扩展。

对于失范行为的研究，研究者多结合当年的热点事件做一分析，比如，针对“黄某某嫖娼事件”和“王某某嫖娼事件”，有研究者从这两个知名人物嫖娼事件的相关报道入手，分析指出媒体在相关报道中存在过度呈现细节、法制新闻娱乐化、侵犯隐私权、价值观暧昧四类失范行为，并透视这些失范行为背后的媒体困境：同自媒体的新闻首发权的争夺、给受众“想看的”和“需要看的”之间的两难选择、满足受众知情权与过度关注存在履责尺度的矛盾。最后研究者建议从国家、媒体和公众三个角度重构嫖娼报道的新闻伦理。[①]也有一些研究同样选用热点事件，从点到面，但是只针对一类失范行为做具体分析，如 2013 年“李双江之子李某某涉嫌未成年人强奸案”与新闻报道侵犯未成年人隐私权的研究、2014 年“马航 MH370 失联事件”与报道过度煽情的研究、2015 年“上海外滩踩踏事件”与灾难报道中隐私权的研究、2016 年“八达岭野生动物园老虎咬死游客事件”与虚假信息传播的研究等。这些研究从案例出发，但不囿于案例，对案例投射出的新闻媒体的失范行为和极具争议的方式作出反思，并将反思的结果用于解决实际问题。

（一）虚假新闻

虚假新闻，是指新闻媒体生产的违背新闻真实性、与客观现实不相符合的新闻，它可能是记者有意为之，也可能是记者无意为之。对于虚假新闻的研究，可以分为两类：

一类关注其定义、类型、成因、危害与对策。虚假新闻可以分为“报道事实不具真实性”“报道新闻断章取义、总体真实性不高”“新闻造假、信息不实”三类[②]，虚假新闻泛滥，不仅对其发布者（媒体机构）造成负面影响，也会损害整个媒体行业的公信力，并且在一定程度上导致读者的判断误差，对其观念和行为产生潜移默化的影响。[③]传媒人责任心不足，社会责任感与道德感缺失是虚假新闻形成的主要原因。加强新闻从业人员的专业素质，加强新闻行业的自我约束力度，加强新闻采编流程的规范，[④]建立严格的审核监督制度，加大对虚假新闻的打击力度，媒体机构联动，全社会携手，整肃虚假新闻，刻不容缓。

另一类则结合具体个案进行探讨：《网络虚假新闻的传播机制与应对策略——以“深

① 魏蔚 . 嫖娼事件报道中的新闻伦理失范与重建——以“黄某某嫖娼”事件、“王某某嫖娼”事件报道为例 [J]. 视听，2015（7）.
② 杨菊 . 分析虚假新闻的几个基本理论问题 [J]. 新闻传播，2015（20）.
③ 肖宁 . 虚假新闻的危害与治理 [J]. 新闻研究导刊，2015（3）.
④ 陈博 . 虚假新闻成因及对策探析 [J]. 新闻研究导刊，2015（2）.

圳最美女孩事件”为例》(梁稀山、陈祥华，2013)、《社会化媒体时代虚假新闻的新特征与应对策略——以“上海姑娘逃离江西农村”事件为例》(姚亚楠，2016)皆属此类。

(二)有偿新闻、有偿不闻、新闻敲诈

有偿新闻，是指某些企业单位、经营者个人为了宣传自己的产品或服务而想方设法在一些媒体上镜头、占版面等，以新闻报道的形式给自己做广告，而给予记者或编辑以物质利益需求，或者是政府官员为了掩盖丑行而贿赂新闻人员以歪曲事实的报道的违法行为。实质上是某些新闻从业人员将国家和社会赋予新闻机构传播新闻的权利，作为个人和团体的私有商品非法出卖，权利和金钱进行了非法交易[①]。其破坏了新闻真实性、客观性、公正性原则，损害了公众利益；腐蚀了新闻队伍，有损媒体的公信力和新闻行业的权威性。

有偿不闻，是指媒体从业人员在进行舆论监督时，主动或被动、直接或者变相收受报道对象的“封口费”，对被监督的对象不再予以报道。其危害是侵犯了受众的知情权；践踏了新闻伦理，降低了媒体的公信力。违背了社会公正原则，颠覆主流社会价值观。

新闻敲诈，是某些记者或一些假记者甚至是个别媒体以舆论监督和新闻批评的名义，对一些违背国家政策和社会道德的行为主体进行敲诈勒索的行为和现象，借用媒体采访报道的权利，扬言要“曝光”或写“内参”，与被“监督批评”的单位讨价还价、或直接索要巨额钱财、或要求给予“赞助”、或要求对方做一定数额的广告等，以此获取利益的行为。

《新快报》记者陈永州案件和《21世纪经济报道》发行人沈颢案件唤起了业界对新闻记者的社会责任与职业道德水准的重视。有研究者指出在媒介商业化趋势愈演愈烈的倾向下，“一切向钱看”的不良风气也波及媒体行业，“有偿新闻”正是其表现。这两起案件的发生表明加强行业自律、加强对新闻媒体的监管已经上升为一个迫切的问题。新闻记者要严于律己，慎用这个崇高职业赋予的权利，在职业道德的边界内履行自己的职责；传媒作为引导和影响舆论的力量，要确保以传递正能量为己任[②]。

(三)低俗化

低俗化，是指传统媒体和网络媒体以花边新闻、暴力犯罪、灾难事故、日常琐事、个人隐私为报道对象，强调行为的故事性、通俗性和吸引力，追求低级庸俗和轰动效应，实际上是一种急功近利的行为和现象。

分析低俗化的成因、阐释影响、建构应对路径、借鉴国外类似现象或已有经验反思我国媒介内容低俗化的现象是此类研究的重要部分。个别新闻媒体在市场竞争中，过分看重

① 参见百度百科：有偿新闻。

② 王慧. 对《新快报》风波的反思 [J]. 今传媒，2013(12).

新闻产品的商品属性，盲目迎合受众的猎奇、窥私等心理，一味追逐经济利益。要通过树立正确的舆论价值导向、强调传媒职业精神、强化政府对新闻媒体的监督力度、加强培育受众的媒介素养应对上述现象。[①] 也有几篇文章，如《新闻媒体侵犯隐私权的原因及预防——从深圳晚报报道姚贝娜事件谈起》（徐乐、徐婷婷，2016）、《“新闻炒作”宜疏不宜堵——以李某一涉嫌轮奸事件传播为例》（章宏法，2013）、《不要煽情，要客观平衡地报道事实》（陈力丹，2014）、《对电视新闻过度娱乐化的反思》（孙愈中，2017）等，对揭露隐私、新闻炒作、煽情报道、新闻娱乐化等典型的低俗化现象进行了探讨。

（四）新闻偏见

新闻偏见，指新闻生产者和生产过程对报道对象作了不公正的、不诚实的、自私的、不平衡的或误导性的歪曲报道。因为新闻经过层层“把关人”的选择和加工后，在事实的选择、评价上，不可避免地都会带有一定的倾向性，这种倾向性承载了传播者和传播媒体的立场观点、知识水平、认知能力等。

对特定群体的报道偏见问题的研究，既着眼于边缘人群、弱势群体这类特殊群体呈现出的媒介形象，如《外来务工人员都市生存的媒介镜像——以 < 南方都市报 >2008 年到 2012 年相关报道为个案》（陈孝柱、张芳，2014）、《城市流浪乞讨人员媒介形象建构分析》（张文丽，2015）等，同时也关注着普通人中某类特定群体的形象建构，如《从传者框架到受众框架：女司机媒介形象研究》（黄文静，2016）、《女大学生网络媒介形象研究》（孔庆新、平睿其，2016）、《我国职业运动员的媒介形象建构分析》（郭伟，2014），这部分研究着重分析被研究群体在媒体报道中的形象、公众对该群体的刻板印象，并试图对此进行归因、提出应对策略和报道建议。

（五）无人性报道

无人性报道，是指新闻媒介在报道有关人的话题时却忽略人的感受，不能对采访对象感同身受，从而体现出报道者冷漠、自私、娱乐、探秘等无人性心理的扭曲报道。缺失人文关怀的无人性报道的问题是报道偏见的一种表现。很多研究者关注着媒体在灾难报道中是否能表现出人文关怀：有研究者认为对市场竞争的理解不规范、缺乏情感考量、过于追求报道效果、过于追求经济效益导致一些新闻媒体在进行灾难报道时忽视人性、忽视受灾者、忽视受众，忽略人文关怀[②]。而在 2015 年 6 月 1 日发生的“东方之星沉船事件”的相关报道中，媒体通过设置黑白版面、暂时停播娱乐节目、述说感人故事等方式彰显了人性，体现了关怀[③]。

① 郭继东．解决新闻传播低俗化娱乐化的应对策略 [J]. 新闻传播，2014（2）.
② 邵卫科．灾难报道中人文关怀缺失探析 [J]. 新闻爱好者，2013（9）.
③ 赵阳．“东方之星”沉船事件媒体报道中的人文关怀 [J]. 新闻世界，2015（7）.

（六）伦理困境

伦理困境，也被称为道德悖论，是指陷于几个道德命令之间的明显冲突，如果遵守其中一项，就将违反另一项的情形。此情况下无论如何作为[①]或不作为[②]都可能与自身价值观及道德观有冲突[③]。

基于不同角色、不同立场而形成的不同价值观，在新闻媒介及新闻传播活动中，交叉重叠、相互交融，又在具体行为上屡有冲突，呈现出多重价值融合与冲突的局面，需要不断地做出抉择。

2015 年《南方都市报》记者化身枪手"卧底"高考替考组织事件发生后，隐性采访再度被推上舆论的风口浪尖，业学两届也涌现出一定数量的相关研究，如《论"南都"记者卧底高考的职业伦理与法律依据》(谭湘竹，2015)、《浅析隐性采访实践中存在的问题——以南都"卧考替考"事件为例》(崔瀚，2015)、《浅析隐性采访的风险控制——从"卧底替考"说开去》(何克难，2015)，这些研究在反思隐性采访的道德与法律底线的同时，也再度强调了这样一个事实：新闻价值与社会实践意义不能抹杀隐性采访的伦理与法律争议，该新闻采访方式应慎用，切勿滥用。针对隐性采访的道德悖论，有研究者引入亚里士多德的中庸之道、康德的绝对命令、穆勒的功利主义、罗尔斯的正义论及犹太教"像爱自己一样爱你的邻居"的五大基本伦理原则，对隐性采访的合理性做了论述，最后认为：隐性采访只有在涉及到重大公共利益时才具有合理性[④]。

【案例】

"一起残忍的未成年人凶杀案"

2000 年 2 月 12 日，英国利物浦两个 10 岁的男孩逃学去了商业街，他们在那里待了一整天，偷吃糖果、偷喝饮料，还在一家音响店四处转悠，顺手偷了几罐油漆。之后，他们把一个 2 岁的男孩从妈妈身边骗走，又踢又拽地带他走了 2.5 公里，用砖头打他，最后用一个 22 磅的铁棍敲碎了他的头，还把他的尸体绑在铁轨上，一辆驶过的火车把尸体一切为二。2 天后警察发现小男孩的尸体时，发现身上有 42 处伤痕，小脸颊上还留着一个鞋底印。

在英国，10 岁的儿童已经可以被控犯罪。根据英国法律，在审判结束之前，禁止公开孩子的家庭背景及透露他们的名字。当两个男孩受审时已经 11 岁。英国一家电视台，遵照英国法律，只报道审判过程，并且用儿童甲儿童乙来指代两个被告。

英国电视台严格遵守法律，选择正确的职业价值观，即新闻记者务必尊重未成年人

---

① 作为，是一种公然侵害他人权利的行为，不履行自己应当并且能够履行的义务的行为。

② 不作为，是相对于作为而言的，指行为人负有实施某种积极行为的特定的法律义务（法律义务、职业和业务上的义务、先行行为所引发的义务），并且能够实行而不实行的行为。

③ 参见维基百科：伦理困境。

④ 高荣林．隐性采访之合理性与合法性解读 [J]. 上海政法学院学报（法治论丛），2013（1）.

利益，在报道未成年犯罪的案件时，电视台宁可冒着损失一些可信度的风险也不公布被告的名字，保护他们的隐私，体现出对少年犯的同情和关爱，贯彻了“爱人如己”的媒介伦理原则。而一家美国报纸，对读者强烈的兴趣做出反应，透露了被告的名字，提供他们详细的个人经历。①

三、相关伦理研究

在新闻实践中，考虑到实际的传播载体、传播途径、传播方式等，新闻伦理不可能完全与其他同属媒介伦理研究范畴的伦理研究完整剥离、完全独立。不同应用伦理并不是完全互斥，其界限也会有相接之处，故在此对网络伦理、视觉传播伦理、广告伦理和公关伦理的相关研究成果作简单介绍。

（一）网络伦理研究

网络伦理，是指人们在网络空间中应该遵守的行为道德准则和规范。回看近二十年内，我国学界对于网络新闻伦理的研究从初步探索到各方面深入再到如今的徘徊踟蹰，历经了一个从个案分析到整体规范建构的发展路程，关于各种失范现象的研究最终走向对根本问题的探讨②。部分研究者关注网络新闻伦理的困境、法治建设、发展道路并展开宏观叙事。《浅谈网络新闻失范的原因及对策》（马兢，2015）、《浅谈互联网时代网络新闻伦理与法规》（王泽帅，2016）、《网络新闻的伦理与法制约束》（冯爱华，2016）结束此类。还有研究者关注一些具体问题的伦理争议，如人肉搜索、网络暴力、媒体从业者的社交平台（个人微博、个人微信公众号）使用行为。

（二）视觉传播伦理

视觉传播伦理，是研究图像以及图像传播行为对人们思想、感觉、行为、价值判断的影响，包括拍摄者与被拍摄者之间的关系、图像传播者与受众之间的关系。因传播实践中对图片和视频的使用率上升，业界和学界对视觉传播伦理的关注度也有所增加。手机摄影在业务实践中已有使用实例，便携性、易操作性使其在突发事件中有着良好的表现，这种方式也拓展了新闻摄影的空间。但与此同时，拍摄技术与修图技术的不断发展也对图片真实性提出了全新的挑战，手机内置和可供下载的众多即时摄影、后期编辑制作的 APP，使新闻图片的任意裁剪、拼接、合成变为可能，媒体从业者导演新闻事件的技术成本也大大降低。从传播内容来看，血腥、恐怖、暴力、裸露画面的露骨展示，不断刺激着观看者的神经，也引发了媒介伦理的危机。追究新媒体时代视觉传播频频失范的原因，或逃不开消

① 克里斯蒂安．媒体伦理学—案例与道德论据 [M]. 北京：华夏出版社，2000：1.
② 高毅伟．网络新闻伦理：国内近 20 年研究回顾与思考 [J]. 河南工程学院学报（社会科学版），2015（3）.

费社会下的眼球经济、技术的滥用、媒体规范不健全、传播者媒介素养缺失这四个方面。①除了对视觉传播实践中失范行为的现象、归因、策略研究外，另有针对某个样态、某个事件、某类产品的相关思考，如《数字化时代VR新闻的视觉传播思考》（秦彬，2017）、《新媒体“图像事件”的传播及其影响——以巴黎恐袭事件传播为例》（龚清晨，2017）。

（三）广告伦理研究

广告伦理，是指任何内容和形式的广告行为都必须遵循的道德准则和行为规范的总和。具体来说，是指广告参与者（包括广告主、广告制作者、广告发布者、消费者）在广告活动中所发生的人与人之间的行为规范和准则，其中最主要的是广告和消费者关系的行为准则与规范②。广告伦理的失范现象、失范原因及重构策略的相关研究具有持续性，《广告伦理失范表现的多维审视》（黄上国，2014）、《广告传播中的伦理缺失现象》（毛漫平，2015）、《广告伦理失范的原因及对策研究》（张利明，2016）皆属此类。在全新的媒体环境下，有研究者对广告伦理缺失的成因进行了分析：新媒体的发展还在襁褓阶段，法律监管存在漏洞；新媒体作为广告投放平台具有一定的导向作用；从业者个人的伦理观念淡薄。同时，针对这些原因提出了完善法律体系，建立监管体制，加强受众媒介素养教育的建议③。也有研究者对具体的广告类别，如儿童广告、婚恋广告、商业广告、公益广告的相关问题做了讨论。

（四）公关伦理研究

公关伦理，是公共关系中有关公关组织与公众、组织之间以及组织与社会之间的伦理问题。此类研究总量不多，但也形成了对全新媒介环境的学术关切。有研究者认为，新媒介形态下的公关实践陷入了全新的伦理困境：公关跨界化，公关与广告、营销、媒体之间的职业边界越来越模糊；媒体公关化，内容与运营剥离更加清晰的同时与经营合体，传统媒体在既有影响力的基础上，直接或间接出售媒体版面/时段，自主向客户靠拢，将自家媒体多方面的资源捆绑销售，并为客户提供整合营销方案；企业媒体化，企业可以通过自建服务号、网站、APP或以商业平台的形式接入互联网，在发展过程中转向媒体平台这两种方式增加自身的媒体特质，同时也可以向媒体投资④。

四、伦理规范研究

规范与原则为传媒从业者和媒体机构的传播活动提供了指导，明确了界限。规范研究

① 果湉.视觉传播伦理失范的原因研究[J].科技传播，2015（16）.
② 参见搜狗百科：广告伦理。
③ 陈培婵，王娟：媒介生态环境下的公关伦理拷问[J].东南传播，2017（1）.
④ 邱超奕：网络媒体时代“社会责任论”的再思考——“社会责任论”的现实困境与理论延伸探析[J].新闻知识，2013（5）.

具有一定数量，主要可划分介绍他国实践经验与规范以求为我国提供关照、我国媒体行业规范的制定与运行、类型化报道规范的反思与协商、从典型事件反思现有规范四个主要类别，包括灾难报道伦理规范的制定、对个人隐私及公共利益等问题的规范探讨、对我国新闻伦理规范体系的构建等内容。

（一）灾难报道

日本媒体在长期实践中，积累了大量对灾难性报道的经验和做法，如制定并遵循严格的规章制度、建设健全的灾害报道法律体系与行业规范、形成完备的灾害信息传输系统等。我国应积极借鉴日本 NHK 的报道经验，从法律制度、行业自律、人才队伍和机制等方面建立规范的灾害报道体系。①如针对灾难报道中新闻图片的使用问题，有研究者认为，构建新闻图片伦理，要坚持自律与他律相结合，新闻媒体要坚持生命至上原则、以人为本原则与适度原则，讲求诚信，力求对当事人及家属的最小伤害。②

除了灾难报道外，聚焦我国类型化报道失范行为的研究还涉及到其他的新闻报道，如《论儿童新闻的伦理规范》（屈波，2016）、《犯罪新闻报道侵权现状及其规范》（周健宇，2014）、《明星报道规范探究》（余庆华，2015）等，这类研究除了对某类报道进行宏观的分析外，有时也从当年的热点事件切入，通过对事件的分析，层层推进，反思我国现行的相关媒体规范。

【灾难报道伦理规范】

在灾难报道的采访中，记者要尊重生命、心存同情；充分尊重被采访对象的人格尊严。

（1）采用联合采访方式，减少对遇难者家属的重复情感刺激；

（2）在采访中注意被采访对象的情绪变化。注意你的采访语气和对方的肢体语言，如受访者变得情绪激动，应立即终止采访，及时安抚受访者，以减轻可能对当事人造成的伤害。

（3）当采访对象处于惊恐状态时，放弃直接接触的采访方式，如提问、摄影、摄像等，用其他不打扰的方式采访，如观察、访问他人，或放弃采访。

（4）面对刚失去亲人的采访对象，提问不涉及失去亲人的感受，不要过多报道对亲人的思念等。在灾难发生后对遇难者进行报道时，记者应该将心比心、换位思考，“己所不欲勿施于人”，贯彻“知情同意”原则。

（5）记者有责任向受访者详细告知有关细节、让其明白受访可能产生的后果等，在征得对方同意后进行报道。

（6）如果遇难者家属明确反对，那么媒体应该尊重家属意愿，放弃采访或通过对周围人的采访来弥补缺失；

① 陈怡，董佳．向日本的灾害报道学习什么 [J]. 新闻与写作，2013（6）.

② 王军，李曼霞．灾难报道中新闻图片伦理的分析——微博、微信与传统媒体对比 [J]. 新闻爱好者，2016（6）.

（7）记者要贯彻“知情同意”原则。充分尊重灾难中采访对象不暴露身份的要求。这一原则被国内外新闻界普遍采纳。知情同意体现了报道者与被报道者之间平等的关系，它承认了被采访者拥有自觉意识的主体地位，并倡导媒体能够给予尊重。知情同意在灾难报道中，一定程度上可以避免“侵扰悲痛”，造成“二次伤害”，有利于提升媒体专业良好的形象，维持媒体与被报道者之间的和谐关系。

（二）人质事件报道

人质，是为迫使对方履行诺言或接受某项条件而拘留的人。人质事件是一种严重的暴力犯罪，劫犯非法侵犯他人人身或财产安全，对社会有极大的危害性。在菲律宾、别斯兰、悉尼、日本等人质事件中，媒体的表现差强人意，于是，有很多研究人质事件报道的文章，如《博克模式的再认识—以菲律宾人质事件报道为例》（李晓，2012）、《由悉尼人质事件看突发事件报道需要把握的四对关系》（王乐萍、刘开骅，2015）、《西方媒体与人质事件的共生关系》（柴泉，2006）、《日本人质危机背后的新闻危机》（金赢，2005）

美国学者 Bob Steel（鲍勃·斯蒂尔）在《如何报道人质劫持》中写道：设想人质劫持犯总能接收到媒体所发的信息。避免文字、图片、图像泄露任何警方的信息。

人质事件报道中记者的伦理规范：（1）不泄密。不随意披露警方所掌握的劫犯个人资料以及即将采取的解救措施。（2）不介入。媒体和记者一定要贯彻“人质生命高于一切”的原则，记者绝对不允许随意进入劫持事件现场。（3）不随意对话。坚决拒绝恐怖分子通话的要求。记者不能随意开口与人质谈判，更不能在紧要时刻打电话采访劫犯，因为记者没有经过谈判技巧训练，不恰当地提问或错误的用词都会对人质的生命构成威胁，造成局面失控。

人质事件报道中媒体的伦理规范：（1）权衡信息的发表。当人质还没有被解救出来的时候，媒体一定要再三权衡公众知情权与人质生命安全孰重孰轻，不能本末倒置，给人质的生命安全带来潜在的威胁。慎重权衡“向公众播发信息”与“播发信息可能对事件产生恶劣影响“两者的关系。（2）除非有极为正当的理由才能现场直播，直播可能会使事件急转直下，会毁掉谈判，会恶化事件进展。（3）向受众解释为什么这些信息不能即时播出。（4）不要对人质劫持者个人及其要求做任何分析和评论，无论此要求是荒唐的还是合理的。（5）让直播飞机远离现场，噪音会强烈干扰谈判通话，同时也会刺激他采取过激行动。

（三）性侵害报道

性侵害案件是一类较为特殊的犯罪案件，性质较为恶劣，常伴随暴力、刺激等内容，容易吸引受众关注；对受害人的影响较大，媒体对该类案件的报道会涉及当事人名誉、隐私等权利，稍有不当容易导致失范。性侵报道的本质应该是：报道事实、警示大众。而近年来不少性侵报道中，媒体却将其作为争噱头，赚眼球的手段，导致严重失范。给受害人造成再度伤害、给受众带来不良影响、甚至涉嫌干扰司法审判。

有学者对性侵害报道进行研究，如《审视失范视角下的性侵害报道及规则》（刘庭梅，2015）、《悲剧、隐痛与残酷呈现》（朱德泉，2015）、《媒体性侵案报道，细节太细本质与色情网站一样》（李诗韵，2013）

性侵害报道应该注意以下几个方面：（1）尊重无罪推定原则。在报道中明确区分“嫌疑人”与“罪犯”的用法。对于尚未审结的性侵案件的犯罪嫌疑人，不使用“罪犯”“犯罪”“狂魔”等带有定罪色彩的用语。（2）新闻报道不得超越诉讼程序。（3）采访时要避免“二次伤害”。在采访和询问孩子时，应当尽量采取有些国家普遍推行的“一次成像”的做法。即为了保障孩子的身心不再受到多次伤害，警方“一次成像”，即第一次询问过程的“电视录像”就可作为证据在各个程序中加以运用，孩子不用直接出庭作证，避免使孩子一次次地被迫回忆不愿回忆的过去，心理上经受痛苦和煎熬。（4）使用权威消息来源。对案件进行及时、动态、连续式报道，注重使用权威消息来源：司法机关的法律文书等，对于其他消息来源要多元求证、客观平衡。尽量不使用匿名的消息来源。尊重司法权威，对不公开审理的案件进行报道，应以判决书披露的内容为限。（5）不进行恶意倾向性报道。（6）秉持善意、良知、最小伤害的原则。

【性侵害报道伦理规范】

《德国新闻业准则》中要求：“在未做法律宣判之前，不得将被告人描述成有罪的一方”，“在未宣判之前，被告人被设想为无罪”。

《俄罗斯新闻工作者职业道德准则》中也要求：“新闻工作者应遵守当事人‘除非在法庭上被证明有罪，否则他就是无辜的’这一通则。”

《澳大利亚广播公司编辑手册》要求：（1）不提问其可能不愿意回答的问题；（2）不追问令其痛苦的细节；（3）避免重复多次采访同一受难者，不应该记录或播出罹难者的家属被告知家人遇难时候的反应，这是不人道的，其目的是使伤害减少到最小范围。

《英国新闻编辑职业守则》第11条提出：“报道性侵受害者：除非有充分理由并在法律允许的情况下，否则不得公开受害人的身份，或者刊登帮助推测受害人身份的信息。”

《英国广播电视媒体播放条例》提出，“性行为描述：在报道或描述性活动或性行为时，注意可能冒犯社会风俗或观众情感，特别注意事件的语境和转播时间，包括儿童应该特别注意。”“暴力描述：（1）描述暴力行为时，报道内容及强度必须根据其对节目的完整性和重要性合理报道。（2）与性行为结合的暴力行为不应以刺激观众的方式进行描述，应避免细节和长时间的描述，另一方面，时间安排和儿童保护是重要的考虑因素。”

《香港新闻从业员专业操守守则》第 3 条要求：“新闻从业员在处理新闻的时候，尤其是涉及暴力、性罪行、自杀等社会新闻，应避免淫亵、不雅或煽情。”新闻摄影工作者（包括摄影记者和图片编辑）应谨慎处理血腥、暴力、恶心和色情图片。使用时须考虑：（1）对说明新闻事件是否必要；（2）对社会的影响；（3）对当事人及其家属的影响。

第 4 条：“新闻从业员应尊重个人名誉和私隐。在未经当事人同意，采访及报道其私生活时，应具合理理由，适当处理，避免侵扰个人私隐。儿童的私隐尤须谨慎处理，传媒报道涉及儿童私生活的题材时，必须要有合理理由；不应单单基于其亲人或监护人的名声和地位而作出报道；传媒报道公众人物的个人行为或资料时，须有合理理由。”

《香港记者协会专业守则》第 6 条要求：“新闻工作者即使基于公众利益的考虑，亦不应侵扰他人的悲哀和不幸。”

（四）案件报道

案件报道，就是对已经发生进入司法程序，按照新闻规律，尊重司法程序，进行符合法治精神的宣传报道。

在案件报道中，要特别贯彻无罪推定的原则，尊重司法规律，维护法治尊严、维护公民权利、捍卫司法公正。依法正当获取案件新闻。

案件报道有关注意以下几个方面：（1）报道未成年人犯罪的案件时，不得披露未成年人的个人隐私（姓名、照片、学校、住址等)。（2）报道性犯罪案件时，性犯罪案件受害人受到严格保护，严禁媒体播放和刊登受害人的姓名、住址或图像。（3）未经当事人同意不得公开报道举报人、控告人、证人、受害人的姓名、住址、工作单位及肖像；（4）报道未判决的案件时，使用图像时应本着良知和社会责任感，使用“马赛克”的手段。对不适于公开报道的内容要加以必要的过滤和技术处理，不宜详尽地描述犯罪手法，同时要避免将一些特别残酷、恐怖、血腥、淫秽的细节和盘托出，以免对公众造成不良影响。（5）不得超越司法程序预测审判结果，抢先发表评论或结论性意见。（6）不得发布涉及国家秘密、商业秘密和个人隐私的案件内容。（7）依法不公开审理的案件，除审判结果和必须发布的事实、理由以外，不得发布其他信息，如合议庭评议、审判委员会讨论情况及上下级法院的内部函件、院领导指示等。（8）要通过合法途径和方式获取新闻素材，新闻采访要出示有效记者证，认真核实新闻信息来源，确保新闻要素及情节准确。（9）服从公安机关案件现场管理，在指定区域内采访拍摄，不逾越警戒线，不妨碍公安、消防、医护等人员工作，防止对有关当事人造成二次伤害。(10)遵守法庭纪律，审慎做好法庭采访，对庭审活动的直播、录音、录像、摄影或通过邮件、博客、微博客等方式传播庭审情况均应征得法庭统一。(11)报道应本着客观、公正的原则，不得对有罪、有错者加以人格尊严侮辱、谩骂甚至诽谤。(12)不得通过新闻报道泄露侦查手段，展示犯罪手法，不得妖魔化或英雄化犯罪嫌疑人，尽量降低案件报道带来的副作用[①]。

(五)暴恐议题报道

911事件以来，恐怖主义一直都是全球关注的重点议题。暴恐事件是恐怖主义组织有意制造恐慌的暴力事件。而恐怖主义是对各国政府、公众或个人使用令人莫测的暴力讹诈或威胁，以达到某种特定目的政治手段。各国有关暴恐议题报道伦理规范如下：

【暴恐事件伦理规范】

《加拿大广播电视数字新闻协会新闻伦理准则》

5.2 当报道处于潜在危险的情况，使用暴力的或逼真的图像和描写时，我们要保持敏感和克制。

《新西兰工程印刷及制造业工会新闻记者伦理规范》

8. 以国家安全为理由的信息限制是合理的，这里的国家安全是保护国家领土完整、国家的民族秩序不受极端暴力威胁的情况。

《阿尔巴尼亚大众传媒伦理规范》

犯罪和暴力：

严禁任何媒体宣扬关于，战争暴力暴行以及伤害全体或部分公众感情的内容。

严禁以耸人听闻的手法报道暴力和暴行，相关报道应审慎处理，以保护未成年人。

严禁宣扬犯罪恐怖主义以及其他残忍的反人类的行径。

《波兰新闻伦理规范》

犯罪问题和特殊情况：

16. 显示死亡的特写场景是不被允许的，战争或自然灾害的血腥后果以及残暴的行为或暴力应该在保持平衡的前提下被描述和展现，该平衡介于准确报道和考虑受众感受之间，尤其是要考虑受害人的家人和他们亲近的人。

《俄罗斯反恐怖主义报道公约》(见附录8)

五、反思前瞻

关于新闻伦理，尽管很多学者对其概念与内涵做了研究分析，但是在学界和业界仍没

① 《媒体人新闻业务守则》编写组.《媒体人新闻业务守则》释义[M].北京：中国政法大学出版社，2015：101.

有一个通行的标准定义。每个学者都按照自己的研究和理解下定义、做界定。

（一）回归原理研究，明确理论框架

随着媒介技术、媒介环境变迁，新闻伦理学研究的深入开展，其研究范围也不断扩大，很多研究者在其中寻找到了全新的兴趣点，转向应用性研究，新闻伦理的原理性研究正在不断减少。因新闻伦理研究的跨学科属性，构建研究的核心理论体系，搭建完整的理论框架具有不小的难度。伦理学为新闻伦理研究提供了部分理论内核，确立核心理论体系不能忽视伦理学的维度。在今后的研究中，回归以概念、内涵、特征为主的原理性研究、建设独特的理论体系与理论框架至关重要，因为这不仅为应用性研究、规范性研究中的概念引入提供了依据与标准，也有利于研究成果回归实践、指导实践。

（二）明晰研究对象，挖掘研究深度

因对新闻伦理没有明确界定、研究者自身对“传播伦理”“媒介伦理”“新闻伦理”等具体概念含混不清，在研究中主体不清、对象不明的情况经常发生。新闻伦理研究需要研究者有一定的哲学知识背景，很多研究者不注重基本理论，在研究的过程中也没有积极查找有关资料进行学习，以致在最后的研究成果呈现时，出现了理论的错用、误用。研究对象的复杂混乱及研究理论的错用误用都会使研究陷入肤浅，流于表面。另外，案例研究法使用过程中对非典型性案例的随意选取、归因研究的简单归因、策略研究提出的建议雷同也会导致研究缺少深度。在实际研究开始前，研究者应做足准备，对研究涉及的基本概念、基本理论有着充分明白的了解并明确研究对象。在研究过程中，应端正态度、开阔思维，在自己的能力范围内挖掘研究的深度，确保研究质量。

（三）拓宽研究广度，寻求全新突破

新闻伦理研究的发展与研究者自身的能力有关，与能否跨学科研究有关、同时也与业界发展密不可分。近年内，虽然一大批研究成果诞生，但质量参差不齐，同质化倾向严重，突破性研究不多。大多数研究还停留在叙述事实、分析原因、提出对策的窠臼之中。尽管考虑到了媒介环境的变化，但研究中提出的原因与建议，很多都是老生常谈。今后的新闻伦理研究应着重打破思维定式，拓展学科视野，进行跨学科、跨领域的融合，在多学科的互动与交融中拓宽研究的广度，寻求全新的突破。

第一章　新闻伦理概述

在大众传播活动中，伦理问题始终是一个意志自由和主体责任的问题。新闻的层层把关人都是带着一定的价值判断、意识倾向、审美品位、刻板成见来处理信息的。因此，传媒业充满了模棱两可的新闻伦理困境和相互冲突的负责对象。马克思说："人们的道德观念归根结底受他们的社会经济关系所制约，同时又反作用于社会经济关系，以至整个社会生活。"[①] 苏格拉底说："每天探讨德性以及相关的问题，对于人来说是一种至高之善，没有经受这种考察的人生是没有价值的人生。"康德说："有两种东西，我们愈时常、愈反复加以思维，它们就给人心灌注了时时在翻新、有加无已的赞叹和敬畏：头上的星空和内心的道德法则。"[②]

第一节　西方伦理渊源

一、休谟法则

大卫·休谟[③] 最先提出著名的"休谟法则"，即事实判断与价

① 张之沧.西方马克思主义伦理思想研究 [J]. 马克思主义与现实，2010(2).
② 郑晓芒.实践理性批判 [M]. 北京：人民出版社，2004.
③ 休谟（David Hume，1711–1776），18 世纪英国杰出的哲学家、历史学家和政论家，苏格兰启蒙运动以及西方哲学历史中最重要的人物之一。休谟出版的三卷本哲学名著《人性论》奠定了其在哲学史上的地位。

值判断关系问题，简言之，是否能从“是”“事实”“事实如何”中推导出“应该”“价值”“应该如何”。[①] 是否能从“实然”（is）中推导出“应然”（ought）。亦即后人所说的在事实与价值之间是否存在一条“二歧鸿沟”，价值判断能否从事实判断中推导出来，这个二元论对后世哲学发展影响极其深远。其代表著作《人性论》（1997）主要讨论理性、情感与道德，代表了 18 世纪对人性理解的最高水平[②]。

休谟当初发现并提出这个问题，并不是价值学问题，而是道德学和逻辑学问题。[③] 休谟的《人性论》认为：人是自私的，但人也具有自然美德：（1）属于人类感情的仁爱、慈善的性格，它由慷慨、怜悯、感恩、友谊、忠贞、热忱等构成；（2）属天赋才能，如机智、敏捷、勤劳、坚忍不拔、努力、恒心、节俭等。但这些自然美德是永远胜不过自私本性的，因此，一个社会必须根据“共同利益感”设计正义法则，才能维护正义。至于一个微弱的、永远敌不过自私本性的“共同利益感”能否成为一个权威的正义法则的基础，休谟没有阐述[④]。

【案例】

“范跑跑”事件

范美忠，1997 年毕业于北京大学历史系，曾在四川自贡蜀光中学当教师。2008 年 5 月 12 日汶川大地震发生时，正在课堂讲课的范美忠感觉到教学楼在摇晃，当他瞬间意识到地震后，猛然向楼梯冲过去，先于学生逃生。后来，范美忠发现自己是第一个到达足球场的人，等了好一会才见学生陆续来到操场，随后他立刻参与组织了被疏散的学生，并没有离开学校。5 月 22 日范美忠在天涯上发帖《那一刻地动山摇——“5 · 12”汶川地震亲历记》，细致地描述了自己在地震时所做的一切以及过后的心路历程，之后，这篇文章的点击率高达 14 万余次，变成全国热议的公众人物。被网友戏称为“范跑跑”。

范美忠在文章中很诚实地写到：“我是一个追求自由和公正的人，却不是先人后己勇于牺牲自我的人！在这种生死抉择的瞬间，只有为了我的女儿我才可能考虑牺牲自我，其他的人，哪怕是我的母亲，在这种情况下我也不会管的。因为成年人我抱不动，间不容发之际逃出一个是一个，如果过于危险，我跟你们一起死亡没有意义；如果没有危险，我不管你们，你们也没有危险，何况你们是十七八岁的人了！”这番言论引起了网民铺天盖地的批评与漫骂。

休谟法则为我们提供了通过道德目的，从行为事实中产生和推导出道德价值的公式：即符合道德目的的行为之事实，就是行为之“应该”；而违背道德目的的行为之事实，就

① 刘行芳 . 新闻法治与新闻伦理 [M]. 郑州：郑州大学出版社，2007：231.
② 休谟法则是怎么回事？ [EB/OL]. (2008-10-08). [2019-09-18]. https://zhidao.baidu.com/Question/69678202.
③ 杨曾宪 . 试修正“休谟法则”——从科学事实“是”中推不出价值“应该”来 [J]. 东南学术，2004（1）.
④ 资料来源：吴飞驰 . 企业共生论，科研工作者博客网，2006 年 11 月 2 日。

是行为之“不应该”[①]。按照这个公式，每一个社会成员都是基于一定事实认识和自身对于行为道德目的的理解，做出自己的选择的。

二、中庸之道

中庸，指不偏不倚，折中调和的处世态度。中庸之道，即中正不偏、经常可行之道，是对人们思想、情感方面的原则性约束，是一种人与人之间互动的方式方法。这是公元前5世纪由孔子及其弟子发扬光大的，孔子说：“中庸之为德也”；朱熹解释道：“以德行言之，则为中庸”，即中庸是一种品德，一种伦理行为。《论语·庸也》：“中庸之为德也，其至矣乎。”古希腊哲学家亚里士多德说：不论是善行与恶性之“中”，还是大小恶行之“中”，都不是“中庸”，适当遵守道德的行为，即所谓“中庸”[②]。亚里士多德[③]也提出了类似的哲理，“精神美德就是在两个极端之间的正确位置”，这是一种“求中”的原则，强调“适度”和“节制”。强调恰当得体比单纯的责任感和纯粹的爱心更受推崇。中庸之道是一种讲求“平衡、和谐、适度”永存的行为准则。强调人的四大美德：节制、公正、勇敢和智慧。

人类传播本身就是一个复杂丰富的系统，这个系统中的人、媒介、信息、自然环境、社会等各种元素，需要达到一种有机的平衡运行。[④]而最为关键的是人的主导作用，掌握中庸之道，使人与自身、人与人、人与自然、人与社会的关系达到和谐统一。

【案例】

战地记者的进退选择

闾丘露薇（1969年生）中国著名电视记者，现供职于凤凰卫视。2003年，美伊战争爆发，闾丘露薇成为首位进入巴格达的华人女记者，也是全球唯一三进阿富汗采访的华人女记者，被誉为“战地玫瑰”。

水均益（1963年生）甘肃人，兰州大学英语系毕业，1984年加入新华社，1991年参加海湾战争报道，1993年进中央电视台工作。2001年到阿富汗战地采访，2003年采访美伊战争，因接到CCTV命令，返回北京。被骂“逃兵”承受了很大压力和责难，成为“多年伤痛”。

在大众传播活动中，这种中庸的原则在一定程度上就是新闻传播的公正性，也叫公平原

① 王海明.伦理学原理[M].北京：北京大学出版社，2005：4.
② 王海明.伦理学原理[M].北京：北京大学出版社，2005：331.
③ 亚里士多德（前384—前322年），古希腊斯吉塔拉人，世界古代史上最伟大的哲学家、科学家和教育家之一。是柏拉图的学生，亚历山大的老师。
④ 覃树勇.传播境界：真善美[J].传播学论坛，2006（8）.

则、平等原则：（1）传播者对新闻事实秉持中立的“不偏不倚”立场，避免走极端；（2）传媒为争议双方提供利用媒介的平等机会，不能厚此薄彼。（3）要在“过”与“不及”之间寻求“中间”的解决办法。如政府控制烟草广告的行为，不是全面禁止或完全放任，而是选择了中间方案。禁止在大众传播媒体上发布烟草广告，且要有“吸烟有害健康”的警示语。

三、绝对命令

绝对命令是18世纪德国古典哲学家康德的伦理学用语，用以表达普遍道德规律和最高行为原则的术语。康德认为：道德指令的形式不是劝诱，而是命令，且是无条件的命令，这就是绝对命令。“只按你的意愿能成为普遍规律这一准则行动。”一个行为只有出于责任，在道德上才是正当的。

绝对命令将“良心”与“责任”置于一个神圣不可侵犯的位置，即任何人做事都必须基于与生俱来的良心，良心会告知我们如何承担道德责任、如何选择善恶、如何区别好坏。人一旦违背了自己的良心，不管是轻微的还是无意的，都应产生负罪感。

良心，是个人内心的是非感，是自己对自己行为的道德价值的认识、判断、态度、感情、体验、意向、动机等一切心理反应活动。如果对自己行为所具有的正道德价值的肯定性评价，叫良心满足；如果是对自己行为的负道德价值的否定性评价，叫良心谴责。① 良心也是对自己行为、意图或性格好坏的认识；良心具有一种做好人好事的责任感，常被认为能引起对于做坏事的内疚和悔恨。在康德的道德世界中有两类责任：一是严格的责任：不谋杀；不失信；不撒谎。二是善意的责任：帮助他人，发展某人的才能，表示感激。哲学家们一般认为，严格责任（例如不伤害人）比善意责任（例如帮助他人）更具有道德上的强制性。

在康德看来，道德法则对所有理性生物都具有无条件的约束力。因此，欺骗、偷盗、不诚实等行为永远都是错误的；而真诚、仁慈、说真话，则永远都是普遍正确的。时代的变迁也不能改变它们的标准。根据“绝对命令”，媒体要根据道德法则去实践，新闻记者以欺骗手段获得一个好故事是极其错误的，用非法手段偷窥他人隐私更是不能被接受的。

康德的绝对命令提示我们：（1）大众传媒和传媒人要有社会责任和良心，要真实而公正地报道和评述新闻，满足公众知情需要；（2）要维护社会公共利益，做社会与公众的耳目喉舌；（3）要维护国家安全，促进社会稳定；（4）要尊重公民人格尊严，维护公民合法权益；（5）要发挥传媒的社会监督作用，做“社会监视器”和“环境监测者”。（6）新闻工作者享有与公民一样的权利而非权力，记者不能要求什么特权，如不能为了获取新闻而撒谎或侵犯公民的隐私权；不能为了销售商品而进行欺骗式的宣传。

① 王海明. 伦理学原理 [M]. 北京大学出版社，2005：343.

【案例】

高速公路上驾车标准

康德认为："善良意志像珠宝一样闪光""善良意志看作最高的善"是一切其他事物的条件。"道德法则对所有有理性的生物都有着无条件的约束力。"

根据康德的思想，检验一个行为是否道德要看它是否具有普遍性——即它是否适用于每一个人。例如，康德认为：有道德的人驾车的速度和风格适合于在同一条高速公路上驾车的任何一个人。

四、功利主义

功利主义最初是由英国哲学家、经济学家杰里米·边沁创立的。在19世纪，约翰·斯图尔特·密尔将它引入伦理讨论：行为的结果是决定行为是否道德的重要因素。功利主义者一致认为：道德上的正确选择应该带来最大益处而不是害处。所有最终决定哪种选择正确，哪种不正确的标准，就在于趋利避害的程度。[①]幸福是人类行为的唯一目的，应该以此检验一切行为。防止痛苦，促进欢乐是唯一理想的目标。[②]功利主义不考虑一个人行为的动机与手段，仅考虑一个行为的结果对最大快乐值的影响。按照功利主义，为了更多人的利益而伤害一个人可以被视为是道德的。功利主义常被简化为"为最大多数人谋求最大幸福（利、善）"的道德哲学或"两利相权取其重、两害相权取其轻"的处世经验。

记者不能因为职业的功利主义需求而使用偷拍的方式采集新闻，因为任何一种偷拍活动都有某种程度的欺骗，从隐瞒身份和编造身份不一而足。因此，新闻界经常揭露他人撒谎和隐瞒事实，那反过来自己却在撒谎，违反了"待人如己"的黄金律和绝对命令。

功利主义提示我们：（1）伦理的决定应当寻求最大多数人的最大利益，同时，将伤害和负面影响降低到最小；（2）将可能的行为列举出来；（3）列出可能会被你的决定影响到的人（确保将你的信息源、新闻主体、编辑、同时、读者、广告客户、股东、记者考虑进来）；（4）在面对不同的选择时，记者首先要尽可能谨慎地估量每一种结果，问一问这种选择将对每一个人，包括我们自己的生活带来多少好的和不好的影响。（5）一旦我们完成了对所有相关行为的估算，我们在道义上就会选择获利最大的办法。而有意选择别的行为，则违反了道德原则。在进行新闻的具体操作时，记者要对其行为的结果进行评估；以是否能给公众带来最大利益为准则来选择应该报道的新闻，采用恰当的报道方式。[③]

---

① 克里斯蒂安．媒体伦理学 [M]. 北京：华夏出版社，1989：14.
② 克里斯蒂安．媒体伦理学——案例与道德论据 [M]. 北京：华夏出版社，2000：15.
③ 从中庸之道到"无知之幕"：四种媒体伦理理论评析 [J]. 北京：南京社会科学，2014（12）：106-114.

【案例】

深圳某报偷拍姚贝娜事件

2015年1月16日下午，歌手姚贝娜因乳腺癌去世，深圳某报3名记者为抢独家新闻，伪装成医生助手，混入太平间，拍摄了姚贝娜的角膜摘取过程，后被家属察觉，家属责令记者当场删除照片。此事件被媒体披露后，引发了舆论的轩然大波，有关媒体伦理的讨论引起了社会各界的广泛关注。深圳某报开始发表律师声明，要追责姚贝娜事件的造谣者，后又向公众致歉。

记者不能因为职业的特殊需要而使用暗访的方式采集新闻，因为任何一种暗访活动都存在某种程度的欺骗，从隐瞒身份到编造身份，不一而足。新闻界经常揭露他人撒谎和隐瞒事实，反过来自己却在撒谎，就违反了绝对命令和“待人如己”的黄金律。

《澳大利亚先驱与时代周刊》曾刊登过一篇文章《如何采访哀伤和感情受创伤的人》，包括以下几方面：“（1）应该体恤所有哀伤和感情受创伤的人，并很有礼貌地对待他们；（2）如欲征求一位受伤害的当事人访问或拍照，尽可能通过中间人（如他的家人朋友）等做初步接触，万不得已才直接接触；（3）若当事人拒绝，不要坚持采访（可以留下联络方式，等当事人压力舒缓后再考虑采访）；（4）在表明身份后，未取得当事人或其监护者明确允许下，不得进入医院、殡仪馆、福利机构等属于公众人士不宜进入的地方；（5）受害人必须提前被告知有权随时终止拍照或访问；（6）进行访问时必须明白访问过程可能对受访者造成困扰，也须明白发表受访者在灾害中透露的资料可能给他们带来的影响，因此要审慎处理①。”

五、无知之幕

1971年约翰·罗尔斯在《正义论》中提出“无知之幕”，在当代伦理著作中被广泛运用。罗尔斯认为，要贯彻社会正义原则，社会成员必须站在“原始的平等地位”，没有角色之分，没有社会差异，每一个参与者都被作为整个社会的平等成员来对待时，正义才会出现。而当他们知道人类社会的一般事务、政治事务和社会经济原则、基本社会组织和人类心理原则时，他们会试图尽最大可能地发展善的观念。②在“无知之幕”中，摆脱了个人、民族情感在选择伦理原则中的偏见。人们必定会选择保护弱小一方，并最大限度地减小风险。罗尔斯认为，最弱小的一方得到优先考虑，就是公正的解决方法。功利主义将所谓“最大多数人的最大幸福”置于正义之上是一种本末倒置的错误。即便是“最大多数人”，若以这部分人的最大幸福作为正义的尺度，是与正义的原初含义相违的。功利，不是首要

① 陈昌凤，王雪冬．灾难报道请恪守最小伤害原则 [J]. 青年记者，2008(8).
② 参见佚名．罗尔斯的规范方法论：契约、无知之幕和反思的平衡，2009年3月9日。

价值，正义，才是首要价值，正义是至高无上的。“正义所保障的各种权利，不受政治交易或社会利益的考虑所左右。”①

在《正义论》中，他提出“公平是公正的基础”，这是功利主义之外又一个伦理学标准。公平，不仅指数量上的相同，而且指消除主观差别，包括消除所有阶级、意识形态、团体、种族、性别等差异。这就把所有人置于“幕布”之后，成为社会的平等成员。罗尔斯认为：根据“无知之幕”所制定出虚拟的社会契约，可以引申出两个原则，并将是有理性的人们为自身利益所做出必然的谨慎选择。第一个原则：要求平等地分配基本的权利和义务；第二个原则：我们承认的权力、财富、收入的不平等，必须有利于那些生活不如我们的人。②但是，罗尔斯的正义至上论虽然在纯理论的水平上是无懈可击的，但实际操作则会困难重重。

倘若根据这些原则，传统的新闻伦理学将有许多需要修正之处。例如，在一起涉及名人有同性恋倾向的新闻报道中，由于公众对名人感兴趣，媒体就以公众有知情权为由大量报道。于是，公众的知情权在一定程度上就凌驾名人的隐私权之上，如果我们提升到伦理层面，将公众和名人置入“无知之幕”中，公正的做法则是媒体应该尊重名人的隐私权。罗尔斯的“无知之幕”使记者不能因为名人效应，而利用手中权利无止境地纠缠那些陷入新闻困扰的人们。③

【瑞典法院的“最高判官”】

2011年，在瑞典斯德哥尔摩市法院工作的卡斯蒂，因法庭很快要开庭审理一个案子，要上街去找几位“最高判官”。她一大早来到街上。不断地冲到一些看上去没有什么文化的人身边，问一些例如“你懂法吗？”“你读书吗？”“你了解国家政治吗？”“你看新闻吗？”之类的奇怪问题，不过符合条件的人似乎并不多。

逛了一圈后，卡斯蒂走进了一家小赌场（当地允许小金额赌博）。朝四周扫视了一圈后，走到一个40来岁的中年“赌徒”身边问：“你懂法吗？”“不懂。”“你读书吗？”“不读。”“你了解国家政治吗？”“不了解。”“你看电视新闻或报纸吗？”“不看。”

听到这些回答，卡斯蒂的眼睛大放异彩，她连忙从随身的包里掏出一张纸递给那个人，说：“请后天准时来法庭作陪审团！”对方又开心又激动地表示一定会准时到。随后，卡斯蒂又用同样的方法，终于在废品回收站、公园、街边找齐了9个人。

要审理的案子是一些作家起诉一家大型网站，因为这家网站的用户能免费下载各类文学作品。庭审开始后，网站的4位负责人辩称：网站服务器上不存在任何实质性的文档，因此不能算侵权。在双方律师一番唇枪舌剑之后，进入暂时休庭时

① 沈宗灵．现代西方法理学[M]．北京：北京大学出版社，1992：112.
② 克里斯蒂安．媒体伦理学——案例与道德论据[M]．北京：华夏出版社，2000：17.
③ 参见胡兴荣．新闻与伦理的两难论证，2004年12月1日。

段，9 位陪审团成员进入一个小房间商议。那位“赌徒”义愤填膺地说：“他们未经别人同意，就把人家的作品拿来给网民免费分享，如果这都不算侵权的话，那有人去商店里未付钱就拿走商品，难道也不算是偷窃了？”

很显然，“赌徒”的这句话也正是陪审团成员的一致看法。最终，法官采纳了他们的意见，判处该网站“侵犯版权”成立，4 位负责人分别被判处一年监禁和总共 3 000 万瑞典克朗的赔偿金。

在某些情况下，越是有文化、有知识的人，越会被一些特定环境和知识所左右，从而影响判决的公正性。而越是文盲、法盲所做出的判断，则越可能是人性化的，因为他们完全是根据人性中最根本的正义感和生活中最根本的常识来做判断的。①

六、仁爱之心

综观东西方数千年的人类历史，爱是人类最美好的美德，充满着无限的力量，爱能够跨越人与人的鸿沟。在中国，传统伦理中强调“仁爱”思想，凡事要替别人着想，同情人，敬重人，相信人，关心人，帮助人，待人以诚，施人以惠。孔子说，“仁者爱人”，要“已所不欲，勿施于人”。孟子的“恻隐之心”；墨子的“兼爱”，宣扬“视人之家视其家，视人之身视其身……父子相爱则慈孝，兄弟相爱则和调，天下之人皆相爱”，②提倡兼爱共处、急公好义、节俭利人、自苦勉行，反对战争侵夺、等差、损人利己、人人交恶、苟且偷安，倡导博爱人民、集体主义等。这是崇高的爱的精神导则。

数千年之后，传播思想史的奠基人之一彼得斯同样从内心发出“爱”的呐喊，“最深刻的伦理教诲要求人们没有差等地爱一切人，然而时间只允许每个人真正地关爱地球上为数不多的居民。毕其一生，每个人只不过有时间给少数几个人以关爱。我们凡人所能做到的，恐怕是能够爱比较亲近的人；不过，没有博爱之心又是不公正的。”③人与人之间应该相互爱护，能够公正而宽厚地彼此相待。的确，人类传播需要爱来贯穿始终，这样，人类传播将永远闪烁着人类的生命之光，燃烧着人类的生命之火。

【爱的真谛】

神就是爱。“爱是恒久忍耐，又有恩慈；爱是不嫉妒，爱是不自夸，不张狂，不作害羞的事，不求自己的益处，不轻易发怒，不计算人的恶，不喜欢不义，只喜欢真理；凡事包容，凡事相信，凡事盼望，凡事忍耐；爱是永不止息。”④爱是世界上完整、体贴、打动人心、无私、至善、无与伦比的、至高无上的、永恒的真理。

① 陈雪娟.瑞典法院的“最高判官”[N].南国都市报，2011-11-04.
② 彭林，黄朴民.中国思想史参考资料集 [M].北京：清华大学出版社，2005：104.
③ 彼得斯.交流的无奈——传播思想史 [M].何道宽，译.北京：华夏出版社，2003：255.
④ 参见圣经.新约·哥林多前书。

西方伦理的渊源给我们启示：中庸与平衡、良心与责任、追求幸福和维护大多数人利益、正义与公平、与人为善、仁爱之心等关键词，为新闻伦理的发展奠定了基础。

第二节　全球伦理规范

进入21世纪，世界各国经济、政治、文化各领域的交流，加剧全球化进程，全球伦理规范的不统一导致的各种纠纷、分歧、冲突的增多，南北矛盾加剧、局部战争不断、生态危机、核威胁、环境恶化、粮食危机、资源短缺、人口爆炸、国际恐怖主义、精神世界庸俗化、吸毒贩毒、物欲横流、色情变态等许多社会问题。同时，互联网的兴起和社交媒体的飞速发展使得这些现象愈演愈烈，国家间、地区性利益冲突更加频繁，人类的价值观念和道德意识出现抵触、分裂，由此，全球伦理问题逐步引起政治家、伦理学家、宗教界人士和哲学家的广泛关注。探寻发现和重新认识全球伦理、最低限度的伦理、具有最大范围的普遍适用性的伦理规范，并以此为基础，使各国达成共识，关系到国际社会的和平与发展，意义重大。

一、全球伦理的渊源

孔子在《论语》中所说“己所不欲，勿施于人”，即“你希望人怎样待你，你也要怎样待人”；犹太教经书《多比传》中说“你不愿意别人如何对待你，你也不要以同样的手段去对待别人”；基督教中耶稣的名言：“你们愿意人怎样待你们，你们也要怎样待人。”佛教的《相应部》中说“在我为不喜悦者，在人也是，我何能以己不喜不悦加诸他人。”印度教的《摩诃婆罗多》中说“人不应该以己所不悦的方式去待别人”。伊斯兰教的“维护正义、人类尊严和真理是无条件的义务”[①]等，这些不同宗教文化传统中道德底线的“黄金道德规则”，不仅是现代人类建构全球伦理规范的共同道德资源，而且它们本身就是人类共同的长期有效的不可取消的和无条件的规则。这表明人类共同的本性决定了他们有着共同的道德信条，并确立了相同或相似的基本道德规则。这既是对国家和组织行为提出的伦理规则，也是对全球每个公民的行为提出的道德要求。

20世纪80年代德国学者、基督教神学家孔汉思开始探索各种宗教之间伦理上的共识，孔汉思提出了全球伦理口号：“没有一种国际的世界伦理，则没有人类的共同生活；没有宗教之间的和平，则没有各国之间的和平；没有宗教之间的对话，则没有宗教之间的和

① 王增福.关于“普世伦理”的哲学思考[J].中共四川省委党校学报，2009（4）.

平。”他认为宗教能够提供全球伦理绝对有效性，是全球伦理的基础。之后，越来越多的学者和政治家将研究方向对准普世伦理，并将其作为建构全球伦理的基础工作。他们试图在不同宗教传统、文化传统、行为准则中寻找的共同的伦理品德。

2017 年习近平总书记在党的十九大报告中明确提出：“坚持和平发展道路，推动构建人类命运共同体。在政治上，互相尊重、平等协商。在安全上，坚持以对话解决争端，以协商化解分歧。在经济上，同舟共济、开放包容、平衡共赢。在文化上，宽容与融合。在环境上，绿色、低碳、循环、可持续发展。”顺应全球伦理要求，推动世界和平发展。

二、全球伦理的内涵

所谓全球伦理，是指在全球化的过程中，世界各个国家、民族和地区的人们普遍认可并遵循的，据以有效理解、沟通和交往的共同价值标准、伦理原则和道德规范体系。

1993 年 9 月，美国芝加哥纪念“世界宗教议会”100 周年大会，来自全球各地的 120 多个宗教团体的代表参加了大会。讨论、通过并签署的《世界宗教议会走向全球伦理宣言》的解释性文件。

全球伦理宣言倡导的“黄金规则”可以归结为两个原则：一是“每个人都应得到人道的对待”；二是“己所不欲，勿施于人”。具体行为规范包括“不可杀人”“不可偷盗”“不可撒谎”“不可奸淫”四条道德古训。

“世界宗教议会”对这四条道德古训做出了现代解释，并表述为四项“不可取消的规则”：（1）珍重生命，致力于非暴力与敬重生命的文化；（2）正直公平，致力于团结与公平的经济秩序；（3）言行诚实，致力于宽容的文化与诚实的生活；（4）相敬互爱，致力于男女平等与伙伴关系的文化。

全球伦理是人类共同的精神财富，具有最大范围的普世性，体现人类终极关怀[①]的道德理想目标及其追求。尊重和保障基本人权是全球伦理和国际法的基本准则，如勿杀人、勿偷盗、讲诚信、尊重人权等。概括起来，人权、自由、平等、民主就是全球伦理，适合全球所有国家，乃至全人类的基本准则。

三、全球伦理的特点

（一）最低限度的伦理

全球伦理是常识伦理，最起码、最低限度的、最基本的道德规范。只要是生活在地球

① 所谓人类终极关怀，即对人类生存的终极理想、终极价值和意义的探求，它包含人对自身所具有的人格、尊严、幸福、快乐和自由的理解和追求。

上的人，都应该遵守并践行这样的道德。世界宗教议会承认，走向全球伦理宣言“只能提供一种最低的伦理”，但是，“假如实现这种最低限度的共同价值、标准和基本态度，那就已经是一个了不起的成就了。”①

（二）具有普遍适用性

全球伦理提炼出的黄金规则和最低限度的伦理，在各种不同的宗教文化和伦理文化传统中都有其思想资源，因而能够为不同种族、不同国家、不同地域以及不同文化传统的人们所接受和认同，具有最大范围的普遍适用性。

（三）人类共同的道德愿景

倡导全球伦理，旨在向全人类呼吁共同建立基本的伦理秩序，营造有益于人类共同发展的道德环境。这是一种人类共同的愿景式的道德呼声，多少带有“道德乌托邦”的色彩，在现实的国际社会中到底能发挥多大的作用，还是一个未知数。②

第三节 传媒伦理准则

一、遵循良心条款

“良心条款”（Consciousness Clause）是指充分肯定新闻工作者拥有良心自由的权利的条款，即承认记者有拒绝发表违背其良心、信仰的观点的权利。

（一）尊重记者良心

在具体的条款规定上良心条款给予了记者信仰上的尊重和行动上的保护。

《刚果新闻工作者伦理规范》根据“良心信条”，新闻工作者不能被迫做出与自身信念、名誉、荣誉以及道德礼仪相违背的职业行为或意见表达。如果涉及与“良心条款”相冲突的情况，新闻工作者可以取消与公司的合同，这种情况相当于正常的离职。

① 孔汉思、库舍尔．全球伦理——世界宗教议会宣言 [M]．何光，沪译，译，成都：四川人民出版社，1997 年。
② 孙春晨．全球伦理与国际伦理 [J]．唐都学刊，2015(1).

（二）启动良心条款

良心条款是对良心自由这一人权的承认，即“个人形成自己特有的良心判断，并根据良心判断行事的自由”。这一条款还是对信仰自由、表达自由的保护。它认定记者具有自主判断是非善恶的内在道德，并保护记者依据自身判断独立行事不受他者干涉的权利。

当有外在力量（包括媒体单位、编辑）要求记者从事违背其信念、职业道德或违背所在媒体单位方针的行为时，记者可以启动良心条款以获得保护。

> 《西班牙新闻职业道德准则》规定，当记者所倚靠的媒体侵犯了他/她的职业尊严或大幅度地修改了编辑政策时，记者有权提请启动良心条款。
>
> 《巴西记者道德规范》良心条款是记者的一项权利，记者可以拒绝任何违反他们道德规范和信仰的任务。

良心条款所带来的启发意义在于，伦理规范不应当仅仅成为一张使用“不得……”句式的禁令清单，而应当体现记者作为一个独立、理性、道德的个体被赋予的认可和信任。伦理准则应当预见到记者在行使职责时可能会遇到的干扰、风险，灵活地提出处理原则、以保护新闻工作。

二、建立良好的同行关系

媒体伦理规范对同行关系作出规定，旨在建立起健康、和谐的行业竞争与合作的关系。

（一）强调行业内部间的交流

描述同行关系的肯定性条款多用“尊重”“团结”“公平竞争”等词汇，强调行业内部间的交流、向同行提供援助等。

> 《智利新闻工作者协会的伦理准则》规定，记者必须向那些由于其专业报道而遭受迫害或侵犯的同行提供援助。
>
> 《巴西记者道德规范》在工作中保持团结、尊重的关系。在同事由于其职业行为而遭受迫害或侵害时，要团结在一起。

（二）描述同行关系的否定性条款多

描述同行关系的否定性条款多，强调不得危害他人工作、不得剽窃同行作品、不得做有损于同事名誉、利益的事情等。

《美国新闻摄影协会伦理规范》规定，不能蓄意破坏其他新闻工作者的努力。

《立陶宛新闻工作者和出版商的伦理规范》规定，新闻工作者和公共信息的组织者不得妨碍同事搜集信息，除非这些活动违背了法律和伦理。

建立良好的同行关系，有利于媒体内部的新闻生产顺利进行。新闻从业者之间相互团结、彼此支持，有助于媒体行业的良性竞争与共赢。不同媒体、不同新闻从业者之间一旦互相诋毁与伤害，无异于是对媒体自身和新闻业的内耗①。

（三）保护民族文化和语言

虽然从统计结果看，只有少数国家或地区的新闻职业道德准则强调：新闻记者必须维护本民族的文化与语言，提升本民族文化的认同感和语言的纯洁性。但全世界几乎所有国家或地区都把维护本国或本地区文化的认同感和纯洁性作为对新闻工作者的道德基本要求。

1. 在规范中提出要保护本民族的语言、文字。

《希腊职业新闻工作者的伦理规范》规定，为了保护希腊语，要避免过度使用外语单词和术语。

《匈牙利新闻工作者协会道德准则》规定，保护匈牙利语言以及居住在匈牙利的少数民族的母语的美感和清晰度是新闻工作者的道德义务。

《乌克兰记者职业伦理规范》规定，记者应不断提升自己的专业水平，强化自己的主要武器—文字，在使用乌克兰语和乌克兰境内的其他语言时，应严格遵守其本质规范，积极而坚决地反对不尊重国家语言的行为，防止乌克兰语言丧失在社会生活中的作用和意义。

2. 在规范中强调新闻工作者要保护本民族的传统、历史等文化遗产。

《拉脱维亚媒体伦理准则》规定，一个尊重他国国家价值的拉脱维亚新闻工作者，应该同样尊重拉脱维亚的历史、文化、国家形象、独立和自由。

《希腊职业新闻工作者的伦理规范》规定，要创造性地保护我们国家的传统和我们的文化遗产安全。

《孟加拉国新闻准则》要求新闻工作者要宣传本民族的文化。阿尔巴尼亚、利比亚、沙特阿拉伯、韩国、巴西、斐济等国家的准则强调标准地使用本民族的语言。

① 牛静，刘丹．全球媒体伦理规范的共通准则和区域性准则—基于134篇媒体管理规范文本的分析[J]．新闻记者，2017(10).

3. 禁止使用亵渎的语言，把维护本国文化作为对记者的道德基本要求之一。

《利比亚新闻准则》要求记者禁止使用亵渎的语言。

《波斯尼亚和黑塞哥维那独立媒体委员会广播操作规范》一定不要使用可能会激发暴力、混乱和骚乱的言辞，必须避免可能会冒犯他人的言辞。

要实现全球伦理，就要以文化宽容的态度，首先认同其他文化，在多元的不同中找到相同的地方。在此基础上，求同存异，进行多元文化对话，寻求道德共识，构建多元的话语体系，并最终实现全球性的普世价值。

全球伦理的教育应从小进行，使其深入人心，那么在这样的教育培养出来的人则会具有深刻的世界意识，在经过数代的教育之后，全球伦理则会成为普遍化的理念。

思考题

1. 你是如何理解"爱的箴言"的？
2. 全球伦理规范的内涵是什么？
3. 全球新闻伦理的十大关键词是什么？
4. 全球媒体伦理规范准则有哪些？

第二章　新闻伦理规范

1997年，欧洲学者统计分析了31个欧洲国家或地区新闻职业道德准则的57个关键词汇，认为其中以下几个方面是具有普遍性：信息的真实、公正、准确；更正；禁止基于种族的、民族的、宗教的等方面的歧视；尊重隐私权；禁止受贿和接受礼物；以公正手段获取信息；禁止外界力量影响记者工作；言论自由；保守职业秘密等。

2007年，全国记协主持的国家社会科学基金项目课题“我国新闻职业道德建设研究”，对84国新闻准则的关键词汇频率进行统计分析，分析73个关键词所折射出的8个方面的新闻职业道德问题：消息来源与信息交易、新闻自由与社会责任、隐私权与公共利益、新闻准确性、记者职务行为、广告与报道、报道对象、几个特别问题。

2015年7月至2017年7月期间，华中科技大学新闻与信息传播学院牛静老师课题团队通过专门的新闻伦理网站或新闻自律组织的网站，收集、翻译了79个国家、地区的134条媒体伦理规范，提炼出了每条媒体伦理规范对应的伦理准则，通过数量统计获知全球媒体伦理规范中提及率比较高的伦理原则和具有特殊性的伦理原则。这包括10个方面：保护消息来源，保护隐私，更正、准确、明确新闻界限，保障表达自由、新闻自由，避免利益冲突，以正式方式获取信息，独立，禁止剽窃抄袭等。

第一节　保护消息来源

保护消息来源，这不仅是记者业务活动面临的首要问题，而且是全世界新闻界关注的第一个职业道德问题。全世界很多国家或地区的新闻职业道德准则条文中明确对新闻来源进行了规范。

《葡萄牙新闻工作者伦理准则》 对新闻工作者来说，信息来源非常重要。即便在法庭上，他也绝不能泄露秘密信息来源，除非他报道了虚假信息。

《记者行为基本原则宣言》 记者应当严守职业机密，保护秘密获得的新闻来源。

《不丹新闻工作者伦理规范》 不披露消息的来源，除非是消息来源要求如此。

《加拿大广播电视数字新闻联合会伦理规范》 新闻工作者会尽一切努力使信息公布于众。秘密消息来源只能在以下情况时公布：收集的重要信息明显地与公共利益相关时。

《拉脱维亚媒体伦理准则》 在没有获得允许的情况下记者没有权利曝光消息来源，除非这是法院要求。

一、匿名

在保护消息源方面，国际新闻界遇到的一个重要难题是匿名（anonymity）问题。少数国家明确可以匿名的，如美国、俄罗斯、韩国等国家的新闻职业道德准则明确规定，新闻报道中可以匿名方式处理消息源。绝大多数国家只规定必须保护消息源，没有明确规定匿名问题。

《澳大利亚媒体娱乐与艺术联盟道德规范》 如果接受了消息来源的匿名请求，在任何情况下都要予以尊重不得泄露。

《美国职业伦理规范》 追求真实并加以报道：在承诺保证信息来源匿名之前，永远要质问一下信息来源的动机。要对为换取信息而作出的承诺中各种可能的情况都做出清楚的说明，一旦承诺，则保守诺言。

《韩国新闻伦理实践纲要》 指明被采访者和其匿名条件：只要可能，记者必须指明消息来源和被采访者。只有为了公益，在不得已的情况下，才可以接受被采访者匿名的要求。但必须说明被采访者要求匿名的理由、他的所属机构和在其中的地位等。

二、信息交易

信息交易也是一个记者与消息源之间关系容易引起争议的职业道德问题。英国、亚美尼亚、澳大利亚、斐济、尼日利亚、南非、韩国、澳大利亚以及加拿大魁北克省等国家和地区的职业道德准则对于记者或媒体向消息源付费问题作了具体规定。澳大利亚几乎完全禁止付费采访，最新的职业道德准则鼓励新闻界揭露此种现象。

《南非独立报刊行为规范》 除了出于公共利益的需要且没有其他手段可用的特殊情况，否则我们不为信息付费。

《英国的职业道德准则》 一般禁止向消息源付费，但是为了公共利益可以例外。但是付费除了公共利益的大前提外，还有两个小的前提条件：（1）记者必须采取一切可能的步骤争取不付费；（2）记者不得直接或间接向犯罪嫌疑人和同伙，以及他们的家属、朋友以及同事等付费。而且一旦引起官司，在诉讼当中，记者或媒体必须明确承认其付费行为。

第二节 新闻自由与社会责任

新闻自由与社会责任之间的平衡是全世界以及各国新闻界普遍关注的第二个大的职业道德问题，既是一个现实的、具有普遍性的社会问题，也是一个复杂的学术问题。表达自由、新闻自由虽然重要，但并不意味着可以滥用自由，可以违背法律、道德、危及国家安全，要承担相应的社会责任。有 53 个国家或地区的准则提到了新闻责任问题①。

一、尊重人类共同的价值

日本、印度、孟加拉国、德国、比利时、肯尼亚等 24 个国家或地区的新闻职业道德第一基本要求是：尊重人类共同的价值和负责任的新闻界。

《日本新闻伦理纲领》 自由与责任：表现自由是人类的基本权利，报纸拥有报道、评论的完全自由。在行使这种权利时，必须充分考虑到肩负的重要责任，不得有害于公共利益。

《马耳他新闻伦理准则》 媒体应该自由获取信息，甚至是官方文件（除了特殊情况，如与国家安全相关）。

《秘鲁新闻评议会利马原则》 从限制政府行为的角度保障新闻自由，政府有义务保障和尊重新闻传播和媒体自由。……官员的干预应当受到制裁。

《白俄罗斯新闻工作者伦理守则》 新闻自由包括可以讨论、批评当局政府、公民和民间私营机构的自由。

① 陈中原 . 84 个国家地区新闻职业道德准则统计分析 [J]. 新闻记者，2007(7).

二、记者对新闻报道要负个人责任

新加坡、孟加拉国、埃及、法国、挪威、葡萄牙、冰岛、以色列、利比亚、巴西等14个国家或地区的职业道德要求记者对新闻报道要负个人责任。

《葡萄牙新闻工作者伦理准则》 新闻工作者必须承担其工作和职业行为的所有责任，更正被证明是错误或不准确的信息。新闻工作者应当拒绝违反其良心的行为。

《冰岛新闻委员会伦理条例》 记者应为其写下的所有文字负责，且应始终牢记自己是在以记者的身份写作或发言。

三、新闻界应当负社会责任

白俄罗斯、巴西、坦桑尼亚和加拿大魁北克省等6个国家或地区要求新闻界应当担负社会责任。

《白俄罗斯新闻工作者伦理守则》 新闻自由包括可以讨论、批评当局政府、公民和民间私营机构的自由。

《尼泊尔记者职业道德规范》 新闻记者和媒体机构应该保护和促进新闻自由：言论自由作为公民、新闻记者和媒体的基本权利，应当一直坚守并保护和促进该项权利。

四、报道者的道德责任

新闻界应当负道德责任 (Moral Responsibility)，是亚美尼亚、摩尔多瓦和孟加拉国3个国家的要求。

《亚美尼亚职业道德准则》 要求记者必须清楚自己业务活动的社会和政治后果，以及为此而负有的道德责任。

《摩尔多瓦共和国记者职业道德准则》 记者必须明白新闻事实的传播对于公民态度的形成和社会民主进步有着极端重要的作用，因此新闻界应当以高度的道德责任感服务于公民，切实处理好新闻界权利与义务、责任与自由的关系。

《孟加拉国记者职业道德准则》 记者在报道男女关系方面或涉及女性方面的新闻时必须有道德责任感。

《匈牙利新闻工作者协会道德准则》 实行新闻自由不得违反公共道德。

第三节 隐私与公共利益

如何处理好隐私权与公共利益之间的关系，是国际社会共同面临的社会问题，更是世界新闻界共同面临的职业道德难题，谋求两者之间的动态平衡是各国法律界、新闻界以及其他社会各界经常讨论的课题。随着计算机和网络的日益普及，二者之间的关系更加复杂。

如何保护个人隐私也是一个比较复杂的问题。在不同空间里，个人的行为及其隐私权利都是不同的，如何界定和保护隐私与公共利益是一个存在争论的问题。即使在公共空间，个人的形象只能作为展现公共空间拥挤时使用，而且不能单独突出。

一、保护隐私与维护公共利益并重

保护隐私与维护公共利益并重是世界的主流模式。英国、爱尔兰、爱沙尼亚、阿尔巴尼亚、阿塞拜疆、美国、巴西、日本、印度、巴基斯坦、肯尼亚、新西兰、斐济等32个国家或地区都是既强调保护个人隐私，也强调维护公共利益的重要性。

《印度新闻职业道德准则》 新闻媒体不可侵犯他人的个人隐私，除非是出于更高的公共利益的需要，而非满足色情或病态的窥私欲望。隐私范围包括个人住址、家庭情况、宗教信仰、健康状况、性取向、个人生活和私人事务。除非这些信息与公共利益相冲突。

《西班牙新闻职业道德准则》 只有出于捍卫公共利益的需要时，才能未经他人事先同意而介入或调查其私人生活。

《南非独立报刊行为规范》 我们尊重个人的隐私权，除非此举与公共利益相冲突，我们反对任何对个人痛苦和不幸的介入行为。

《马拉维媒体准则和行为规范》 记者应该尊重个人的隐私，不得对个人私生活进行过分介入，除非此举有利于公共利益。

《波斯米亚和黑塞哥维那报业规范》 新闻工作者应当避免入侵和打听他人的私生活。除非这种入侵和打听是符合公共利益的，涉及个人不幸遭遇的报道应谨慎处理，对受到影响的个体应报以同情之心。

二、偏爱保护个人隐私

偏爱保护个人隐私的国家有22个，分别是澳大利亚、德国、比利时、丹麦、挪威、保加利亚、匈牙利、以色列、印度尼西亚、巴拉圭等。

《日本新闻伦理纲领》 报纸应该向人类的尊严致以最崇高的敬意，最大限度地尊重个人尊严、名誉和隐私。

《印度尼西亚新闻伦理准则》 记者必须尊重个人的隐私权，除非它对社会造成了危害，才可以报道。

《澳大利亚一般准则的声明》 避免侵犯个人合理的隐私，避免使他人遭受实质性的侵害、痛苦、偏见或带来健康方面和安全方面的风险，除非这样做是完全为了公共利益。

《韩国新闻伦理实践纲要》 保护私生活：新闻工作者不得报道、评论个人的私生活。但是，为了公益除外。未经许可，记者不得进入个人住宅等私生活领域。未经所有者或管理者许可，记者不得对进入电脑等电子通讯工具的个人情报进行检索或调阅。未经同意，记者不得对个人的私生活、私有品、属于个人的其他目击物进行摄影或采访报道，只有公务员例外。新闻工作者在报道评论公务员的私生活时，必须警惕不要失去控制。

《英国编辑业务准则》 每个人要尊重他人的个人和家庭生活，健康和通讯，包括数字通讯。未经许可，侵犯任何人的私生活是不被允许的，但如果当事人自行披露，则另当别论。未经同意，不能在私人领域对个人进行拍照注意私人领域是指那些含有合理隐私期望的公共领域和或个人领域。

《希腊媒体伦理法典》 宗教信仰、宗教机构、社会团体的礼仪和习俗，以及公民的隐私和家庭生活是应该被尊重和始终不受侵犯的。

《韩国记者协会伦理准则及实务守则》 记者未经主人许可不得进入住宅，不得使用他人的电子信息，不得拍摄和报道私人生活（公众人物除外），报道和评价公众人物不能过分。

《巴基斯坦编辑委员会伦理规范》 新闻媒体应该尊重个人隐私，并避免侵入私人空间、家庭生活和住宅。

三、偏向维护公共利益

偏向维护公共利益的只有 7 个国家：冰岛、奥地利、意大利、荷兰、捷克、哈萨克斯坦、孟加拉国。

《冰岛委员会伦理条例》 记者应该知道什么时候可以为了公共安全和公共利益而公布涉事者的姓名。

《奥地利媒体伦理规范》 在具体情况下，尤其是在公众人物方面，有必要仔细权衡对其所进行的文字或图片报道中是否有违背公共利益的成分。只有在出于更大的公共利益的考虑而非纯粹的偷窥隐私的需要时，才能牺牲他人的隐私权（用暗访的方式获取信息）来发表特定照片。

《意大利全国新闻联合会及新闻记者委员会准则》 除非是出于显而易见的公共利益的需要，否则不得公布关于他人私生活的新闻。不得公开日常新闻事件中所涉及的相关人物的姓名；当报道所涉及的相关人士可能会有人身安全危险时，更不能公开可能致其身份暴露的信息。

《捷克记者伦理准则》 以诚信、正直和可靠性来提高媒体的权威性。在工作过程中，记者不得给任何人带来悲痛和个人麻烦，除非出于显而易见的公共利益需要。

四、公众人物的隐私权

公众人物的私人空间大大缩小，受到媒体监视的空间扩大。政府官员、影视明星和体育明星作为公众人物，因为他们的个人行为对于社会有着比较大的影响，特别是政府官员的个人行为可能影响公务的合法性和公正性；影视明星和体育明星的个人行为对于社会道德，特别是青少年道德价值的影响更是显著。即使公众人物，也有隐私问题，如何平衡公共利益与隐私之间的关系、明确公共利益与隐私之间的界线，存在比较激烈的争论。

《澳大利亚新闻隐私信条的声明》 记者要尊重个人隐私，有权反对强行侵犯个人隐私的行为。为了公共利益，公众人物必然需要牺牲自己的隐私权。然而，公众人物并不是完全丧失自己的隐私权。只有与他们的公共职责和活动相关时，才允许报道官员的隐私。但是他们的亲属和家人的隐私权仍然不可侵犯。

《荷兰新闻评议会伦理准则》 公众人物必须接受一定程度上的非他所愿的宣传，他们在私人环境中也是拥有隐私权的，除非他们在私人生活中的行为明显影响了他们公共行为。

《印度新闻评议会伦理准则》 作为公众的代表，而受万众瞩目的公众人物，无法享有和平常人一样的隐私权，公众人物的一举一动都事关公共利益，因此即使是其私下的个人行为，也有可能通过新闻媒体而被呈现在大众的面前，然而对于公众人物的具有公共利益属性的言行举止，新闻媒体也负有相应责任以确保通过正当的途径来获取，对信息要做充分核实且相关报道要真实准确。新闻工作者不得采用监视装置来获取公众人物的与大众无关的信息，新闻工作者不得以纠缠不休的方式马拉维媒体委员会伦理准则和行为规范来获取公众人物的私人谈话信息，而公众人物也应尽量配合新闻媒体的工作，让他们能履行其职责，向公众告知其作为公众人物的所作所为。

《摩尔多瓦记者职业道德准则》 当公众人物在工作上有不称职的表现时，记者有权在未取得当事人同意的情况下，对其行为进行报道。

《爱尔兰新闻伦理规范》 公众人物享有隐私权。然而，当一个人拥有公职、从事公共事务，从事公益事业，或者他的行为已经被公开，那么他公开私人生活和环境的相关细节是合理的，因为这些信息披露与他个人行为的正确性，公开声明的可信度，公开意见的价值，以及与公共利益相关的其他事宜相关。

五、诽谤

有 47 个国家或地区的新闻职业道德准则提醒记者不要触犯诽谤罪（Defamatory）。可见，防治新闻报道侵犯个人隐私，防止记者因此犯诽谤罪，是国际新闻界多数（56%）国家或地区新闻职业道德建设的主要内容或难题之一。在比利时、卢森堡等国家还有专门的防止记者或新闻界诽谤国王、公职人员和政府官员的法律。由于媒体功能和行为者动机上的差异，在英文语境下，有以文字、漫画等形式进行的诽谤（Libel），有以口头语言形式进行的诽谤（Slander），还有恶意的诽谤（Calumny）等形式。后者要承担相应的刑事责任。①

《阿尔及利亚新闻职业伦理宪章》 一个记者将视如下内容为责任：……拒绝剽窃、诽谤、诬蔑和毫无根据的指控。

《亚美尼亚埃里温新闻社准则》 对于埃里温新闻社成员而言，诽谤、中伤、侮辱行为是不被接受的。

《捷克记者伦理准则》 捷克共和国记者联合会的成员以诚信真实和可靠性来提高媒体的权威性。在这种意义下，记者有义务遵守如下准则：将诽谤、毫无根据的指控、谎言以及对文件和事实的虚假陈述视为最严重的职业过失。

第四节 新闻准确性与更正

追求公正、准确是媒体记者的天职，也是衡量新闻传播的基本伦理。1925年美国伦理与新闻教育学家里昂·纳尔逊·弗林特（Leno Nelson Flint）出版的《报纸的良知》中指出："尽管准确性是新闻伦理的首要问题，但造成报纸准确性的障碍也是无处不在的。包括记者和编辑的漫不经心和漠不关心；记者、主编和报纸老板的偏向；记者对新闻工作角色的无知；消息提供者导致的错误、消息提供者的欺骗以及时效性等。"对任何一家媒体而言，要完全避免失误是十分困难的事情。然而，如何对待错误，不同的媒体有不同的选择。

一、新闻准确性

在84个国家或地区的新闻职业道德准则条文的73个关键词汇频率统计当中，反映新闻准确性的关键词有：更正（Correct）、准确（Accuracy）、真实（Truthful）、完全（Complete）、客观（Objective）、误导（Mislead）、扭曲（Distort）、压缩（Suppression）、夸大（Exaggerat ion）、删减（Conceal）、可信（Accountability）、歧视（Discrimination）等20个词汇②。对于新闻准确原则的规定大致分成三种类型：

（1）准确报道是记者、媒体职责所在。

① 参见陈中原：84个国家地区新闻职业道德准则统计分析，人民网 -- 新闻记者，2007-07-23。
② 同上。

《瑞典报纸广播电视新闻伦理规范》 提供准确的新闻，大众传媒对社会及其带给公众信心等方面起到重要作用，这促使媒体进行准确客观的报道。

《尼泊尔新闻评议会的职业道德规范》 新闻记者应该告知准确、合理、均衡的信息，忠于事实的、客观的信息，应该引用来源并陈述依据，这是新闻记者和媒体机构应该履行的职责。

《BBC 编辑方针》 准确性是 BBC 编辑价值观的核心和声誉基础。消息来源须可靠，证据须确凿并经得住核实，报道须使用清晰精确的语言。对于 BBC 不知晓的，应持诚实和开放态度，避免空穴来风。为此，BBC 郑重做出“正确比速度更重要”的承诺。

《加纳新闻工作者协会伦理规范》 公众获得真实信息的权利，新闻工作者的职责是撰写并报道事实，始终牢记服务公众的责任公众有权获得公平，准确，平衡和全面的资讯，同时有权通过媒体自由的发声。

（2）准确报道可以更好地满足公众知情权。

《肯尼亚新闻伦理准则》 记者的首要职责是尊重真理和尊重公众获知真理的权利。

《斯威士兰全图记者协会道德规范》 记者应充分调查，反复核实，以向公众提供公正、准确、全面、平衡的信息。

《尼日利亚记者伦理规范》 公众有知情权。新闻业的终极目标是提供真实、准确、平衡和公正的报道，这也是赢得公众信任和信心的基础。

（3）从微观上规定要准确使用新闻材料。不歪曲原材料（包括图片、视频、引语等）力图还原材料本身的意涵和语境，与之相关的规范有：

《加拿大记者协会新闻伦理信条》我们不采用改变照片、视频和音像资料等方式误导大众。

《奥地利传媒伦理规范》新闻工作者的首要任务是他们在调查报道，新闻及评论是力求有最大限度的责任心和准确性。

《智利新闻工作者协会的伦理准则》插图和标注应当与内容保持一致，这样读者、观众和受众就不会混淆或被欺骗。同样，标题、副标题、加重词组、照片和其他内容应当反映出（文章）的真实内容。

《乌克兰记者伦理准则》编辑修正的材料，包括图片、文本、标题、视频和脚本等，不得歪曲材料的内容。

二、更正

更正是世界上绝大多数国家和地区新闻职业道德的基本要求和普遍要求，及时更正报道中出现的错误，是新闻报道中面临的第一个社会问题。多数国家或地区的新闻职业道德准则规定，更正必须刊登在显著的位置，以便读者迅速地知道。在更正要求上，各个国家或地区都有自己的界定。

（一）更正并道歉。

《俄罗斯准则》 当确信其报道失实或扭曲时，记者有义务更正其错误；如果有需要的话，记者应当在印刷媒体上发表书面文章，向对方道歉。

《英国记者工会准则》 记者必须及时更正有伤害性的错误，并高度重视更正和道歉工作，及时回答批评者。

《芬兰记者准则》 错误信息，无论是记者主动发现的还是读者提出的，都必须更正，不得耽误。

《韩国新闻伦理实践纲要》 消息的更正：在发现事实错误或者读者要求更正错误的事实时，编辑必须迅速地、清楚地发表更正。

（二）更正的内容。除了错误信息、失实信息需要更正外，有些规范规定误导性陈述、侮辱性内容也属于需要更正的对象。

《英国编辑业务准则》 新闻媒体应保持谨慎，不发表错误的、误导的、扭曲的信息和图片，也不得刊登与正文内容不相符的标题。一旦发现明显的错误、误导的言论和扭曲的报道，应当及时在显著的版面位置上发表更正；道歉声明必须在报刊上的适当位置发表。

《希腊职业新闻工作者的伦理规范》 以相似的呈现、合适的方式及时纠正那些不准确信息、攻击个人荣誉和名声的错误报道。

（三）更正的措施。有的规范规定媒体要给予当事人、被批评者回应的权利，甚至还规定了更正信息的版面位置、字号大小。

《德国新闻准则》 媒体发表的报道或言论有错误，必须及时更正；更正错误时，不仅要刊登正确的，而且必须将原来的错误一并列举。

《立陶宛新闻工作者和出版商的伦理规范》 如果任何大众媒体上的信息中有明显的虚假事实，该信息应当被收回，或者立即纠正错误的和不准确的事实，信息发布者不应该有任何托词，纠正方式是在同一媒体的一个适当的地方、使用相同大小的字体、以相同的形式发表更正。

三、交叉核实

要求记者、编辑对新闻来源提供的情况进行交叉核实（Cross Check）。美国、加拿大、澳大利亚、新西兰以及英国、德国等国家，这项技术措施是与采、编分离的管理制度相配套的。

《加纳新闻工作者协会伦理规范》 新闻工作者应当进行充分的询问，并反复核实事实。

《东非的新闻准则》 接受无偏见、准确、平衡和综合的信息是公众的权利，因此记者必须确保新闻事实可靠，有必要对事实进行交叉核实。

《利比亚新闻准则》 规定记者在新闻发表之前必须进行适当的询问和事实的交叉核实。

四、图片及视觉材料

随着计算机图像处理技术的日益普及，新闻图片的真实性越来越受到严峻的挑战。很多国家和地区的职业道德准则中明确规定在新闻报道中禁止使用蒙太奇的方法使用图片和视觉材料。部分国家或地区的准则要求新闻的图片、录像、录音必须真实、准确、客观、公正。

《阿尔巴尼亚大众传媒伦理规范》 在报道和评论有争议的内容时，新闻工作者须尊重公共表达的道德要求和对话规范。媒体不得发布任何歪曲信息源观点和事实的图片、声音或视频内容。讽刺漫画、连环漫画和喜剧作品除外。当被使用的图像显而易见是拼贴图画时，它才能被当作插图来使用。

《荷兰新闻评议会伦理准则》 在新闻报道中，图像处理不能具有误导性。读者和观众必须知道改变图像使其发生明显变化的原因。

《马耳他新闻伦理准则》 图片及其他视觉材料，必须使用原始图片。如果被改变或操作，应当应该明确指出，说明实际上它是一个剪辑的画面。

第五节 避免利益冲突

利益冲突，是指记者利用职业优势或便利条件，谋求个人利益或记者在其他机构兼职与媒体工作的冲突，这也是一个具有世界性的新闻职业道德问题。有 27 个国家或地区的准则明确禁止记者受贿、25 个国家或地区禁止记者接受影响工作的礼物、11 个国家或地区禁止利用职业赚钱、7 个国家或地区禁止记者接受报道对象提供的免费旅游、4 个国家或地区禁止记者接受报道对象提供的经济资助、3 个国家或地区禁止记者接受报道对象提供的奖赏、2 个国家或地区禁止记者利用新闻报道进行敲诈、1 个国家禁止记者代人捉刀获取利益①。由此可见其问题的广泛性与严重性。

《日本新闻伦理纲领》 从事编辑、制作、广告、销售的所有报人，为了完成这种职责，为了继续与读者保持信赖关系，在遵守言论表现自由的同时，应该严格自律、注重品格。

《安哥拉媒体伦理规范》 记者不能为了获得自己的利益，在个人事务冲突中，利用他们的专业地位。

《巴西记者道德规范》 记者不能为了个人利益或者经济好处而公开信息。记者不得利用记者的身份带来的便利条件，为自己赚取利益。

《阿尔及利亚新闻职业伦理宪章》 一个记者将视如下内容为责任：禁止利用职业影响力或职业便利，攫取个人利益。不使用不公正的方法获取信息照片或文件。拒绝剽窃、诽谤、诬蔑和毫无根据的指控。

一、禁止剽窃，交代引用作品的出处

剽窃，指窃取他人的文字，或者文学艺术以及科研、设计等学术方面的成果。有 40 个国家或地区的准则明确禁止，有 35 个国家或地区是从反面提出这个议题的：反对或禁止记者利用自己的优势占同行的便宜。

《记者行为基本原则宣言》 记者应视以下行为为严重职业过错：剽窃、恶意曲解、诬蔑、诽谤、造谣、没有根据的指控；接受任何形式以出版或压制出版为目的的贿赂。

《希腊职业新闻工作者的伦理规范》 任何剽窃行为都是严重的、违背专业的行为。

① 陈中原，84 个国家地区新闻职业道德准则统计分析（下）[J]. 新闻记者，2007(7).

《马耳他新闻工作者伦理准则》 当用别人的材料当成自己的发表，并且不承认这是其他人的作品时，这一情形是“不道德的行为”。

《阿塞拜疆新闻工作者行为的伦理专业准则》 剽窃是一种不能容忍的行为。任何形式的抄袭，在任何情况下都是不可接受的。新闻工作者应该尊重版权和版权协议里的条款。

《突尼斯记者协会道德规范》 新闻工作者必须在引用别人文章时注明作者姓名，不得抄袭。

《韩国新闻伦理实践纲要》 有关出版物的转载和引用：新闻单位和新闻工作者不得剽窃报纸、通讯稿、杂志等各种定期刊物、有著作权的出版物、照片、画、音乐以及其他视听作品的内容，在转载或引用其内容时必须指明出处。禁止剽窃其他新闻单位报道等：新闻单位和新闻工作者不得剽窃其他新闻单位的报道和评论。若不标明出处，不得引用其实质内容。禁止剽窃其他出版物：新闻单位和新闻工作者不得侵害他人的著作权。在作者的同意下进行引用时，必须标明其出处。

《阿尔及利亚新闻职业伦理宪章》 拒绝剽窃、诽谤、污蔑和毫无根据的指控。尊重新闻产品及其内容形式。

《克罗地亚新闻工作者荣誉准则》 新闻工作者从业准则规定，剽窃不可容忍。记者不能用不诚实和违法的方式获取图片、信息和文件。

二、记者或媒体不得接受奖金、礼品、旅游等馈赠

《南非独立报刊行为规范》 新闻工作者在没有请示编辑的情况下，不得接受礼物、赠品或其他服务；在任何情况下，如果接受这些馈赠意味着要向其提供者承担一定义务的话，坚决不能接受。

《美国职业伦理规范》 记者应拒绝一切礼物、好处、费用、免费旅游和特殊对待，并避免第二职业、政治涉入以及在公共办公机构或社区机构工作。

《韩国新闻伦理实践纲要》 新闻单位和新闻工作者在采访、报道、评论、编辑中，不得接受有关当事者的金钱、承诺、免费旅行邀请、采访旅行经费、产品和商品券、高价纪念品等。为介绍产品而得到的产品，必须用于公共目的。但为写书评而得到的书籍例外。

三、记者不得利用职位和信息换取利益

记者不得利用自己的职位和掌握的信息购买股票、证券等、以换取个人的经济利益。

《德国新闻准则》 记者和出版商不应发表任何旨在增长其自身及其家庭成员或者其他亲人的财富的金融证券类报道，也不应购买他们在两周前刚报道过或者在接下来的两周内将要进行报道的金融证券——无论是以自己直接购买还是通过代理间接购买的方式进行。

《韩国新闻伦理实践纲要》 禁止记者进行广告、销售等活动：新闻单位不得要求编辑、记者等从事言论职务者进行广告、销售等活动，而从事言论职务者也不得接受这种要求。

四、记者不得在政府机构、公共机构、企业中任职，不得卷入政治活动

《斯洛文尼亚记者法则》 记者要“区分新闻活动与政治活动”，“如果一个记者在政党或者政府机构中担任了要职，那么他 / 她应该将自己的职业活动和政治活动做一个明显的区分。为了新闻业的声誉和信誉，在上述情况下，当记者活跃地参与政治时，他应该停止其新闻职业活动，以尽可能地避免双重身份导致的忠诚度和可信度问题。

第六节 正当地获取信息

记者能否用正当手段获取消息材料，也是记者与消息源之间的关系容易引起争议的另一个职业道德问题。对于具有新闻价值的物质状态的资料，诸如政府文件、私人文件、公司文件等，以及有关具有新闻价值的人物资料，诸如录音、录像、照片等，所有国家都要求记者在收集信息的过程中，应当使用合乎法律、道德规范的手段获得信息，如采用诚实、公开、恰当的方式获取信息。但是为了公共利益，用正当或合法手段无法获取的情况下可以采取非常手段获取，但是必须在报道中明确予以说明。

一、通过正当或合法的途径或手段获取信息

《加纳新闻工作者协会伦理规范》 新闻工作者只能通过光明正大的方法获取信息、图片和证据。

《奥地利传媒伦理规范》 在获取口头或书面证据时，不得采取不公平或不恰当的方式。这些不公平或不恰当的方式包括“歪曲事实、施加压力、威胁恐吓、制造紧张以及

在常规状况下使用窃听手段。

《记者行为基本原则宣言》 记者只能通过公正的方式获得新闻、图片和文件。

二、使用非常规手段收集信息的情况

这一情况仅适用于使用其他手段无法获得信息且该信息与公共利益有关时。

《阿塞拜疆新闻工作者的伦理专业准则》 在别无他法获得信息时，新闻工作者可以运用特殊的设备（如隐形相机、隐形麦克风或其他隐形工具）或者隐性方法（如虚构身份等）去获得信息，当然这个信息是对于公众很重要的。

《韩国新闻伦理实践纲要》 禁止偷听和偷拍：记者不得偷听个人电话，或偷拍损害个人私生活的照片。

《美国职业伦理规范》 追求真实并加以报道：除非传统的公开的方法不能得到对公众至关重要的信息，不要采用秘密的或窃听式的方法获取信息。如果使用了这样的方法，在报道中应该加以说明。

第七节 明确新闻界限

如何避免新闻报道受到广告的影响，是世界新闻界共同面临的难题，也是社会普遍关心新闻报道能否独立、公正的关键所在。为了体现媒体的专业性和独立性，维护受众的利益，应注意以下要求。

一、新闻与广告相区分，事实与观点相区分

《保加利亚新闻准则》 记者不得将自己的名字用于广告和商业目的的宣传中。

《美国职业伦理规范》 追求真实并加以报道：对广告和新闻作区分。

《克罗地亚新闻工作者荣誉准则》 新闻工作者不能发表付费广告和其他煽动性文章。在媒体中不允许夹杂推销性新闻，同样也不能有隐性广告，不允许新闻报道与广告之间存在着直接相关或附属关系。广告和其他付费信息一样必须被清晰地明示，与新闻报道区分开来，从而使受众可以识别出哪些是广告。在媒体上的广告部分必须清晰地标明“广告”或“付费广告”。媒体销售部和广告部要尊重新闻从业者的从业准则，不要冒犯他们的职责。

二、使公众在获取新闻信息时不被广告、观点所误导

《卢森堡新闻伦理规范》 新闻行业要对个人观点、分析和事实信息做一个明确的区分，以免使受众混淆。

《摩尔多瓦记者职业道德准则》 意见应当以专版、专题节目、专栏等形式正式呈现。专门性的评论内容，应与信息类内容加以明确区分，新闻内容必须同广告信息明确的区分开来，广告信息必须以广告的形式呈现，并加以清晰的标记，而不是同新闻信息相混淆。

三、保证经济利益不会干涉新闻报道

《德国新闻准则》 媒体要对公众承担责任，这就要求出版内容不能被私人的、第三方商业利益或者记者个人的经济利益所影响，出版者和编辑必须抵抗这种影响，应当明确区分编辑内容和商业内容。

《美国职业伦理规范》 拒绝广告商的优厚待遇和特殊利益，抵制他们企图影响新闻报道的压力。

四、明确广告的禁止性规范

《印度报纸准则》 报纸不得刊登粗俗的商业广告，也不得刊登含有妇女裸体的、淫荡姿势的图像广告，不得刊登有伤社会风化的广告。

《爱尔兰记者工会的准则》 要求记者不得为了广告或其他目的而出卖自己。

第八节 保持独立

新闻媒体应该独立于权力与利益集团，禁止外界力量影响记者工作。除了公众的知情权之外，新闻记者不应该对任何其他利益负有责任。

《美国新闻规约》 新闻从业者的责任感、新闻自由、独立性、真诚、真实、准确、公正无私、公平对待各方、作风正派。

《日本新闻伦理纲领》 报纸为了保持言论的公正，应确保独立，排除任何势力的干

涉，自戒不被利用。另外，对待即使是与自己不同的意见，报纸也应该有责任正确、公正、主动地为其提供版面。

《印度尼西亚新闻伦理准则》 新闻工作者是独立的。

一、新闻媒体独立于媒体集团外部的干扰

（一）媒体不依附于政党、基金会等利益集团

《白俄罗斯新闻工作者伦理守则》 新闻工作者不应该成为私人或利益集团的喉舌。

《美国职业伦理规范》 不参加任何可能伤害自己公正和信誉的组织和活动。

（二）媒体不受外部政治、经济力量的干涉和命令

《马来西亚全国记者协会道德规范》 记者要明确自己和同事才是对专业问题有决定权的人，要排除来自政府或其他人的各种干扰。

（三）媒体与外部的政治、经济力量保持距离

《斯威士兰全国记者协会道德规范》 要求新闻工作者应同活动家、政府以及其他组织、机构和企业保持一个合适的距离。

二、从新闻媒体独立于媒体集团内部的影响

（一）媒体经营管理上的独立，新闻工作与广告、发行彼此独立

《印度新闻评议会伦理准则》 编辑人员和管理人员的职责和义务是不同的，尽管两者之间常被要求进行协调与合作以求高效地出版刊物，但是两者的功能和定位却应保持独立。

《美国职业伦理规范》 新闻记者应该拒绝广告高的优厚待遇，抵制他们企图影响新闻报道的压力。

（二）记者在媒体集团内部享有独立，遵循自己的良知和职业规范

当编辑、媒体管理者的要求与职业规范、记者的信念相违背时，记者可以拒绝编辑的要求。

《乌克兰记者职业伦理规范》 如果编辑大幅度改变了信息内容、与记者确信的事实相冲突或是有违反职业道德的情况，那么记者有权拒绝编辑交给他的信息传播任务。

第九节　避免新闻歧视

新闻歧视，指新闻工作者违背社会公正原则，在新闻报道中不平等地对待那些具有某些特征的特定群体和个人，主要涉及性别、肤色、年龄、民族、种族、宗教、政治信仰、婚姻状况、性取向、出身、地理、外貌、语言、身体和精神的疾病或障碍等多方面。53个国家或地区的新闻职业道德准则中也明确地规定了有关歧视的问题。

《爱尔兰记者职业道德准则》 只有当十分必要时，记者才提及报道对象的年龄、种族、肤色、信仰、非法、缺陷和婚姻状态；记者不得追踪可能导致对某个人的歧视、嘲笑、偏见、仇恨的材料。

《白俄罗斯新闻准则》 如果记者不利地展示了一个公民或一群公民的性别、年龄、民族、种族、语言、行业、生活地点以及与宗教的关系等方面，将被认为是对公民荣誉和尊严的伤害。

《澳大利亚新闻准则》 记者不得将报道的焦点集中在性别、种族、性偏好（sexual preference）、宗教信仰、婚姻状态、身体缺陷和心理缺陷上。

《美国职业伦理规范》 追求真实并加以报道：观察人时不要被民族、性别、年龄、宗教、种族、地理、性取向、是否残障、外貌或社会地位这些因素框住。

《保加利亚媒体伦理规范》 应尊重每个人安全生存的权利，避免发表易引发歧义、煽动仇恨和暴力，以及任何形式歧视的新闻材料，不应特别指明一个人的种族、肤色、宗教、种族、背景、性取向、心理或生理的特殊状况，除非他对报道有重要的意义。

第十节　报道对象

报道对象涉及的面是相当广泛的，几乎每个社会成员都有可能成为被采访、被报道的对象。但是，对于以下三方面的采访或报道对象，容易引起有关新闻职业道德问题的争论，因此不少国家或地区的新闻职业道德准则进行了专门的规范。

一、犯罪和法庭

如何报道犯罪和法庭活动，是34个国家或地区的新闻职业道德准则所关注的重点之一。德国、阿尔巴尼亚、保加利亚、匈牙利、冰岛、丹麦、芬兰、埃及、肯尼亚、美国、印度、孟加拉国、斐济等国家或地区的规定值得我们借鉴。

《保加利亚媒体伦理规范》应该称未被定罪的人为“犯罪嫌疑人”，而不是犯罪者。如果我们报道某人在犯罪事件中被起诉，那么也应该报道审判的结果。应避免故意对犯罪暴力进行美化，或制造不必要的轰动。应小心媒体平台被进行煽动、有暴力行为的人利用。应在符合公共利益的情况下有节制地报道暴力活动。

《丹麦新闻准则》对法院报道提出了比较详细的要求：

（1）首先明确准则的规定适用于案件的侦察、起诉、判决等各个环节。

（2）法庭报道必须客观；在案件法律处理的各个阶段，记者必须完全平等地报道各有关方面的观点和事实，特别是刑事案件报道必须对控诉、辩护以及犯罪嫌疑人等方的观点和事实予以平等处理。

（3）报道必须避免提及其家庭历史、职业、种族、民族、信仰、成员的组织等，除非这些与案件直接有关。

（4）刑事案件没有做出最后判决时，或者案件没有被撤消时，任何可能影响法院判决的新闻事实不得发表。

（5）在报道未被判决的案件时，除了出于公共利益外，不得公布其姓名。因此，在报道警察局提供的犯罪公告或新闻时，如果其中提及某个人的姓名，按照准则规定应当拒绝发表。

《韩国新闻伦理实践纲要》

关于司法报道：新闻工作者不得进行有损于司法机构独立性的采访、报道和评论。禁止对审判施加不适当的影响。禁止对判决书、决定书、起诉书以及其他司法文书的事先报道、评论。只有在被采访者提供列入司法文书的内容时，才可以例外。

关于犯罪报道：新闻工作者对于刑事案件的嫌疑者和被告者，在确定其有罪之前，必须尊重他们的人权。对犯罪的被害者和家属，应当尊重他们的人权，特别是指明他们的身份时，必须慎重行事。

《丹麦媒体行为规范》法庭报道应客观。在诉讼和审判准备的任何阶段，以及庭审的过程中，新闻工作者应以平等的态度，关注多方当事人的不同观点的阐述，包括关注在犯罪案件中起诉方律师，及被诉方律师的观点，报道刑事案件时，需要跟进后续情况，如是否撤销控告，赦免或者定罪。

二、儿童和妇女

报道儿童、妇女受害案件时，要特别小心，不得公布受害者的详细个人信息，诸如家庭出身、民族、种族等。当然，妇女遭受强奸的报道更是绝对不允许公布受害者的姓名和图像等可能被公众辨认出来的信息。同样，对于犯罪的青少年，为了有利于他们出狱以后重新做人，报道时也应当避免公布他们的姓名等个人详细信息。

《儿童报道中的伦理原则和指南》 一般规定，在采访和报道儿童时，应特别注意每个儿童有隐私的权利，他们的意见应该被听到，他们有权利就有关他们的事项发表自己的意见或参与决定，有权利受到免于伤害的保护，包括免于受到潜在的伤害。

《韩国新闻伦理实践纲要》 新闻工作者必须为培养儿童健康的人格和精神涵养而努力，特别要在淫乱、暴力等有害环境下保护儿童。未经父母或监护者的许可，记者不得以未满 13 岁的儿童为对象进行谈话或摄影；未经学校校长或幼儿院院长等监护负责人的同意，记者不得接触儿童或者进行摄影。在儿童或儿童的家属涉及性犯罪时，记者或编辑不得指明该儿童的身份。在儿童遭到诱拐的情况下，记者或编辑必须竭尽全力，使儿童安全返归；特别是当被诱拐的儿童在犯罪者手中时，必须按其家属或者公安机关提出的要求对其进行限制性的报道。新闻工作者必须特别警惕，不可美化、过分详细报道暴力、淫乱、使用药物等场面，以免给儿童造成有害影响。

《保加利亚媒体伦理规范》 只有在符合公共利益的情况下，才能公布儿童的私人生活信息与照片，在与儿童相关的悲剧和犯罪活动中，应隐藏儿童的身份信息，否则会对儿童造成有害影响。应设法避免在没有合适的成年人陪伴的情况下采访儿童。

《克罗地亚新闻工作者荣誉准则》 在涉及性侵报道时，新闻工作者不能披露涉案儿童的具体信息，不管该儿童是作为目击者还是受害者，在报道性侵害事件时，必须遵守如下原则：（1）儿童和未成年人不能被认出；（2）只有一个成年成人能直接或间接地被识别。

三、病人和医院

对于病人，要坚持人道主义原则和精神。英国、德国、俄罗斯、西班牙、阿尔巴尼亚、克罗地亚、塞浦路斯、埃及、韩国、斐济等 12 个国家或地区的新闻职业道德准则对此进行了一定的规范。

《韩国新闻伦理实践纲要》 记者采访医院、疗养院、保健所时，须表明身份，未经许可不得进入院所的非公开地点。未经许可，记者不得对病人进行采访或拍照，也不得对病人治疗造成障碍。

《澳大利亚采访病人的具体规范》（见附录 6）

第三章 新闻伦理原则

随着互联网、社交媒体的飞速发展，加速了我国经济现代化进程，但经济和社会秩序非良性运行、致使利益分配不公平、贫富分化严重、社会价值多元等。信息的泛滥和透明，又加剧了社会矛盾，出现了利益冲突、价值失落、道德错位、行为失范等无序现象。媒体在舆论监督和舆论引导方面担负着重要的作用，全面构建传媒伦理原则，意义重大。

美国伦理学家雅克·保罗·蒂洛曾提出人道主义伦理学的五条原则——生命价值（伦理）原则、善良（正当）原则、公正（公平）原则、说实话或诚实原则、个人自由原则，蒂洛认为，在这些原则指导下，任何道德体系都能发挥作用。①

第一节 生命伦理

人类之所以成为人类就是把生命奉为神圣，敬畏生命是人性的显著标志，守护生命是人类与生俱来的天性，尊重生命是人类生存的基础。人性，是人类天然具备、共同拥有的基本精神属性。生存本性，是支配人行为最强大、最根本的原动力。人类的求生欲望是

① 展江．媒介专业操守：能够建立理论框架吗？——基于伦理与道德分殊的一种尝试 [J]. 南京社会科学，2010（1）．

最强烈的，想方设法避开危险、威胁，维持自己生命状态。人性不是简单的整齐划一，而是从千千万万的个人、种族、宗教中抽取出来的共性与精粹。

一、生命伦理的渊源

（一）中国渊源

人类社会以各种不同的方式描述生命的神圣性，并给予本土化阐释。佛教的戒杀放生，无情有性；基督教的“不可杀人”“爱人如己”都在道德律令上明确了生命神圣的观念。伊斯兰教正义、人类尊严和真理是神圣命令；北美印第安人认为的万物有灵人类属于大地，但大地不属于人类等观点无不流露出对生命的敬畏。我们可以很容易地从人类的各个文明形态中找到类似思想。因此，敬畏生命是人之天性，是一种心理特征和行为方式，是最基本、最深刻的道德要求，它奠定了全球伦理的基石，超越任何国家特权和意识形态。

（二）外国渊源

最早提出了“敬畏生命”的伦理学思想的是著名的人道主义者阿尔贝特·史怀泽，他认为：“有思想的人体验到必须像敬畏自己的生命意志一样敬畏所有的生命意志。”“只有当人认为所有生命，包括人的生命和一切生物的生命都是神圣的时候，他才是伦理的。”他还将敬畏生命推及世间所有生物，而不仅仅是传统伦理中的人类，他认为自然界中的一切生命形式具有平等的内在价值，他否认生命之间有“高级和低级的、富有价值与缺少价值之分”。他还进一步提出人要对自然界中的一切生命负责，要平等地敬畏自然界中的任何生物，他认为对人而言，“善是保持生命、促进生命、使可发展的生命实现其最高价值；恶则是毁灭生命、伤害生命、压制生命的发展。这是必然的、普遍的、绝对的伦理原则”①。

1948 年联合国大会颁布《世界人权宣言》，提出每个人都享有生命的尊严，没有男女老幼之分，也没有宗教、阶级、种族差异，这种人性之神圣是人类共同的承诺，无关是非功过，它是我们理解人类社会的真谛所在。

二、生命伦理的内涵

敬畏生命，指人们在处理一切与生命相关联的关系，即人与人、人与社会、人与自然的关系过程中，持有的以敬重生命、珍惜生命、关爱生命为价值评判原则的基本立场、观点和方法。②

① 史怀泽．敬畏生命 [M]. 上海：上海社会科学出版社，2003：132.
② 夏东民，陆树程．敬畏生命观与生态哲学 [J]. 江苏社会科学，2008（6）.

敬畏生命，实际上包含着两层意思：敬重生命、畏惧死亡。人们对死亡的畏惧往往通过对生命的敬重表达出来，敬生畏死是人类最基本的认知和生存情态。西方存在主义哲学家克尔凯·郭尔认为："畏"是人类最本真的生存方式，它不同于害怕，"畏"没有具体所畏的对象，人类最大的"畏"莫过于死，正是这种对死亡的恐惧让人类对生命产生了深深的敬重。在阿尔贝特·史怀泽看来，敬畏生命，意味着对一切生命，不仅指人的生命还包括其他动物和植物的生命，都应该保持敬畏的态度。因为生命之间存在着普遍联系，人的存在不是孤立的，它有赖于其他生命和整个世界的和谐。人类应该意识到，任何生命都有价值，我们和它们不可分割。对一切生命负责就是对自己负责，如果没有对所有生命的尊重，人对自己的尊重也是没有保障的。因此，人要有同情心和恻隐之心，要懂得尊重人的生命，重视人类和其他生物的价值，关心人和其他生物的生存状况。生命面前没有分别，对人和动物的生命都是如此。报纸上、微博上经常出现虐待动物的新闻，通常还配有血腥、残忍的图片及细节描述，如捕杀流浪狗、活取熊胆、注水牛等，有时媒体的细致描绘反而刺激了更多人去虐杀动物，令人痛心。

人的生命本身是无价的、至高无上的，离开生命，生命价值观便无从谈起。有生命才能有价值，生命是价值存在的前提和基础，敬畏生命，表达了传统社会中人们视生命神圣不可侵犯、生命价值高于一切的伦理观念，并无条件地主张尊重生命和关爱生命。①敬畏生命观的本质就是"敬重一切生命，更敬重人的生命"，人们应确立敬畏生命观，遵循以人为本、生命至上的伦理原则。西方生命伦理学奉行五大原则，即公平公正原则、关怀原则、尊重自主性原则、不伤害原则和仁慈原则。②

【案例】

"23换95值不值"

2017年5月2日凌晨，福建宁德一民房起火，火势猛烈，95岁老太被困。搜救过程中，墙体突然倒塌，消防战士姚为君被埋压，救出后抢救无效，不幸牺牲，年仅23岁。

"为救95岁老太，23岁消防员火海牺牲"这一的新闻标题，预设着"23岁换95岁"的生命冲突，诱导出一个坏逻辑，让人们用年龄去衡量生命的价值，以功利主义的思维去评判这样做到底值不值。网络评论中一片争议：有人说，"别怪我自私，我觉得英雄亏了。"有人说，"23岁大好的年华，也许他活着以后可以救更多人，对，我狭隘！"有人说，"也许是我太浅薄，不值，你的父母该是怎样地撕心裂肺。"

年轻生命的牺牲让人无比痛惜。"养兵千日，用兵一时"，作为一个消防队员，其职业使命就是救人，当消防员听说火场里面是一个95岁的老人时，他是不会犹豫"救人值不值"的，不会把两个生命放在价值的天平上去衡量一下再作决定。这种职业本能早

① 陆树程，朱晨静.敬畏生命与生命价值观[J].社会科学，2008（2）.
② 刘英.论中国生命伦理学发展的本土化要求[J].湖南城市学院学报，2012（4）.

超过了人的生存本能和功利本能。生命不分老幼贵贱，都值得尊重。如果因为老人年事已高而放弃对她生命的拯救，这是对生命的不尊重，也是人性倒退的开始。现代文明社会的标志就是当有人身处困境大呼“救命”时，有人奋不顾身去营救；当遇到危险、面临灾难时，其他人会让老人孩子或妇女儿童先走，把生存机会让给他们。这样的社会才是温暖的、有人情味的、值得留恋的、让人称道的。“23换95值不值”这样的问题，没有选择，只有逆火而行，只有挺身而出，只有负重前行。英雄用自己的生命诠释了这种可贵的价值，对那些无法理解的高尚事物保持敬意，不要去拉低他，他只会把这种讨论当成耻辱。①

三、生命伦理的启示

生命伦理对新闻记者的启示：（1）**平等地关爱每一个生命**。无论是残疾人，还是健全人；无论是儿童，还是成年人，每一个鲜活生命逝去，任何人都不会无动于衷，更多的人表现出的是一种悲悯和同情。因为生命来到人世，我们就有对它的呵护之责。（2）**以人为本**。不仅着眼于生命关怀，而且着眼于人性、精神、情感和道德的关怀，把人的生存、人的作为、人的发展当作考察一切事物的价值取向。（3）**人道主义**。肯定人的价值，维护人的权利，尊重人的尊严，提倡意志自由和个性的自由发展。尊重人、理解人、关怀人，不伤害人、有益于人、公正对待人。强调人类之间的互助、关爱。生命的价值远远高于传媒和记者所孜孜以求的职业精神、专业主义。（4）**对死难者深切的哀思与悼念**。尊重其隐私权不被侵犯，关注幸存者和受害者的家属，呼吁社会同情他们的遭遇，安慰他们的心灵，抚平他们的精神创伤。（5）**传递正能量**。在报道中挖掘人性坚强的闪光点，唤起公众面对灾难的勇气和对未来生活的信心，普及防震减灾常识。

【案例】

美联社女记者获“普利策最高荣誉奖”②

2014年，美联社四位女记者 Margie Mason（玛吉·梅森）、Robin McDowell（罗宾·麦克道尔）、Martha Mendoza（玛莎·门多萨）、Esther Htusan（以斯帖·途桑）不顾个人安危，深入虎穴调查取证，发现了东南亚海鲜食品业中的奴役现象。在抢发爆炸性新闻和劳工的安危之间，她们选择了后者。她们决定延迟新闻发布，先报警救人，并配合警方解救了被奴役者2 000多名后，才推出了这篇重磅调查报道，因此，她们当之无愧地获得了2016年普利策最高荣誉奖——“公共服务奖”。这四名女记者的做法也得到了各界认可，她们不仅为“没有声音的人发声”，更保证了被报道者的安全。她们是真正敬畏生命、有良知、有职业操守的新闻从业者。

① 你纠结的“23换95值不值”他们永不会想到[N]. 中国青年报，2017-05-05.
② 参见2016普利策新闻奖背后的故事 女记者今年成赢家”，人民网，2016-04-26。

生命至上原则不仅是普世的价值规范，更是新闻工作需要遵循的首要原则，是新闻道德标准的最低要求。我国媒体进行新闻报道中存在着一些不足，还需要新闻工作者们内化社会道德标准，尊重他人生命和尊严，维护生命的平等和自由。

【伦理规范】

1.《走向全球伦理宣言》（1993 年 9 月 4 日美国芝加哥）

任何人都没有权利在肉体上或精神上折磨、伤害别人，也没权利仇恨、歧视、“清洗”、驱逐别人，更不用说杀害别人的生命了。

2.《美国职业伦理规范》（SJP 美国职业记者协会 1996 年制定）

“追求真实并加以报道，让无声的人们发出声音；官方信息和非官方的信息被以同样价值对待。”

“减小伤害，有职业操守的记者把新闻来源、采访对象和同事都看作值得尊敬的人。新闻记者应该：①对那些可能因为新闻报道而受到负面影响的人们表示同情。当面对孩子和没有经验的新闻来源或新闻主体时，要特别小心。②当采访和使用受到正在悲伤中的人们的照片时，要特别小心。③要认识到采集和报道信息会引起伤害和不适，报道新闻并不意味着你就可以傲慢自大。”

3.《马里恩（印第安纳）星报》编辑部信条（沃伦·G. 哈定）

“如有可能，永远不要忽视一个无辜的妇女或孩子对自己亲属的错误或不幸的倾诉。不要等被要求才去这样做，而要主动去做。”

第二节 最小伤害

所谓最小伤害，就是媒体和记者有义务在报道儿童、未成年人、受害人及其家属或其他个人时，应给予一定的保护和人文关怀，在报道暴力、犯罪、自杀等事件时，应避免披露细节，把伤害降低到最小，不应造成不必要的伤害。最小伤害原则要公正地对待那些可能因为新闻报道而受到负面影响的人，给予他们起码的尊重，甚至给予同情；谨慎使用陷于悲痛和失去理智的人的照片，避免侵扰悲痛；谨慎处理儿童和未成年人的新闻；只有公众利益迫切需要时才侵入他人私生活领域等。可见，记者的采访报道过程，不仅考验记者对事情的观察和了解，更考验记者对人性的洞察力。

一、最小伤害原则的渊源

（一）中国传统道德观

中国传统道德观中的许多精髓思想都可以看作此原则的渊源。老子讲“老吾老以及人之老，幼吾幼以及人之幼”，实际上就是在讲为人处世之道，他教导世人要把别人家的老人和幼儿当成自己家的老人和幼儿，其含义就是要善待老人与幼儿，不能恶意中伤他们。孔子的核心观点“仁”，也处处传达着这样的思想，“己所不欲，勿施于人”正是教导我们要与人为善，不将无端的意志强加于他人，伤害他人。孟子的学说“人之初，性本善”，墨子的“兼爱”等，都体现了中国早期思想与道德观中的最小伤害原则为在现代获得认同奠定了重要的基础。

（二）西方传媒伦理渊源

西方传媒伦理渊源也给予我们大量启示，加深了人们对于最小伤害原则的理解与阐释。康德在解释其观点“绝对命令”时说到，每一个人在做一件事情之前，都要考虑自己基于什么原则，以及这一原则能否得到普遍应用，这无疑是对道德和责任的考验。绝对命令，要求人们特别重视“良心”和“责任”，不能做出有违良心和道德的事情来，换言之，记者在进行新闻报道时不能为了所谓“新闻价值”而做出伤害新闻当事人的行为来。而这正是最小伤害原则的要求。

二、最小伤害原则的启示

记者在灾难报道、自杀报道、儿童报道、性侵害报道、反拐卖报道、艾滋病报道、同性恋报道时，尤其要注意运用最小伤害原则。（1）要学会换位思考，己所不欲勿施于人，不给对方造成二次伤害。（2）记者对待特殊群体，如青少年、受侵害者、犯罪嫌疑人等，要保持克制的心态，不能为刻意追求轰动效应，而忽视了对采访对象的尊重和保护。（3）避免对受害儿童多重采访，减少集中大量的拍摄，以减少对受害儿童的刺激和伤害。一个替代性的方法是采访受害儿童的朋友、医生、护士、亲戚、同学、邻居等。尽量不要让儿童重复痛苦经历，刺激儿童，避免对儿童的二次伤害。

【相关伦理规范】

1.《美国职业伦理规范》（SJP 美国职业记者协会 1996 年制定）

减小伤害。有职业操守的记者把新闻来源、采访对象和同事都看作值得尊敬的人。新闻记者应该：

（1）对那些可能因为新闻报道而受到负面影响的人们表示同情。当面对孩子和没有经验的新闻来源或新闻主体时，要特别小心。

（2）当采访和使用受到正在悲伤中的人们的照片时，要特别小心。

（3）要认识到采集和报道信息会引起伤害和不适，报道新闻并不意味着你就可以傲慢自大。

（4）要认识到，一般人比公共官员和追求权力、影响和希望引起人们注意的其他人，有更多的权利保有关于自己的信息。只有当有十分迫切的公共需要时，侵入任何人的私人领域获取信息才是正当的。

（5）品位要高，避免迎合任何低级趣味。

（6）在指出青少年犯罪嫌疑人或性犯罪受害人时，要非常谨慎。

（7）在正式控诉文件出来之前指明犯罪嫌疑人时，要非常审慎。

（8）在公众被告知的权利和犯罪嫌疑人被公正审判的权利之间寻求平衡。

2.《日本新闻伦理纲领》（NSK 日本新闻协会 1947 年 7 月）

尊重人权。报纸应对人类的尊严给予最高的敬意，尊重个人的名誉，保护个人隐私。误报时迅速更正，判断出无正当理由伤害对方名誉时，应采取提供申辩机会等适当措施。

第三节　善意原则

善意（Good Faith），“做对的事情的意图”，即善意（好意）；恶意（Bad Faith），“在人与人的关系中没有信赖”和“不诚实的态度”，即恶意（坏意）。

《牛津英语习语词典》对“In Good Faith”的解释是“相信所做的事是正确的”，特别是在有坏的结果时，相信正在做的事情是对的，即“善意地（好意地）”行事。对“In Bad Faith”的解释是“明知正在做的事情是错误的”，属于“明知故犯地”或“存心不良地”的情况，即“恶意地（坏意地）行事”[①]。

一、善的内涵和本质

（一）善的内涵

善，是一切符合道德目的、道德终极标准、利他、利己的伦理行为。利他，是高级的善，是高级的道德善原则；利己，是低级的善，是低级的道德善原则。道德最终的起源和

① 赵建文．条约法上的善意原则 [J]. 当代法学，2013（4）.

目的是增进社会利益，而不是增进自我利益。利社会的善，是最高且最大的善；利他人的善次之；利己的善又次之；利动植物的善，是最低且最小的善。“两利相权，当取其重；两害相权，当取其轻。”①

（二）善的本质

善是一个自由而平等的人的道德能力之一，善的本质就是满足合理需求。任何人都有按照理性行事，即依善行事的自然倾向，每个人的理性会自然地命令他做出善举。

柏拉图认为：善是最高的理念与价值，是一切具体事物的终极原因，是人类所有认知的前提、基础与目的，正义的秩序通过人们对善的理念的追求来实现。亚里士多德认为：善是所有事物的目的，国家的最终目的是对人而言的至善；如果善意被抽去，人与人之间的所有交往就将不复存在。人类的行为要符合善意原则。西塞罗认为：“最高的善即依循自然而生活。”第欧根尼认为：“善即具有自然的完整性的事物。”在对待善的问题上，强调诚实、公开、严谨、不欺骗、真实而不矫作。阿奎那认为：善是一种习惯，是人与生俱来的行事能力。②

二、善意原则的含义

善意，是一项道义原则，依赖于个人心理因素而存在，是一项已经内化的自然法则。善意的基本含义包括以下几层：（1）人内心的诚实、诚恳、负责任、担待和体谅，以诚实、公正和合理的态度对待人和事；（2）面对世事的理解、面对生命的尊重和面对生命至上更高准则的敬畏；（3）不以强迫、欺骗、贿赂的手段对待人和事。

善意原则，包括善意、真诚、义务、合乎情理，表达了一个人内心良知和专业精神。善意原则可视为人类道德灵魂的衍生品，是人性纯良本质的外现。

面对各种恶意或伪善的伦理困境，该原则是评价和改善传播效果的重要尺码。对此，我们必须首先明确其内涵和本质，进而理性地指导传媒活动来提高具体环节的可操作性。

三、善意原则的启示

善意原则对新闻记者的启示：（1）新闻报道的出发点要有崇高目的和善良愿望，对公共事务及人物进行建设性的、友好的监督。从而有助于解决问题，推动社会向健康、文明方向发展。不可源于“恶意”，即为了批评而批评、因个体利益贬损、诽谤他人。（2）任

① 王海明.伦理学原理[M].北京：北京大学出版社，2005：194.
② 罗国强.重读善意：一种实践理性[J].湖南师范大学社会科学学报，2015（5）.

何一种新闻传播活动的运作都必须真切诚恳，即不以任何伪善目的对新闻进行人为处理。（3）传媒从业者承担相应义务的同时，不可超越媒体人职责权限。（4）新闻报道需具体问题具体分析，以人文精神为基点，不可僵化报道方式。[①]（5）传媒和记者对采访对象要有"善意"的假定，即不论事先掌握的材料怎样证明采访对象的行为，我们也不应当从一开始就把对方当作被质问和批判的对象，而是要陈述事实，并给他们以陈述和申辩的权利。

媒体在某种意义上可以说是一种观点平台、大众论坛，而不是道德或法律的审判所，只有给所有公民以平等的表达权，才可能把最接近真相的事实呈现给大众，自以为是的审判只会影响新闻报道的客观公正，影响新闻传播的社会效益。"善意原则"强调真诚、公正、全面、良善的行为初衷，使传媒人懂得如何在"符合道德"与"谋取新闻价值"的两难困境中寻得平衡点。

【相关规定】

《走向全球伦理宣言》（1993 年 9 月 4 日美国芝加哥）

1. 任何个人和团体都不能超越于"善恶之上"。

2. 由于人都有理性和良心，因此人人都有行善避恶的义务。

3. "己所不欲，勿施于人"或者换用肯定的措辞，即"你希望人怎样待你，你也要怎样待人"，应当在所有的生活领域中成为不可取消的和无条件的规则。

第四节 良知原则

良知，良心也，是一种天赋的道德观念，是人们对自己行为的是非、善恶和应负道德责任的自觉意识。良心是一个人道德品质修养的基础，也是为人处世的根本。良心是伦理学中的一个普遍概念，它的正面意义表现为廉耻、正义、向善、正直等；它的负面意义表现为畏惧、忏悔、内疚、自责等。[②] 一个人有了良心，就能处处从良心出发规范自己的言行举止；就能与人为善，不去做伤天害理的事。相反，一个人如果良心意识淡薄，甚至丧失良心的话，就会邪念丛生，道德、法规、观念也易于崩溃。做好事不求别人的赞赏而只求无愧于心，是道德生活的最高境界；做错事能扪心自问并深感内疚，则是塑造有德之人的第一步。

① 万舒敏．以"善意原则"解读传媒活动的失衡及对策 [J]. 新闻传播，2013（8）.

② 李肃东．中西良心论比较—兼论良知说的当代重振 [J]. 学习与探索，1993（3）.

一、良知的内涵

（一）知耻，是道德的自觉

知耻，也就是知道羞愧和荣辱。知耻是自尊的重要表现。唯有知耻，才有自尊。它是一个正常人所具有的最基本的道德。有羞耻心，人就知道什么该做，什么不该做；知耻，才能有所不为，有所不为，才能行之皆宜。知耻是自尊的重要表现。唯有知耻，才有自尊。知耻在中国传统美德中有着很重要的地位。

（二）知愧，做人胸襟坦荡

“愧”字的意涵，正是教育着我们做人要坦诚不欺，心中不要有鬼。知愧，知道惭愧、内疚。人非圣贤，孰能无过，知过能改，善莫大焉。懂得惭愧，是一种诚信，有这诚信才可交。知愧而忏悔，知愧而努力，将良心安妥好比任何物质利益都值得珍视。人生的最高境界，不是高官厚禄、锦衣玉食，而是问心无愧。

（三）知恩，勿忘扶助之人

知恩报恩，是做人的基本道义。别人对自己有滴水的恩德，都应该铭记在心。常怀感恩之心。对父母养育，师长教诲，亲朋们扶助，“滴水之恩，涌泉相报”，“人敬我一尺，我还人一丈。”感恩是人生的一种姿态，人性的一种证明，处世的一种哲学，生活的一种大智慧，社会行为的一种反省和成熟。学会感恩，每个人便会拥有真正的快乐和幸福。

一个人，干了坏事知道羞耻，做了错事知道愧疚，受人恩惠知道报答，这就叫有良知。当然，关键是要知道什么是错，什么是对，什么叫恩，什么叫仇，这种分辩是非的能力的形成还是要靠后天的培养。所以良知是天赋的道德，道德靠后天的修养；道德的沦丧，是教育的失败，而良知的沦丧，就是人性的泯灭了。

二、良知的本质

良知，是人们所具有的一种天生的道德品质，是一种能够知善、知恶的道德认识能力，是一种辨别善恶是非的道德评价能力和道德判断能力。良心不仅包含着与生俱来的善良本性，而且是人区别于其他物种的一个根本特征。

良知，是一个人道德上的自我评价能力，是道德上的自我意识和自我感觉的统一体，良心总是同个人在一定社会中应尽的义务融合在一起，总是同自己在社会上的荣誉和自尊相结合，从而对自己的行为进行自我调节、自我监督和自我控制。

良知是由人的知识和全部生活方式来决定的。良知乃是道德秩序的保证，只有良知才能避免道德堕落。因此，应把良心教育放在重要位置。所谓良心教育，是指对人对事应仁慈友善，讲道义，辨善恶，明是非的教育。良心是一个内在的强烈声音，能帮助人分辨是非，不偏离道德的道路，一旦偏离就会感到内疚。良心能够纠正人的某些自私欲念和偏颇情感，改变其行动的方向和方式，以免产生不良后果。良心教育是培育诚实、责任心和正直等重要美德的奠基石。

三、良知原则的启示

新闻报道要捍卫事实与真相，敢于说真话，揭真相，敢为天下先，走在时代的前头。记者要尊重被采访对象提出的正当要求，如保护匿名消息来源、尊重采访对象的正当要求和严正申明等；新闻报道要注意保护当事人的隐私；维护当事人的人格尊严和名誉；防止血腥、暴力、淫秽内容对未成年人的影响等。

第四章　伦理抉择模式

一个真正负责任的传媒和新闻人不能仅仅诉诸职业价值观，其要想在伦理上做出合理的结论，就必须考虑“是否应该？”“对谁承担道德责任？”“是否公正？”“能否使自己良心安稳？”“是否给大多数人带来幸福？”“是否保护了弱势群体？”“是否有仁爱之心？”最后再决定“采取何种伦理原则？”波特图式和博克模式在一定程度上，可以帮助新闻从业者分辨和厘清事实，按照自己内心的良知，恪守职业道德，坚持职业忠诚。

第一节　波特图式

“波特图式”是美国哈佛神学院教授拉尔夫·波特博士提出的一种道德推理模型，它通过对“定义”“价值”“原则”“忠心”四个问题的分析来找寻道德答案。这一图式将行为主体所面临的伦理冲突以清晰直观的图式展示出来：要对某个问题做出道德判断时，我们针对某一个问题从定义情况——→确认价值——→提出一个道德原则——→最后选择忠心——→从而推理出我们要解决的问题，便于行为者进行伦理道德选择并做出恰当的行动决定。在当前多元化价值取向的社会中，或许这个环环相扣的推理方法能够成为记者面临道德困境时可以遵循的一种机制和模式。

一、波特图式的定义

详细来说，其定义如下：（1）所谓定义情况，就是对所发生事实的确认和判断，对事件的客观描述和背景了解，包括相关细节；（2）所谓价值判断：职业的、社会的、政治的以及道德的，取决于记者对所要报道事件“正面价值”与“负面影响”的考量。这起事件是正面价值大还是负面影响大？负面影响大但又具有重大新闻价值的情况下应该如何取舍？正面价值大但受众不感兴趣又该如何处理？这一步的考虑很可能成为你提出道德原则并作出忠心选择的基础，它其实反映了记者的道德观念；（3）所谓提出道德原则，了解不同的伦理理论并选择最符合当前情境的适当理论。在对事件的正负价值综合考虑后所遵循的可以指导行为的标准和规范。如康德的“只按你的意愿能成为普遍规律这一准则行动，以及穆勒的“以是否能为人类带来最大的利益为判断是非的标准”，等等；（4）最后，也是最费思量的一步，就是所谓选择忠心，谁将从我们的行动中获益，谁将受到伤害。即在评判价值、提出原则后最终决定忠诚的对象，它可能是新闻事件的当事人，可能是记者所在的媒体，可能是受众的知情权，可能是社会公众的利益，当然也可能是记者本人。只有通过这四个步骤，我们的决定才是合乎伦理的。合乎伦理的人并不只在危机来临时才做出好的选择，只有不断地进行相关的伦理训练，记者才能在抉择的关键时刻有道德。但无论做出什么样的选择，都是在“波特图式”各步骤加工过后的产物。这样一个具有相互联系和选择性的道德推理模式，就在一步步环环相扣的过程中“推导”出了符合记者价值取向的“道德答案”。那些在家庭和工作中诚实、在不同社会关系中给予对方尊严，将非暴力纳入日常行为习惯的新闻记者们，会很好地处理新闻及时性和伦理的谨慎性。

波特图式以其形式的简约性和内容的明达性勾勒出一个具有“实践－精神”双重品格的有机循环体系。图式各步骤并不彼此独立，而是有机地联系着。我们可以针对分歧的根源展开多次反复的探求，在一个不断澄清事实和重新定义的过程中，使每个方面都得到更加详细的论证，继而使其与其他方面联系起来。波特图式的这种循环、开放的形式为记者在选择时提供了有机的思维模式。

二、波特图式的意义

波特图式提供了四个达到合理结论的必要步骤。对于那些希望自己的行为符合伦理要求的记者来说非常关键；对于那些确定自己的伦理政策和规则的新闻机构来说也很有必要；对于记者来说提供了一种明晰的可操作伦理推理模式，使得记者在面临新闻伦理的困境时有了可以探索答案的路径。

（一）帮助记者解决多元化社会角色的选择冲突

在实际生活中，记者的角色定位出现了“多元化”的现象，其角色使命不再局限于沟通信息，而呈现出引导舆论、人文关怀、公益行为等多元化趋势。记者职业角色与社会角色、职业责任与社会责任的越来越多的矛盾与价值冲突，这使得记者在履行本职工作时还要考虑到其他社会角色的扮演与实践，这无疑为记者的选择增加了难度：不同的角色定位往往意味着不同的价值取向，而有时这种价值取向的强烈冲突会将记者置于一种无所适从的“两难境地”。“波特图式”则将得到道德答案的变量清晰化，以价值、原则为基础来确定忠心，做出选择，帮助记者在错综复杂的环境因素中找到问题的关键并各个击破。

（二）构筑了记者在道德困境中的行动指南

伦理上的诸多难题并不在于对道德的作用与地位的承认，而在于道德原则的应用，特别是当出现两难的道德悖论时，人们应当采取何种态度、应怎样根据不同的因素进行权衡。在复杂的利益关系中，伦理决策的难题不应推给个体，而是要调动全社会的智慧，以建立一种社会公断基础上的普遍有效的、有约束力的行为秩序。社会公众对记者角色冲突中伦理选择的现实争议事实上呼唤一种兼顾内律和外诉、自律和自为、道义和自由的伦理道德规范，以形成对记者角色冲突中行为选择的有效制约。[①] 记者角色冲突中的道德行为，其中包括记者道德生活的现实、记者的道德选择境遇、社会舆论对记者道德行为的评价，等等，为规范化的思考提供一系列活生生的经验材料，通过认真的梳理和分析，以及充分的理解和关注，必然有助于对规范的道德原则、规范的合理性进行实践的检验与论证。

（三）为媒体行为的原因和动机探求可行的道路

记者角色冲突中伦理道德的考量主要在于记者行为所引起的利益冲突和失序，而这种伦理秩序可以看成是利益相关者在特定冲突的逼迫之下不断反省而逐渐达成的共识，是一种实践的明智。但是，这种靠大量而仔细地洞察现有事实以从中寻求和揭示合乎情理的判断规则并不仅仅是一种认识。我们应该致力于通过规范的形式化和制度化，以及规范的自觉应用，将其转化为客观存在并广为接受的记者现实伦理选择准则。而这有待借助于道德教育和社会舆论的作用，把外在的“道德律令”转变为记者个人的“道德需求”和道德特征。因此，新闻记者角色冲突中伦理秩序的建构一方面可以看成是一个自增长机制，另一方面还需要社会和团体有组织的精心培育和教化。[②] 波特图式可以对该媒体或记者的价值取向、道德标准予以测量和评价。这是一种“由果溯因”的意义。

① 罗卫光. 论新闻记者的角色多元化 [J]. 新闻界，2004（5）.
② 资料来源：李天良，新闻记者角色冲突中的伦理选择 中国记者网，2005 年 7 月 20 日。

（四）为“两难事件”提供评价的价值观

波特图式可用于确定“两难”事件发生时，采取什么样的方针来规范行为。每位记者的立场角度、个人修养、价值判断都不尽相同，我们不能也不可能期望记者都做出同样的道德判断，也不能要求记者做出和自己相同的选择。道德评判本身就不是刚性的，更何况受众的喜好口味都不一而足，我们宽容多元，但是不可否认，错综复杂的价值观与道德标准在一定的社会环境中还是有主流和支流的，人的价值判断往往倾向于趋同。因此，记者所面临的新闻伦理问题也并非无解的难题，累积的观念会成为一种力量迫使你自觉或不自觉地做出顺应这种观念的行为。波特图式可以看作是在道德选择时生产“群体观念”的机器①。“‘中国最美女记者’不先采访先救人”中曹爱文的颇受好评与“记者雨中苦等拍摄多个行人跌倒落水”中记者的饱受诟病就可以发现波特图式分析中对价值判断和忠心选择还是有一定倾向性的，这或许可以成为记者在以后的工作中遇到类似情况时采取的方针。

总之，作为一种道德推理模式，波特图式为陷入道德困境的记者指出了一条可以尝试的路子，也为记者的某种行为做出了解释和判断，更能够为一种更加和谐、宽容和人性化的报道机制的形成增添力量。当然，对于波特图式的研究还处于比较浅显的程度，希望能够有更深入的研究，以期对记者面临的新闻伦理问题有更好的解答。

【案例】

卡特困境

1993年，苏丹战乱频繁的同时发生了大饥荒，南非自由摄影记者凯文·卡特（Kevin Carter）来到这个经受着战乱、贫穷、饥饿的非洲国家采访。一天，他看到这样一幅令人震惊的场景：一个瘦得皮包骨头的苏丹黑人小女孩在前往食物救济中心的路上再也走不动了，蜷缩在地上，而她身后不远处，蹲着一只硕大的虎视眈眈的秃鹰，正贪婪地盯着地上那个奄奄一息的瘦小生命，等待着即将到口的“美餐”。凯文卡特抢拍下这一镜头。1993年3月26日，美国著名权威大报《纽约时报》首家刊登了凯文·卡特的这幅极具震撼感和表现力的照片。接着，其他媒体很快将其传遍世界。这张照片在真实形象地表现了非洲当时饥饿与贫困状态的同时，也在读者、学界和业界掀起了轩然大波，关于凯文·卡特漠视生命，见死不救的争论一时间向他汹涌袭来，在各国人民中激起强烈反响。

获得普利策奖并未给他带来快乐和荣耀，相反，照片的公布使得更多的舆论批评和道德压力席卷而至，各种声讨压得凯文·卡特喘不过气，加之密友奥斯特布鲁克被枪杀、生活得极度窘迫、拖欠房租、没钱支付女儿的抚养费……令他的内心积累了满满的挣扎与失望。终于，在获得普利策奖后的第三个月，他选择用一氧化碳结束了自己的生命，终年33岁。

① 王延辉．评波普认识进化四段图式的理论意义[J]．理论界，2005（4）．

凯文·卡特事件的核心冲突：是忠于人类良知和生命尊严？还是忠于职业责任、社会公众利益？是应该记录还是应该拯救？是拯救一个人还是拯救所有人？不同的价值取向和忠诚选择会带来不同的舆论压力。

多数人认为：社会公德应先于职业道德，在小女孩面临被秃鹰吞噬的危急关头，凯文·卡特应放下手中的相机去赶走秃鹰，救助小女孩，而他举起相机如实拍摄的做法是无视生命、践踏人性的表现。“在职业责任所要求的抢抓新闻与社会公德所要求的救危扶难之间，人文关怀毫无疑问是第一位的。”①

少数人认为：凯文·卡特是一个好记者，“他忠实地记录了社会的残忍和自然的残忍，在那样的环境、时间、地点做了应该做的事情，面对社会的残忍和自然的残忍，记录是记者唯一能有的方式，记者的力量是渺小的。”他所拍的照片引起了世界对苏丹社会的关注，指责凯文的人是不了解真相、不懂得战争的人。②

第二节 博克模式

博克模式是一个伦理抉择框架，以美国学者西塞拉·博克（Sissela Bok）命名。她在《说谎：公众与私人生活中的道德选择》一书中推导出这一模式。与波特图式相比，博克模式在传媒伦理学中尚未得到广泛的认可与应用，但其对于处于伦理困境中的传媒工作者依然有一定的指导意义。

一、博克模式的步骤

博克模式基于两个前提：（1）我们必须对不得不做出伦理抉择的人心怀同情；（2）维持社会的信任是基本目标。③

博克提出：在此基础上，任何伦理问题都可以分三步进行分析：

第一步，问问自己的良心，什么是“正确”的行为？你对这一行为有什么感觉？如在人质事件的报道中，个人良心面对在及时报道、报道真相与人质安全之间如何选择的困境，两种选择本身都是道德的，但两者间发生冲突之时则需要对伦理原则进行排序。

第二步，寻求专家的意见，即寻找其他变通的方法可以达到同样的目标又可以避免伦理问题。专家可以是健在的或已故的；可以是你信任的一位制片人或广告文案撰写人；也可以是你仰慕的一位哲学家。是否有其他的方法既能达到同样的目标，又不会造

① 王庆民.职业责任与社会公德悖论评析——由凯文·卡特之死想到的[J].青年记者，2007（16）.
② 资料来源：任悦：《凯文·卡特》，博客“1416教室”。
③ 菲利普，帕特森，李·威尔金斯.媒介伦理学[M].北京：中国人民大学出版社，2006.

成伦理问题?

第三步，如果可能，与面临同一问题的伙伴进行公开讨论。这些人既包括直接卷人争议的人，如报道一条新闻的记者或为该新闻提供消息的消息来源，也包括非直接卷人的人，如某位读者或某位消息来源。如果无法将他们集中起来，那么就假想一场讨论，即在新闻报道中广泛地进行预先的情景对话，站在不同的角度设想大众对于此次事件报道的反应，即最大限度的民意原则。博克认为，讨论的目的在于获得支持伦理选择的依据，从而发现我选择的行为将怎样影响他人。

多听取旁观者的发言，可以让新闻工作者和媒介保持清醒，从而调整过于主观的评价与行为。在进行完这三步思考之后，记者就可以在新闻报道中找准自己的立场，从而做出正确的选择。①

在运用博克的伦理抉择模式时要注意两个问题：（1）在做出最后决定之前要将三个步骤逐一完成，这一点很重要。我们大部分人都会在询问过自己的良心之后，忽略寻求专家意见或寻找变通方法，便过早地做出伦理选择，博克指出这样做是错误的，因为它会导致许多不成熟的道德思考。（2）如果你不具备任何预测伦理问题的洞察力，那么最佳方案是在写作之前，而不是在写作达到高潮时先进行第三步列出的伦理对话。②

二、博克模式的启示

与波特图式相比，博克模式理论性较强，实际操作起来存在一定的困难。如关于良心的概念难以界定，如何确定“正确”的行为，公开讨论不适合现实情境。尽管博克模式有一定局限性，但仍然不能否认其价值。

（1）变通的方法意在表明：新闻工作者在面对伦理困境时，是否有其他的方法达到同样的目的而又能够避免或在一定程度上缓和道德冲突，即以最适当的方式报道。

（2）博克模式中的公开讨论，无论是现实的抑或是假想的，意在为我们提供一种基于相关当事人以不同立场思考问题的视角。公开讨论虽然无法在现场现行，设想的公开讨论也可能因时间的仓促而无法进行，但相关的讨论可在报道的前期及后期进行。前期重在预防，使新闻工作者不至于在面对道德冲突时，以职业要求作为唯一的标准；后期的讨论重在警戒，有利于媒体自省并通过外在监督完善自身，从而避免失范行为的重蹈覆辙。类似的讨论可以在媒体日常的活动中进行，通过讨论对各方意见的了解，为新闻工作者做出选择提供更全面的思考角度。

综上所述，新闻报道中发生冲突时，应注重多维度思考与综合把握，仅仅将公开讨论理解为现场进行则过于狭隘，未能理解公开讨论的实质，若将其使用条件扩展则可充分显

① 李琛，常嘉玲，王之璞．新闻报道中的道德困境与伦理纠结评骘 [J]. 新闻传播，2013（11）.
② 展江，彭桂兵．媒体道德与伦理：案例教学 [M]. 北京：中国传媒大学出版社，2014.

示其价值，将伦理思考与新闻工作者的践行充分结合，有助于新闻工作者做出合乎伦理道德的抉择。①

【案例】

菲律宾人质事件

2010年8月23日，一辆装载25人（包括22名香港乘客，其中6名儿童）乘客的旅游车在菲律宾马尼拉市中心基里诺大看台附近被菲律宾前警察门多萨劫持（2年前，门多萨因涉嫌抢劫、勒索和毒品有关的犯罪活动而被解雇，他此次劫持旅游车企图要挟菲律宾警方恢复其原有的职位并要求赔偿损失）。

11时28分，菲律宾警方派出曾在美国受过专业训练的谈判专家萨尔瓦多和耶夫拉，与劫持者交涉。谈判期间，警方为人质提供了食物，并为旅游车提供汽油，以确保旅游车的空调能继续运转。经过谈判，6名香港游客于中午前获释。

门多萨的2个兄弟和妻子都来到现场。门多萨的弟弟格里高里奥也是警察，他手持一支手枪与哥哥谈判时，突遭警方扣押并解除武装。门多萨得知此事后，询问两位谈判专家是否归还了手枪于格里高里奥，两位谈判专家称已归还，但后来门多萨在弟弟口中知道未有归还手枪，知道被骗，他和谈判专家的谈判立刻中断。

14时30分，门多萨在挡风玻璃上贴出一张写着“撤销最终决定”的字条。另一张贴在车门上的字条写着：“用错误纠正错误决定。”门多萨又在旅游车的玻璃上贴了一张纸条，写着：“下午3点将会有大事发生。”15时30分，门多萨又将一张写着“让媒体来采访”的纸条贴在旅游车玻璃上。

16时许，一名反腐败部门的官员与门多萨通了电话，并承诺重新考虑他的案子。但下午晚些时候，反腐部门拒绝了门多萨的复职要求。菲律宾媒体报道称，反腐部门将这一决定以书面形式密封在一个信封中，并由谈判人员交到了门多萨手中。而信封内拒绝门多萨复职的内容，他随即在车内鸣枪一声表示不满。此事成为悲剧发生的导火线。

19时40分左右，菲警方实施突击解救行动，香港游客中8人死亡，6人受伤。

2010年8月24日，菲律宾总统贝尼尼奥·阿基诺宣布，25日为菲律宾的“全国哀悼日”，以此悼念在菲律宾劫持事件中不幸遇难的8名香港游客。菲律宾将于25日降半旗，以示对遇难者的哀悼，但是菲律宾的各行各业将会继续运营。

思　考　题

1. 请用波特图式分析卡特困境。
2. 请用博克模式分析菲律宾人质事件。

① 李晓.博克模式的再认识—以菲律宾人质事件报道为例[J].东南传播，2012（1）.

附　录

《儿童报道中的伦理原则和指南》

报道儿童和年轻人议题常会遇到特殊的挑战。在某些情况下，报道的结果可能将儿童置于招致报复和侮辱的危险情境下。

联合国儿童基金会已经确立了以下一些原则来帮助记者报道影响儿童的议题，相信提供这些原则可以帮助媒体以更适合儿童的方式开展报道，尊重儿童的权利。《儿童报道中的伦理原则和指南》的目的是支持那些有道德的记者抱有最良好的意愿：既要满足公众利益，还要不伤害儿童的权利。

【一般性原则】

1. 在任何情况下，每个儿童的尊严和权利应该受到尊重。

2. 在采访和报道儿童时，应特别注意每个儿童有隐私的权利，他们的意见应该被听到，他们有权利就有关他们的事项发表自己的意见或参与决定，有权利受到免于伤害的保护，包括免于受到潜在的伤害。

3. 儿童最大利益原则应该放置到优先地位，包括儿童议题的倡导和促进儿童权利的报道。

4. 在权衡什么是儿童最大利益时，需根据儿童的年龄和心理成熟程度，相应决定在何种程度上尊重并采纳儿童的意见。

5. 任何报道应该考虑到儿童所生活的政治、社会、文化的多元环境。应该咨询对儿童处境最为了解并最有能力对儿童情况进行评估的人士。

6. 不要发表任何可能置儿童及其兄弟姐妹或同伴于危险境地的报道和图片。即使该报道或图片已对儿童的身份进行修改、模糊处理或者匿名，也不能予以发表。

【儿童采访指南】

1. 不伤害任何一名儿童；避免使用批判性或无视文化价值差异的问题、态度或者评论；避免将儿童置于危险或使其受到羞辱的境地；避免重新勾起不幸事件给儿童带来的痛苦和悲伤。

2. 在选择采访对象时，不因儿童的性别、种族、年龄、宗教信仰、地位、教育背景或身体状况等差异而有所歧视。

3. 不要让儿童表演或“做戏”：不得要求儿童讲述或者做他们没有经历过的事情。

4. 确保儿童或监护人知道他们是在与记者交谈，并说明采访的目的和用途。

5. 在进行任何采访和录像时，必须征得儿童及其监护人的同意，在拍摄纪实性照片时，如果有可能也需征得他们的同意。在可能并且适当的情况下，应该获得儿童及其监护人的书面同意。在征得同意的过程中，应确保儿童及其监护人完全出于自愿，他们完全了解自己将出现在报道中，而报道可能会在当地或全世界发表。通常需要用儿童所能理解的语言征求其同意，并且儿童是在与其信赖的成年人协商后作出的决定，才能确保其知情权。

6. 注意采访儿童的地点和方式。限制采访者和摄影师的人数。尽量确保让儿童感到舒适，在不受任何（包括采访者）外界压力的条件下讲述自己的故事。在电影、录像和广播采访中，媒体人要充分考虑选择何种视频或音频作背景，可能间接提供有关这名儿童的信息及其生活经历。确保音频和视频展示儿童的家庭、社区或大致所在地之后，不会给儿童造成负面影响或带来危险。

【儿童报道指南】

1. 不要使儿童受到侮辱；回避那些将儿童暴露在负面的报复（包括心理和身体的伤害以及终生虐待等）中的描述，以及歧视和被地方社区排斥的结果。

2. 始终为儿童的故事或图片提供准确的背景信息。

3. 对下列儿童，应使用化名并且对其形象进行模糊处理：

（1）遭受性虐待和剥削的儿童；

（2）被施行暴力或性虐待的儿童；

（3）艾滋病毒感染者或艾滋病患者，除非该儿童、其父母一方或监护人在完全知情的情况下同意公开其身份；

（4）被起诉或被定罪的儿童。

4. 在存在危险、可能对儿童造成伤害或使其遭受报复的情况下，要对下列儿童使用化名或对其形象进行模糊处理：

（1）目前或曾经是儿童兵；

（2）寻求庇护者、难民或国内流离失所的儿童；

5. 在某些情况下，使用儿童真实姓名或可辨认的形象应符合儿童最大利益原则。当儿童身份可辨认时，他们必须仍然处于免于伤害和受到支持的保护之中。

上述特殊案例发生在如下情况下：当儿童主动和记者联系，希望行使言论和表达自己的权利，希望他们的意见得到聆听；参与可持续性的活动或社会动员方案，希望为他人所认识；当参加心理活动方案时，表明他们的姓名和身份有助于他们的健康成长。

6. 向其他儿童或成年人（最好两者兼有）确认儿童讲述内容的准确性。

7. 当无法确认某个被采访的儿童是否正在处于危险之中，应该考虑到儿童利益而放弃新闻价值。

《记者行为基本原则宣言》

此项国际宣言，经正式宣布为从事新闻采访、传播、发行与评论者，以及从事事件之描述者的职业行为标准。

1.尊重真理、尊重公众知晓真理的权利，乃记者之首要职责。

2.在履行此职责的过程中，记者应当在任何时候捍卫诚实采含有新闻、出版新闻的自由原则，捍卫公正评判的权利。

3.记者只能依照他（她）了解根源的事实进行报道。记者不得压制必要信息或者篡改文件。

4.记者只能通过公正的方式获得新闻、图片和文件。

5.记者应尽最大努力改正已经出版但发现严重不准确的信息。

6.记者应当严守职业机密，保护秘密获得的新闻来源。

7.记者应当警惕通过媒介扩散偏见的危险，并且应当尽力避免有利于传播偏见的行为。这些偏见混杂于其他事物中，常与种族、性别、性倾向、语言、宗教、政治或其他意见、民族和社会传统有关。

8.记者应视以下行为为严重职业过错：剽窃；恶意曲解；诬蔑；诽谤；造谣；没有根据的指控；接受任何形式以出版或压制出版为目的的贿赂。

9.无愧于记者称号者应当把忠实地遵循上述原则视为自己的职责。记者应当在各国法律许可的范围内承认同行的司法权并排除来自政府或者其他方面的干预。

惟有符合职业原则和尊严的任务，才能指派给报业及其他新闻媒介的工作人员，以及参加新闻事业的经济与商业活动人员承担。发表任何消息或评论的人，应对其所发表的内容负完全责任——除非在发表时已明白否认这种责任。个人的名誉应予以尊重，有关个人私生活的消息与评论，可能损及个人名誉时，并非有助于公共利益，而仅仅是迎合公众好奇心理者，则不应该发表。如果对个人的名誉或道德人格提出指控时，应当给予答辩的机会。

《美国职业伦理规范》

绪言

职业新闻记者协会成员相信，公众的启蒙是正义的先驱，民主的基石。新闻记者的职责就是通过追求真实，提供关于事件和问题的全面公平的叙述，达到启蒙公众的目的。来自所有专门领域和媒体的有责任感的记者，都努力彻底和忠实地为公众服务。职业正直感是记者信誉的基础，协会成员因此对于职业道德行为产生共同认识，并采用本规范作为协会实践原则和标准的声明。

（一）追求真实并加以报道

新闻记者应该忠实、公正和勇敢地搜集报道和转述信息。新闻记者应该：

1. 检验来自所有来源的信息的准确性，小心避免无意的错误。绝不允许故意扭曲。

2. 努力找到报道的主体，给他们对于声称的错误行为做出反应的机会。

3. 任何可能的时候，都要指明消息来源。公众应该有尽可能多的信息来判断消息来源的可靠性。

4. 在承诺保证信息来源匿名之前，永远要质问一下信息来源的动机。要对为换取信息而作出的承诺中各种可能的情况都做出清楚的说明，一旦承诺，则保守诺言。

5. 确保标题、导读和其他突出处理的材料、照片、音像、图表、声音和印语都没有误表达。

6. 避免在转述和连续性的报道中误导。如果有必要转述别的媒体一条新闻，可以这样做，但要标识清楚。

7. 除非传统的公开的方法不能得到对公众至关重要的信息，不要采用秘密的或窃听式的方法获取信息。如果使用了这样的方法，在报道中应该加以说明。

8. 永远不要剽窃。

9. 勇敢地讲述关于人类经验多样性和广泛性的报道，尽管这些经验可能是不经常有的。

10. 检查自己的文化价值观念，并避免将这些价值观念强加给别人。

11. 观察人时不要被民族、性别、年龄、宗教、种族、地理、性取向、是否残障、外貌或社会地位这些因素框住。

12. 支持公开的意见交流，即使这些意见自己很反感。

13. 让无声的人们发出声音；官方信息和非官方的信息被以同样价值对待。

14. 在鼓吹文章和新闻报道之间做出明确区分。分析性文章和评论应被明确标出，以免与事实和报道文本相混。

15. 对广告和新闻做区分，避免出现模糊二者界限的杂交式文章。

16. 认识到自己的特殊使命，要确保公众事务是公开处理的，而且政府记录可以公开查阅。

（二）减小伤害

有职业操守的记者把新闻来源、采访对象和同事都看作值得尊敬的人。新闻记者应该：

1. 对那些可能因为新闻报道而受到负面影响的人们表示同情。当面对孩子和没有经验的新闻来源或新闻主体时，要特别小心。

2. 当采访和使用受到正在悲伤中的人们的照片时，要特别小心。

3. 要认识到采集和报道信息会引起伤害和不适，报道新闻并不意味着你就可以傲慢自大。

4. 要认识到，一般人比公共官员和追求权力、影响和希望引起人们注意的其他人，有更多的权利保有关于自己的信息。只有当有十分迫切的公共需要时，侵入任何人的私人领域获取信息才是正当的。

5. 品位要高。避免迎合任何低级趣味。

6. 在指出青少年犯罪嫌疑人或性犯罪受害人时，要非常谨慎。

7. 在正式控诉文件出来之前指明犯罪嫌疑人时，要非常审慎。

8. 在公众被告知的权利和犯罪嫌疑人被公正审判的权利之间寻求平衡。

（三）独立行动

除了公众的知情权之外，新闻记者不应该对任何其他利益负有责任。新闻记者应该：

1. 避免自己的利益与采访发生冲突，不管是现实的利益还是可能的利益。

2. 不参加任何可能伤害自己公正和信誉的组织和活动。

3. 如果将伤害记者的正直感，拒绝一切礼物、好处、费用、免费旅游和特殊对待，并避免第二职业、政治涉入、在公共办公机构或社区机构工作。

4. 如果这些冲突必不可免，那么将它们暴露出来。

5. 勇敢地要求那些拥有权力的负起责任。

6. 拒绝广告商的优厚待遇和特殊利益，抵制他们企图影响新闻报道的压力。

7. 警惕新闻来源为了好处或金钱而提供信息，避免力求新闻出现的心理。

（四）可信

新闻记者在他们读者、听众、观众的眼中是可信的。新闻记者应该：

1. 澄清和解释新闻报道，就新闻界的行为邀请公众对话。
2. 鼓励公众说出他们对新闻媒体的不满。
3. 承认错误，并迅速纠正。
4. 揭露新闻记者和新闻媒体的不道德行为。
5. 遵守他们对于别人提出的高要求。

《美联社工作人员社交媒体使用守则》

《美联社工作人员社交媒体使用守则》是基于我们对于新闻价值原则的一贯阐述而提出的。以下的各条守则旨在把这些经久不衰的新闻行业理念应用到新的社交媒体领域，从而提升美联社及其每个员工在社交网络领域的品牌效力。本守则鼓励员工积极使用社交网络，并同时恪守我们的基本价值观，即不应该随意通过社交网络就当下的争议性话题表达自己的意见。

其他任何例外情况都应该征求我社高管的意见。本守则无意对《国家劳工关系法》所赋予的员工权利造成任何程度的损害。

【账号】

我们鼓励所有的美联社记者都能够有社交网络的个人账号。因为它们已经成为美联社记者收集信息、分享链接的必要工具。我们建议您在每个社交网络上注册两个账号，一个私用，一个公用。

许多美联社记者在这个策略的使用上收获了极大的成功。

如果员工在工作上使用自己的社交网络账号，无论在任何情况下，他们都应该明确标示出自己来自美联社的身份信息。您不必在推特网或其他社交网络的用户名中包含“美联社”的字样，而且建议您使用自己个人照片来做头像（不要使用美联社的标志）。但是您应该在个人描述里体现出您是美联社的员工。

上传美联社独家所属或机密材料是被严格禁止的。

员工不应该在他们的社交网站个人描述中包含政治倾向的信息，也不应该发布任何有关政治性阐述的内容。

【观点】

美联社的员工必须认识到他们在网上所表达的观点可能会损害美联社作为一家客观公正媒体的声誉。美联社员工应该避免在任何公开论坛上发表有关争议性公共议题的个人观点，而且禁止在网上参与和支持任何有组织的群体性政治行动。

有时，员工会问及他们是否能够自由在社交网络上就体育，娱乐等话题发表个人评论。答案是可以的，但是仍有以下几条注意事项：

第一，说任何人（包括一个团队，公司或名人）的坏话，都会对员工和美联社造成负面影响。设想一下，如果您的转发被您评论的对象看到了，而这个被您嘲笑的人可能正是您另一同事正需要发展的新闻线索提供者，那么后果就不堪设想了。

第二，如果您或您所在的部门正在采访一个主题（或是您在督促他人在做采访），您在网上发表关于此主题的观点时就尤其更应该做到客观、公正。条件允许的情况下，您可以附上美联社官方报道的链接，这样就可以有更大的空间去表达我社所有的观点。

为了撰写报道收集意见的状态和转发必须明确表达我们在寻找各方观点这一意图。

【隐私】

雇员在表达任何与美联社可能相关的个人意见或同事观点时，应该尤其提高警惕。即使您把相关内容只给自己的朋友看也同样要多加小心。

我们建议您在脸谱网上进行隐私设置来确认您的分享内容与分享对象。

然而，鉴于有太多的人对社交媒体使用相当熟稔，所以基本没有什么信息在网络上是绝对隐私的。如果某人想从受限的材料中拷贝出相关信息，并将其放在其他地方给更多的人阅读，这是相当容易做到的。

【好友／回复】

如果能够为报道服务，您是可以与线人，政客或新闻当事人在脸谱网上建立好友关系的，同时您也可以在推特网上成为他们的“粉丝”。

然而，如果您与执政候选人或政治性事件在网上保持好友或赞成的关系与态度，可能会使一些不太熟悉社交网络运作机制的民众感觉美联社的员工在为政党做宣传工作。所以，您应该试着与站在争议事件正反双方的重要人物取得联系，来保证立场的公正。

我们应该避免与新闻当事人在他们的公众主页上直接交流，比如评论他们社交网站上的博客内容。

美联社的高层人员不应该向下属发出好友请求。但如果普通员工想向他们的上司或其他高层发出好友申请，是可以接受的。

【发布】

美联社鼓励员工以各种形式在社交网站上添加有关美联社报道内容的链接。他们也可以添加来自其他媒体报道内容的链接，除非内容本身散布谣言或言辞不当。无论其他记者或新闻机构做何种报道，美联社的员工都禁止在网上散布谣言、宣传未经证实的消息。因为您与美联社的所属关系，您这样做会增加这类虚假消息在公众当中的可信度。

当您添加链接时，要特别注意有关其他公司的、具有互相竞争性质的信息。虽然我们与其他新闻媒体正处于非常激烈的竞争关系中，您仍需要在发布一些对其他新闻媒体不利信息之前三思而后行。因为这可能会影响您思维的公正性。

员工应该添加那些已经在网上获得发布权限的链接内容，而不是随意直接上载或复制任何链接内容。

美联社的记者曾成功对多次新闻事件在社交网站上进行及时的“现场播报”。

《BBC 编辑方针》

1. 首次明确承诺：“正确比速度更重要”

BBC 认为：准确性是 BBC 编辑价值观的核心和声誉基础。消息来源须可靠，证据须确凿并经得住核实，报道须使用清晰精确的语言。对于 BBC 不知晓的，应持诚实和开放态度，避免空穴来风。为此，BBC 郑重做出“正确比速度更重要”的承诺。

BBC 规定：记者在采访时应尽可能准确搜集第一手资料。不得依靠惟一信息来源。如确实需要依赖某个惟一来源，应指出该来源，尽可能对具有信息来源的采访进行录音。如果录音不被许可，应准确、可靠、同步笔录所有重要谈话和其他相关信息，保留书信、电邮、笔记和相关文件，保留与信息来源有关的匿名撰稿人谈话的准确记录。同时，对重大事件撰稿人（消息源）的身份和经历要反复核查，如有必要还可请犯罪记录局帮助审核，同时确认书面资料和数字资料的真实性，不能轻信互联网上的任何资料。

2. 强化编辑咨询制度

这套制度是将关口前移，要求编辑政策总监、首席法律顾问和首席政治顾问提前介人报道工作，防患于未然。BBC 要求节目制作人在处理棘手的编辑问题、拿不准的编辑问题，或是有规定但不明确的、或是没有规定但可能引发问题的以及制作与众不同的或有争议的节目时，应当就编辑方针逐级咨询管理编辑、资深编辑和编辑总监。编辑政策部全天 24 小时为节目制作人就编辑方针的解释和实施问题提供咨询。在凡有可能引发争议的编辑方针上，BBC 实行强制咨询制度，并在《BBc 编辑方针》中以红色字体突出显示。

此外，不同地区有不同的政治制度和宗教忌讳，涉及这方面报道要向编辑政策总监、相关地区总监和首席政治顾问进行强制咨询；涉及法律风险的节目，应咨询法律顾问；涉及恶劣氛围、高度危险活动或事件的报道须请示新闻采集与职业风险管理部，职业风险管理部的咨询专家全天 24 小时通过电话提供紧急事务询问并应对紧急事件。

3. 谨慎播出重大新闻事件和民意调查。

BBC 规定：在涉及公共政策、政治或争议的新闻和其他节目中，除播出事实外，禁止对时事、公共政策发表自己的意见。在对重大事件进行报道，或涉及对个人及机构的严肃批评时，应当在播出前给当事人或相关机构申辩回复的机会。若是记者确认报道真实，为了重大公众利益，还是可以不事先给予被指控者辩驳机会，但必须先咨询资深编辑和编辑政策总监，经过内部审核后方可。在涉及政治或公共政策的讨论话题时，确保 BBC 举行的民意测验不得用来表明对某一特定政策或问题的观点，应称投票“显示”，而禁止说“证明”或“说明”，调查结果不得转化为百分比。BBC 还规定，在线投票不能被称为民意测验，并需要明确指出，投票结果仅代表受众当时的意见，不具有广泛的代表性。

4. 解决秘密录制和隐私权之间的冲突。

BBC 尊重并公平对待个人隐私，但在对于涉及公众利益的重大问题进行调查和披露时，容易引发冲突。为此，BBC 详细规定了涉及隐私权的编辑原则，并罗列了公众利益的若干方面，如揭露或侦察犯罪行为、揭露重大的反社会行为、揭露腐败或不公正、揭露不作为或失职等。在披露涉及公众利益的调查时，BBC 允许采取秘密录制方式，但强调说，秘密录制应作为不得已最后求诸的手段（比如不这样就不能提供证据）才能被使用，且每次使用前必须获得明确批准，不能作为常规报道方式。为在保护隐私和使用秘密录制间寻求平衡，BBC 区分了私人场所、公共和半公共场所下秘密录制的原则，如在公共场合用小型录像机、针孔照相机等比较隐蔽的摄录设备时，应及时告知人们秘密录制正在进行，给他们知情权，使那些不想被偷拍的人及时避开。

5. 严格限制对恐怖主义和紧急状态报道的方式和用语

在报道恐怖主义时，BBC 要求尽量避免使用“恐怖主义”“恐怖分子”这样的术语和政治标签，因为“恐怖主义”这样的词汇时常内含价值判断，会制造矛盾，危及 BBC 的公正性。较好的做法是应通过具体描述发生的事件向受众传达事件的全部过程，“炸弹袭击”比“恐怖袭击”传送的信息更多更快，同样，“自杀炸弹”“引爆者”“攻击者”“投弹者”“刺客”“枪手”“持枪歹徒”“绑架者”“造反者”和“武装组织”等具体词汇有助于构成更清晰的图像，能达到让受众自己对事件进行评判的效果。BBC 还要求不得沿袭他人的用语，在未经法律程序而使用像“释放”“军事法庭”“执行”等词，是不合时宜的。

在报道劫机、诱拐、劫持人质和袭击时，在给劫机、诱拐或劫持人质者提供讲话机会，或与之直接接触时，应斟酌涉及的伦理道德问题，直播敏感内容，如学校遭遇袭击或空袭，须使用延时装置，避免不适宜内容引发不可预料的后果。在报道紧急状态时，包括灾难和重大事故时，在不披露具体受害者姓名的情况下，尽快缩小对事件的关注范围，以免引起更多人的怀疑，制造紧张氛围。

6. 规范 BBC 员工传播行为

BBC 要求员工的离播行为不应有损于公众对 BBC 公正、正直和客观的认知。传播活动，包括向报章杂志撰稿、写论文、写博客、建网站、著书、接受采访、演讲、主持讨论会或给媒体培训等，都须报请批准。BBC 员工的博客和网站必须在部主任那里备案，如果表明是为 BBC 工作，则应在醒目位置张贴诸如“此仅系个人观点，并非代表 BBC”的免责声明。BBC 员工拟出版倒可主题的书籍须事先书面报部主任批准，书籍的拷贝应在出版前有充分时间提交部主任或部主任授权人审批，该书的市场促销计划还应报知有关新闻宣传经理。BBC 员工应经部主任允许后方能出席外界公开活动，以及在会议上发言，未经有关部主任允许，任何情况下不得和外界代理机构签约。公开身份为 BBC 新闻时事节目播报员或记者的 BBC 职员们以及 BBC 编外合同记者和自由撰稿人不得承担任何媒体培训工作①。

《澳大利亚采访病人的具体规范》②

【引言】

制定此规范的目的是方便媒体采访医院及护理机构的病人，同时也可以确保对这些病人及其家属健康、尊严、隐私的尊重，以及对《澳大利亚新闻一般准则的声明》中关于准则的呼应。基于以上目的，该规范旨在：

防止医院对记者的不合理排斥；

加强记者和医院之间的合作；

防止记者对弱势患者的不当采访；

防止记者对其他病人和医院工作人员造成不必要的侵扰。

该规范适用于记者采访医院和其他护理机构的人员，本规范不适用于对于其他人员的

① 赵明 . BBC 面向新时期的新闻规范 [J]. 中国记者，2007(8).
② 牛静 . 全球媒体伦理规范译评 [M]. 北京：社会科学文献出版社，2018.

采访，评议会的所有成员做出了具有法律效力的承诺，并遵守这些规范以及评议会的其他实践标准。

该规范是以评议会的一般原则和保密原则为基础的，即出版刊物需要按照以下合理的步骤：

避免侵犯个人对隐私的合理期待，除非这么做是完全为了公共利益；

避免引起他人或极大的造成他人遭受实质性侵害、痛苦、偏见，或者给他人带来健康方面和安全方面的风险，除非完全是为了公共利益。

避免发布那些用欺骗或不正当手段获取的信息，除非完全是为了公共利益。在采集新闻的过程中尊重人的尊严和敏感信息。

受害人或失去亲人的人有权在任何时候拒绝或中止采访或拍摄，并且不得对卷入报道事件的人进行人肉搜索。

【正文】

一、病人知情与同意

（一）在进行任何涉及医院病人的采访时，新闻工作者应取得患者的知情与同意，除非有以下情况之一，则不需要病人的知情与同意：

1. 该采访活动是在医院外面，为了让病人同意采访而进行的最初的交流。

2. 负责人确认已经得到了患者的知情同意书。

3. 负责人批准的采访，即病人的身份不会在任何已发表的材料中被辨识出来的采访。

（二）新闻工作者对告知病人知情同意原则这一行为负责，这可能是很难达到的，除非医生或其他专家关于此事的建议已经记录在案。

二、访问病人的权限

（一）在对医院的病患护理区的病人进行采访之前，记者必须向有关负责人出示身份证明及采访许可证明，然而如果采访活动是关系重要的公共利益，并且在媒体高级编辑层面都同意该采访，那么没有获得授权许可的采访是允许的。

（二）新闻工作者要对自己发出的要求负责。

1. 新闻工作者确保是从有资格授权的人那里获得进入医院采访的授权许可；

2. 新闻工作者需要将自己的身份以及进入医院的采访目的完全告诉给医院发放授权许可的负责人。

（三）在医院同意新闻工作者去采访病人时，新闻工作者需要确保病人所处的病患状态是能够被告知知情同意原则的。并且当采访病人时，新闻工作者必须解释希望从病人那里所获得的信息是什么以及获得病人的知情与同意。

三、中断对病人采访的情况

在以下情况下，记者应该立即停止采访：

（一）病人要求停止采访，或者授权负责人有正当的理由要求新闻工作者停止采访时；

（二）病人没有清楚地意识到采访所包含的内容以及可能产生的后果。

《澳大利亚自杀报道的具体规范》①

【引言】

这些标准是用来规范印刷媒介和网络媒体上关于自杀及与其相关议题的报道。这包括报道个人自杀或企图自杀这种事件，也包括与自杀相关问题的评论与其他材料，如自杀的发生率、原因和影响。新闻评议会的所有出版商成员已经对这些规范以及委员会的其他行业规范做出了具有法律约束力的承诺。

报道自杀的规范是建立在新闻评议会《新闻一般准则的声明》和《新闻隐私信条的声明》基础之上的，也就是说这些规范要求出版物采取以下合理措施：

避免侵犯个人对隐私的合理期盼，除非这样做是完全为了公共利益；

避免其他人或极大的造成他人遭受实质性侵害、痛苦、偏见或者给他人带来健康方面和安全方面的风险，除非完全是为了公共利益。

只能为了公共利益搜集个人信息，不得过分地侵犯个人隐私，在采集新闻的过程中，尊重其个人的尊严与敏感信息。

受害人或失去亲人的人有权在任何时候拒绝或中止采访或拍摄，新闻工作者不能利用这些陷入有新闻价值事件中的人。

【正文】

一、总报告和讨论

（一）关于自杀的总报告和说明将会对社会有很大的好处。例如，它可能会有利于社会利益。比如，他也许可以帮助提高公众理解（自杀的）原因和发出警示，对于考虑自杀的人有阻遏效果，给受影响的亲属和朋友带去安慰，或者进一步促进公共和私人行为，以防止自杀。

（二）新闻评议会并不阻止对此类自杀事件的报道，但需要严格符合下列规范。当报道被特别脆弱（因为他们的年龄或者精神健康）的受众所阅读或看到时，而且报道的自杀

① 牛静．全球媒体伦理规范译评 [M]．北京：社会科学文献出版社，2018.

者是他们的同龄人或名人时新闻工作者需要特别注意。

二、对个人的报道

（一）在决定是否要报道个人自杀的实例时，应当要考虑是否满足下列标准中的至少一项：

1. 这位自杀者的亲戚或好友对采访报道给出了清晰的知情与同意；

2. 报道自杀是为了公共利益。

（二）在决定是否要报道死于自杀的人的身份时，应该要考虑是否满足下列标准中的至少一项：

1. 这位自杀者的亲戚或好友对采访报道给出了清晰的知情及同意；

2. 明确身份是为了公共利益。

三、报道自杀的方法和地点

自杀的方法和地点不应该被详细描写（例如，某个具体的药物或悬崖），除非公共利益明显大于造成进一步自杀的风险时，才可以这样做。这条规范对于那些考虑自杀却不知道方法和地点的人们有保护作用。

四、责任与核平衡

新闻工作者不应该以耸人听闻的手法处理自杀报道，不应该美化或轻视自杀。新闻工作者不应该不当地指责自杀或与自杀有关联的人。但这一要求并不妨碍其负责任地描述或讨论自杀的影响，即使它们是对某组织或社会十分不利的。应该在恰当的地方指出其潜在的原因，如精神疾病。

五、敏感性和适度

报道自杀不应该过分突出，特别是用不必要的标题或图片来突出。特别要注意，不要给企图自杀过的人或相关人、已受自杀影响或试图自杀影响的人造成不必要的伤害。这要求在采访和报道新闻中具有特别的敏感性和适度性。

六、获取援助的来源

与自杀相关的出版材料应该与 24 小时应急服务中心的信息或其他部门的信息相符合。报道中的特殊信息也许会根据报道的性质和周围的环境而有所不同。

《俄罗斯反恐怖主义报道公约》

为了给社会提供值得信赖的信息，媒体有权利和责任就有关恐怖主义的问题进行一场公开的讨论，告知社会其与恐怖主义斗争的过程，开展调查并告知人们真正的问题和冲突。

我们坚信恐怖主义的威胁下，不应该被当作向言论自由权利和大众媒体施加限制的借口和理由。

与此同时，应当意识到与恐怖主义有关的危险以及在此情况下信息工作的责任，我们意识到有必要采取以下的媒体行为规则，并承诺用它们指导我们的工作。

1. 新闻工作者一定要明白，在与恐怖行为以及与恐怖主义行为斗争期间相比其他的任何权利和自由，对人们的救援以及个人的生命权是首要的。

2. 在获取处于准备中或已开始实施的恐怖行为相关信息的过程中，新闻工作者一定要在信息发布之前，与其所在媒体的行政部门进行沟通。

3. 新闻工作者必须有记者证或其他能够证明个人和职业的文件，这也是新闻生产的第一要求。

4. 媒体的行政部门一定要立即将他们已经知道的并且能够用来救援群众的信息交给处理（恐怖活动）的总部或官方机构处理。

5. 假装接近媒体来陈述他们自己的立场，是大多数情况下恐怖分子的主要目的之一，媒体不应该采取如下行为：

（1）在恐怖活动中主动采访恐怖分子，除运营总部要求或授权采访的情况之外。

（2）在没有与运营总部进行初步协商的情况下提供给恐怖分子逃生的可能性。

（3）独立承担调解员的角色（当这是运营总部认可或要求这样做时的特殊情况除外），如果媒体代表发现自己是谈判代表中的一员，他应该停止传播信息直到危机解除。

（4）媒体工作者必须明白，手中持有武器或身穿迷彩服或任何其他的制服，只要手中持有武器，他们将不再是媒体从业者。

（5）为了成功获取视频片段或照片，邀请恐怖分子、人质或其他人员介入到冲突中。

（6）对手中持有人质的恐怖分子进行辱骂和羞辱。

6. 媒体应该这样做：

（1）要记住，直播电视或无线广播节目可能被恐怖分子利用来向位于其他位置的同谋传输事先安排好的信号。

（2）避免详细叙述从事救援的专业人士的行动。

（3）要委婉和体贴地对待恐怖行动受害者的亲属和爱人的情感。

（4）在展示恐怖主义事件及其参与者的现场时，要避免不必要的种族主义，并且要尊重观众的道德、民族和宗教感情。

（5）新闻事件报道应谨慎选择措辞，不应报道恐怖分子散布的那些对他们自己有利的言语。

（6）要意识到这样的事实，即恐怖分子的人质也是该局势下的人质，在某个时刻将会成为公众舆论压力的工具。

（7）未经同意，避免报道人质或潜在受害者的亲属和朋友的身份。

7. 在报道恐怖主义行为和反恐行动的过程中，有必要这样做：

（1）要记住其职责是告知公众而不是散播恐慌。要注意的不仅是话语的意思，还要注意其语调。

（2）要记住媒体的报道是可以被所有人接触到的，包括那些故意制造危机情况的人。

（3）应当考虑到这样一个事实，即国际社会反对将恐怖主义与任何特定的宗教、种族或国籍联系起来。

（4）应该明白，在沟通中不应该包含任何有利于提高恐怖分子地位的信息，如支持他们诉求的陈述，这一严格的准则适用于对人们生活构成直接威胁的情况，但是可能不适用于在宪法范围内发起的政治、经济或社会斗争的事件。

8. 媒体可以告诉他们的观众：在反恐怖主义的行动中，出于保护人民群众生命安全的考虑，运营总部认定一部分信息是秘密（而不予公开）；这一原则的例外情况，即只在为了保护人民生活并得到运营总部批准的情况下才能使用（发布这些秘密）。

参考文献

1. 克利福德利福德 · G. 克里斯琴斯，等 . 媒介伦理：案例与道德推理 [M]. 孙有中，等，译 . 北京：中国人民大学出版社，2014.

2.SANDERS K. 道德与新闻 [M]. 洪伟，高蕊，译 . 上海：复旦大学出版社，2007.

3. 唐 · R. 彭伯 . 大众传媒法 [M]. 张金玺，赵刚，译 . 北京：中国人民大学出版社，2005.

4. 梅尔文 · 门彻 . 新闻报道与写作 [M]. 北京：展江，译 . 北京：华夏出版社，2005.

5. 凯利 · 莱特尔，等 . 全能记者必备——新闻采集、写作和编辑的基本技能（第七版）[M]. 宋铁军，译 . 北京：中国人民大学出版社，2005.

6. 萨莉 · 斯皮尔伯利 . 媒体法 [M]. 武汉：武汉大学出版社，2004.

7. 新闻自由委员会 . 一个自由而负责的新闻界 [M]. 展江，等，译 . 北京：中国人民大学出版社，2004.

8.E.M. 罗杰斯 . 传播学史：一种传记式的方法 [M]. 殷晓蓉，译 . 北京：译文出版社，2003.

9. 杰里 · 施瓦茨 . 如何成为顶级记者——美联社新闻报道手册 [M]. 曹骏，王蕊，译 . 北京：中央编译出版社，2003.

10. 吉尔摩，等 . 美国大众传播法：判例评析（上、下册）[M].

梁宁，等，译．北京：清华大学出版社，2002.

11. 克利福德·G. 克里斯蒂安．媒体伦理学：案例与道德论据 [M]. 北京：华夏出版社，2000.

12.T. 巴顿·卡特．大众传播法概要 [M]. 北京：中国社会科学出版社，1997.

13. 施拉姆，等．报刊的四种理论 [M]. 北京：新华出版社，1980.

14. 蔡明诚，翁秀琪．大众传播法手册 [M]. 台湾："国立"政治大学新闻研究所，1992.

15. 牛静．全球媒体伦理规范译评 [M]. 北京：社会科学文献出版社，2018.

16. 牛静，杜俊伟．全球主要国家媒体伦理规范 [M]. 北京：华中科技大学出版社，2017.

17. 李兵．IT 时代隐私观念与隐私权保护研究 [M]. 北京：中国出版集团，2016.

18. 陈根发．文化传媒法治建构研究 [M]. 北京：中国社会科学出版社，2016.

19. 徐迅．探索第三种规范对媒体法与伦理结合模式的研究 [M]. 北京：中国出版集团 2015.

20. 燕道成．网络暴力游戏对青少年的涵化与引导研究 [M]. 北京：知识产权出版社，2015.

21. 高萍．当代媒介素养十讲 [M]. 北京：中国人民大学出版社，2015.

22. 江作苏，等．新闻法治论 [M]. 武汉：华中师范大学出版社，2015.

23. 徐迅．依法审判与舆论监督 [M]. 北京：中国出版集团，2015.

24. 展江，等．媒体道德与伦理案例教学 [M]. 北京：中国传媒大学出版社，2014.

25. 陈昌凤．美国传媒规制体系 [M]. 北京：清华大学出版社，2013.

26. 魏永征．新闻传播法教程 [M]. 北京：中国人民大学出版社，2012.

27. 孟威．媒介伦理的道德依据 [M]. 北京：经济管理出版社，2012.

28. 刘海明，王欢妮．灾难报道伦理研究 [M]. 北京：商务印书馆，2012.

29. 林爱珺．知情权的法律保障 [M]. 北京：复旦大学出版社，2012.

30. 罗彬．新闻伦理与法规 [M]. 北京：北京师范大学出版社，2012.

31. 顾理平．新闻传播法学 [M]. 北京：江苏教育出版社，2012.

32. 陈堂发．批判性报道法律问题研究 [M]. 上海：上海交通大学出版社，2011.

33. 黄瑚．新闻传播法规与职业道德教程 [M]. 上海：复旦大学出版社，2010.

34. 黄富峰．大众传播伦理 [M]. 北京：中国社会科学出版社，2009.

35. 李淑芳．广告伦理研究 [M]. 北京：中国传媒大学出版社，2009.

36. 田韶华．传媒产业法律规制问题研究 [M]. 北京：中国传媒大学出版社，2009

37. 陈春彦．从封口费说起——谈媒体传播法律风险规避与编采技巧 [M]. 北京：北京理工大学出版社，2009.

38. 孙旭培．新闻传播法学 [M]. 上海：复旦大学出版社，2008.

39. 肖燕雄．微观新闻制度论 [M]. 北京：中国传媒大学出版社，2008.

40. 崔银河 . 广告法规与职业道德 [M]. 北京：中国传媒大学出版社，2008.
41. 林爱珺 . 舆论监督与法律保障 [M]. 广州：暨南大学出版社，2008.
42. 程德安 . 媒介知识产权 [M]. 北京：西南政法大学出版社，2006.
43. 郭娅莉 , 等 . 媒体政策与法规 [M]. 北京：中国传媒大学出版社，2006.
44. 商娜红 . 制度视野中的媒介伦理 [M]. 济南：山东人民出版社，2006.
45. 魏金城 . 新闻法规与职业道德教程 [M]. 武汉：武汉大学出版社，2006.
46. 崔明伍 . 新闻传播法 [M]. 合肥：合肥工业大学出版社，2006.
47. 陈绚 . 新闻道德与法规教程 [M]. 北京：中国大百科全书出版社，2005.
48. 魏永征 , 李丹林 . 影视法导论 [M]. 上海：复旦大学出版社，2005.
49. 吴飞 . 大众传播法论 [M]. 杭州：浙江大学出版社，2004.
50. 梁宁 , 范春燕 . 媒介法教学参考资料 [M]. 北京：清华大学出版社，2004.
51. 周汉华 , 等 . 政府信息公开条例专家建议稿 [M]. 北京：中国法制出版社，2003.
52. 魏永征 , 张咏华 , 林琳 . 西方传媒的法制、管理和自律 [M]. 北京：中国人民大学出版社，2003.
53. 张新宝 . 互联网上的侵权问题研究 [M]. 北京：中国人民大学出版社，2003.
54. 徐迅 . 暗访与偷拍，记者就在你身边 [M]. 北京：中国广播电视出版社，2003.
55. 郎劲松 . 中国新闻政策体系研究 [M]. 北京：新华出版社，2003.
56. 萧燕雄 . 新闻传播制度研究 [M]. 北京：岳麓书社，2002.
57. 侯健 . 舆论监督和名誉权问题研究 [M]. 北京：北京大学出版社，2002.
58. 顾理平 . 新闻侵权与法律责任 [M]. 北京：中国广播电视出版社，2001.
59. 陈堂发 . 授权与限权：新闻事业与法制 [M]. 北京：新华出版社，2001.
60. 黄瑚 . 新闻伦理学 [M]. 北京：新华出版社，2001.
61. 甄树青 . 论表达自由 [M]. 北京：社会科学文献出版社，2000.
62. 张西明 . 限制与张力 [M]. 北京：重庆出版社，2000.
63. 刘迪 . 现代西方新闻法制概述 [M]. 北京：中国法制出版社，1998.
64. 宋克明 . 美英新闻法制与管理 [M]. 北京：中国民主法制出版社，1998.
65. 周鸿书 . 新闻伦理学纲要 [M]. 北京：新华出版社，1995.
66. 王利明 . 新闻侵权法律词典 [M]. 吉林：吉林人民出版社，1994.

后　记

1984 年我从西南政法大学毕业分配到中国政法大学工作，1988 年调入当时的北京广播学院从事教学与科研工作，1991 年开设“广告管理与法规”课程、1994 年开设“新闻职业道德与法规”课程、1996 年开设“网络政策与法规”课程。2004 年北京广播学院更名为中国传媒大学。2016 年我的三门课合并为一门课“传媒法规与伦理”。

2003 ～ 2017 年我参加上海复旦大学黄瑚老师主编的普通高等教育“十一五”国家级规划教材《新闻传播法规与职业道德教程》（第 1-4 版）的编写和修订工作。2010 年我出版了《传媒法规与伦理》，这是一本较早把传媒法规与新闻伦理合在一起写作的教材，分别就相关理论与实务问题进行探讨，如隐性采访的界限、拒绝采访研究、肖像权的合理使用、披露隐私的界限、新闻侵权责任与预防；图片报道、灾难报道、艾滋病报道、妇女儿童报道的伦理规范等，方便教师讲授和学生自学，成为部分新闻院校的教材或参考书。

2012 年，我在美国 UNC（北卡罗来纳大学教堂山分校）做访问学者一年，我感受到了美国课堂“以学生为中心”（Student Centered）“翻转课堂”（Flipped Classroom）的教育理念、多媒体的教学手段、轻松幽默的课堂氛围、与时俱进的学术前沿讲座等，系统地了解了美国大众传播法（Introduction to Mass Communication Law）、专业问题与伦理标准（Professional Problem and Ethics）、网络空间的法律

（The law of Cyberspace）、电子媒体管理和政策（Electronic Media Management and Policy）的整体架构、互联网和社交媒体的管理等。

“美国大众传播法”课程，主要讲授宪法第一修正案，获取政府信息、记者的权利、保护消息来源，法庭报道等内容。“专业问题与伦理标准”课程，主要以个案研究入手，深入认识媒介伦理原则、广告的原则的实质和运用：包括 TARES：T-truthfulness(真实)；A-authenticity（可靠）；R-respect（尊重）；E-equity（公平）；S-sociality responsibility(社会责任)。这些对本书的写作有很多的启发。非常怀念轻松、休闲、浪漫、奢侈的2012年，使我的命运发生了反转，从此有了真正的平安和喜乐。

我从教 30 多年，每年都关注业界动态、学界研究成果、典型个案、新出台的法规等，建构了一个数据库。我一直想写一本可以让教师得心应手的教材，用于课堂教学、教学辅导、小组讨论等，把我历年所用的教案、搜集的资料、关注的案例、整理的相关规定集结在一起，“一册在手、法规尽有”。

在教学和科研中，与同门课的多位老师如魏永征、徐迅、顾理平、陈堂发、阴卫芝、路鹃、刘海明、于丽臣、牛静等有交流，特别对华中科大的牛静老师表示感谢，她编著的《全球媒体伦理规范译评》和《全球主要国家媒体伦理规范》对我写作新闻伦理篇有很大的启示和帮助。写作中我的研究生刘庭梅、张爽、赵禹桥、王璇、朱珊珊、王宇在资料整理、文献综述、案例搜集方面付出了劳动，在此一并表示感谢！

我从事传媒规制与新闻伦理的教学研究以来，多次接受媒体采访，应邀担任评委、节目嘉宾、到各地做讲座，得到社会各界方方面面的认可和鼓励。

“传媒圈里的法律人、法律圈里的传媒人”是对我的鼓励和鞭策，学无止境，我只有谦卑虚己，与时俱进，才配得到相关荣誉和社会认可，感恩我所拥有的一切。

王军（馨漪）

2019 年 10 月 21 日

作者介绍

王军（馨漪）

最高人民法院“司法信息传播策划”专家、北京市互联网管理中心“网络新闻评议会”副主任、中国新闻史学会“媒介伦理与法规研究委员会”常务理事、北京市记协新闻发展公益智库“媒体职业伦理与社会责任”专家、中国“网络与信息法学会”理事、西南政法大学“全球新闻与传播学院”兼职教授、福建省高校人文社科基地“政法舆情治理研究中心学术委员会”主任、联合国湄公河次区域“反拐项目”中国区域办公室（UNIAP）媒体记者培训专家。

基本情况：毕业于西南政法大学法律系，美国UNC访问学者。中国传媒大学新闻学院教授，网络新闻与新媒体方向硕士生导师。

研究方向：广告管理与法规、传媒伦理与法规、新闻侵权责任与预防、媒介素养与舆情应对策略、传媒业版权保护与经营、互联网政策与法规。

主持课题和获奖：主持国家社科基金一般项目“媒介融合环境下的传媒法规与伦理研究”、主持广电总局部级社科项目“广告治理和监管法规政策研究”。专著《网络传播法律问题研究》获中国法学会优秀科研成果二等奖。

担任评委和嘉宾：中央政法委全国综治奖、司法部全国法制好新闻奖、全国法院新闻金天平奖、中国电视法制委员会、北京网管办网络新闻评议会、人民网优秀论文等评委。担任北京电视台财经频道、中央人民广播电台新闻台、中央电视台《今日说法》《道德观察》《夜线》等栏目嘉宾。

应邀讲座：中央政法委、最高人民法院、北京市高级人民法院、公安部、北京市公安局、司法局、省市县级法院、纪检监察系统、监狱管理系统、高校、企事业单位、机关团体、媒体单位、网站等。

被誉为“**法律圈里的传媒人，传媒圈里的法律人**”。

图书在版编目（CIP）数据

传媒法规与伦理 / 王军著 . -- 2 版 . -- 北京：中国传媒大学出版社，2019.11（2024.11 重印）
新闻学与传播学“十三五”规划教材 . 案例型系列
ISBN 978-7-5657-2457-2

Ⅰ. ①传… Ⅱ. ①王… Ⅲ. ①传媒法－中国－高等学校－教材②传播媒介－伦理学－中国－高等学校－教材 Ⅳ. ① D922.8 ② G206.2-05

中国版本图书馆 CIP 数据核字（2019）第 035637 号

新闻学与传播学“十三五”规划教材·案例型系列

传媒法规与伦理（第二版）

CHUANMEI FAGUI YU LUNLI（DI-ER BAN）

著　　者　王　军
策划编辑　曾婧娴
责任编辑　曾婧娴
特约编辑　魏　征
封面设计　拓美设计
责任印制　李志鹏

出版发行　中国传媒大学出版社
社　　址　北京市朝阳区定福庄东街 1 号　　邮　　编　100024
电　　话　86-10-65450532　65450528　　传　　真　65779405
网　　址　http://cucp.cuc.edu.cn
经　　销　全国新华书店

印　　刷　北京中科印刷有限公司
开　　本　787mm × 1092mm　1/16
印　　张　20.25
字　　数　430 千字
版　　次　2019 年 11 月第 2 版
印　　次　2024 年 11 月第 7 次印刷

书　　号　ISBN 978-7-5657-2457-2/D·2457　　定　　价　59.00 元

本社法律顾问：北京嘉润律师事务所　郭建平